张汝伦 著

德国哲学十论（修订版）

复旦大学出版社

目录

1

康德研究

批判哲学的形而上学动机

谁都不能否认，康德的批判哲学是一个完整的有机体系。一个基本的动机发动了康德的哲学革命，贯穿了康德的三大批判，渗透于他的体系的方方面面，这个基本动机，就是形而上学的动机。离开这个动机，就无法全面正确地理解康德的批判哲学。这么说，不仅是因为康德从前批判时期就对形而上学感兴趣，也不仅是因为他作为逻辑和形而上学的教授，在三十年的时间里都不断地开形而上学的课这些他生平的事实，甚至也不仅是因为从历史—形而上学的眼光看，《纯粹理性批判》是康德与以鲍姆加登的形而上学形态出现的沃尔夫形而上学漫长的创造性互动的结果①，《纯粹理性批判》五分之四的内容是形而上学理论②。我们之所以将形而上学视为批判哲学的基本动机，乃是因为它发动和引导康德构建起他的批判哲学的大厦，在相当程度上决定了批判哲学的种种特质。只有掌握了康德哲学的形而上学动机，才能把他的批判哲学作为一个完整的体系

---

① Cf. Gůnter Zöller, "Die Seele des Systems: Systembegriff und Begriffssystem in Kants Transzendentalphilosophie", Hans Friedrich Fulda und Jůrgen Stolzenberg (Hg.), *Architektonik und System in der Philosophie Kants*, Hamburg: Felix Meiner Verlag, 2001, S. 54.

② Dieter Henrich, *Between Kant and Hegel*, Cambridge, Mass.: Harvard University Press, 2003, p. 28.

来加以把握。

可是，长期以来，由于我们对康德哲学的形而上学动机缺乏敏感，甚至无视或漠视这个动机，使得康德哲学被人为地条块分割，在不少人眼里就是认识论、伦理学和美学互不相干的三大块，至于他的政治哲学和历史哲学，那又是另外的一块，很少有人把它们放在一起研究。人们看到的只是作为认识论者的康德、作为道德哲学家的康德，或作为美学家的康德，却没有一个作为形而上学家——一般哲学家的康德。而在国外，从形而上学的角度研究康德早已蔚为大观，从马克斯·冯特 1924 年发表《作为形而上学家的康德》时起，德语哲学家对康德哲学形而上学特质的研究不绝如缕①；20 世纪 80 年代后，英语哲学家这方面的研究也有问世，如卡尔·阿美利克斯的《康德的心灵理论》②。而我国的康德研究似乎还少有专门探讨这个主题的。本文只是围绕着《纯粹理性批判》对这个重要主题作些初步的探索。

---

① Cf. Max Wundt, *Kant als Metaphysiker: Ein Beitrag zur Geschichte der deutschen Philosophie im 18. Jahrhundert* (Stuttgart: F. Enke, 1924); *Die deutsche Schulphilosophie im Zeitalter der Aufklärung* (Tübingen: Mohr, 1945); Martin Heidegger, *Kant und das Problem der Metaphysik* (Frankfurt am Main: Vittorio Klostermann, 1929); Gottfried Martin, *Immanuel Kant: Ontologie und Wissenschaftstheorie*, Berlin: de Gruyter, 1969; Heinz Heimsoeth, *Studien zur Philosophie Immanuel Kants: Metaphysische Ursprünge und ontologische Grundlagen*, Köln: Kölner-Universitäts-Verlag, 1956; Ingeborg Heidemann, *Spontaneität und Zeitlichkeit: Ein Problen der reinen Vernunft*, Köln: Kölner-Universitäts-Verlag, 1958; Friedrich Delekat, *Immanuel Kant: Historisch Interpretation der Hauptschriften*, Heidelberg: Quelle & Meyer, 1969; Otfried Höffe, *Kants Kritik der reinen Vernunft*, Müchen: C. H. Beck, 2004.

② Karl Ameriks, *Kant's Theory of Mind: An Analysis of the Paralogisms of Pure Reason*, Oxford: Oxford University Press, 1982, 2000.

一

在西方哲学史上，形而上学向来占有头等重要的地位，自从亚里士多德著作的编纂者们把他论述第一哲学的著作叫作《形而上学》后，形而上学往往成了哲学的代名词。对于康德来说，同样是如此："出自纯粹理性并系统关联起来的全部……哲学知识，也就是**形而上学**。"①而狭义的形而上学，就是处理知性和理性，对应于存在论的"先验哲学"。当然，康德的形而上学观念与传统的形而上学观念（例如，沃尔夫的形而上学观念）不尽相同，但形而上学作为哲学的基础与核心的地位是完全一致的。

在康德的时代，尤其经过休谟怀疑论对形而上学的挑战和打击之后，人们都觉得形而上学是个假问题，应该予以取消②。根据黑格尔的观察，"形而上学"在当时是这样的一个词："每个人在它面前多少就像在染上黑死病的人面前一样，避之唯恐不及。"③但康德却与时流对形而上学的态度迥然不同。

虽然康德很早就对传统形而上学不满，但他并不反对形而上学本身。相反，他始终高度评价形而上学在哲学中和对于人类的根本作用。在前批判时期写的《关于自然神学与道德的原则之明晰性的研究》中，他说形而上学是"关于我们认识的第一根据的哲学"④。

---

① ［德］康德：《纯粹理性批判》，邓晓芒译，北京：人民出版社，2004年，第635页。

② Dieter Henrich, *Between Kant and Hegel*, Cambridge, Mass.: Harvard University Press, 2003, p. 27.

③ Hegel, Wer denkt abstract? Werke II, Frankfurt am Main: Suhrkamp, 1986, S. 575.

④ Kant, *Untersuchung über die Deutlichkeit der Grundsätze der natürlichen Theologie und der Moral*, AK（科学院版《全集》）II, S. 285.

在给门德尔松的一封信中他说得很清楚："我还远远没有发展到那种地步，居然把形而上学本身看作是渺小的或者多余的。一段时间以来，我相信已经认识到形而上学的本性及其在人类认识中的独特地位。在这之后，我深信，甚至人类真正的、持久的幸福也取决于形而上学。"①然而，对于传统形而上学，他却持批判和否定的态度。

在康德看来，旧形而上学有根本的问题。形而上学不能是它过去的那个样子，它的内容与形式必须改变，这是促发批判哲学的根本信念。事实上，在康德看来，形而上学本身必须经历一个变化的过程，即从独断的形而上学经过怀疑的形而上学最后达到科学的形而上学。这不是一个自然而然发生的过程，而需要一场形而上学的革命，即"按照几何学家和自然科学家的范例着手一场形而上学的完全革命来改变形而上学迄今的处理方式"②。这就是康德对他的纯粹理性批判实质的理解。"许多人以为证成科学是康德哲学的主要兴趣，其实它只是看透形而上学幻想工作的一**部分**。"③这是德国古典哲学研究专家迪特·亨利希对康德哲学的定位，根据此定位，他说康德是一个否定意义上的形而上学家，即"他是一个形而上学的批判者"④。这话没有错，但不够全面，康德还是想要通过对传统形而上学的批判，建立"科学的形而上学"。因为形而上学对于人来说

----

① ［德］康德：《彼岸星空：康德书信选》，李秋零译，北京：经济日报出版社，2001年，第26页。

② ［德］康德：《纯粹理性批判》，邓晓芒译，北京：人民出版社，2004年，第18页。

③ Dieter Henrich, *Between Kant and Hegel*, Cambridge, Mass.: Harvard University Press, 2003, p.33.

④ 同上。

就像"呼吸"一样必要①。

　　然而，当时的哲学舞台，却成了独断论形而上学混战的战场。说形而上学是"独断的"不是说它的内容，而是说它的方法。在康德之前，形而上学的内容被分为四个部分，首先是"一般形而上学"或存在论，它用沃尔夫形而上学的话语说是有关"我们知识和一般事物的基本根据"；其余三个内容也叫"特殊形而上学"，分别是：(a) 灵魂和心理学，(b) 世界和宇宙论，(c) 上帝和神学。我们看到，康德在《纯粹理性批判》中基本恪守了这些内容划分，他的形而上学批判，也对应这些部分："先验分析论"是批判地处理存在论，"先验辩证论"的三个部分则是分别思考特殊形而上学的三个部分。

　　康德对传统形而上学的不满在于其独断的方法，他称之为"独断论"。什么是"独断论"(Dogmatismus)？"独断论就是纯粹理性**没有预先批判它自己的能力**的独断的处理方式。"②独断论不是某个形而上学家主观偶然的失误，形而上学必然会是独断的，即便是像沃尔夫的形而上学这样的缜密的作为科学的形而上学，也是如此③。独断论不能理解为"不科学"。相反，独断论者如沃尔夫，也是"遵循**科学**方法的人"④，他已经做到"通过合乎规律地确立原

----

　　① Cf. Kant, *Prolegomena zu einer jeden zukünftigen Metaphysik, die als Wissenschaft wird auftreten können*, AK IV, S.367. 原文为"人类精神一劳永逸放弃形而上学研究，就像为了不吸入不洁的空气而干脆完全停止呼吸一样，是不足取的"，但庞景仁翻译的中译本把"就像为了不吸入不洁的空气而干脆完全停止呼吸一样"意译为"因噎废食"。[德]康德：《任何一种能够作为科学出现的未来形而上学导论》，庞景仁译，北京：商务印书馆，1982年，第163页。

　　② [德]康德：《纯粹理性批判》，邓晓芒译，北京：人民出版社，2004年，第25页。

　　③ 参见[德]康德：《纯粹理性批判》，邓晓芒译，北京：人民出版社，2004年，第25—26页。

　　④ [德]康德：《纯粹理性批判》，邓晓芒译，北京：人民出版社，2004年，第644页。译文有改动。

则、对概念做清晰的规定、在证明时力求严格及防止在推论中大胆跳跃，来达到一门科学的稳步前进"①。康德对沃尔夫的"严格方法"有很高的评价，把他看作是科学的哲学工作的一个先驱。然而，他的形而上学最终仍然是独断的，那就不是简单的方法问题，而是由于"那个时代的独断的思维方式"②。无论是唯理论还是经验论，都是独断的。因此，批判和克服独断论形而上学，就不是仅仅换一种操作方法，而是要换一条思路，一条能给"科学的形而上学"奠定基础的思路。

二

康德在《纯粹理性批判》甫问世时给赫茨的一封信中写道，《纯粹理性批判》的主题是"形而上学的形而上学"③，也就是说，它关心的不是形而上学的内容，而是形而上学的基础。以往很多人认为，《纯粹理性批判》是对人的认识能力的批判，把它看作是一部纯粹认识论的著作因而也就是顺理成章的事。可是，此书第一版的序言将它的真正目的说得清清楚楚："这个批判必须首先摆明形而上学之可能性的源泉和条件，并清理和平整全部杂草丛生的地基。"④这也完全印证了《纯粹理性批判》的主题是"形而上学的形而上学"的说法。

---

① ［德］康德:《纯粹理性批判》，邓晓芒译，北京：人民出版社，2004年，第24—25页。

② 同上书，第26页。

③ 见［美］曼弗雷德·库恩:《康德传》，黄添盛译，上海：上海人民出版社，2008年，第295页。

④ ［德］康德:《纯粹理性批判》，邓晓芒译，北京：人民出版社，2004年，第8页。

　　如果《纯粹理性批判》的主题是为形而上学奠基的话，那么康德被休谟从中唤醒的那个"独断论迷梦"，就不应该是"一切客观必然的知识都来自于感觉经验这种朴素唯物主义的信念"①，而是另有所指。它指的只能是独断的形而上学迷梦。而**形而上学**这种完全孤立的、思辨的理性知识，是根本凌驾于经验的教导之上的"②，即它与经验无关，所以叫《纯粹理性批判》③。并且，纯粹理性批判实际是形而上学批判④。但康德的形而上学批判与后来实证主义的形而上学批判不同，他不是要根本否定形而上学，而是要重建形而上学。因此有人称他为"改良的形而上学者"⑤。可是，我们以往的康德研究，却对康德批判哲学的形而上学旨归注意得不够。

　　之所以对批判哲学的形而上学旨归注意得不够，是由于我们以往的哲学史往往把批判哲学的主要问题看作是认识论问题或知识问题。对于我们来说，"对一般理性能力的批判"就是对认识的可能性及其范围的批判，无法理解它从根本上来说是对形而上学的"根源、范围和界限加以规定"。其实道理很简单，形而上学既然"是根本凌驾于经验的教导之上"，它就是纯粹理性的事业。这个事业要分三步走，第一步是独断论，第二步是怀疑论，第三步则是批判哲

---

① 杨祖陶：《德国古典哲学逻辑进程》，武汉，武汉大学出版社，1993年，第47页。

② ［德］康德：《纯粹理性批判》，邓晓芒译，北京：人民出版社，2004年，第14页。

③ 《康德辞典》的作者 Howard Gaygill 说康德要批判的纯粹理性就是沃尔夫学派的形而上学。Howard Gaygill, *A Kant Dictionary*, Cambridge, Mass.: Blackwell, 1995, p. 291.

④ "我所理解的纯粹理性批判……是对一般形而上学的可能性和不可能性进行裁决，对它的根源、范围和界限加以规定。"［德］康德：《纯粹理性批判》，邓晓芒译，北京：人民出版社，2004年，第3—4页。

⑤ Günter Zöller, "Die Seele des Systems: Systembegriff und Begriffssystem in Kants Transzendentalphilosophie", S. 54.

学。康德自己对形而上学的态度就经历了这三个阶段①。康德在"先验方法论"第一章第二节对纯粹理性事业发展过程的理论描述，其实也就是对他自己批判哲学形成的逻辑过程的描述。

康德承认，形而上学在最初总是"独断"和"专制"的。它们彼此争斗，谁也不买账。各种独断的形而上学之间的混战造成的无政府状态必然让人心生厌倦和彻底无所谓，但这种无所谓不是消极的现象，"而是这个时代的成熟的判断力的结果，这个时代不能够再被虚假的知识拖后腿了，它是对理性的呼求，要求它重新接过它的一切任务中最困难的那件任务，即自我认识的任务，并委任一个法庭……而这个法庭不是别的，正是**纯粹理性的批判**"②。这里所谓的"无所谓"，不是真正的无所谓，而是指怀疑主义的态度。

康德向来对怀疑主义心存敬意，在接触休谟怀疑主义之前，他就对古代皮浪的怀疑主义有正面的评价。对于他来说，怀疑主义的价值不在怀疑知识本身，而在于对形而上学的怀疑。在上面提到的给门德尔松的那封信中，康德一方面肯定了形而上学的根本意义，另一方面要求剥去形而上学知识独断论的外衣，怀疑地考察它③。在《视灵者之梦》中，他公开表示对传统形而上学的一个主要部分——灵魂表示怀疑。但他并不怀疑形而上学本身，在他的就职演说中，他把形而上学称为"包含着**纯粹理性**的**最初原则**的哲学"④，

① 有关此问题，参见 Frederick C. Beiser, "Kant's intellectual development: 1746-1781", *The Cambridge Companion to Kant*, ed. by Paul Guyer, Cambridge: Cambridge University Press, 1999, pp.26-61.

② ［德］康德：《纯粹理性批判》，邓晓芒译，北京：人民出版社，2004年，第3页。

③ ［德］康德：《彼岸星空：康德书信选》，李秋零译，北京：经济日报出版社，2001年，第26页。

④ ［德］康德：《论可感世界与理知世界的形式及其原则》，李秋零主编《康德著作全集·前批判时期著作 II》，北京：中国人民大学出版社，2004年，第401页。

要求一个"不掺杂任何感性事物的真正形而上学"。他特别提醒听众："必须审慎地提防，**不要让感性认识私有的原则越过自己的界限，影响到理性认识。**"①这个立场，就是他后来理性批判的基本立场。

以往我们都以为，批判哲学首先要解决的是认识论问题，其实不然。它真正要解决的是形而上学问题②，因为作为"纯粹理性的最初原则"的形而上学，乃是知识问题的根源。休谟从中惊醒的那个"独断论的迷梦"，不是认识论的"迷梦"，而是形而上学的迷梦，让他看到了传统形而上学的根本问题，即传统形而上学不能成为知识的根源；但作为理性的科学的形而上学，又必须是知识的基础，没有这个基础，知识本身也是不可能的。传统形而上学论述中的二律背反使我们看到，旧形而上学的形式和方法都有根本问题，"不仅无法解决形而上学问题，而且也无法以其源始和最佳形式发展形而上学论证"③。于是，康德的任务就是发展出一种新的、"科学的"形而上学。

然而，纯粹理性批判的任务，却是消极的，即不是去直接建立科学的形而上学，而只是批判形而上学，为建立未来的科学的形而上学做准备。在此意义上，它的目的是消极的，它只是要划定形而上学的理性根源和纯粹形式，决定它的知识，亦即先天综合知识的界限，因为"形而上学至少**就其目的而言**是由先天综合命题所构成的"④，而先天综合判断又是一切"有理性的理论科学"的原则。于

①　[德]康德：《论可感世界与理知世界的形式及其原则》，李秋零主编《康德著作全集·前批判时期著作II》，北京：中国人民大学出版社，2004年，第422页。

②　Cf. Dieter Henrich, *Between Kant and Hegel*, pp.26-27.

③　Ibid., p.28.

④　[德]康德：《纯粹理性批判》，邓晓芒译，北京：人民出版社，2004年，第14页。

是，形而上学批判就具体落实为对先天综合判断的批判考察，即考察它们的有效范围，以便确定它们是否可以扩展到像上帝、世界、灵魂这样的形而上学对象。康德就是通过对先天综合判断的这种考察来裁决"一般形而上学的可能性和不可能性"。这就是为什么《纯粹理性批判》的主要论证可以说是围绕着先天综合判断展开的。先天综合判断的合理性证明了形而上学的合理性和不可放弃。即使经历了休谟怀疑论的冲击，形而上学的问题对康德而言仍然是真问题，而不是假问题，只是形而上学的目的和范围得重新规定。

或曰：既然如此，为何《纯粹理性批判》却是以划定知识的范围的面貌出现？或者说，康德为什么通过划定知识范围来确定形而上学的目的和范围？这种因为形而上学从古希腊开始就与知识问题联系在一起，形而上学是知识的知识，或知识的根据。人们往往从知识问题入手进入形而上学问题。例如，亚里士多德在《形而上学》中便是通过对一种自然理论的考察来间接证明形而上学的对象——上帝。康德在第一批判中师亚氏之故伎，通过对科学知识的考察来探寻知识得以可能的条件，即形而上学，因为知识的条件本身不是知识的对象，而是知识的知识——形而上学的对象。因此，严格说，说康德的知识论就是他的形而上学似有可商[1]；倒不如说，康德的知识论是他形而上学的派生物。

先天综合判断的关键在"先天"二字。康德从来就没有完全接受经验主义的观点，认为一切知识来自经验，并把知识归结为感觉和反省。他认为所有知识都有先天的要素在，这些先天的东西是知识的条件。在他的就职演讲中，他已经暗示了可知世界的形式是我

---

[1] 参见郑昕：《康德学述》，北京：商务印书馆，1984年，第59页。

们提供的："**理智世界的形式**承认一个客观的原则，也就是说某个原因，凭借它，就有了自身存在的事物的一种结合。但是，世界如果被看作是现象，也就是说，是与人的精神的感性有关的，那么，除了一种主观的原则之外，它不承认形式的其他原则，这种主观原则也就是心灵的一定规律，凭借它，所有（凭借其性质）能够是感官对象的东西，肯定都显得**必然地**属于同一个整体。"①"先验分析论"的任务，就是要发现对于我们一般经验必要的，能使我们产生经验知识的先天原则。

康德在"先验分析论"中表明，除了空间和时间这两个先天的直观形式外，还有纯粹知性的先天概念，即范畴，以及判断的先天原理（原则），它们是经验知识的必要条件，本身并不来自事物的特殊经验。但是，闭门造车，出门合辙，由它们构成的关于经验对象的知识，却又从不与经验相抵牾。"所以一切现象作为可能的经验同样先天地处于知性之中，并从知性而获得其形式上的可能性，正如一切现象作为单纯直观而处于感性中，并唯有通过感性而在形式上成为可能一样。所以，说知性本身是自然规律的来源，因而是自然的形式统一性的来源，无论这听起来是如何夸大和荒唐，然而这样一种主张仍然是正确的，是与对象也就是经验相符合的。"②

以往由于喜用"哥白尼式的革命"来形容康德的批判哲学，所以人们对第一批判的关注点也往往主要放在"先验感性论"和"先

---

① ［德］康德：《论可感世界与理知世界的形式及其原则》，李秋零主编《康德著作全集·前批判时期著作Ⅱ》，北京：中国人民大学出版社，2004年，第405页。

② ［德］康德：《纯粹理性批判》，邓晓芒译，北京：人民出版社，2004年，第132页。

验分析论"上①，而对"先验辩证论"的研究似乎与康德赋予它的地位还不相称。如果《纯粹理性批判》的任务是形而上学批判的话，那么这个任务主要是由"先验辩证论"来承担的，它在《纯粹理性批判》各部分中是篇幅最长的一部分，不是偶然的。正是在这一部分中，康德对传统形而上学，即超验形而上学的错误进行了犀利的批判，指出它们的问题是将知性的概念用于像上帝、灵魂和世界全体这样超验的对象，从而导致先验的幻相。

"先验辩证论"告诉我们，知识止于经验的对象；但超验形而上学（旧形而上学）却不明此理，偏要将知性的范畴用于超经验的领域，这就产生了种种先验的幻相。这不是某个形而上学家偶然会犯的错误，而是理性的自然倾向必然会犯的错误。"它不是某个生手由于缺乏知识而陷入进去的，或者是某个诡辩论者为了迷惑有理性的人而故意编造出来的，而是不可阻挡地依附于人类理性身上的，甚至在我们揭穿了它的假象之后，它仍然不断地迷乱人类理性。"②理性的这种错误具体表现为三种类型的理性推理，即谬误推理、二律背反和纯粹理性的理想。它们分别是理性要将知性的范畴用于三个超验对象——灵魂、世界全体和上帝的结果。"先验辩证论"构成了康德形而上学批判的主体。

但康德的形而上学批判与他那个时代和我们时代的许多形而上学批判不同，它的目的不是要取消形而上学或拒斥形而上学，而是要重建形而上学。因此，即便是在批判形而上学的同时，这种"形

---

① 例如，李泽厚在《批判哲学的批判》中用了111页论述有关"先验感性论"和"先验分析论"的内容，而只用了不到30页讨论"先验辩证论"的内容。参见李泽厚：《批判哲学的批判》，北京：人民出版社，1979年。

② ［德］康德：《纯粹理性批判》，邓晓芒译，北京：人民出版社，2004年，第261页。

而上学批判的形而上学"也打开了重建形而上学的道路。在讨论第三个二律背反时，康德论证说，由自然的因果律支配的经验或现象世界并不是事情的全部，我们至少也能并不矛盾地认为经验世界的现象后面的物自身领域不仅包含一个必然的存在，而且更重要的是，也包含自由和不纯粹被决定的行为：

> 我们需要诸现象相互之间的因果性这条原理，以便寻求各种自然事件的自然条件及现象中的原因，并能把它们指出来。如果承认这一点并且不以任何例外被它削弱的话，那么在自己的经验性运用中在一切事件里只看到自然、并且也有理由这样做的那个知性，就拥有了一切它所能够要求的东西，而自然的解释就能无阻碍地进行。如果人们假定，要不然即使只是想象，在那些自然原因中也会有一些这样的原因，它们具有一种本身只是理知的能力，因为这种能力为了行动而作的规定决不是基于经验的条件，而是基于知性的单纯根据，虽然其方式是，起于这个原因的**现象中的行动**(Handlung)是符合经验因果性的所有规律的。①

这就是说，虽然人在自然世界中必须服从自然因果律，但他们作为道德的实践者仍然拥有行动的自由②。"先验辩证论"不只是消极地指出知识的界限，更是积极地"为庄严的道德大厦平整和夯实基地"③。

---

① ［德］康德：《纯粹理性批判》，邓晓芒译，北京：人民出版社，2004年，第440—441页。译文有改动。

② 德文 Handlung(行动或行为)一般多指道德行为。

③ ［德］康德：《纯粹理性批判》，邓晓芒译，北京：人民出版社，2004年，第274页。

三

虽然康德的形而上学批判以知识问题为进路，但"他的批判哲学的肇始绝大部分是源于道德的问题"①。康德从他的第一部哲学著作《形而上学认识的第一原理新解》开始，就是一面关心自然科学的基本原理，一面关心人的自由问题。形而上学在他那里似乎也分为两个部分：自然形而上学和道德形而上学，它们是理性不同的运用，前者是"纯粹理性的**思辨的**形而上学"，后者是纯粹理性"**实践的**运用的形而上学"②。这两种形而上学，或者说纯粹理性的不同运用似乎是平分秋色。然而，理论与实践、知识与道德问题从一开始，就不是同等重要的。

西方形而上学传统从柏拉图开始，就以道德为其最终旨归。近代哲学家同样如此，笛卡尔就将至善作为哲学的根本目的。康德同样如此。在他看来，"大自然在安排我们的理性时，其最后意图本来就只是放在道德上的"③。因此，他承认道德哲学对于一切其他理性追求的优先性，甚至把哲学就称为"道德学"④。当然，康德偏重形而上学的道德意味并不纯然出于传统，更多是出于他自己的哲学观。

长期以来，我们的康德研究往往只注意近代哲学如休谟或唯理

---

① ［美］曼弗雷德·库恩：《康德传》，黄添盛译，上海：上海人民出版社，2008年，第240页。
② ［德］康德：《纯粹理性批判》，邓晓芒译，北京：人民出版社，2004年，第635页。
③ 同上书，第609页。
④ 同上书，第634页。

论哲学家对他的影响，却不太注意康德哲学的柏拉图主义底色①。柏拉图形而上学关心的是理念世界，现实世界对他来说始终不如理念世界来得重要。康德也把世界分为现象和本体两个领域。从表面上看，他似乎与柏拉图正相反，只关注现象世界，而对本体世界（物自体领域）存而不论，实则不然。后者固然不能是我们的认识对象，但却在实践中与我们息息相关。意志自由、灵魂不朽和上帝存在构成了理性的"终极目的"。与之相比，"理论的关注在此是非常微不足道的"②。此外，我们未尝不可以把纯粹理性批判对于经验知识的结论视为揭示了科学知识的有限性。

近代以来，尤其在康德生活的启蒙时代，人们对科学知识的推崇到了无以复加的地步，不但认为它可以给我们带来物质的福祉，而且也会使人变得更加善良与幸福。然而，康德与卢梭一样，对此却持怀疑和批判的态度。《纯粹理性批判》第二版中的一段话非常精要地阐述了康德对于理论与实践问题的看法：

> 粗略地浏览一下这部著作，人们会以为，它的用处总不过是**消极的**，就是永远也不要冒险凭借思辨理性去超越经验的界限，而这事实上也是这种形而上学的第一个用处。但这个用处马上也会成为**积极的**，只要我们注意到，思辨理性冒险用来超出其界限的那些原理，若更仔细地考察，其不可避免的后果事实上不是**扩展了**我们的理性运用，而是**缩小了**它，因为这些原理现实地威

① 康德哲学的柏拉图主义基础始终是西方康德研究的一个主题，有关这个问题的初步了解可参看 Richard Kroner, *Von Kant bis Hegel*, Bd. 1, Tübingen: J. C. B. Mohr, 1921, SS. 35-58.

② ［德］奥特弗里德·赫费:《康德的〈纯粹理性批判〉》，郭大为译，北京:人民出版社，2008 年，第 17 页。

胁着要把它的原本归属于其下的感性界限扩展到无所不包,从而完全排斥掉那纯粹的(实践的)理性运用。因此,一个限制那种扩展的批判,虽然就此而言是**消极的**,但由于它同时借此排除了那限制甚至威胁要完全取消理性的实践运用的障碍物,事实上就具有**积极的**和非常重要的用途,只要我们确信纯粹理性有一个完全必要的实践运用(道德运用),它在其中不可避免地要扩展到感性的界限之外,为此它虽然不需要从思辨理性那里得到任何帮助,但却必须抵抗它的反作用而使自己得到保障,以便不陷入自相矛盾。①

这段话非常重要,它告诉我们,科学知识的原理如果超出其正当的使用范围的话,就会排斥理性的实践运用,即排斥道德运用。这种结果,我们在当代种种用自然科学的理论来解释人的道德行为的做法中已经看到,那种解释的结果其实就是取消道德,把人的行为纯粹理解为一种生理和心理机制的结果。对于康德来说,知识不是道德的指南,而要服务于道德。道德的根源不在感性的现象世界,而在超验的本体领域。如果不遏制思辨理性的僭妄,那么理性的实践应用及道德就根本不可能了。所以康德说:"我必须扬弃知识,给信念留出位置。"②这句话长期在我们的一些教科书上被当作康德"唯物主义不彻底"或"资产阶级软弱性"的证据来加以引用,其实康德只是要表明科学世界观的基本原理的局限性,以及道德世界的合法性和独立性。

康德这句话中的 Glauben 一词不宜译为"信仰",因为在西方思

①　[德]康德:《纯粹理性批判》,邓晓芒译,北京:人民出版社,2004年,第19—20页。

②　同上书,第22页,译文有改动。

想传统中，信仰是与理性相对的概念，信仰总是意味着非理性。但康德在这里显然不是要限制理性而为非理性的信仰腾出地盘。他是要通过指出知识的局限来表明，人"作为理性的行动者并不受制于自然决定论的掌握，而是能够如实践理性所要求的那样用道德律来自由地支配我们自己"①。上帝、自由和灵魂不朽在他这里不是宗教信仰，而是理性的理念，即"理性的纯粹概念"，它们的对象不在经验中，更确切地说，它们并不与任何对象有关系。但它们不是纯粹虚构的，它们关涉**"全部可能经验的绝对的整体"**②。因而 Glauben 在这里不宜译为"信仰"，译为"信念"似乎更为合宜。

在康德看来，知识远远不能满足我们理性的要求；反过来说，意志自由、灵魂不朽和上帝存在"这三个基本命题对我们的**知识**来说是根本不必要的"③，但作为理性的终极目的，它们应该是形而上学的根本目标。纯粹理性批判的根本目的，是要让我们看到知识的局限性，进而理论理性的有限性。知识不能改善人类的道德状况，它绝非理性的全部，更非人生的全部。如果哲学是有关人类的全部使命，那么它首先是道德学，而不是认识论。康德通过"辩证论"的诸多论证最终指出理论理性的局限性，为的是彰显实践理性和道德实践的基础性，这是《纯粹理性批判》的根本动机。"批判开始于实践的而非理论的关切。"④这话说得一点不错。"如果谁只把《批

① Paul Guyer, Introduction to *Kant and Modern Philosophy*, Cambridge: Cambridge University Press, 2006, p.13.
② ［德］康德：《任何一种能够作为科学出现的未来形而上学导论》，庞景仁译，北京：商务印书馆，1982年，第104页。
③ ［德］康德：《纯粹理性批判》，邓晓芒译，北京：人民出版社，2004年，第608页。
④ ［德］奥特弗里德·赫费：《康德的〈纯粹理性批判〉》，郭大为译，北京：人民出版社，2008年，第16页。

判》当作数学理论或数学化的自然科学理论来读，甚或还包括将其当作普通认识论来读，那么他就背离了这样一个关键点：康德不是在其道德理论中才开始按照实践的意图，更准确地说是道德的意图进行哲学思考的，而是在他的知识理论中就已经开始了……《批判》整体说来强调的是一种实践哲学。"①

如果《纯粹理性批判》整体来说强调的是一种实践哲学，那么它所要追求的形而上学，其根本性质也应该是实践哲学的。从表面上看，康德似乎把形而上学分为地位相当的自然形而上学和道德形而上学两部分，甚至把思辨理性的形而上学就称为狭义的形而上学②。可是，如果康德批判哲学的形而上学动机说能够成立的话，那么自然形而上学和道德形而上学绝不具有同样的地位，后者具有无可置疑的优先性。这种优先性的根据，相当程度上来自实践理性对理论理性的优先性。严格说，理论理性和实践理性并不是两个理性，而是理性在不同领域的不同使用；但这不等于理性的这两种不同使用具有同等意义。恰恰是作为一个整体的理性看时，即"在纯粹思辨理性与纯粹实践理性结合为一种知识时，后者领有**优先地位**"③。

虽然康德是到了第二批判才明确谈论实践理性的优先性和理论理性对它的从属性，但其实他从前批判时期就已经具备了这个根本的思想。根据美国学者 Frederick C. Beiser 的研究，康德在 1764—

①　[德]奥特弗里德·赫费：《康德的〈纯粹理性批判〉》，郭大为译，北京：人民出版社，2008 年，第 11 页。

②　[德]康德：《纯粹理性批判》，邓晓芒译，北京：人民出版社，2004 年，第 635—636 页。

③　[德]康德：《实践理性批判》，邓晓芒译，杨祖陶校，北京：人民出版社，2003 年，第 166 页。

1965 年间思想经历了一个巨大的变化，他将之称为"一个完全的革命"。主要是康德对理性的目的有了全新的思想。他不再把理性看作是对上帝、天命、不朽、终极力量和自然的微粒的思辨，而首先应该关心生活的目的。所有探索的最终目的，是认识"人的使命"。为了确保理性完成它适当的目的，康德设想了一种怀疑的方法，它将瓦解思辨的做作，使人能直接探究对人类生活有用的事情。同时，康德也重新规定了形而上学本身的任务，它不应该思辨超越我们感性经验的东西，而应该是"一门人类理性的界限的科学"。康德思想的这个变化与卢梭有关。卢梭在《论人类不平等的起源和基础》对理性在近代社会的推进进行了尖锐的批判，认为它不是使人崇高，而是奴役人。艺术和科学创造了人为的贪得无厌的需要和欲望，使得每个人都依赖他人。康德同意卢梭的观点，工具理性的确奴役人，但不认为理性只有工具的作用。他关于理性目的的新的思考，就是回应卢梭的。康德论证说，如果理性不想成为人类道德腐败的根源的话，就应该在两个方向上重新规定自己。首先，理性的目的应该是实践的而不是理论的，这样它就能为人类服务而不是从事徒劳和无用的思辨。其次，理性不应该是满足我们欲望的工具，而是一种道德目的的能力，实际上是普遍道德律的根源。卢梭自己就在《社会契约论》中用公意理论讲过这个思路。因此，部分是回应卢梭，部分是在他的影响下，康德发展了理性是目的能力的观点①。

　　在《纯粹理性批判》中，康德在指出理论知识局限性的同时，

① Cf. Frederick C. Beiser, "Kant's intellectual development: 1746-1781", *The Cambridge Companion to Kant*, ed. by Paul Guyer, Cambridge: Cambridge University Press, 1999, pp. 43-44.

实际上也显示了理论理性的局限。我们无法从理论理性中得出我们是自由的结论，但实践却向我们表明了我们并不完全受自然决定论的约束。理论理性无法证明道德所要求我们持有的那些信念。在谈到意志自由、灵魂不朽和上帝存在这三个理性的信念时，康德对理论理性给予否定的论述，而对实践理性给予肯定的论述。他用关于上帝和灵魂不朽的实践形而上学，取代了关于上帝和灵魂不朽的理论形而上学①。于是，我们可以看到，狭义的形而上学，即进行知识批判的思辨理性的形而上学实际上是实践形而上学的准备，它的目的，恰恰是为了推翻不恰当的理论理性的形而上学，建立实践形而上学。

实践理性和实践形而上学表明我们首先是理性的行动者。实践理性要求我们希望个人成为幸福和历史进步。在第二批判中，康德不仅论证我们必须认为我们自己是自由的道德行动者，而且也论证我们必须把自己看作是不朽的，是生活在一个由上帝理智统治的世界中。在《重提这个问题：人类是在不断朝着改善前进吗?》中，康德指出，理论理性不能决定人类是否是进步的。但实践理性或道德要求我们相信世界有和平，"来自强权方面的暴力行为将会减少，遵守法律将会增多。在共同体中大概将会有更多的良好行为，更少的诉讼纠纷，更多的信用可靠……这就终于也会扩展到各民族相互之间的外部关系上，直至走向世界公民社会"②。我们必须原则上把历史看作是在前进，道德的，不管在实际过程中会有什么样的反复和

① ［德］奥特弗里德·赫费：《康德的〈纯粹理性批判〉》，郭大为译，北京：人民出版社，2008年，第296页。
② ［德］康德：《历史理性批判文集》，何兆武译，北京：商务印书馆，1996年，第160页。

代价。我们生活的经验世界是由理论构成的，但我们的行为却是受实践理性的指导。我们既是理性的行动者，也是理性的认识者，但首先是理性的行动者，"我们作为理性行动者的本质支配着作为理性认识者的本质"①。第三批判关于终极目的的论述，更是将批判哲学的实践形而上学本质表露无遗：

> 既然这个世界的事物作为按照其实存来说都是依赖性的存在物，需要一个根据目的来行动的至上原因，所以人对于创造来说就是终极目的；因为没有这个终极目的，相互从属的目的链条就不会完整地建立起来；而只有在人之中，但也是在这个仅仅作为道德主体的人之中，才能找到在目的上无条件的立法，因而只有这种立法才使人有能力成为终极目的，全部自然都是在目的论上从属于这个终极目的的。②

在讨论哲学的世界概念时，康德明确指出，哲学使用各种科学（数学、自然科学、逻辑学）"以便促进人类理性的根本目的"③。显然，这是一种实践的使用，"通过这种使用，《批判》成为自然科学时代的实践哲学"④。虽然康德始终说哲学由理论哲学和实践哲学两个部分组成，但赫费上述说法还是可以成立的。我们可以把康德的实践哲学理解为狭义和广义的两种。前者就是道德哲学，而后者则是作为人的全部使命的哲学本身。从康德把"确立人的权利"作为他的哲学的根本目的后，他就是把他的哲学作为广义的实践哲学或

---

① J. B. Schneewind, "Autonomy, obligation and virtue: An overview of Kant's moral philosophy", *The Cambridge Companion to Kant*, p. 331.

② ［德］康德：《判断力批判》，邓晓芒译，杨祖陶校，北京：人民出版社，2002年，第294页。

③ ［德］康德：《纯粹理性批判》，邓晓芒译，北京：人民出版社，2004年，第634页。

④ ［德］奥特弗里德·赫费：《康德的〈纯粹理性批判〉》，第322页。

实践形而上学来追求的。我们可以说，形而上学的动机，确切地说，实践形而上学的动机，贯穿了整个批判哲学。虽然康德的哲学博大精深，内容广泛，但上述形而上学动机，不但促成了他的第一批判，也推动他全部的哲学活动。只有充分理解这点，我们才能对康德哲学及其本质有深层次的整体性理解。

从康德的历史哲学
看康德哲学二元论的困境

西方哲学从巴门尼德和柏拉图开始，就一直有二元论的思想传统，但是，把存在明确划分为现象与本体两个彼此截然不同的领域，却是从康德开始。在康德之前，人们也会区分本体和现象，但现象是本体的现象，与本体有内在的、不受人影响的联系。但是，康德的批判哲学把现象变成了人为的现象，它取决于主体，确切地说，取决于我们的认知能力：感性直观和理性（知性），为它们所构造，而不取决于本体。虽然康德在第一批判中也暧昧地提到物自体对我们认知的影响，但根据他体系的内在逻辑这是不可能的，因为不能认识本体是康德批判哲学的基本教条。因此，很多后康德哲学家认为物自体概念纯属康德体系的累赘，成事不足，败事有余，给他的体系造成了很多不必要的麻烦。

现象领域是经验领域，也是可认知的领域。这个领域就是受必然性规律支配的自然领域。科学只是关于自然必然性的知识。但是，除了经验领域外，还有非经验的领域，就像除了现象还有本体一样。前者是理论理性的领域，后者是纯粹实践理性的领域。前者的对象是受必然性支配的自然，后者的对象是自由意志产生的道德。两者冰炭不同器，彼此有根本的存在论和认识论上的区别，因而处于根本的对立中，彼此没有关系，也不能相互影响。这就意味着人的世界和世界经验是分裂而非统一的。主体本身也是分裂的：一方面，他作为自然的存在者，不能不服从自然的必然性；另一方面，作为具有自由意志的存在者，他又是自律的。

康德如此将世界一分为二，有其不得已的苦衷。康德最初与当时的唯理论者一样，认为理性能如其所是，而不是如其所现地认识事物，即理性能认识事物本身（物自体），而不是作为现象的事物。但是，休谟将他从"独断论的迷梦"中惊醒，让他看到我们的认识对象始终是"我们的"认识对象，即经过我们的理智的中介加工的。休谟的怀疑论产生了"知识是如何可能的"，进而"形而上学是如何可能的"问题。"康德分享了休谟的见解，即形而上学与一般认知是相互依赖的。"①所以，要回答形而上学如何可能，必须从回答知识如何可能着手，也就是从知识论着手。而要回答知识如何可能的问题，关键是回答知识的对象如何可能的问题，即什么样的对象才是知识的对象。批判哲学对此一问题的回答是：经验对象（即现象）才是知识的对象，物自体不是知识的对象。因此，知识的领域限于经验自然的领域。一旦理性试图越出其合法范围而将物自体作为自己的认识对象，即会产生自相矛盾的悖论，即二律背反。

可是，康德理性批判的目的，绝不仅仅是消极地规定知识的界限，证成知识的可能性；而是有其更为重要的意图在，即证明自由的合法范围，从而证明自由的存在。启蒙的机械论和决定论哲学已经给自由的合法性造成了极大的挑战，在康德看来，自由不能是一

---

① ［英］塞巴斯蒂安·加德纳：《康德与〈纯粹理性批判〉》，蒋明磊译，北京：中国人民大学出版社，2018年，第20页。

个经验现象（如果它是经验现象，就必须服从自然因果律，就不是自由，而是必然了，如康德第三个背反所表明的那样），我们只能设定它在感性经验以外的领域，即本体领域中存在。在此意义上，理性批判限制思辨理性的使用范围并不是消极的，它恰恰是要指向和表明超感性领域，即本体领域的存在。纯粹理性除了理论运用外，还有一个实践运用的领域，即超感性的本体领域，也就是自由意志的领域。自由意志不可能在经验领域存在，它只有被设想为物自体，才是自由的①。自由意志的一个主要表现是道德，道德典型地体现了自由意志的存在。

然而，世界本为一体，人的经验也应为一体，可康德哲学硬生生把前者分裂为自然和自由，相应地把后者分裂为自然认识和道德信仰。"哲学也据此而分为理论哲学和实践哲学。"②康德不能接受哲学本身的分裂，因为"哲学的领地建立于其上且哲学的立法施行于其上的这个基地却永远只是一切可能经验的对象的总和"③。这就意味着，哲学的经验基础是统一的，哲学也必须是统一的。因此，如何把哲学两个互不相干的部分结合成一个统一的整体，就成了康德不能不面对的任务。

在第二批判中，康德设定道德与自然间的某种联系，但只是根据信仰来接受这个设定，完全没有提供任何证明。到了第三批判，康德就试图要在经验世界中找到道德合目的性的证据。但是，就康德哲学的体系而言，无论是理论体系还是道德体系，让它们各自老死不相往来似乎也无不可，事实上，在康德研究中，分别研究这两

①　[德]康德：《纯粹理性批判》，邓晓芒译，北京：人民出版社，2004年，第21页。

②　Kant, *Kritik der Urteilskraft*, Hamburg: Felix Meiner Verlag, 1968, S. 10.

③　Ibid.

个领域的人远远多于寻求在它们之间找到某种联系的人。

一直到现在,《判断力批判》都被许多人误以为是康德的"美学著作",即关于艺术的哲学思考。实际上在第三批判中康德关心的根本不是艺术或艺术作品的本质,如一般艺术哲学或美学著作那样,而是关心主体如何面对他前两个批判造成的事实(是)与价值(应该)、纯粹理论理性(认识)与纯粹实践理性(道德)、现象领域与本体领域之间的分裂与鸿沟。他在《判断力批判》的导论中,对这种分裂和鸿沟产生的问题有清醒的认识:"一条巨大的鸿沟在作为感性之物的自然概念领域和作为超感性之物的自由概念领域之间固定了下来,以至于无法(理性的理论运用)从前一个领域过渡到后一个领域,好像它们是非常不同的世界,前一个世界不能对后一个世界有任何影响:但后者毕竟应该对前者有影响。"①康德不能接受这样的"鸿沟"(kluft),因为它威胁人类经验的统一,所以他提出自由应该对自然有影响。然而,康德是在什么修辞意义上说"应该"?显然不是推论,而是主观的弱意义的断定。

不管怎么说,康德在《判断力批判》中试图用合目的性概念去统一自然和道德这两个领域,但并不成功。康德实际上要做和能做的事是在经验世界中找到道德合目的性的证据,只有这样他才能把自然和道德自由联系在一起。鉴于康德体系的二元论结构,这绝不是一个容易完成的任务。作为必然性领域的自然,如何能与作为自由的道德世界和谐统一呢?康德的法宝是合目的性概念。既然人的道德行为是合目的行为,那么如果在自然事物中也能找到合目的性,就能表明自然和道德的统一。当时正在兴起的生物学让康德觉

① Kant, *Kritik der Urteilskraft*, Hamburg: Felix Meiner Verlag, 1968, S. 11.

得有机体好像是合目的的。然而，即便生物有机体具有合目的性，它们仍然属于必然的自然领域，与自由无关。更何况目的论概念本身也只是一个设定或一种信仰，无论在理论上还是在道德上都无法得到证明[1]。

要打通自然和道德（自由），证明它们的内在统一，显然不能停留在自然领域。当然，也不能只谈道德自由。必须找到一个兼具自然和自由两大领域若干特征的领域，以它作为证明自然与道德有着内在的类同与协调一致的图式。在第一批判中康德用图式论来解决感性和知性的协调一致的问题，康德晚年也试图通过思考历史问题，将历史哲学作为某种证明自然和自由的统一的图式论，从而解决他一直面对的世界、理性、哲学二元分裂的问题。

人是两个世界——由规律决定的自然世界和由自由意志决定的超感性世界——的生物。然而，这两个世界在性质上根本有别，自然是现象世界，而自由属于本体世界，不能为人所经验，不是现象。人一方面被自然规律所决定；但另一方面他的自由意志又使他可以杀身成仁，舍生取义，服从不管自然规律的道德命令，从而显示他是自由的。但是，道德行为及其后果必须在经验中表现出来，因而只能是服从自然规律的经验现象。道德行为及其结果不是道德本身，就像自由本身不是自由的现象。即便生物有机体具有合目的性，它们仍然属于必然的自然领域，与自由无关。

自由的现象就是人类历史[2]。历史是作为自然的自由之现象，

---

[1] Cf. Emil L. Fackenheim, "Kant's Concept of History", *Kant-Studien*, Jan. 1, 1956, p. 393.

[2] 康德区分过自然的历史和人类历史（见康德：《人类历史起源臆测》，《历史理性批判文集》，何兆武译，北京：商务印书馆，1990 年，第 68 页），但他一般是在人类历史的意义上讨论"历史"。

因为由人的行为构成的历史，只能在自然中发生，而自然属于现象。但按照康德自然（现象）和自由（本体）的二元区分，"自由的现象"似乎是一个悖谬的说法；实际上却无法拒绝，因为即便是属于自然物的人，也是有理性的人，而理性是自由的根源和保证。理性使人得以超越本能，也就是超越自然。理性让人求知，也让人可以选择自己的生活方式，这两种人的基本实践都是本能无法解释的。从人被本能支配的意义上说，人属于自然。但从人使自己有理性①，从而能根据理性行动而言，人又不完全属于自然，而有一个自由的领域。但这个自由领域并非基督教的彼岸世界那样的超越领域，而是存在于人的理性之中。自由系于理性，限于理性主体的内在性。鉴于现象与本体的二元区分，自由只能作为现象在现实世界中出现，更确切地说，自由只能作为现象在人类历史中出现。历史是有着自由现象的经验世界。也因此，这个经验世界与纯自然的经验世界有别。历史意味着人摆脱自然的绝对支配、走出了纯粹自然世界，而创造一个人为的经验世界。按照康德的理论体系，在这个历史世界中，自然规律的作用仍然是不可抗拒的。

然而，作为一个现实经验过程的历史，它的先决条件是理性，没有理性便没有历史，康德的论文《人类历史起源臆测》其实已经表明了这一点②。理性与自由只能作为现象在历史中出现，但经验的历史本身并不是理性的，也不是自由的。可是，即便是经验的历

---

① 康德并不认为自由和理性是天赋的，即自然给予人类的，而是人自己给予的，所以他反对称人为"理性的动物"（animal rationale），而认为人应该叫作"具有理性能力的动物"或"能理性的动物"（animal rationabile）（cf. Kant, Werke, vol. VII, p. 321）。"康德观点的核心与革命的部分是自由与理性不是人类实体的一部分。"

② Cf. Emil L. Fackenheim. "Kant's Concept of History", Kant-Studien, Jan. 1, 1956. pp. 386-387.

史，从一开始就与有机自然界一样，是一个目的论的系统，而不是绝对机械论的天下。但自然有其计划和意图的观念不是知识，只是主观设定的一个观念。并且，这个观念设定完全是出于实用的目的而非真理的根据："这一观念可能成为非常有用。虽然哪怕我们是如此短视看不透自然运行的秘密机制，但（自然意图）这个观念可以引导我们至少在整体上将否则是毫无计划的全部人类行为描述为一个体系。"①

这当然不是说人类历史是一个和谐的系统。相反，由于人既是社会的又是反社会的天性，人类历史充满了混乱和争斗。与地球上其他生物不同，人除了欲望和本能外，还有理性。他从来没有完全被欲望和本能支配，但他也从来都不是完全理性的。但是，人类理性并非只是道德理性或理论理性。在康德的历史哲学中，理性首先是用来满足人的欲望的工具，即工具理性，而不是理论理性，更不是道德理性，因为人首先要满足自己的生存欲望。由此产生了"文化"②。然而，人的本能与欲望是多样因而是矛盾的，单纯工具理性不但不能解决这种矛盾，反而会加剧这种矛盾，造成无穷的争斗。迫于安全的压力（如霍布斯早先描述人），人被迫使用理性不但要为本能服务，更须控制本能，否则后果不堪设想。人类历史是从"本能的摇篮过渡到理性的指导"③，这种"理性的指导"既是对本能的控制，也是对纯粹工具理性的控制。

尽管如此，人类历史却不能说是一个自由的领域，即使是自由

---

① ［德］康德：《世界公民观点之下的普遍历史观念》，《历史理性批判文集》，第19页，译文有改动。

② 康德把理性的工具性使用或手段—目的模式的理性运用叫作"文化"。康德有关"文化"的论述可看《判断力批判》，第83节。

③ ［德］康德：《人类历史起源臆测》，第67页。

意志之表现，人类行为"正如任何别的自然事件一样，总是为普遍的自然律所决定的"①。这也就是说，历史是必然性的领域，而非自由的领域。然而，目的论思想却使康德假定，历史发展有其理性发展线索，即人类所有非理性的、彼此冲突的活动最终总会趋向同一个目标，服从自然的计划。自然不会迫使个人成为他应该是的，却能使人类整体趋向自由。这样，历史似乎是一个必然和自由共存的领域。但这从康德哲学本身来看似乎是不可能的。既然康德认为历史受必然的自然规律支配，它就没有方向；要么它是自由的领域，那它即使有方向，这方向也不是必然的。

事实上，按照康德哲学体系的二元论原理，历史在康德那里实际也是二元的，或者说，有自然的历史和理性的历史之分。康德并不把历史如实证主义史学家那样理解为纯粹经验的过程。在西方古典语言（希腊语和拉丁语）中，"历史"是"故事"和"叙述"的意思。康德把"历史"（Geschicht）一方面理解为人的意志和行动中产生、但符合自然规律、相互联系在一起的经验现象的故事（Erzählung）。另一方面，他把历史看作在此故事中讲述的事情的过程，人类在此过程中实现它隐藏的可能性，发展它的理性和自由②。显然，这是一个有着目的论结构的过程，这样才能保证这样一个永远不会停止的过程是一个必然的理性自由发展的过程。也只是依靠目的论，这两种历史才可能互相兼容，其实它们是永远分裂、不可重合的。

----

① ［德］康德：《世界公民观点之下的普遍历史观念》，《历史理性批判文集》，第1页。

② Cf. Yirmiahu Yovel, *Kant and the Philosophy of History*, Princeton: Princeton University Press, 1980, p. 142.

"自然的历史"的意思不是大自然的历史，而是人经验的历史。康德《判断力批判》第 83 节"作为一个目的论系统的自然的最后目的"，主要就是论述经验意义上的历史。他把这个历史叫作"文化"。康德的文化概念是在卢梭《爱弥儿》的影响下产生的。早在《判断力批判》出版前，他就在《世界公民观点之下的普遍历史观念》中提出了文化的概念。在那里，他提出了著名的"非社会的社会性"思想，即人既不能很好地容忍他人，又不能离开他们。他必须生活在人群中间，文化因此而产生，文化和艺术乃是人的"非社会性"所致。具体而言，文化是人适应自然和利用自然的种种态度和技巧，以实现大自然给他们规定的目的。在《判断力批判》中，康德进一步把"文化"定义为"我们鉴于人有理由归之于自然的最终目的"①。文化是"自然为了使他有准备去做他为了成为终极目的就必须去做的事情而能够提供的东西"②。

总之，文化虽然可说是自然的克服，但归根结底却是自然的产物，更确切地说，是自然本身决定了文化的产生。人既有内在的自然（他的种种激情、欲望、倾向）又有外在自然（他的社会和物理环境），与此相应，文化也分为技巧的文化和规训的文化。无论是技巧的文化（其实叫技术的文化更好）还是规训的文化，都是理性在作为现象界的历史中的发用和表现。

技巧的文化指的是人用来对付他的外在环境发展起来的种种满足他需要的技术和维持人际社会而建立的种种制度。前一种文化主要是理性用来对付外部环境，以满足人的各种物质需要而产生的种

---

① Kant, *Kritik der Urteilskraft*, Hamburg: Felix Meiner Verlag, 1968, S. 300.

② Ibid.

种技术，即工具理性。但工具理性的发展本身不是一个自然过程，而是"不借助人们中间的不平等也许就不能得到发展"①。只有在多数人被压迫而少数人得以享受物质文明成果的条件下，技术的文化才得以发展。那些少数享有技术文化成果可以避免为生存操劳而有足够的闲暇创造知识、教育、开明的观念和奢侈。正是在冲突和不平等的基础上，产生了国家内的市民社会的政府、开明的刑法和民法，最终是一个在国际上建立和平，在每个国家内强制实行自由的世界联盟（世界公民整体）。这并不是一个文明不断进步的美好故事，而是充斥着战争和竞争，甚至剥削和压迫，康德认为这些都促进了文化的发展和进步。并且，文化发展过程中产生的种种问题，最终都将得到符合最高善的解决。在德国哲学家中，不是黑格尔而是康德，才是恶是进步的动力观念的始作俑者。

规训的文化指的是人控制自己的内在自然，它并不体现为一种外在的准道德体系，而是人对自己的内在意志用力，让它为道德的统治作准备。人通过净化他粗野的激情，从而放弃他当下的本能欲望，使得他可以不受生物欲望支配，而能有所选择，有所为有所不为，成为一个有教养的人。他不但控制自己兽性的欲望，还创造了由文化决定的某种新的激情和需要。当然，这还不算真正的道德，只是人为最无节制的图谋服务的自控能力和选择能力而已。更多的教育会使人狂妄自大；精致的趣味会产生反复无常的倾向；新获得的文化兴趣可能导致像妒忌、忘恩负义、幸灾乐祸、无情竞争这样"文化的恶习"②。尽管如此，规训的文化还是能"把意志从欲望的

---

① Kant, *Kritik der Urteilskraft*, Hamburg: Felix Meiner Verlag, 1968, S. 300.
② ［德］康德:《纯然理性界限内的宗教》,李秋零主编《康德著作全集》第6卷,北京:中国人民大学出版社,2010年,第26页。

专制中解放出来，由于这种专制，我们依附于某些自然物，而使我们没有自己作选择的能力"①。规训的文化是为道德意志的统治作准备，不驯服人的自然意志，理性意志就无能为力。

尽管无论是技巧的文化还是规训的文化，都有自身的问题，但康德还是相信，人类的前途是光明的。文化产生的自由、平等、和平和开明的司法系统很可能提升个人幸福或福祉的水准。即便是属于人的自然状态、不断威胁人类的战争状态，也会文化地进步（民主共和制、自由国家的联盟、世界公民权利的建立）而彻底终结，永久和平终将实现。

但是，现实的历史即便是现象，也有它不可拒绝的实在性。康德自己也承认："唯有以人性的经验原则为基础的实践，而不认为从世界上实际发生的情况中为自己的准则汲取教训是件低贱的事，才能够希望为国家智虑的建筑找到一个牢靠的基础。"②一旦离开他从理论上构筑的本体界而回到现象界，康德对人性的认识可以说是完全悲观的。在他眼里，人类根本就是一种"弯曲的材料"，从这种"弯曲的材料"中，"是凿不出什么彻底笔直的东西的"③。人的"非社会的社会性"使得"他对他的同类必定会滥用自己的自由的；而且，尽管作为有理性的生物他也希望有一条法律来规定大家的自由界限，然而他那自私自利的动物倾向性却在尽可能地诱使他要把自己除外"④。"人性的卑劣"甚至"在各民族的自由关系之中可以赤裸裸地暴露出来"⑤。尽管共和制是"完美地符合人类权利的唯一体

---

① Kant, *Kritik der Urteilskraft*, S. 301.
② ［德］康德：《永久和平论》，《历史理性批判文集》，第 131 页。
③ ［德］康德：《世界公民观点之下的普遍历史观念》，第 10 页。
④ 同上。
⑤ ［德］康德：《永久和平论》，第 111 页。

制",可是它"也是极其难于创立而又根据难于维持的体制……因为人类因其自私的倾向是不能够有那么崇高的形式的体制的"①。无论如何,人身上的自然禀赋使他"也在尽自己的能力致力于毁灭自己的种类"②。

很显然,如果"以人性的经验原则为基础"的话,康德关于人类历史的乐观主义是完全没有根据的。因为即便文化是理性在现象界的发用和表现,可经验的现象界或人类实际的历史却根本不是一部理性发展史。支配着人类历史的文化虽然是广义的理性发用和表现,其实还不是纯粹理性本身,而是工具理性或理智,是一种算计的能力,这种工具性能力不但人有,魔鬼,甚至也许高等动物也会有。理性不仅是一种工具性的算计,也是一种自足的关切(interesse)。它以自身为目的,而不像文化,是以自身以外的事情为目的。此外,根据康德哲学的二元论结构,他也不能像黑格尔那样,主张经验的历史就是理性本身的发展史。但是,作为一个彻底的理性主义者和观念论者,他又不能不像黑格尔那样,承认历史的合理性,即历史的目的就是理性本身的目的,或理性的目的本身。这样,他就必须面对黑格尔不可能面对的难题,即如何以超越的理性来解释经验的历史。

经验的历史是一个经验的整体。整体是经验的统一性,它本身无法经验,需要靠理性来把握。在第一批判中,康德为此提出了"范导性"(regulativ)原理,它的目的"是要从知觉中产生出经验的统一性"③。在面对经验的历史时,康德同样将理性作为范导性的

---

① [德]康德:《永久和平论》,第124—125页。

② Kant, *Kritik der Urteilskraft*, S. 299.

③ [德]康德:《纯粹理性批判》,邓晓芒译,北京:人民出版社,2004年,第169页。

理念来使用，以从整体上把握和解释历史。在康德的理论哲学中，"这种理念先行于各部分确定的知识，并包含先天地确定每个部分的位置及其对别的部分的关系的那些条件"①。这还说得过去，毕竟按照康德的理论，所有知识都是以理性的主观建构为条件的。但经验的历史首先不是主观知识，而是人的客观存在，这就不能不借助他的目的论观念。

虽然康德是到了第三批判才系统阐述他的目的论思想，但目的论却是贯穿他整个哲学发展（前批判哲学时期和批判哲学时期）的核心主题。康德青年时代便被经验世界中的种种目的论表现吸引，虽然他那时还是用纯粹机械论术语来解释它。到了批判时期，他在《纯粹理性批判》中已经认识到："一切在我们力量的本性中建立起来的东西都必然是合目的的并且与这些力量的正确运用相一致的。"②虽然按照 Yovel 的研究，康德的目的论有着经验和经验科学的根据③，范导性原理才是他目的论的基础④。

与亚里士多德和中世纪的目的论不同，康德的目的论不是一种宇宙论意义上的目的论。自然的、宇宙论意义的世界服从机械规律，它本身没有目的论意义。只有人的理性和实践（道德）才能赋予它种种目的。赋予世界以目的的，是被理解为道德理性或目的论理性的人的意志，它作为实践理性起作用。这些当然是康德批判哲学的成果。康德把自己的哲学比作哥白尼式的革命，但哥白尼的日心说实际剥夺了人在宇宙中的中心地位，而康德的疑似哥白尼革命

---

① ［德］康德：《纯粹理性批判》，邓晓芒译，北京：人民出版社，2004 年，第 507 页。
② 同上书，第 506 页。
③ Cf. Yirmiahu Yovel, *Kant and the Philosophy of History*, pp. 128-132.
④ Kant, *Kritik der Urteilskraft*, S. 223.

却赋予人以宇宙的中心地位。人不再是与自然中其他成员一样的自然的一员，而是成为自然本身的焦点。自然要服从机械规律，而这些必然规律却是由人的建构性理性强加给自然的。只是因为给予自然某种逻辑结构，它对我们才可能。因此，人的理性成了一种形成世界的力量。

人的理性不但是一种建构性力量，也是一种改变性力量。如果说理论理性主要体现理性的建构性力量，那么实践理性便体现为它的改变和重塑的力量。但是，这种改变和重塑不是指物理意义上的改变和重塑，而是指人赋予自然以人的秩序、目标和意义，使之不再自在存在，而是也体现实践理性的目的和反映人的理性形象。康德的政治哲学和历史哲学，尤其是后者，就是为了论证这个思想。

可是，康德哲学的二元论前提从一开始就隐含了事实与价值、应然与实然、主观与客观、现象与本体的截然二分。只服从必然的机械规律的自然界，本身没有内在或超越的目的，它只是作为一个服从它自己的机械规律的物理事实与我们相对。而另一方面，实践理性的目的并不表现在客观世界，而是体现为人的自由意志；它的实现不是自然的过程，而是理性意志的作用。康德不得不承认，在作为感性东西的自然与作为超感性东西的自由概念之间有着巨大的鸿沟，它们之间不可能有任何过渡①。

从表面上看，作为文化的历史似乎把自然与人的目的紧密结合在一起。通过使用工具，开垦土地，适应气候，改变生态条件，等等，人类似乎把自己的目的赋予了自然。其实不然，这只不过是让自然满足自己的物质需要而已。即使是以财产的形式从法律和道德

---

① Kant, *Kritik der Urteilskraft*, S.11.

上改变物理自然，从而使自然对象进入社会关系和司法制度中，人的自由意志仍然没有得到实现。另一方面，自然对象还是服从其自身必然性的客观的自然对象。也是由于这个缘故，人类历史本身还是现象领域，离道德领域本身还有无限的距离。

康德对此并不隐晦。我们也不能想象作为典型的观念论者的康德会依靠经验来论证世界的统一性。虽然康德很清楚他哲学的二元论前提使得他不得不面对一个分裂的世界，因而是分裂的理性和哲学，但他从未放弃论证世界统一性的努力。毕竟对于他来说，追求世界的统一性的形而上学属于人的天性。世界的统一性，不能通过任何经验的事实来论证，只有通过原理才能证明。在《实践理性批判》中，康德已经试图在内在于道德和经验世界的法则形式中寻找沟通两个世界的中介因素。道德虽然本身是先验的，但却只有在经验世界得到运用才有意义。所以他当时就试图"要在感官世界中发现一种情况，它既然就此而言永远仅仅服从自然法则，却又允许一条自由法则运用于其上，而且应当在其中具体地展示出来的道德上的善的超感性理念也能运用于其上"①。而要证明这种"看似荒唐"的情况实际是可能的，也就是证明自然和道德两个领域是可以沟通的，只有证明自然法则和道德法则之间存在着某种形式上的一致。

然而，这显然是不够的，道德领域与自然领域的内容是非常不同的，前者是自由的领域而后者是必然性领域，它们各自法则形式结构上的某种一致无法消除它们内容上的冲突。所以第二批判实际并没有解决打通这两个领域的问题。康德在第三批判中试图以目的论图式来解决沟通自然和自由两大领域的问题。在第三批判的第二

---

① ［德］康德：《实践理性批判》，李秋零主编《康德著作全集》第5卷，第73页。

部分即"目的论判断"部分，康德把目的论用作一个范导性原理来表明，只有在目的论基础上自然才能被把握为一个统一的系统。

虽然自然规律的具体内容取决于一些偶然因素，但这些要素的融贯性却是惊人的；事实上各种自然规律形成了一个融贯一致的体系。这表明，自然中那些给予的偶然因素与各种合理性结构，也就是内在的合目的性有着某种类同。事物有外在目的（实用性目的）和内在目的。康德目的论注重的是事物的内在目的，或者说，有内在目的的事物，如有机存在者。因为"它的起源的因果性不是在自然的机械作用中去寻找，而是必须到一个由概念来规定其起作用的能力的原因中去寻找，就要求该事物的形式不是按照纯然的自然法则而可能的，也就是说，不是按照仅仅由我们通过知性在应用于感官对象上时能够认识的那些法则而可能的；相反，甚至这形式根据其原因和结果的经验性知识，也是以理性的概念为前提条件的"①。这里说的不是出于自然的机械作用的因果性，其实就是康德说的出于理性的自由的因果性。有机物也是自然物，必须服从必然性，但康德在这里用匿名的自由因果性来规定它的因果性，而且公然说它们不是"按照仅仅由我们通过知性在应用于感官对象上时能够认识的那些法则而可能的"，显然是要模糊自然和自由的明确界限。这还不算，康德紧接着又说："这种因果性在这种情况下就是按照目的来行动的能力（一个意志）。"②这是已把人的行为特征（按照目的来行动）赋予自然物了。

然而，康德并不想放弃他的自然和自由的根本区分（如果放弃

①　Kant, *Kritik der Urteilskraft*, S. 232.
②　Ibid.

的话，他的整个哲学也就必须放弃了），所以他不能不承认，有机化的自然只是类似人的活动，虽然我们是根据我们的实践理性能力在类比中观察自然的合目的性原因，但自然目的不是实践目的[①]。此外，目的论是范导性原理，不具有建构价值，它对自然事物的种种规定不属于自然本身，而只属于我们对自然事物主观的反思判断。再者，目的论现象中的理性模式是认知型的，没有道德意图；而道德行为中的理性模式是实践型的，以道德为目的[②]。即便作为自己原因和结果的自然目的也根本不是道德目的或实践目的。类比意义上谈论自然的目的论特征并不能打通自然和自由两大领域。

但是，前面已经说过，文化还不是道德本身，文化或人类历史，作为现象，还不是自由的领域，而属于自然的必然性领域。自然本身充其量只是一个为自由的实现做准备或铺平道路的外在的准道德的系统。而作为本体的人是一个自由的存在者，他有一个终极目的，就是成为一个服从道德法则的人。作为道德存在者（本体）的人"就是创造的终极目的；因为若没有这个终极目的，相互隶属的目的的链条就不会被完备地建立起来；……整个自然都是在目的论上隶属于这个终极目的的"[③]。但是，将自然目的论隶属于人这个最终目的，并不能统一自然和道德，必然与自由。对自然的目的论说明是范导性而不是建构性的，它完全不能取代或取消建构性的自然知识。将自然目的性隶属于人这个最终目的，无非是说自然与道德一样，都由人为其立法，但一为必然的法则，一为自由的法则，分属现象界与本体界，它们有人的主体性这个共同起源不等于

① Kant, *Kritik der Urteilskraft*, S. 239.
② Cf. Yirmiahu Yovel, *Kant and the Philosophy of History*, p. 85.
③ Ibid. , S. 305.

它们是没有本质区别的统一体。康德寻求世界的统一性的努力最终是失败了。

康德二元论造成的困境不仅仅是理论的困境，也暴露出他哲学实践本身的困境。从理论上说，康德自己要求自然法则和道德法则最终应该是包含在一个唯一的哲学系统中[①]，但实际上他的理论哲学和实践哲学分别是两个互补相关的哲学系统，并未构成一个有机的整体。就像世界在康德哲学中是分裂的那样，哲学在他那里也是分裂的。这种分裂不仅暴露出他哲学的缺陷，而且也使他的哲学不能实现其初衷。

康德哲学是有着强烈的现实关怀的哲学，在他看来，哲学的最终目的"无非是人类的全部使命"[②]，哲学的根本问题是"人是什么"。这个"人"，当然不是抽象的概念，而是生活在现实世界中的人。"他所关心的不是普鲁士甚至欧洲社会的特殊性，而是全体人类的命运。"[③]是人类命运的改善。他说："我常常觉得，假如我［作为研究者］不想在奠定人权上给大家作些贡献，我就会比那些普通的劳动者更没有用处。"[④]"康德的终极关怀在于道德……他想要证明，即使我们无法认识绝对的实在，但是道德仍然可以对我们要求说它是绝对且不可抗辩的。"[⑤]可是，既然作为应然的道德和作为实然的现实世界被划分在泾渭分明、无法打通的本体和现象两界的各一边，道德实际上如何对（服从自然法则的）现实生活产生真切的

① ［德］康德：《纯粹理性批判》，邓晓芒译，北京：人民出版社，2004年，第635页。
② 同上书，第634页。
③ ［美］曼弗雷德·库恩：《康德传》，黄添盛译，上海：上海人民出版社，2008年，第322页。
④ 同上书，第167页。
⑤ ［美］曼弗雷德·库恩：《康德传》，第306页。

影响? 康德的道德哲学最多只是实践哲学范畴中的理论哲学。

但最要紧的还不是康德哲学本身的性质,而是按照康德自己的要求,自由如何通过它的法则所提出的目的在感官世界中成为现实;另一方面,自然形式的合法则性至少与要在它里面造就的目的按照自由法则的可能性相协调①。如果不能妥善解决这两个关键问题,康德哲学就没有达到它自己给自己提出的目标,就是失败的。

康德本人对此当然洞若观火,一直在试图解决这两个关键问题。康德试图让人成为自然这个目的系统的最终目的来解决他哲学的二元论前提造成的这个困境。他论证说:"人是世上惟一能够给自己形成一个关于目的的概念,并能通过自己的理性把合目的地形成的诸般事物的集合体变成一个目的系统的存在者。"②人固然是自然目的链条上的一个环节③,但他是唯一能给自己设定目的的存在者,他的道德法则给他先天规定了一个终极目的,这就是追求实现尘世的至善④。"至善"(summum bonum)这个概念成了康德解决自己哲学体系上述困境的关键。⑤

按照康德的有关论述,"至善"是道德法则给我们规定的终极目的,在世上通过自由实现至善是人的义务。至善的根据是先验的,但它的思想却是经验的,它不是一个彼岸的目标而是一个要在此世实现的目的。至善既有本体的属性,又必须有经验的表现,是一个必然成为实然的应然。早在《实践理性批判》的"辩证论"中,康

---

① Kant, *Kritik der Urteilskraft*, S.11.

② Ibid., S.295.

③ Ibid., S.299.

④ Ibid., S.321.

⑤ 在此问题上,作者深受耶米雅赫·约维尔(Yirmiahu Yovel)在 *Kant and the Philosophy of History* 一书中有关论述的启发。

德就把至善作为实践理性对象的无条件总体加以提出①。在那里，他把至善规定为德性与幸福的统一②。也就是说，至善是德福一致，它体现先验与经验、本体与现象、理性和感性、道德和自然的统一。但是，在这里，至善还只是就个人人格而言，是某个个人的至善。但是，到了第三批判时，康德就在人类而不仅仅是个人意义上谈至善了："这种福祉就在于理性的尘世存在者的最大福利与他们善的最高条件的结合，也就是说，在于普遍的幸福与最合法则的道德性（Sittlichkeit）的结合。"③这里，至福包括了人类的所有目的：现实生活的和道德的。在《纯粹理性界限内的宗教》中，至善不仅"既把我们所应有的那些目的的形式条件（义务），同时又把我们所拥有的一切目的的所有与此协调一致的有条件的东西（与遵循义务相适应的幸福），结合在一起并包含在自身中"。而且是"出自自由的合目的性与我们根本不能缺乏的自然合目的性的结合"④。也就是说，至善兼有自由的合目的性与自然的合目的性于一身。或者用《实践理性批判》的话讲，是"自然王国与道德王国的精确一致"⑤。

　　虽然至善并非超越者，但它也不是现实者，而是有待实现的义务，在此意义上，它是应然。康德在他的实践哲学著作中几次强调实现至善是道德命令。作为义务，至善不仅包含我所有终极目的（我私人的幸福和德性），也包含道德宇宙的最终安排。至善不仅包含理性意志，也包含人的经验意志（追求尘世幸福），把人的欲

---

　　① ［德］康德:《实践理性批判》，第 115 页。
　　② 同上书，第 118 页。
　　③ Kant, *Kritik der Urteilskraft*, S. 325.
　　④ ［德］康德:《纯然理性界限内的宗教》，李秋零主编《康德著作全集》第 6 卷，第 6 页。
　　⑤ ［德］康德:《实践理性批判》，第 154 页。

望也整合进一个道德对象。配得上德性的幸福被包括在道德意志的
共同目的中。在经验意志层面，幸福是一个人与人冲突和分裂的原
则，但在道德意志层面，它参与将所有人联合在一起的共同的最终
目的，这就是至善。

其实，至善又不是一般的应然，它始终有经验的要素，这就是
一般意义的自然（康德主义指人与社会的自然，即文明；但也包括
物理自然，就它进入人的行动，受人控制而言）①。康德在第三批
判中把至善叫作"理性存在者在道德法则下的实存"②。按照 Yovel
的说法，"在……法则下是实存"是标准的康德对自然的定义③。在
"道德法则下的实存"既然是"实存"，就是指人的经验存在，也就
是说，上述至善的定义表明，人在服从道德法则的同时，也服从自
然法则。至善指一整个世界。"至善是一个世界的名称，在此世界
中，道德的法则性即支配了所有个人的主观态度，从而构成一个普
遍的伦理共同体，也支配客观的，人们在其中生活和行动的经验
领域。"④

其实，至善是应然和实然在时间中的统一。在第一、第二批判
中，康德倾向于把至善看作是一个超越于我们的现实世界，与之分
开的一个世界，是批判哲学和理性版的来世概念。但从第三批判开
始，康德的思想变了，至善成为"创造本身的终极目的"⑤，这个世
界的完美状态。它的实现便是"上帝在地上的国"⑥。但是，至善的

---

① Cf. Yirmiahu Yovel 在 *Kant and the Philosophy of History*, p.68.

② Kant, *Kritik der Urteilskraft*, S.314.

③ Yirmiahu Yove 在 *Kant and the Philosophy of History*, p.69.

④ Ibid., pp.71-72.

⑤ Kant, *Kritik der Urteilskraft*, S.303.

⑥ [德]康德:《纯然理性界限内的宗教》,第137页。

实现无限遥远，虽然它包含道德意志和经验实在的综合统一，这种综合统一永远有待在无限的时间中实现。至善与所予世界不是两个不同的世界，而是两种状态，即当下的状态和理想的状态。因此，至善是一个历史目标，但只是作为范导性理念的历史目标[1]。

作为范导性理念的至善，不可能真的统一道德和自然两个世界，尽管康德把它叫作"道德自然"。它有经验自然的成分，但它是理念而不是经验；是理想而不是现实。再者，道德自然充其量是指人类社会，而不能包括物理自然。但不管它是哪种自然，只要它不是超感性的自然（根据康德对至善的规定，它既不是单纯的感性自然，也不是单纯的超感性自然，而是二者的统一），在康德哲学中，它就不是原本的自然（*natura archetypa*），而是摹本的自然（*natura ectypa*）[2]。它的摹本性质表明它只是一个超越的原本自然在感性世界中的体现，但它不是那个超越的超感性自然本身，而是与之有不可逾越的鸿沟。如果至善是如 Yovel 所言是范导性的历史理念，是历史的顶点的话[3]，当康德强调文化无论如何不是道德本身时，他实际已经承认，就像圆的方不能把圆和方实际统一在一起一样，"道德自然"也不能把道德和自然实际统一在一起。要主张这两个领域最终统一为一，理性是无能为力的，因为正是它主张道德与自然是两个完全不同的领域；必须有一个超越的理由和根据。

另一方面，将至善理解为人类历史必将实现的终极目的显然是一个独断论的主张，如果没有对其可能性的证明的话。现实的历史充满了苦难和罪恶，康德对此从不讳言。他之所以将历史理解为一

---

① Cf. Yirmiahu Yovel, *Kant and the Philosophy of History*, p.72.

② ［德］康德：《实践理性批判》，第47页。

③ Cf. Yirmiahu Yovel, *Kant and the Philosophy of History*, p.75.

个不断向善，或者至善逐渐得以实现的过程，并不是出于进化论的思想，而是出于目的论。这个宇宙论意义的目的论，也必须由一个超越者来为它背书。总之，康德哲学自身的逻辑使他不可能用先验理性演绎的方法来论证自然和道德、实然和应然的统一，论证至善的可能性，即世界的统一性和合理性，人能最终把世界改造成一个"最好的世界"①，他只能通过设定一个超越的根源来解决这个他的哲学从一开始就注定不可能解决的问题。为此，必须设定上帝，更进一步说，上帝的实存②。

　　康德当然知道，现实世界对道德法则无感，甚至还是它们的障碍。它的经验法则完全取决于偶然的材料，并不服从理论的设计或理性主观的控制。虽说天道无亲，常佑善人，实际却是往往好人无好报，现存世界的种种常常既伤害个人也伤害社会。从自然法则的观点看，"道德上绝对必然的行动在物理上被视为完全偶然的（也就是说，那应当必然发生的事常常并不发生）"③。但至善的基本规定就是德福一致（但康德在第二批判中已经承认这在经验世界中是不可指望的④），人最终能根据道德法则来改变世界，可他又对自然法则除了服从毫无办法，这可说是一个实践的悖论。康德自己对此悖论是这样描述的："在他们里面一个作为义务提出的终极目的，与他们之外的一个没有任何终极目的、尽管如此那个目的又应当在其中成为现实的自然，是相互矛盾的。"⑤那么，作为义务的至善究竟是否可能？上帝的设定，就是对这个问题作出肯定的回答，就是为了

---

① ［德］康德：《实践理性批判》，第 133 页。
② 同上书，第 132 页。
③ Kant, *Kritik der Urteilskraft*, S. 269.
④ ［德］康德：《实践理性批判》，第 153 页。
⑤ Kant, *Kritik der Urteilskraft*, S. 331.

保证至善的可能性。

在康德看来，人是有局限的生物，无论在知识和行动能力上，人都是有限的，人的这两方面的有限性导致他无法在自然领域和道德领域之间建立起内在的联系。这就需要设定一个超越的力量——上帝来帮助人克服他的局限，使自然服从他的目的。这个力量包括自然和道德，是一切二元对立的原始统一。它也是人种种能力的本源，它保证人有能力在世上实现至善（这个至善是摹本的自然，它是上帝这个原本的自然的摹本）。有了这个设定，理性与经验、应然与实然的相遇不再是偶然的，它们实际的统一就有了形而上学的基础①。

然而，康德设定的上帝完全不是传统神学意义的上帝，他既不是道德律令的作者，也不是爱与敬畏的对象，不是宗教的对象。它不是无所不能的，它不能干预自然规律，它对自然与道德都没有直接的影响，他的价值就是人类的价值。说白了，康德之所以需要这个设定，是为了解决他理论的二元论前提所造成的困难。"如果康德的体系不是从严格区分自发的内容与接受的内容出发的话，就不会需要这个设定，无论它被表象为上帝还是别的什么。"②在《纯粹理性批判》中，康德为了沟通感性与知性，提出了图式论。他设定的上帝在他的体系中其实也是一个图式，只不过沟通的是自然和道德两大领域。作为自然和道德的共同根源，上帝使得异质的它们可以在一个共同基础上协调一致。上帝本身并不实现至善，而只是保证至善的可能性和人有实现至善的能力。历史的主体与知识的主体一

---

① Cf. Yirmiahu Yovel, *Kant and the Philosophy of History*, pp. 90-91.

② Yirmiahu Yovel, *Kant and the Philosophy of History*, p. 116.

样是人，而不是上帝。康德在他的宗教哲学著作中对此说得很
清楚：

> 造就一种道德的上帝子民，是一件不能期待由人来完成、而
> 只能指望由上帝来完成的工作。但是，也不能因此就允许人对
> 这件工作无所作为，听天由命，就好像每一个人都可以只致力于
> 他在道德上的私人事务，却把人类（就其道德上的规定性而
> 言）的事务的整体托付给一个更高的智慧似的。毋宁说，他必须
> 这样行事，就好像所有的一切都取决于他；只有在这个条件下他
> 才可以期望，更高的智慧将使他的善意的努力得到实现。①

正如 Yovel 所言，康德神的学说是为严格人的利益服务的。康
德体系的最终对象不是上帝，而是被理解为历史实现的理想的至
善；上帝的存在只是一个辅助性命题，它的意义就在于至善是可能
的且可以在历史中实现的。"上帝被明确变为人的助手。"②**"藏在传
统宗教术语后面的是世俗的历史进步和自然中的道德合目的
性。"**③就这样，康德让人上升到神的地位，他上帝的设定恰恰是让
人悄悄地篡夺了上帝超验的全能。一位当代德国哲学家这样来形容
康德哲学：

> 康德自己运用了一种聪明的方式来替代形而上学：他并没
> 有以绝对确定的附庸身份去分享虚幻的财富，取而代之的是，这
> 位哥尼斯堡的大哲选择以展现其自身权利的主人这个身份来掌
> 握一种澄清的能力。这有时会被误解为在更高要求面前的听天
> 由命，然而这种听天由命的特征在康德动机的核心处着实没有

---

① ［德］康德：《纯然理性界限内的宗教》，第101页。
② Yirmiahu Yovel, *Kant and the Philosophy of History*, p.116.
③ Ibid., p.109.

起到任何作用。他的罗盘坚定不移地指向自主(souveränität)。①设定上帝的存在不是为了任何超验形而上学，而是为了先验哲学本身的超验需要：需要上帝这样的超验设定来保证体系的最终完成。当然，这种与其批判哲学原理相矛盾的做法不可能成功。他把在理论哲学中否定的人的能力加以无限化以后赋予他设定的上帝。但是，他的体系需要这么做不等于这么做是对的，更不等于这么做是成功的。

其实，康德自己也承认，理性无法客观地决定我们表象至善的可能性的方式，即究竟是根据普遍的自然法则而无须一个掌管自然的智慧的创造者，还是在预设这个创造者的条件下来表象它，理性不能客观地决定。从客观上说，我们设想善是可能的方式，是由我们选择的，是出于纯粹实践理性的兴趣②。说到底，上帝只是实践理性的一个信念。由此主观信念保证的至善及其在历史中的实现，只能是一厢情愿的主观愿望。康德自己公开承认："我们不能在客观上阐明'有一个有理智的元始存在者'这个命题；而是只能为应用我们的判断力反思自然中的目的时主观地阐明它。"③也就是说，为了说明自然目的论，以及进一步，自然中的道德合目的性，就不能不设定一个假定是设计和创造了它们的一个外在的理智创造者的存在，这是一个主观的过程。

但是，早在第一批判讨论对上帝存在的自然神学证明时，康德就已经指出这种推论过程在逻辑上是有缺陷的，它是自然理性以与

---

① ［德］彼得·斯洛特戴克:《哲学气质:从柏拉图到福柯》,谢永康、丁儒亢译,桂林:漓江出版社,2018年,第62页。

② ［德］康德:《实践理性批判》,第154页。

③ Kant, *Kritik der Urteilskraft*, S.264.

人类技艺相类比的方法产生的:

> 自然理性是从某些自然产品与人类技艺在对自然施加暴力、并强迫它不是按照它的目的来运作而是服从于我们的目的时所产生的东西的类比中……推论出正是这样一个原因性即知性和意志将成为自然的根据,如果自然理性还把那自由地起作用的自然(它使得一切艺术乃至也许还使得理性首次成为可能)的内部可能性从另外意志哪怕是超人类的艺术中推导出来的话,而这种推论方式也许会不能经受起严格的先验批判。①

现在康德虽然不是类比人类技艺来推出上帝的存在,但同样是根据"我们的目的"推出自然目的论及其道德合目的性的根据;同样是从客观设定的自然的道德合目的性推出纯粹主观的上帝观念,虽然这是一个完全没有宇宙论意义,也没有神学意义的上帝。但不管怎么说,康德的上帝设定正是他"我的兴趣不可避免地规定着我的判断"②的一个典型例子。但是,主观兴趣的产物毕竟无法真正解决他体系客观的困难。

作为康德哲学核心内容之一的至善,不能建立在主观任意的设定基础上,而应该从体系本身得到充分支持。但是康德的体系不但不能提供这种支持,而且还会从根本上否定康德关于至善的设想,除了上帝这个设定外,康德哲学根本不能证明自然与道德有任何的内在协调和一致;相反,它实际上是以它们的根本区分为出发点的。并且,正如 Yovel 指出的:"哥白尼式的革命是反对赋予上帝在体系中的一个决定性作用的。"③因为康德把传统形而上学赋予上帝

---

① [德]康德:《纯粹理性批判》,邓晓芒译,北京:人民出版社,2004 年,第 494 页。
② [德]康德:《实践理性批判》,第 152 页。
③ Yirmiahu Yovel, *Kant and the Philosophy of History*, p. 275.

的功能——确保知识、规定道德命令、沟通身心等等都转到了主体——人身上了。只有在要证明自然与理性的最终类同，证明至善不但可能而且必然会实现这点上，康德又回到他反对的旧形而上学的老路，乞灵于 *deus ex machine*（万能的神）了。当然，在设定上帝存在时，康德一再声明，他设定的上帝完全不是传统那个有着神圣的理智和意志的独立的、超感官的实体。但这样一来，他的"上帝"也就只有一个不太确定的规定的"某物"，这个"某物"确保至善是可能的。但"说至善是可能的与说有'某物'使它可能是同一回事"①。

康德要解决他哲学的二元论基础造成的困境的努力最终失败了，他的失败为后康德哲学的发展指示了一个共同的方向。然而，由于康德哲学乃现代性思维的经典范例，所以它的内在困难只有部分专业哲学家才重视，而它的错误前提，却仍然构成了普通现代世界观的基本预设，事实与价值的二分，当属这些预设中最深入人心且最不易动摇者。事实与价值二分是现代性的经典思维范式②，有人认为事实与价值的区分源于休谟"是"与"应该"的区分③，但它的哲学基础无疑是康德哲学予以奠定的。康德哲学的现象与本体的二元结构是上述事实与价值二分思维范式的存在论基础；而自然领域和道德（自由）领域的二分则直接导致了事实与价值的二分。与此二分相应，人们相信，科学处理的是服从自然必然性的事实，而道德则与价值有关。我们只能认识事实，对价值则只有信仰。因

---

① Yirmiahu Yovel, *Kant and the Philosophy of History*, p. 276.
② 真、善、美截然三分是此二分的逻辑结果。
③ Cf. Stanley Rosen, *Nihilism: A Philosophical Essay*, New Haven and London: Yale University Press, 1969, p. 59.

此，只有科学知识，没有道德知识；后者留给了信仰。然而，人如
果本身是一个统一体而不是分裂的话，那么他的经验也应该是统一
的。可是，自然与自由、知识与信仰、事实与价值的二分，分明表
示现代人的经验是分裂的。这种分裂的结果不是康德设想的世界在
道德基础上的统一，而是相反，道德在必然性的压迫下日渐虚无，
在现代性条件下，事实与价值二分的最后结果将会是，只有事实，
没有价值，或者说，事实是唯一的价值①。

① 根据斯坦利·罗森在他的著作《虚无主义》中的分析，事实与价值二分的哲学
基础将使得事实与价值既是不合理的，也是无价值的。Cf. Stanley Rosen, *Nihilism:*
A Philosophical Essay, p.71.

2

黑格尔研究

从黑格尔的康德批判看黑格尔哲学

哲学是批判的事业，哲学是在批判中发展的。在哲学史上，许多哲学家往往是通过对前辈或同时代哲学家的批判来确定自己的哲学立场和态度的，亚里士多德对柏拉图的批判、康德对经验论和唯理论的批判、费希特对康德的批判、海德格尔对胡塞尔的批判，都能如是观。黑格尔对康德的批判当然也是如此。正如一位美国学者所指出的那样："黑格尔对康德的批判能帮助我们理解黑格尔，他的整个哲学明显表明了他对其青年时代这位最重要德国哲学家的吸收。甚至在我们认识黑格尔如何处理种种特殊问题之前，我们都能看到，他对自己与康德关系的定位，将是他整个哲学规划的一个索引。"①正因为如此，在国际学界，黑格尔对康德的批判一直是一个热门的研究领域，有关文献指不胜屈，并且还在不断增加中。②但在

① John McCumber, *Understanding Hegel's Mature Critique of Kant*, Stanford: Stanford University Press, 2014, p.1.

② 根据笔者有限所见，单是以《黑格尔对康德的批判》为书名的书就有两部，一部是斯蒂芬·普利斯特（Stephen Priest）编的论文集（*Hegel's Critique of Kant*, Oxford University Press, 1987）；另一部是莎拉·赛奇维克（Sally Sedgwick）的专著（*Hegel's Critique of Kant: From Dichotomy to Identity*, Oxford University Press, 2012）。约翰·麦克库玻（John McCumber）的《理解黑格尔对康德的成熟的批判》也是一部以黑格尔对康德的批判为主题的专著（见注释①）。至于研究此一主题的论文，更是不可胜数。

我国似乎还很少有人研究这个重要的问题。

一

　　研究黑格尔对康德的批判，始终存在两种不同的目的。一种是要为康德辩护，另一种则是要通过对此主题的研究，说明黑格尔哲学的立场。[①]持前一种目的的人大都认为，黑格尔对康德的批判根本就没有遵循康德哲学本身的理路，没有证明康德的前提是不完善的，或者从他的前提中不能有效地得出他的结论。尤其是黑格尔没有检验康德自己给予他主观主义的理由，因而既不能表明康德主观主义的考虑是无效的，也不能表明他自己的观点如何能超越它们。总之，黑格尔对康德的批判是外在的。他对康德哲学的说明是不准确和歪曲的。[②]持这种观点的人大都是康德主义者，他们研究黑格尔对康德的批判是为了替康德辩护，证明黑格尔的批判无效。

　　但是，持后一种目的的学者对对黑格尔与康德的关系，不但观点不一致，而且分为两种基本不同的态度。一种是认为黑格尔哲学基本是沿着康德哲学的路线走，或是最终回到康德，或是康德哲学的继续与完成。这种观点从黑格尔最早的研究者罗森克朗茨和海姆就

---

　　① 本文即持此目的。因此，它对黑格尔的康德批判的叙述与考察不会是面面俱到、巨细无遗的，而是围绕此一目的进行的。

　　② Cf. Paul Guyer, "Thought and being: Hegel's critique of Kant's theoretical philosophy", *The Cambridge Companion to Hegel*, ed. by Frederick C. Beiser, Cambridge: Cambridge University Press, 1993, pp. 171-172; Karl Ameriks, "Hegel's Critique of Kant's Theoretical Philosophy", *Philosophy and Phenomenological Research*, XLVI, 1-35; Graham Bird, "Hegel's Account of Kant's Epistemology in the Lectures on the History of Philosophy", *Hegel's Critique of Kant*, ed. by Stephen Priest, pp. 65-76.

开始了。在老一辈学者中较有代表性的人物当数理查德·克隆纳
(Richard Jacob Kroner)，他认为："取消黑格尔哲学中康德成素正
有如在亚里士多德哲学中取消其柏拉图成素一样。黑格尔一旦体会
到康德批判哲学的革命性意义之后，便马上成为康德的一个信徒。
虽然他以后发展的哲学有许多论点，甚至他的基本立场是与康德相
左的，但是黑格尔终其一生所显出的大方向仍然是接续康德的。假
若没有康德的《纯粹理性批判》中的'超验辩证'的话，则黑格尔
就根本无从谈论他自己的'辩证法'。"①持这种态度最近的代表人
物当数皮平，他在《黑格尔的观念论》中明确提出，应该把黑格尔
解读为"完成"康德，"黑格尔完成康德的规划，尤其从与形而上学
传统的先验决裂来看，其所包含的连续性要比此前承认的多得多"②。

　　但是，也始终有人根本反对这种观点，在他们看来，黑格尔与
康德代表了两种根本不同的哲学立场，黑格尔与康德在哲学的根本
问题上存在原则分歧，所以黑格尔绝对不是回到、接续或完成康德
哲学，而是要批判、克服与超越康德哲学。持这种观点的著名人物
有克隆纳的同时代人，新康德主义殿军卡西尔。卡西尔在《黑格尔
的国家理论》一文中，针对克隆纳在其名著《从康德到黑格尔》中
提出的观点：黑格尔体系是对康德创造性思想中原已包容但未能展
开的所有假定的概括与完善，毫不含糊地提出自己的反驳："我不能
接受这个观点。我不认为我们能建构一个连续的思想过程，我们可
以通过这个思想过程从康德批判的前提被引向黑格尔形而上学的原

---

　　①　[德]理查德·克隆纳：《论康德与黑格尔》，关子尹译，台北：联经出版事业公
司，1986 年，第 171 页。
　　②　[美]罗伯特·皮平：《黑格尔的观念论》，陈虎平译，北京：华夏出版社，
2006 年，第 20 页。

则和结果。相反，在我看来，我们必须强调两个体系之间基本的、内在的和不可消除的对立，而不是黑格尔与康德之间的和谐。"①持这种看法的绝非只有卡西尔，而是大有人在。有人甚至说："黑格尔整个哲学纲领和概念都有赖于拒绝康德对理性的限制。"②德国著名的黑格尔哲学专家霍斯特曼对黑格尔的康德批判与康德哲学本身的不可调和，说得更为透彻。他认为黑格尔对康德哲学的批判是根本性的，它并不满足内在地反对康德的各个特殊论断，仿佛是在康德接受的种种预设的架构中来瓦解康德的论题。它的目标是对康德的整个出发点提出疑问。黑格尔对康德的分析讨论是要证明，康德并非因为他自己的原则不能保证他的许多哲学论题而在那些论题上失败了，而是这些失败是与康德主张的那些原则关联在一起的。因此，对黑格尔来说，对康德的批判是原则性批判，而原则性批判在他看来是对一个基本误导的哲学思考世界方式的批判。③

上述对黑格尔的康德批判的截然相反的判断，从根本上说，是由于对黑格尔哲学本身的理解有不同，确切地说，在如何看待和处理黑格尔的形而上学上有根本分歧。形而上学问题一直是黑格尔研究中最有争议的问题。在此问题上大致有四种态度：一种是彻底否

①　Ernst Cassirer, "Hegel's Theory of the State", *Symbol, Myth, and Culture*, ed. by Donald Phillip Verene, New Haven & London: Yale University Press, 1979, p. 109. 美国著名德国古典哲学专家弗雷德里克·贝瑟尔(Frederick C. Beiser)在他的一篇书评中将卡西尔在黑格尔与康德关系问题上视为克隆纳的同道，显然是错误的。Cf. Frederick C. Beiser, "Hegel, A Non-Metaphysician? A Polemic Review of H. T. Englhardt and Terry Pinkard(eds) *Hegel Reconsidered*", *Hegel Bulletin* 16, p. 2.

②　Ivan Soll, *An Introduction to Hegel's Metaphysics*, Chicago: Chicago University Press, 1969, pp. 48-49.

③　Rolf-Peter Horst, "Kant und der 'Standpunkt der Sittlichkeit'", Special issue, *Revue internationale de philosophie*, 53/4:567.

定黑格尔的形而上学，认为它纯粹是非理性的胡说八道或神秘主义
的玄学呓语，罗素、逻辑实证主义者和卡尔·波普为其典型代表。
另一种则正好相反，它完全根据黑格尔文本的字面意义，主张黑格
尔哲学基本还是一种传统形而上学，他是要用理性来证明某些基督
教的基本信仰，如上帝存在、天意和三位一体等，虽然这不等于说
黑格尔的形而上学是非理性的。持这种态度的学者希望揭示黑格尔
形而上学背后的道理，虽说他们未必认同它。较早的黑格尔研究者
如海姆、狄尔泰、海林 (Theodor Haering)、克隆纳等人，往往持这
种看法。虽然当代学者也有人是这种观点，如芬德莱、查尔斯·泰
勒等人，但当代比较流行的做法是将黑格尔的形而上学搁置在一
边，仿佛它不存在，或将它与黑格尔的其他哲学进行切割，从而对
黑格尔作非形而上学的解释，不是将黑格尔哲学解读为一种范畴理
论，就是将它解读为某种新康德主义的认识论，或某种社会认识
论、社会理论；再不就是将它解释为一种反基督教的人文主义或生
存哲学。主张"对黑格尔哲学进行非形而上学解读"者，大都相
信，康德已经宣判了形而上学的死刑，形而上学是拖累黑格尔哲学
的"祸水"，是黑格尔哲学中的"死东西"，只有把它切割掉，黑格
尔哲学的"活东西"才能显示出其应有的当代意义。但是，黑格尔
毕竟曾不厌其烦地重申形而上学的根本重要性，甚至说，一个有文
化的民族没有形而上学，"就像一座庙，其他各方面都装饰得富丽堂
皇，却没有至圣的神那样"①。他也从不讳言哲学就是形而上学。因
此，问题不是黑格尔哲学是否是或有形而上学，而是如何看待他的
形而上学。这就是持第四种态度的人的立场。他们不但肯定形而上

---

① [德]黑格尔:《逻辑学》上册,杨一之译,北京:商务印书馆,1966 年,第 2 页。

学对于黑格尔的根本意义，而且认为离开形而上学黑格尔哲学不可能得到很好的理解。在这点上他们的态度与持第二种态度者相仿佛，但他们认为黑格尔的形而上学根本不是康德批判的那种传统形而上学，而是一种后康德的形而上学。①

总之，对黑格尔康德批判的理解实际上是直接或间接的对黑格尔哲学本身的理解。黑格尔对康德的批判绝不是出于学术工业的需要，而是出于他思想体系的需要，他需要通过批判康德来彰显自己独特的哲学立场，克服西方哲学到他为止的根本弊病，开辟一条超越此一传统的哲学新路。

二

康德哲学在黑格尔眼里具有极为重要的意义。在《哲学史讲演录》中，黑格尔在论述完康德哲学后说，康德哲学"是很好的哲学导论"②。按照英国学者斯蒂芬·普里斯特的说法，黑格尔这里的意思其实是说康德哲学是他自己哲学的先导。③但"先导"(Einleitung) 的意思绝不是说黑格尔把自己的哲学视为是在康德哲学的原则基础上，对康德哲学没有完成的任务予以完成。黑格尔说过："费希特的哲学是康德哲学的完成。""完成"在这里的意思是"并没有超出康德哲学的基本观点，最初他把他的哲学看成不过是康德哲学的系统发挥罢了"④。可见罗伯特·皮平将黑格尔哲学解读为对康德哲学的

---

① Cf. Frederick Beiser, *Hegel*, New York & London: Routledge, 2005, p.55.

② ［德］黑格尔：《哲学史讲演录》第 4 卷，贺麟、王太庆译，北京：商务印书馆，1997 年，第 307 页。

③ Cf. Stephen Prtiest, "Introdunction", to *Hegel's Critique of Kant*, p.48.

④ ［德］黑格尔：《哲学史讲演录》第 4 卷，第 308 页。

完成是相当牵强的。黑格尔绝不会认为自己的哲学是像费希特哲学一样，只是康德哲学的完成。相反，在黑格尔早年，即法兰克福时期，他已经对康德哲学进行批判了，并且批判直指康德哲学的根基，"即拥有认知能力的精神与'物自体'之间的对立，转而倾向某种哲学一元论"①。"他拟了一个大纲，出发点是生命概念，生命被理解为无限，他把生命概念等同于精神概念。从此告别了康德!"②现存大量有关黑格尔思想发展的原始资料绝不会支持黑格尔哲学是康德哲学完成的说法。

事实上，黑格尔从未认同过康德的基本观点，相反，他从一开始把批判康德作为阐明自己观点的一种特殊方法。实际上他在相当程度上把康德不但看作是到他为止近代西方哲学的最高成就和"近代德国哲学的基础和出发点"③，而且也把他视为把握和克服整个西方哲学根本问题的枢纽，只有从根本上克服和超越康德哲学，哲学的根本问题才能得到解决。④所以他对康德哲学的批判不但是根本性的，也是全方位的。康德的三大批判，康德哲学的所有领域：知识论、形而上学批判、实践哲学、判断力理论，乃至康德的自然哲学、法哲学和国家理论，无不涉及。并且，他的康德批判始终以他的哲学思想和原则立场来予以阐释和批评，许多康德主义者对此甚为不满，认为他这样做，对康德一点也不公平。

---

① [法]雅克·董特:《黑格尔传》，李成季、邓刚译，上海：上海人民出版社，2015年，第162页。

② 同上书，第166页。

③ [德]黑格尔:《逻辑学》上册，第45页黑格尔原注①。

④ 黑格尔哲学不仅要解决现代性引起的近代哲学问题，也要解决西方哲学传统的一些根本问题。有关这点，可参看 Stanley Rosen, *G. W. F. Hegel: An Introduction to the Science of Wisdom*, New Haven and London: Yale University Press, 1974.

黑格尔对康德哲学的批判虽然是全方位的，但因为他的批判不是从所谓"学术"出发，而是从真正的根本问题出发，不可能面面俱到，所以他的批判的主要对象是二元论："康德哲学的所有领域中，黑格尔关心的主要被告是二元论。"①这有着极为深刻的历史原因和哲学原因。

虽然黑格尔的哲学以晦涩著称，但他的哲学却丝毫不是当今世界流行的学术游戏。他在《法哲学原理》中将哲学称为**"被把握在思想中的它的时代"**和"关于世界的**思想**"②，再清楚不过地表明了他对哲学功能的理解——思考世界和时代（历史）。而他的哲学之所以从产生到今天一直有着巨大的影响和活力③，实拜他哲学的这种实践特质与历史相关性所赐。任何关心人类命运并能进行深入哲学思考的人，都会感到黑格尔的"幽灵"与我们长相左右，黑格尔是我们的同时代人。

黑格尔与我们一样，是生活在现代世界的现代人。现代人挥之不去、构成了现代人宿命的根本问题，是现代性问题。黑格尔哲学的巨大影响力和生命力，与他对此问题的思考有关。在此问题上，黑格尔本身就是辩证的，他既是现代性思想的集大成者④，又是现代性最早的批判者之一⑤。他哲学的复杂性、深刻性和当代性使得

---

① Sally Sedgwick, *Hegel's Critique of Kant: From Dichotomy to Identity*, p. 7.

② ［德］黑格尔:《法哲学原理》，范扬、张企泰译，北京:商务印书馆,1982 年，第12、13 页。

③ 一位美国哲学家说："当代的困惑，普遍的道德和政治混乱，我们已经在其中迷失方向的到处流行的种种问题和危险，在许多情况下已经被黑格尔预见到了，他提供了解决我们许多困难的指导线索。"Errol E. Harris, *The Spirit of Hegel*, Atlantic Highlands, NJ: Humanities Press, 1993, p. 2.

④ 斯坦利·罗森说，笛卡尔标志现代哲学的开端，而黑格尔则是它的终结(Cf. Stanley Rosen, *G. W. F. Hegel: An Introduction to the Science of Wisdom*, p. 10)。

⑤ 有关黑格尔的现代性批判，可参见 David Kolb, *The Critique of Pure Modernity*, Chicago & London: Chicago University Press, 1986。

有人认为，没有受过黑格尔辩证分析的熏陶就无法充分研究今天世界上的生存问题和政治问题。①

在黑格尔第一部完整的哲学著作《费希特和谢林哲学体系的差别》中，黑格尔是从解决康德哲学遗留的问题（当然也是近代西方的根本问题）——主客体二元分裂来分析评判费希特与谢林二人哲学体系的高下的。但对此问题的深入思考将他引向了对哲学本质和目的的一般反思。在他看来，哲学的根本任务是要克服表现在文化中的种种二元对立与分裂 (Entzweiung)②。"二元分裂是**哲学需要之源**。"③在黑格尔看来，虽然二元对立和分裂在任何文化中都会出现，是一切文化的必然现象，但却构成了他那个时代的文化教养 (Bildung)，是那个时代结构状态不自由的、给定的方面。这种二元分裂对立表现为精神与物质、灵魂与身体、信仰和理智、自由与必然等形式。④在现代世界，人与世界都是分裂的，并且，这种分裂本身变成了绝对。近代哲学从笛卡尔开始，无论是经验论还是唯理论，实际上都以此二元分裂为基础，而在康德哲学中，此种二元分裂对立得到了哲学的最终肯定。康德哲学可以说就是建立在现象与本体、主体与客体、主观性和客观性、自然和自由、感性和理性、

---

① Cf. A. White, *Absolute Knowledge: Hegel and the Problem of Metaphysics*, Athens, OH: Ohio University Press, 1983, p. 158.

② 在这方面，对黑格尔有严厉批评的尼采却是他的同道，尼采也说："人们认为有文化的民族，只应当在一切现实性上是某种有生命的统一体，不应当如此可怜地分裂为内在的和外表的，分裂为内容与形式。谁要追求促进一个民族的文化，他就要追求和促进这个更高的统一。"[德]尼采:《历史学对于生活的利与弊》,《不合时宜的沉思》,李秋零译,上海:华东师范大学出版社,2007 年,第 170 页。

③ Hegel, "Differenz des Fichtschen und Schellingschen Systems der Philosophie", *Jenaer Schriften 1801-1807*, Werke 2, Frankfurt am Main: Suhrkamp, 1990, S. 20.

④ Ibid., SS. 20-21.

知性和理性等二元分裂，或者说二元论的基础上的。哲学如果将恢复世界的和谐统一作为自己的目标，当然首先应该克服和解决上述这种二元论（它在康德哲学中发展到了极致）。因此，黑格尔的康德批判围绕着批判他的二元论展开，以克服和解决二元论为根本旨归，就一点也不奇怪了。

黑格尔对康德的系统批判主要在《信仰与认识》《小逻辑》《哲学史讲演录》和《法哲学原理》这四部著作中（《法哲学原理》主要批判康德的实践哲学），在其他著作中也多有提及，但都是零碎、个别的评论，不够系统。黑格尔对康德哲学的批判意见是一贯的，上述四部著作虽然出现在他一生的不同时期，但对康德批判的观点，前后几乎没有什么明显的变化。

黑格尔对康德的态度基于他的哲学史观念。按照黑格尔的哲学史观念，哲学史是理性自我认识的过程，哲学史上的每种学说都是出于此过程的某一阶段，它们并非绝对意义的错误或谬误，从理性认识自己的整个过程来看，它们都只是片面的。后人对前人的批判并非绝对的否定，而只是扬弃。因此，黑格尔虽然根本不同意康德的基本立场，但他对康德先验观念论有很高的评价，在《逻辑学》的一个脚注中他写道："不管对它（康德哲学）可以有什么非难，它的功绩并不因此而削减。"①在黑格尔看来，康德哲学在许多地方几乎接近了黑格尔自己主张的观点，但由于他哲学的主观主义和形式主义，尤其是他的二元论立场，使得康德成为旧哲学的集大成者，而不是新哲学的先驱。他的许多深刻洞见也因此而功败垂成，无法建立他要建立的"未来的科学的形而上学"。

_____

① ［德］黑格尔：《逻辑学》上册，第45页。

黑格尔对康德的批判，集中在对他的主观主义和形式主义的批判上，黑格尔在《信仰与认识》中讨论康德哲学的那部分，一开始就指出，康德哲学的原则是"主观性和形式思维"①。主观主义或主观性和形式主义是他二元论立场的必然结果。康德区分现象和物自体，认为虽然我们能思维物自体，但却不能认识它们，而只能认识现象。我们可以有关于现象的先天知识和经验知识，但不管是什么知识，都以我们的主观性为基本条件，没有人的主观性及其产物（直观形式与先验范畴），现象的知识就不可能。在此意义上，现象本身具有主观性。这就是康德的主观主义。因为事物本身不是知识的对象，哲学不可能认识事物本身，所以它的任务就是阐明现象知识的形式条件。批判哲学的理性批判其实就是以此为目的。

黑格尔称康德哲学是"批判的观念论"②。从稍后他又说"康德哲学的功劳就是成为观念论"③看，"批判的观念论"这个称呼很大程度上是对康德哲学的肯定。"批判"当然是指康德哲学的目标不再是去认识传统形而上学的对象，如上帝，而是考察理性的能力。"观念论"指的是在康德看来，"实在"部分是由精神建构的，直观形式与范畴或概念使"实在"得以成为我们的认知对象。黑格尔尤其称赞康德提出直观与概念互相依赖，缺一不可，单纯直观是盲目的，单纯概念是空洞的。观念论从根本上表明了，世界不是直接给予我们的，而是要通过精神的中介。

但是，黑格尔又把康德的观念论称为"主观观念论"，以与他

---

① Hegel, "Glauben und Wissen oder die Refexionsphilosophie der Subjektivität in der Vollständigkeit ihrer Formen als Kantische, Jacobische und Fichtesche Philosophie", *Jenaer Schriften 1801-1807*, Werke 2, S. 301.

② Ibid.

③ Ibid., S. 303.

自己的"绝对观念论"相区别。"主观观念论"这个对康德哲学的断语，一方面是指康德"认为自我或能知的主体既供给认识的**形式**，又供给认识的**材料**。认识的形式作为**能思之我**，而认识的材料则作为**感觉之我**"①。另一方面是指康德哲学总是从人类认知主体的观点来描述世界，未能像他的"绝对观念论"那样把握全体的真理，或者说，"绝对的客观性"②。康德虽然区分了知性和理性，却把它们都视为人的主观能力，并且将知识限于知性。这样，哲学就不可能将把握全体作为自己的根本目标。哲学的任务只是研究和阐明主观性的诸形式，善与美、主体与实体、自由与神圣，都不是知识的对象。但在黑格尔看来，这些才是哲学真正的内容。说康德哲学是"形式思维"，首先是指它缺乏真正的内容。另外，知性总是就事论事，孤立地思考事物，从来不会在事物的本质关系中思考它们。这种思维方式在黑格尔看来是"形式的"或"抽象的"。相反，辩证思维是具体的，因为它总是在事物的本质关系中思考它们。

　　黑格尔引用了洛克在《人类理解论》中的下面这段话，来证明康德是与洛克一样的经验主义者：

　　　　因为我想，要想来满足人心所爱进行的各项研究，则第一步应当是先观察自己底理解，考察自己底各种能力，看看它们是适合于什么事物的。我们要不先做到这一层，则我总猜疑，我们是从错误的一端下手的。我们如果使自己底思想驰骋于万有底大洋中，以为无限的境界，都是理解底自然的确定的所有物，其中

　　①　[德]黑格尔：《小逻辑》，贺麟译，北京：商务印书馆，1981 年，123 页。

　　②　Hegel, "Glauben und Wissen oder die Refexionsphilosophie der Subjektivität in der Vollständigkeit ihrer Formen als Kantische, Jacobische und Fichtesche Philosophie", S. 302.

任何事情都离不了它底判断,逃不了它底识别——则我们休想安闲自在确定不移地把握我们所最关心的真理,以求自己的满足。人们既然把自己底研究扩及于他们底才具以外,使他们底思想漫游在他们不能找到稳固立脚点的海洋中,因此,我们正不必惊异,他们妄发问题,横兴争辩了,而且那些问题和争辩既是永久不能明白解决,因此,我们就不必惊异,它们能使人底疑惑,继长增高,并且结果使他们固守住醇乎其醇的怀疑主义。反之,人们如果仔细考察了理解底才具,并且发现了知识底范围,找到了划分幽明事物的地平线,则他们或许会毫不迟疑地对于不可知的事物,甘心让步公然听其无知,并且在可知的事物方面,运用自己底思想和推论。①

或曰:凭这段话只能证明康德与洛克有共同的哲学目的,但不能证明康德是经验主义者。但在黑格尔看来,将哲学限于研究人的有限知性,就是经验主义者:"批判哲学与经验主义相同,把经验当做知识的**唯一**基础。"②不过黑格尔并不仅仅根据对知识来源的观点来区分经验主义者与否,而是还根据哲学是否以全体为目标来决定经验主义者与否。在他看来,不懂得人的有限知性依靠一个无限、并且这个无限是有限与无限的综合或统一的哲学,都是经验主义,因为它们必然停留在人的经验上,而不能到达存在本身或全体(无限)。但黑格尔承认,康德凭他的先天综合判断彻底告别了洛克和休谟的经验主义。同时,这既是他最欣赏康德哲学的地方,也是对康德哲学批判得最彻底的地方。

---

① [英]洛克:《人类理解论》上册,关文运译,北京:商务印书馆,1983 年,第 5 页。
② [德]黑格尔:《小逻辑》,贺麟译,北京:商务印书馆,1981 年,第 116 页。

"欣赏"，是因为先天综合判断已经非常接近他的绝对观念论要达到的目标——绝对同一性："在综合判断中，主语是特殊的东西，谓语是普遍的东西，主词以存在形式出现，谓词以思维形式出现——这两个不同的东西是先天，即绝对同一的。"①以康德在第一批判中提到的综合判断"世界必然有一个最初开端"为例，主词"世界"当然是个特殊物，是存在的东西，即属于存在的范畴；谓语"开端"却是一个普遍物，不仅世界有开端，无数别的东西都有开端，开端是个思维的形式，即概念。一般人都会认为，上述这个综合判断中的主语与谓语，有根本的区别，说它们是绝对同一不啻胡言乱语，违背基本常识和基本思维逻辑。但是，我们从《精神现象学》②中看到，黑格尔认为，没有绝对的特殊，我们在思维某物时，总是思维它是某一种或某一类物。用西方哲学传统术语说，质料是不可能与形式相分离的，质料与形式是一体的，即同一的。当我们说"世界"如何如何时，不可能不知道"世界"是什么，不可能不至少知道它的某些规定，而这些规定，当然都只能是普遍物，即概念。如果对"世界"一无所知，就不可能有对它的任何判断。黑格尔赞赏在康德那里"直观与概念相互依赖"，也就是因为他觉得这已经预示了他主张的质料与形式的绝对同一。黑格尔也赞赏康德的产生直观与概念之综合的生产性"想象力"概念，因为它是"一个真正的思辨的观念"③。按照黑格尔的规定，思辨思维产生一种复杂的综合：对立物的统一与它们的对立的综合，即绝对同一。

---

① Hegel, "Glauben und Wissen oder die Refexionsphilosophie der Subjektivität in der Vollständigkeit ihrer Formen als Kantische, Jacobische und Fichtesche Philosophie", S. 304.

② 参看黑格尔：《精神现象学》"导论"和"感性的确定性"这两部分。

③ Hegel, "Glauben und Wissen oder die Refexionsphilosophie der Subjektivität in der Vollständigkeit ihrer Formen als Kantische, Jacobische und Fichtesche Philosophie", S. 306.

康德的统觉的综合统一也是思辨的，因为它既区分了主体和客体，又将它们统一在一起。

然而，"在康德那里，这个统一无疑只是自我意识的绝对、原始的同一性，它先天绝对地从自身提出判断，或毋宁说，作为主观与客观的同一性，它作为判断显现在意识中。这种统觉的原始统一被称为综合，恰恰是因为它的对立双方在它之中绝对为一。"①二元论恰恰是从这种真正的综合统一或理性同一中产生的："作为思维主体的我和作为身体与世界的杂多，首先是从这个原始综合中分离的。"②黑格尔承认康德的统觉的综合统一的思想是一个真正的哲学洞见，但却未能产生任何积极的结果，这是因为康德片面地、主观主义地解释了这个观念，造成了哲学的混乱。具体而言，康德实际上是把理性理解为经验性意识，在他那里："经验性意识的自在就是理性本身。"③也就是在此意义上，黑格尔认为康德哲学是经验主义的，甚至心理学的。黑格尔后来指出："那使感觉的杂多性得到绝对统一的力量，并不是自我意识的主观活动。我们可以说，这个同一性即是绝对，即是真理自身。"④这个对自我意识统一性的理解，显示了黑格尔与康德的根本区别。构成世界的统一性或一体性的，不是人的主观意识，而是绝对！

经验主义哲学总是以二元论为基本预设，世界本身不是有机统一的，而是分裂的，它的统一拜人类主观意识所赐："世界本身是分裂的，由于具有理智的人类的自我意识的善举它才有客观整体一贯

---

① Hegel, "Glauben und Wissen oder die Refexionsphilosophie der Subjektivität in der Vollständigkeit ihrer Formen als Kantische, Jacobische und Fichtesche Philosophie", S. 306.

② Ibid., S. 307.

③ Ibid., S. 308.

④ [德]黑格尔：《小逻辑》，第122页。

性和坚定性、实体性、多样性，乃至于现实性和可能性。"①应该是客观的规定性变成了人主观视角和观念的投射。所以先验观念论也变为了心理学观念论。②对于这种主观观念论来说，无论事物本身还是人的感性，都没有客观规定性。因此，范畴的客观性也在经验，它们关系的必然性也是偶然是和主观的。③总之，"康德哲学在这个意义下被叫作观念论：我们只是与我们的规定打交道，不能达到自在存在；我们不能达到真正的客观事物"④。

除了"批评康德哲学是主观的"外，黑格尔还批评康德哲学是独断的，而不是辩证的和思辨的，这也是产生二元论的根本原因。康德的知性认为事物是绝对对立的，尤其是精神与物质，最多认为也许在本体界它们是同一的，但那只是猜测（也许），在现象界它们肯定是不同的。所以康德虽然主张直观与概念相互依赖，却永远也不可能建立一个特殊中的普遍的学说。康德将理性规定为只有调节功能，不能给予事物的知识，即不是建构性的，这就康德哲学本身来说是对的，因为康德哲学没有形而上学对象。但理性不能是空洞的，理性应该是建构性的，有内容的。

康德理性概念的空洞性直接导致了他伦理学的形式主义。虽然康德认为实践理性与理论理性不同，它不是空洞的，而是具体的，它给道德行为立法。这当然是矛盾的⑤，因为根据康德，理论理性

---

① Hegel, "Glauben und Wissen oder die Refexionsphilosophie der Subjektivität in der Vollständigkeit ihrer Formen als Kantische, Jacobische und Fichtesche Philosophie", S. 309.

② Ibid., S. 311.

③ Ibid., S. 313.

④ [德]黑格尔:《哲学史讲演录》第 4 卷, 第 274 页, 译文有改动。

⑤ Cf. Hegel, "Glauben und Wissen oder die Refexionsphilosophie der Subjektivität in der Vollständigkeit ihrer Formen als Kantische, Jacobische und Fichtesche Philosophie", S. 318.

和实践理性不是两种理性，而是同一个理性在不同领域的运用。正因为如此，实践理性产生道德律也是空洞的，它除了可普遍化外，没有任何实质的规定。它只要求我们的动机和行动符合可普遍化的要求。所以，在康德那里，义务并不告诉我们具体该做什么和怎么做："义务所保留的只是抽象普遍性，而它以之作为它的规定的是**无内容的同一**，或抽象的**肯定的**东西，即无规定的东西。"①绝对命令只是命令我们的经验天性服从实践理性，而我们的经验天性绝不能是义务的基础，因为它的目的和兴趣不能普遍化。康德的实践理性是要证明人的自由意志，但由于康德哲学的形式主义，它没有规定自由意志的内容，"因此，当其说人应当以善作为他意志的内容时，立刻就会再发生关于什么是意志的内容的规定性问题。只是根据意志须自身一致的原则，或只是提出为义务而履行义务的要求，是不够的"②。

黑格尔对康德二律背反的学说评价极高，说："这必须被认为是近代哲学界的一个最重要的和最深刻的一种进步。"③因为在他看来，二律背反实际上揭示了辩证法，将辩证法视为**"理性的必然行动"**④。他认为"这方面是他的功绩中最伟大的方面之一"⑤。但是，这只是指二律背反本身蕴含的意义，"康德在纯粹理性的二律背反中所作的辩证法的表述……诚然值不得大加赞美"⑥。因为康德并不认为矛盾是事物本身的必然性质，而是人类理性一种主观的错误。"他

---

① ［德］黑格尔：《法哲学原理》，第 137 页。
② ［德］黑格尔：《小逻辑》，贺麟译，北京：商务印书馆，1981 年，第 144 页。
③ 同上书，第 131 页。
④ ［德］黑格尔：《逻辑学》上册，第 39 页。
⑤ 同上书，第 38 页。
⑥ 同上书，第 39 页。

使矛盾成为某种主观的东西。"①这样就错失了进行辩证思维的机会，正面肯定矛盾的积极意义，而不是纯粹否定它。另外，矛盾也不是康德说的那样只有四种，而是事物的普遍性质。"认识矛盾并且认识对象的这种矛盾特性就是哲学思考的本质。"②

黑格尔认为康德在《判断力批判》中提出的"反思判断""是康德体系最有意思的地方"③。因为康德认为反思判断是一种思维包含在普遍中的特殊的能力，因此，在黑格尔看来，反思判断能综合经验杂多和绝对抽象的统一以及自然概念和自由概念这两对对立，它是它们各自对立双方的"中项"。当然，这也是指反思判断拥有的潜力，而不是康德对反思判断的认识。黑格尔将反思判断力理解为**"直观的理智**的原则"④，直观的理智就是康德予以否认的理智直观，黑格尔认为，只有作为直观的理智的原则，反思判断才能综合普遍与特殊。但是，在康德那里，反思判断被局限于审美领域，不属于知识范围。它是一种知性的活动，而不是理性的活动，而唯有理性，才能把握对立的统一和同一性。"但这种同一性，只有它才是真正、唯一的理性，根据康德，不是对理性而言的，而只是对反思判断力而言的。"⑤也就是说，在康德那里，对立面的统一只存在于

---

① Hegel, "Glauben und Wissen oder die Refexionsphilosophie der Subjektivität in der Vollständigkeit ihrer Formen als Kantische, Jacobische und Fichtesche Philosophie", S. 320.

② ［德］黑格尔：《小逻辑》，第 132 页。

③ Hegel, "Glauben und Wissen oder die Refexionsphilosophie der Subjektivität in der Vollständigkeit ihrer Formen als Kantische, Jacobische und Fichtesche Philosophie", S. 322.

④ ［德］黑格尔：《小逻辑》，第 144 页。

⑤ Hegel, "Glauben und Wissen oder die Refexionsphilosophie der Subjektivität in der Vollständigkeit ihrer Formen als Kantische, Jacobische und Fichtesche Philosophie", S. 322.

人主观的审美活动中，而非事物的本质特征。这样，康德就错失了
打通自由和必然的机会。

黑格尔认为"美"这个概念本来也可以实现自然概念与自由概念的综合统一的，因为美是被经验者，是被直观到的理念，直观与概念对立的形式在美中是没有的①。因此，美是自然概念和自由概念的同一性②。但是，由于康德否认形而上学对象，理念在他那里是没有内容的纯粹形式，因而不可能统一自然概念和自由概念。其次，康德现象—本体的二分也阻碍了对美有任何真正辩证或思辨的说明。感性和超感性的对立永远是基础性的③，美就像理性本身一样，是"有限的和主观的东西"④。这样，它就不可能是感性和超感性，自然概念和自由概念的同一性。

黑格尔将《判断力批判》中的"内在目的性"概念解读为"直观的理智"，也就是康德否定的理智直观，他认为："只有在这方面的思想里，康德哲学才算达到了**思辨**的高度。"⑤如前所述，思辨就是将对立双方看作是一个更高的统一体的两个不同面相。在非此即彼的知性思维看来，黑是黑，白是白，不同就是绝对不同，说它们的统一，更别说同一，是绝对的荒谬。但思辨性思维却正是要把握对立双方的同一性。这种思维方式不可能是知性逻辑的，而只能是直观理智的，即能把握在知性思维看来绝对冰炭不同器的东西，它

---

① Hegel, "Glauben und Wissen oder die Refexionsphilosophie der Subjektivität in der Vollständigkeit ihrer Formen als Kantische, Jacobische und Fichtesche Philosophie", S. 323.

② Ibid., S. 324.

③ Ibid.

④ Ibid.

⑤ [德]黑格尔:《小逻辑》，第 144 页。

"提示给我们一种**共相**（普遍），但同时这共相（普遍）又被看成一种本身**具体**的东西"①。这种直观的理智，就是先验想象力②。康德经验主义地假定认识能力就是如它们在经验和普通心理学中显示的那样，使他无法看到："在理性的理念中，可能性与现实性是绝对同一的。"③

在《小逻辑》中，黑格尔明确赞同康德对旧形而上学的批判，康德要求在求知以前先考察知识的能力也是不错的；但是，这种考察必须是动态的，"我们必须在认识的过程中将思维形式（即范畴）的活动和对于思维形式的批判，结合在一起。我们必须对于思维形式的本质及其整个的发展加以考察。思维形式既是研究的对象，同时又是对象自身的活动"④。这种"对象自身的活动"，就是辩证法。这已经超出康德哲学了。

如果说《信仰与认识》的康德批判焦点在揭示康德的二元论和知性思维方式使他无法理解对立面的绝对同一性，那么《小逻辑》的康德批判更直接地指出康德无法掌握绝对知识。一方面，由于康德认为感性与范畴都是绝对主观的，"因此知性或通过范畴得来的知识，是不能认识**物自体**的"⑤。另一方面，由于物自体被抽去了它与意识的一切联系、一切感觉印象，以及一切特点的思想，它就和范畴一样，"只是一个**极端抽象**，完全**空虚**的东西"⑥。它只是一个心理

① ［德］黑格尔：《小逻辑》，第144页。

② Hegel, "Glauben und Wissen oder die Refexionsphilosophie der Subjektivität in der Vollständigkeit ihrer Formen als Kantische, Jacobische und Fichtesche Philosophie", S. 325.

③ Ibid., S. 326.

④ ［德］黑格尔：《小逻辑》，贺麟译，北京：商务印书馆，1981年，第118页。

⑤ 同上书，第125页。

⑥ 同上。

学的建构。

黑格尔也肯定康德对知性与理性的区分，认为"这不能不说是康德哲学之一重大成果"①。但是，康德将理性的功能理解为超越知性中有限的或有条件的事物却暴露了他的无限概念的问题。但是，在黑格尔看来，"真正的无限并不仅仅是超越有限，而且包括有限并扬弃有限于自身内"②。这种真正的无限，就是绝对，也就是上帝。康德否认这个上帝可以在经验中找到，无论是外部经验还是内部经验，这就决定了他的哲学是一种主观性的哲学③。

但是，尽管如此，康德哲学还是体现了启蒙运动的基本精神，即理性、自我意识和自由。黑格尔认为康德哲学尤其在自我意识上作出贡献："我们看见现在在德国出现的就是这样的一种自己思维的、自己深入自身的绝对概念，即让一切存在（Wesenheit）都归入自我意识，——这是一种观念论，这种观念论把自在存在的一切环节都归属在自我意识里，不过这自我意识的本身最初还带着一个对立，它和这种自在存在还是分离的。"④需要指出的是，黑格尔认为康德的"自我意识"只是个人的意识，"康德所描写的只是经验的、有限的自我意识"⑤；而他自己的"自我意识"概念却是全体的本质特性。他更愿意称为"精神"。

黑格尔肯定康德的观点：理性以把握无限、无条件者为目的。理性的产物是理念，康德把理念就理解为无条件者、无限。因为

① ［德］黑格尔：《小逻辑》，贺麟译，北京：商务印书馆，1981 年，第 126 页。
② 同上。
③ 参看［德］黑格尔：《哲学史讲演录》第 4 卷，第 255 页。
④ ［德］黑格尔：《哲学史讲演录》第 4 卷，第 257 页，译文有改动。
⑤ 同上书，第 273 页。

"无限者是没有在世界中、感性知觉中给予的"①。用只能用于感性直观的范畴去规定无条件者（即无限）的话，就会陷于谬误推理和二律背反，就会陷于矛盾。由于康德将经验、知性的知识与无限者截然隔开，无条件者在他那里只能是一个抽象。在黑格尔看来："只有无条件者和有条件者的结合才是理性的具体概念。"②这个理性的具体概念，就是绝对和全体意义上的无限或无条件者。它正是理性要把握的对象。

康德虽然反对传统的上帝存在的存在论，而坚持上帝的理性的设定，但他理解的上帝仍是传统神学的那个超验的、作为宇宙万事万物根本原因的上帝。黑格尔对上帝的理解与此有相当不同，上帝对他基本是一个哲学概念，上帝就是存在本身③。上帝就是综合一切辩证对立，包括自然与自由的绝对。但康德的上帝概念却不能统一自然与自由，"这样的上帝只是一个公设，只是一个信仰、一个假想，这只是主观的，不是自在自为地真的"④。也就是说，康德的上帝只是主观的设定，而非"概念与存在的统一"⑤。康德试图以至善概念来克服自然和自由的对立，但在黑格尔看来，他的至善只不过是上帝的又一种说法而已。康德看到了真正的问题，却不能适当地完全解决它。在康德那里，"幸福只是感性的自我感觉或作为这个个人的直接的现实性，并不是自在的普遍的实在性"⑥。这意味着对于康德来说，自然和自由的统一只是应然，而非实然。根本原因当然

---

①　[德]黑格尔：《哲学史讲演录》第 4 卷，第 276 页。

②　同上。

③　参看[德]黑格尔：《小逻辑》，第 140 页。

④　[德]黑格尔：《哲学史讲演录》第 4 卷，第 293 页。

⑤　[德]黑格尔：《小逻辑》，第 140 页。

⑥　[德]黑格尔：《哲学史讲演录》第 4 卷，第 292 页

是康德的二元论:"公设本身永远在那里;善则是一个与自然相对立
的彼岸,两者被设置在这种二元论中。……必然性的规律与自由的
规律相互乖异。"①由于康德认为"存在不是一个实在的谓语",他不
能理解"上帝**存在**,具有现实性和存在 (er *ist*, Wirklichkeit, Sein
hat)"②。

<h2 style="text-align:center">三</h2>

从上述黑格尔的康德批判中我们可以看到,他一方面看到康德
哲学的确有许多深刻的洞见,另一方面康德哲学也可说是把握在思
想中的"世界的分裂"。而从小热爱希腊文化的黑格尔,对古人万
物一体的宇宙观和世界观心领神会,将统一的世界或世界的统一作
为哲学的根本目标。然而,"道术将为天下裂"(《庄子·天下》)是
现代世界的根本特征,黑格尔死后成为"死狗",是因为世界按照
现代性的逻辑加速分裂和碎片化。在多元性、相对性、去中心化、
差异、反本质主义、反基础主义、反整体主义、反逻各斯中心论、
反形而上学、上帝已死,所有这些标志着黑格尔死后至今近二百年
现代性文化特征的名目背后,只是一个基本事实——世界的分裂和
人本身的分裂。当今世界众声喧哗、毫不妥协的态度、不分青红皂
白诉诸暴力、普遍反对既定权威、普遍放弃传统形式、各种无政府
主义,都不过是这种分裂的社会文化表现。这种分裂的一个必然结
果是真正哲学的死亡。延续一个多世纪,且愈演愈烈的哲学的危

---

① [德]黑格尔:《哲学史讲演录》第 4 卷,第 293 页。

② 同上书,第 282 页,译文有改动。

机，即根源于此。毕竟，哲学起源于人类对"一"和"全"的追求。

黑格尔对现代性的这个根本危机洞若观火，这种分裂的危机既然是精神文化上的，那就需要哲学予以克服。康德哲学作为近代哲学的集大成者，最有想象力地肯定了这种分裂；同时康德作为一个伟大的哲学家，却也曾试图要通过沟通自然和自由来克服这种分裂，但由于他的二元论哲学立场，他的这种努力不可避免以失败告终。黑格尔早年曾为谢林的同一哲学所吸引，也是因为他在同一哲学中看到了哲学追求统一的精神和努力。但谢林的同一哲学由于未能将同一视为同一与差异的辩证统一而使他失望，以至于他最终与之分道扬镳。黑格尔把自己的哲学称为"绝对观念论"，"绝对"就是差异中的同一或有差异的同一，也就是充分尊重差异的同一。它也是上帝、精神和理性。在黑格尔意义上的经验主义大行其道的现代世界，以上述这几个关键词为核心的绝对观念论，受到了无穷无尽的讥讽与嘲笑，甚至污蔑和谩骂。

可是，黑格尔毕竟是哲学史上的巨人，他的哲学被称为"智慧的科学"。他对后世思想文化的巨大影响，也是不争的事实。于是，就有人出来区分黑格尔哲学中的"死东西"和"活东西"。这些人无论各自立场多么不同，有一点却是一致的，就是坚决摒弃黑格尔的形而上学，避之唯恐不及。然而，这是对黑格尔哲学赤裸裸的阉割。黑格尔明确表明："真理是全体"①；"真理只作为体系才是现实的"②。这当然也可以看作是他的夫子自道。黑格尔的哲学以其体系性著称，忽略他哲学的这个特点，各取所需地从中切割出某些部分

---

① ［德］黑格尔：《精神现象学》上册，贺麟、王玖兴译，北京：商务印书馆，1983年，第12页。

② 同上书，第15页。

（如法哲学、美学或历史哲学等）来加以阐述和发挥，如现在流行的那样，只不过是在表明自己的观点，这种盲人摸象式的研究方法会妨碍我们对黑格尔哲学系统深入地把握，而也无法将黑格尔哲学的真正意义呈现在世人面前。

即便基于上述反形而上学的理由，黑格尔的形而上学也是不能从他的哲学中切割或悬置起来的。更何况黑格尔自己始终给予形而上学以最高的地位，在《逻辑学》第一版"序言"中，针对近代以来科学与常识携手合作，导致形而上学崩溃①，他力挽狂澜地写道："一个**有文化的民族竟没有形而上学**——就像一座庙，其他各方面都装饰得富丽堂皇，却没有至圣的神那样。"②在《小逻辑》和《宗教哲学讲演录》中，他将形而上学理解为与逻辑学（他自己意义上的）是一回事。③可见拜塞尔说当黑格尔使用"形而上学"这个术语时，几乎总是在否定的意义上指唯理论过时的学说或方法，指笛卡尔、莱布尼茨和沃尔夫的形而上学④，也不尽然。

黑格尔对康德批判的旧形而上学同样持坚决批判态度，他同样认为这种形而上学是一种独断论，是知性思维的产物。⑤但他并非像当代哲学家那样，根本抛弃形而上学；而是和康德一样，追求"真正的形而上学"，当然，在对"真正的形而上学"的理解上，他与康德判然有别。黑格尔的形而上学既不是像许多人误以为的那样，是

---

① 这种情况延续至今，黑格尔哲学的时代相关性也于此可见。

② ［德］黑格尔：《逻辑学》上册，第 2 页。

③ ［德］黑格尔：《小逻辑》，第 79 页；《宗教哲学讲演录》第 1 册，燕宏远、张国良译，北京：人民出版社，2015 年，第 226 页。

④ Cf. Frederick C. Beiser, "Introduction" to *The Cambridge Companion to Hegel*, pp.3-4.

⑤ 有关黑格尔对旧形而上学的分析批判，可参见《小逻辑》第 95—110 页。

要回到旧形而上学，或只是旧形而上学的变种，也不是康德所谓的纯粹先天知识的系统①，黑格尔与谢林在后康德时代提出了一种新的形而上学，这种形而上学不以某种特殊的超验物，如上帝、本体、太一、灵魂等为对象，而是关心"绝对"。但他们的"绝对"不是某种物。谢林和黑格尔都像康德那样警告要当心上帝人格化的谬误②，他们也都坚持他们的形而上学与超自然的东西无关③。总之，他们的形而上学是一种从未有过的形而上学。

可是，从黑格尔自己有关"绝对"的文字上看，似乎他的形而上学是一种如假包换的传统形而上学。黑格尔在《小逻辑》中说，哲学的对象与宗教的对象是相同的，都以真理为其对象，而"**唯有上帝才是真理**"④。黑格尔经常把"绝对"与"上帝"作为同义词来使用⑤，在《宗教哲学讲演录》中，他明确表示"绝对"与"上帝"这个词具有相同的意义："绝对者就是思想中所理解的上帝的本性，就是我们想拥有的同一的东西的逻辑知识。"⑥甚至连拜塞尔这样对黑格尔哲学有相当理解之同情的人，也把他的"绝对"解释为相当于传统的"实体"概念⑦。如果黑格尔的"绝对"只是传统"上帝"或"实体"概念的同义词的话，那黑格尔哲学当然只是又一种早已

---

① 有关康德对形而上学的定义，可参见《纯粹理性批判》，邓晓芒译，北京：人民出版社，2004 年，第 635—637 页。

② Cf. Schelling, *Vom Ich als Prinzip der Philosophie*, Werke II, ed. Manfred Schröter, München: Beckische Verlag, 1927, S. 105、130、167.

③ Cf. Frederick C. Beiser, "Introduction", to *The Cambridge Companion to Hegel*, p. 5.

④ ［德］黑格尔：《小逻辑》，第 37 页。

⑤ 参看［德］黑格尔《小逻辑》第 52、377 页。

⑥ ［德］黑格尔：《宗教哲学讲演录》第 1 册，第 17 页。

⑦ Cf. Frederick Beiser, *Hegel*, p. 315.

被康德的批判哲学超越了的旧形而上学。

但是，黑格尔完全认同康德对形而上学的批判，但他并不认同康德给形而上学的定位。康德哲学的问题恰恰在于"这个哲学的全部任务和内容不是认识绝对，而是认识主观性或批判认识能力"①。按照黑格尔对哲学任务与目的的理解，只有从形而上学着手，哲学问题才能得到真正的解决。黑格尔的形而上学是他对自己所面临的根本问题的根本回答，而不是他的哲学体系的一个外在配置。在《费希特和谢林哲学体系的差别》一文中，黑格尔明确指出："哲学的任务是为意识建构绝对。"②也就是认识"绝对"。这个结论不是随便得出的，而是建立在他对时代的哲学问题的长期思考基础上的。

康德在《纯粹理性批判》第二版"序言"中以启蒙的精神，根据他的二元论立场，把知识和信仰截然分开③。知识与信仰的二分当然不是由于康德，康德只是表达了他对此二分的哲学处理。青年黑格尔受到康德道德哲学很大影响，他的早期著作《耶稣传》就是根据康德的道德哲学来解释耶稣的福音的。他认为，唯一可承认的权威就是理性，外部强加的东西对于人没有道德和宗教的有效性，外加的权威是反道德的。但是，他发现耶稣爱的宗教与有组织的基督教（教会）的外在性和实证性④是矛盾的。于是，在图宾根时期

---

① Hegel, "Glauben und Wissen oder die Refexionsphilosophie der Subjektivität in der Vollständigkeit ihrer Formen als Kantische, Jacobische und Fichtesche Philosophie", *Jenaer Schriften 1801-1807*, Werke 2, Suhrkamp, 1990, S. 303.

② Hegel, "Differenz des Fichtschen und Schellingschen Systems der Philosophie", S. 96.

③ 参看[德]康德：《纯粹理性批判》，邓晓芒译，北京：人民出版社，2004 年，第 22 页。

④ "实证性"(Positivität)指一个外在的权威机构或统治者将命令强加于人，如教会将道德训诫强加于人。

写的"手稿"中，他就已经区分主观宗教和客观宗教了。客观宗教是指教条、教义，法典化和体制化的宗教，它是知识的问题；主观宗教则是人身体力行的宗教，不是教条的事，而是感情和行动的事。黑格尔自己那时完全主张主观宗教："一切都取决于主观宗教；这是有内在和真正价值的东西。"[①]客观宗教使人与上帝疏离。

然而，黑格尔很快就觉察到，主观宗教与客观宗教的区分不仅反映了信仰和知识的区分，而且也隐含有限与无限、个别与普遍、主体与客体的二分。这是他不能接受的，因为他始终受到希腊人万物一体的哲学的巨大影响。他开始拒绝康德的做法，因为这种做法（区分知识和信仰）是建立在主客体分裂的基础上的。他要用"爱"这个来自基督教的概念来克服主客二元分裂对立，以及一切以此二元分裂为基础的二元分裂。

康德的后来者费希特、谢林、荷尔德林，都已经非常自觉要解决主客体二元对立的问题了。他们认为，主客体同一只能在自我意识中实现，因为只有在自我意识中，意识的主体和客体才是同一个东西。黑格尔接受这种主客体同一性；但他主张这样的主客体同一，这样的自我意识，全然只存在于"爱"中。在"爱"中，自我（主体）发现自己在他者（客体）中，就像他者发现自己在自我中一样。在"爱"的经验里，主体和客体，自我和他者，通过彼此实现了它们的本性，此外，它们每一个都通过他者认出自己。"爱"不仅包含同一性，而且也包括一个差异的环节；它是一个差异中的同一性。差异中的同一性是同一与不同一的同一性[②]，这构成了黑格

---

① Hegel, *Frühe Schriften*, Werke 1, S. 16.

② Hegel, "Differenz des Fichtschen und Schellingschen Systems der Philosophie", S. 25.

尔后来成熟时期哲学的一个重要主题①。如果差异中的统一或有差异的同一可以成立的话，那里现代精神文化形态中的种种二元对立最终将得到克服。

但是，这绝非易事。在知性（日常思维）看来，主客体分裂天经地义，"你"与"我"怎么可能是一回事？只有白痴或彻底的唯心论者才会认为"我"和"我的思维对象"原为一体。黑格尔当然不会不知道这些。但是，他认为人与禽兽的根本区别就是人能超越这种素朴思维，上升到思辨性思维。思辨性思维承认差异，但又将差异视为一个包容此差异甚至对立的统一体的两个不同环节或方面。辩证法就是思辨性思维的一个基本模式。

随着黑格尔的思想兴趣从宗教、政治、法学转向纯粹哲学，他也逐渐放弃了将"爱"作为克服主客体二元分裂的基本概念，因为他发现"爱"太狭窄了，它只是男人和女人之间的自然纽带，连公民间的相互承认都不能包括，只限于家庭范围。要统一知识和信仰、主体和客体、感性和理性、自我与他人、抽象和具体、普遍与特殊、个人与社会、有限与无限、必然与自由、精神与物质、身与心，不是"爱"这个狭隘的概念可以办到的，必须要上升到"绝对"概念。

"绝对"概念首先在耶拿时期提出，这不是偶然的。耶拿时期是黑格尔思想正式转向哲学并开始形成并走向成熟的时期，而"绝对"概念也从此时开始，成为他哲学的核心概念和基本概念，此前将信仰置于理性之上的做法，也于此时开始消失。"绝对"概念，体现了黑格尔哲学的基本特征（他把自己的哲学称为"绝对观念

---

① Cf. Frederick Beiser, *Hegel*, pp. 113-114.

论")。因此，无论我们如何看待黑格尔哲学，这个概念都是不能回避的。不但不能回避，而且是要首先予以理解的。

要正确理解黑格尔的"绝对"概念，必须把它放进黑格尔哲学的语境中来考察。在《信仰与知识》中，黑格尔批评康德、费希特和雅可比"将信仰与知识截然二分"，他们之所以会这么做，是因为他们的知性思维方式使然，认为信仰与知识的对立是绝对的，同时将理性理解为知性，只限于有限物的领域，而无限即真正的绝对，只是信仰或感情中的一个绝对彼岸，非理性所能认知①。当然，知性并不仅仅造成这么一个对立，而是在生活的每一领域都造成了二元对立，人们不能生活在这样的二元对立和冲突中，那必然导致人格的分裂和生活的分裂。人格、生活、世界、宇宙都应该是一个整体，"绝对"就是这样的一个整体，这个整体，当然不是彼岸世界的一个超验者，而就在这个世界。

"绝对"这个概念不是黑格尔的发明，他的同窗兼一度合作者谢林就使用过这个概念，根据谢林的定义，绝对是"自在和通过自己存在的东西"，或"其存在不是被某个其他的东西决定的东西"②。黑格尔的"绝对"概念当然也是如此。自在和通过自己存在，不被他物决定，这就是无条件者或无限（者），所以黑格尔也把"绝对"称作这个意义上的无条件者和无限者。按照基督教教义，上帝就是这样自在和通过自己存在，其存在不是被其他任何东西决定的东西，所以，黑格尔经常把"绝对"与"上帝"同样看待。但这绝不意

① Hegel, "Glauben und Wissen oder die Refexionsphilosophie der Subjektivität in der Vollständigkeit ihrer Formen als Kantische, Jacobische und Fichtesche Philosophie", S. 388.

② Schelling, *System der gesammten Philosophie*, Sämtliche Werke VI, Stuttgart: Cotta, 1856-1861, S. 148.

味着黑格尔的"绝对"是像基督教的"上帝"那样的超验者。

黑格尔接过谢林的"绝对"概念，但批评他的"绝对"（同一性）是抽象的同一性，即不包括差异的绝对同一。"绝对"不是任何意义上的超验者或超自然者，它是世界内在的总体性结构，是"一"和"全体"，这个结构的特征是差异中的统一，或有差异的同一性。"绝对"这种同一性不是从主体和客体中抽象得来①，它显示为一个主观和客观的主体—客体②。也就是说，它是主体与客体有差异的统一体，兼具主观性和客观性，是主客二分的辩证超越与克服。

黑格尔在"绝对"作为世界内在的总体性结构的意义上又把"绝对"理解为"整体"（das Ganze）和"大全"（die Totalität）。与海德格尔的"世界"概念相仿，作为"绝对"的"整体"或"大全"绝不是宇宙万有的全体或总和，而是一个整体性的结构，即宇宙万有必然有此结构特征（差异中的统一，或有差异的同一）。它绝不是一个空洞的主观设定，而是最具体的东西，体现在一切具体事物中。就像海德格尔所说的存在，无形无状，却涵盖万有，无处不在③。

就"绝对"体现在"万有"中而言，它是普遍性，但它是具体的普遍性，而不是抽象的普遍性。抽象的普遍性是从特殊向反方向设定的，它以特殊为条件，它是有条件的。具体的普遍性先于特殊性，整

---

① Hegel, "Differenz des Fichtschen und Schellingschen Systems der Philosophie", *Jenaer Schriften 1801-1807*, Werke 2, Suhrkamp, 1990, S. 57.

② Ibid., S. 94.

③ 斯坦利·罗森就认为，黑格尔哲学中对应于海德格尔存在的，不是黑格尔《逻辑学》中讲的存在，而是绝对的。Cf. Stanley Rosen, *The Idea of Hegel's Science of Logic*, Chicago and London: Chicago University Press, 2014, p. 103.

体性先于部分，使它们（特殊、部分）可能，是它们的条件，本身是无条件者。黑格尔把"绝对"叫上帝，就是要挪用传统上帝概念的无条件性和普遍性特征。但是，基督教的上帝是抽象的绝对，即不包含差异的绝对，上帝与人有根本的区分，上帝是超越者，为人不可及。三位一体的概念并不能消除人与神的根本不同。所以，我们绝不能把黑格尔的上帝概念就理解为基督教意义的上帝，而应该看到，"上帝"在黑格尔那里很大程度上是在隐喻意义上使用的。

谢林把他的"绝对"称为"实体"，黑格尔也同样把"绝对"称为"实体"①，他们两人都受到斯宾诺莎实体概念的很大影响②。但是，黑格尔虽然给予斯宾诺莎的实体概念以很高的评价，但他的"绝对"却绝不是斯宾诺莎的实体概念。黑格尔批评斯宾诺莎的实体概念："他的哲学讲的只是死板的实体，还不是精神。"③而黑格尔说的"实体即主体"，其实就是绝对即精神："说实体在本质上既是主体，这乃是绝对即**精神**这句话所要表达的观念。"④

黑格尔的"精神"与黑格尔的"绝对"一样，是最容易引起误解的概念。这在很大程度上是由于黑格尔在多个不同的意义上使用它。基于本文的目的，本文讨论的只是作为绝对的精神。美国老一辈黑格尔研究者芬德莱指出，黑格尔的哲学是希腊式的，而不是康德式的⑤。这意味着，像精神、理性、意识和自我意识这样的概念，

---

① Hegel, "Differenz des Fichtschen und Schellingschen Systems der Philosophie", S. 10, 49.

② Cf. Frederick Beiser, *Hegel*, pp. 59-60.

③ ［德］黑格尔：《哲学史讲演录》第 4 卷，第 102 页。

④ ［德］黑格尔：《精神现象学》上册，第 15 页。

⑤ J. N. Findlay, *Hegel. A Re-examination*, New York: Oxford University Press, 1958, p. 22.

具有从古希腊逻各斯概念延续下来的客观意义，而不只是与人的意识的主观性有关。《精神现象学》的序言中有这样的论述："惟有精神的东西才是**现实的**；精神的东西是本质（das Wesen）或**自在存在的东西**，——自身关系着的和规定了的东西，并且它是在这种规定性中或在它的他在中仍然在自身中的东西；——或者说，它**自在自为地**存在。"①精神是超个人的客观存在，它不是一个简单的超验物，而是事物的本质，是事物得以可能的条件，所以是现实的②。它包含了自在（同一、自我或主体）和他在（差异、他者或客体），自在与它在只是它自身的两个不同的环节，是它们的差异中的统一（即它在这种规定性中或在它的他在中仍然在自身中）。

"把绝对叫精神"与"把绝对叫主体"有一个相同的考虑，就是强调它不是超验物，而是现实的、以自我认识和展开为目的的活动过程："精神仅仅是它所做的事，而它的行为就在于把握自己，在这里是作为精神，变成它自己意识的对象，并且在对自己的解释自己中把握自己。"③在此意义上，精神就是存在。思维与存在的同一性（"思有同一"）也只能在此意义上去理解。它绝不是一个贝克莱式的哲学命题：世界是我的思想，或为我思想所创造。思维（Denken）在黑格尔那里有两种不同的基本用法，一种是指人的主观思维；另一种则是指自我认识的精神。思维与存在的同一不是同质性意义上的同一，而是由差异和相互否定构成的一个结构性系统。"绝对"就是这个"思有同一"的结构性系统。"同样在本质这

---

① ［德］黑格尔：《精神现象学》上册，第15页，译文有改动。
② 在黑格尔那里，"现实"（Wirklichkeit, wirklich）不是指事物偶然的存在，而是指事物的必然存在。
③ ［德］黑格尔：《法哲学原理》，第352页。

一因素中，精神就是**简单统一性**的**形式，这形式**也同样主要地是一
个转化为他物的过程。"①这个"简单统一性的形式"就是"思有同
一"，它不是固定物，而是一个不同环节不断相互否定（转换）、发
展而展开的过程。

精神作为黑格尔哲学最核心的概念，与黑格尔哲学的另一个核
心概念——理性有密切关系。"当理性确信其自身即是一切实在这一
确定性上升为真理，亦即理性意识到它自己即是它的世界、这世界
即是它自身时，理性就是精神。"②理性与意识、自我意识、精神等
概念一样，在黑格尔那里有不同层面的用法，即形而上学层面的用
法和认识论层面的用法。在后一种用法中，理性指与分析性的知性
相区别的将事物作为一个整体来把握的主观能力。而前一种用法则
秉承了古代逻各斯概念的遗意——具有目的论意味的宇宙与历史的
过程及其内在的合理性，一切事物只有在此过程中才有可能并得到
最终的理解与解释。正是在此意义上，黑格尔把理性理解为"现
实"（Wirklichkeit）。

德国哲学家霍斯特曼曾概括黑格尔形而上学意义上的理性概念
有如下三个要点：（1）只有一个理性，无论什么现实的东西，都是
这一理性的表达；（2）必须将此一理性思考为思维与存在的统一；
（3）此一作为现实的全体（die Gesamtheit）将在一个认识过程的架
构内变得清晰可见。③作为思维与存在的统一体和现实的全体的理

---

① ［德］黑格尔：《精神现象学》下册，贺麟、王玖兴译，北京：商务印书馆，1983
年，第 244 页。

② 同上书，第 1 页。

③ Rolf-Peter Horst, "Kant und der 'Standpunkt der Sittlichkeit'", S. 579;
cf. Rolf-Peter Horst, *Die Grenzen der Vernunft. Eine Untersuchung zu Zielen und
Motiven des Deutschen Idealismus*, Frankfurt am Main: Verlag Anton Hain, 1991,
S. 165ff.

性，就是绝对。①"绝对"是一个包罗万象的概念，上面述及的所有那些黑格尔哲学的核心概念，都是它的不同面相和说明。

当然，"绝对"本身不能是上述那些概念（当然，黑格尔哲学的核心概念还可以添加若干）的机械总和，或它只是一个涵盖所有这些概念的形式总名，我们只要弄清黑格尔的那些核心概念，对它就一目了然了。"绝对"概念本身是一个差异中的同一性，作为这样的同一性，它本身是值得我们对它有进一步的了解和考察的。而要达此目的，必须从《逻辑学》入手，因为逻辑学在黑格尔的心目中就是"真正的形而上学或纯粹的思辨哲学"②。《逻辑学》也是黑格尔本人在世时出版的仅有的两部著作（专著，而不是讲稿）之一，其重要性不言而喻。

在《逻辑学》中黑格尔郑重指出："哲学具有和艺术与宗教相同的内容和相同的目的；但它是了解绝对理念的最高方式，因为它的方式是最高的，是概念。因此，它在自身中把握了实在的和观念的有限性以及无限性和神圣性的形态，并且理解它们和自己本身。这些特殊方式的演绎和认识，是以后特殊的哲学科学的事业。绝对理念的**逻辑的东西**，也可以称为这些方式中的一种**方式**；但当**方式**标识着一个**特殊的**样式，一个形式的**规定性**时……一切特殊的东西都扬弃了，并且包盖起来了。"③这里，"绝对理念"实际上就是"绝对"，因为理念是概念与实在、主观与客观的统一，是精神的最高真理④。绝对理念的逻辑的东西，就是存在的"形式的规定性"。

---

① Cf. Hegel, "Differenz des Fichtschen und Schellingschen Systems der Philosophie", S. 17.

② ［德］黑格尔:《逻辑学》上册，第 4 页。

③ ［德］黑格尔:《逻辑学》下册，杨一之译，北京:商务印书馆，1976 年，第 530 页。

④ 同上书，第 447—454 页。

黑格尔对康德批判，归根结底指向他的主观主义，二元论是主观主义的必然结果。黑格尔对康德有很高的评价，因为他的观念论真正超越了素朴意识，证明了人无法有事物的直接知识，人类的知识是中介性的，即必然要通过概念或范畴的中介。但是，这种概念或范畴的中介性不能理解为将我们与事物本身的结构彻底隔开，使之成了一个不可知的超越的东西。相反，概念或范畴不仅仅是主观的，而是主观—客观的，"我们的概念、范畴结构与世界自身的结构是同一的，它也揭示了世界自身的结构，因为我们自己就生于我们遭遇到的这个世界之中，因而也享有它的特性"①。

黑格尔要解决的根本问题始终是思维与存在、主体与客体、主观和客观、自由与必然、自然和历史的截然二分。《逻辑学》在相当意义上，是要通过将"绝对"作为事物的形式规定性来论述，证明这两个领域具有根本的一致性。黑格尔像许多当代分析哲学家一样，认为经验和世界都有同样的逻辑结构，而这一逻辑结构不取决于经验多样的内容。正是这个结构使得历史多样性成为一个概念上自洽的、完整的对人类经验的理解。但是，与分析哲学家根本不同的是，对于黑格尔来说，逻辑是存在论性质的。而存在论是辩证的，即存在结构各原子或要素是内在地相互关联的，并不单单存在于认知中。也就是说，世界的逻辑结构不是思维的产物，而是首先的存在的规定（包括对思维的规定）。最后，对于黑格尔来说，历史不是在我们哲学理论之外的东西，任何外力都不可能以某种无意义的方式任意调换它们。相反，历史是构成经验的概念结构在人类世

---

① ［英］斯蒂芬·霍尔盖特：《黑格尔导论——自由、真理与历史》，丁三东译，北京：商务印书馆，2013 年，第 4 页。

界的显现。在此意义上，黑格尔可以说是维特根斯坦辈的先驱，历史、自然、人类理智及其活动在逻辑上同构。事物只有在它们的彼此关系中才有它们的同一性（意义），即它们之所是（存在）。

哈特曼曾经把黑格尔哲学"非形而上学地"解释为"一种纯粹的范畴理论"①，在国际学术界颇有影响②。根据他的解释，黑格尔是要说明实在或存在者的种种规定。用思维的术语把"被发现的"东西或"经验到的事实"变成思维的呈现或重构，变为一种理性必然性的重构。重构的载体就是概念或辩证法；这个过程则是辩证的。这个程序把各范畴连结起来产生一个满足理性的体系，这个体系把实的任何主要向度整合成一个重构的图式③。黑格尔哲学至少在两个重要意义上是非形而上学的：（1）它并不思考超验物；（2）它根本不谈论特殊事物。它试图提供的是使谈论事物可能的一般概念结构或架构。如果黑格尔的哲学是一种形而上学的话，那么它只是在康德建议的意义上是：一种一般对象的存在论，或一种普遍的一般对象的概念体系。哈特曼因此把黑格尔哲学视为康德哲学的继续，它试图要实现康德先验哲学的理想，一个所有可能经验之条件的体系④。

哈特曼显然对黑格尔的康德批判对于他自己哲学体系的意义没

① Klaus Hartmann, "Hegel: A Non-Metaphysical View", *Hegel: A Collection of Critical Essays*, ed. by Alasdair MacIntyre, Notre Dame & London: University of Notre Dame Press, 1972, p.116.

② 参看恩格尔哈特（H. T. Englhardt）和特里·平卡德（Terry Pinkard）编的 *Hegel Reconsidered: Beyond Metaphysics and the Authoritarian State* (Dordrecht: Kluwer Academic Publisher, 1994)一书。

③ Cf. Klaus Hartmann, "Hegel: A Non-Metaphysical View", p.103.

④ Cf. Frederick C. Beiser, "Hegel, A Non-Metaphysician? A Polemic Review of H. T. Englhardt and Terry Pinkard(eds) Hegel Reconsidered", pp.1-2.

有给予足够的重视。"绝对"不是一切经验的条件，而就是存在（不
是任何个别的存在物）。事物总是在一个整体中存在（黑格尔把它
叫全体，早期海德格尔把它叫世界），这个整体不是个别事物的机
械总和，而是它们的关系总体。事物之所是，即它们的同一性，是
由这个关系总体（大全）决定的，具体而言，是由它们与其他事物
的种种关系（不同、差异）决定的。事物只有在这个作为绝对的大
全（因为它是事物存在的条件，所以叫"绝对"）中才是其所是，才
有意义。范畴或概念表达的是事物种种关系的结构性意义。所以范
畴不仅仅是纯粹主观的，只是思维形式。它也是存在的形式。否
则，"我们只是与我们的规定打交道，不能达到自在存在；我们不能
达到真正的客观事物"①。我们必须通过思维的形式达到事物，但达
到的不是主观建构的事物，而是事物本身。这是黑格尔哲学与康德
哲学的根本区别。当哈特曼说"当黑格尔把事物本身'置于'一个
释义学的语境中，而康德否认能认识事物本身但谈论它时，黑格尔
并不比康德'认识'得更多"时②，他似乎真的忽略了他们哲学的
这个根本区别。

"绝对"作为存在的形式，它就是宇宙论意义和存在论意义上，
而不仅仅是认识论意义上的合理性。这种合理性，我宁愿把它理解
为"可理解性"，而不仅是合规律性。这世界上任何事物，即便是非
理性事物，也是可理解的。维特根斯坦曾说："神秘的不是世界是**怎
样的**，而是它是**这样的**。""绝对"，就是世界之"是这样的"之结构
性关系全体。对我们人来说，世界只能"是这样"，这个"是这样"

① ［德］黑格尔：《哲学史讲演录》第 4 卷，第 274 页。
② Klaus Hartmann, "Hegel: A Non-Metaphysical View", p. 117.

不是出于人类的约定俗成，或任意规定。相反，它规定我们的存在。最后，对于黑格尔来说，他不会说"绝对"是个静态的结构性系统，而更愿说它是一个自我展开的历史过程："这些范畴和范畴的总体（即逻辑的理念）并不是停滞不动，而是要向前进展到自然和精神的真实领域中去的，但这种进展却不可认为是逻辑的理念借此从外面获得一种异己的内容，而应是逻辑理念出于自身的主动，进一步规定并展开其自身为自然和精神。"①当然，逻辑的理念展开其自身为自然和精神，这绝不是"把思维规律强加给客观世界"②，因为那正是黑格尔明确批判过的康德的做法。至于逻辑理念如何"出于自身的主动，进一步规定并展开其自身为自然和精神"，那是一个相当困难而复杂的问题，只能留待以后的研究来回答了。

---

① 　[德]黑格尔：《小逻辑》，第 125 页。
② 　杨祖陶：《康德黑格尔哲学研究》，武汉：武汉大学出版社，2001 年，第 306 页。

现代性问题域中的艺术哲学

——对黑格尔《美学》的若干思考

一

虽然黑格尔的《美学》早已有中译本，但却始终引不起我国德国古典哲学研究者的兴趣，迄今为止，除了 20 世纪 80 年代出版的薛华先生的《黑格尔与艺术难题》一书外，我国有关黑格尔《美学》的研究著作大都出于中文系背景的文艺理论研究者之手。这是一个值得一提的现象。因为在西方，美学本属哲学，是哲学家开创的一个从哲学角度研究艺术、美和审美判断等问题的研究领域，西方美学史上的代表性人物，无不是哲学家。黑格尔就更不用说了。他的《美学》系统研究了与美和艺术有关的诸多问题，其内容之丰富与系统，西方美学史上罕见其匹。但是，《美学》不仅仅是一部美学著作，它首先是一部哲学著作，需要人们从哲学的角度而不是单纯艺术或狭义美学的角度对它进行研究。

这是因为，黑格尔不仅是一个哲学家，而且还是一个体系哲学家。这就决定了：1."黑格尔的美学不是自我包容的，而是牢固地依靠他的观念论观点的种种预设。"①因此，必须把黑格尔的美学置于他整个哲学的问题域中，从他整个哲学的前提、任务、特点和方法的角度去解读和研究黑格尔的美学思想，"认真对待黑格尔的美学意味着认真对待作为整体的黑格尔哲学"②。可以说，对黑格尔哲学主旨、特征、立场、方法的基本了解，是研究黑格尔美学思想的准入证。2.黑格尔的美学是他庞大系统的哲学体系的一部分。初版于1817年，修订再版于1827年的《哲学全书》（由《逻辑学》《自然哲学》和《精神哲学》组成）体现了他体系的大致架构，包括了几乎所有古今哲学研究的领域，其中最主要的当然是精神。在《精神哲学》中，黑格尔把精神再细分为主观精神、客观精神和绝对精神，它们分别代表了精神自我认识的三个阶段。艺术、宗教、哲学分别是绝对精神自我认识的三个环节或三种形态。《美学》虽然是一部不同于《精神哲学》的独立的著作③，但黑格尔在那里重申它处理的主题属于绝对精神："美的艺术的领域就是**绝对精神**的领域。"④职是

————————

① Robert Wicks, "Hegel's aesthetics: An overview", Frederick C. Beiser (ed.), *The Cambridge Companion to Hegel*, Cambridge: Cambridge University Press, 1993, p.348.

② Stephen Bungay, *Beauty and Truth*, New York: Oxford University Press, 1984, p.2.

③ 现在的《美学》一书虽然看上去论述系统详尽，框架结构也颇有章法，却并非出于黑格尔本人，而是黑格尔的学生亨利希·古斯塔夫·郝涛（Heinrich Gustav Hotho）根据黑格尔19世纪20年代(1820/1821、1823、1826、1828/1829)历次有关美学的讲课笔记(多数已消失不见了)和学生的课堂笔记整理而成，如今这么系统的模样，并非黑格尔讲稿原有，要拜郝涛的编辑所赐，郝涛希望它以系统的形式出现于世人面前。但除了结构形式的系统性之外，郝涛也把自己关于艺术的观念、对于特殊艺术作品的评价和判断掺和了进去，在此意义上目前的这个版本的《美学》不是十分可靠。Cf. David James, *Art, Myth and Society in Hegel's Aesthetics*, London & New York: Continuum International Publishing Group, 2009, p.3.

④ Hegel, *Vorlesungen über die Ästhetik I*, Werke 13, Frankfurt am Main: Suhrkamp, 1986, S.130.

之故，不充分理解艺术在黑格尔哲学体系中的特殊位置及其意义，显然也无法理解他的美学或艺术哲学。

作为辩证学家的黑格尔始终坚持从运动发展的观点看待一切，坚持将精神自我认识视为一个发展的过程，他的主要哲学著作都体现和表现了事物和精神本身的发展。然而，人们往往忘了，黑格尔心目中的运动发展不是机械的运动发展，更不是线性进化意义的运动发展，而是辩证法的运动发展，它的根本意象是圆而不是直线。然而，习惯了机械运动和单向线性进化发展的人，却往往是用他们熟悉的种种非辩证的思路来理解黑格尔的运动发展观。黑格尔《美学》两个主要观点——艺术终结论和艺术低于哲学——之所以一直受人诟病，就是因为人们根本没有用黑格尔的辩证思维去理解这两个观点，结果前者被认为哲学埋葬了艺术并给它写了墓志铭，黑格尔的美学是艺术的悼词；[1]后者则被认为是最终取消了艺术的自主性，使其沦为哲学的附庸。而我们中国人，不仅则更习惯用以进化论为基础的等级思想来理解艺术、宗教、哲学的关系，而且还以此来理解各种艺术类型之间的关系。例如，在象征艺术、古典艺术和浪漫艺术三者关系中，认为象征艺术最低级，浪漫艺术则最高级[2]。

黑格尔是一个罕见的具有宏阔历史观的哲学家，又是一个主张思有同一，主张哲学是被把握在思想的时代的人，[3]因此，他在展开其论述时，经常会将其论述过程与人类历史与文化史的过程互为表

[1] B. Croce, *Aesthetics as Science of Expression and General Linguistic*, trans. Douglas Ainslie, London: Macmillan, 1922, pp.302-303.

[2] 参看张世英：《论黑格尔的精神哲学》，上海：上海人民出版社，1986年，第237页。

[3] Hegel, *Grundlinien der Philosophie des Rechts*, Werke 7, Frankfurt am Main: Suhrkamp, 1986, S.26.

里，而不是相互平行。但人们却往往认为他在《精神现象学》《哲学全书》和《美学》等著作中，基本上是按照编年史的顺序来叙述有关问题的。当然很容易发现，这是一个不应有的错误。例如，《精神现象学》中各种意识形式出现的次序安排，显然与实际编年史的顺序不符。最初处理感性确定性和知觉那两章显然不能归于任何一个时代，那是任何一个时代的人都会有的精神现象。"自我意识"这部分中主奴关系的论述显然是一个哲学寓言，而不是对上古原始时代的描述。对于黑格尔来说，自我意识的获得签署了现代世界的出生证，但斯多葛主义、怀疑主义、苦恼意识，却是前现代的产物。在"精神"章中，"伦理"这部分固然可以和希腊伦理世界和罗马文化对上号，但"教化"这部分到底是指中世纪文化还是现代早期文化，真不好说。

其实，黑格尔从来不在乎编年史的顺序，他只关心事物（die Sache）和思维发展的逻辑顺序，所以他会说，现代的原则始于后伯罗奔尼撒时期智者和苏格拉底的时代①。主观精神、客观精神和绝对精神之间的次序是逻辑次序；艺术、宗教和哲学之间的次序也是逻辑次序，谈不上物理时间上的先后关系，更谈不上谁高谁低的问题。此外，辩证的发展观不是从一物发展到另一物，而是事物内在本质的展开、丰富和完成，是同一个事物的发展与成长，《精神现象学》著名的花蕾与花朵的比喻已经清楚表明了这一点。②事物的本质是一个有待生成展开的确定的可能性，但不是像亚里士多德的"潜

---

① Hegel, *Vorlesungen über die Geschichte der Philosophie I*, Werke 18, Frankfurt am Main: Suhrkamp, 1986, S. 404.

② ［德］黑格尔：《精神现象学》上册，贺麟、王玖兴译，北京：商务印书馆，1983年，第2页。

能"或"形式"那样已经预成，只等实现或显示出来，并且实现不等于增加和丰富。在黑格尔那里，事物的发展意味着它种种本质可能性的逐渐展开、实现和丰富。事物本质可能性的实现是事物的完成，但不是停止，而是开始新一轮的发展和成长，作为整体的真理的哲学意象是一个圆，而不是直线。① "真理和现实正是这种自在的自圆圈式运动。"②无论是艺术还是精神本身，它们的发展都是如此。

那么，如何理解上述黑格尔美学思想中最为人诟病的两个主题——艺术终结论和艺术低于宗教和哲学? 这两个主题有连带关系，艺术的终结意味着艺术向宗教和哲学发展；意味着艺术是绝对精神的低级阶段，绝对精神终究要将自身发展为宗教和哲学。而根据黑格尔的思想，事物后来出现的环节一定比前面的环节更完善，因而也是较高的阶段。哲学作为绝对精神自我认识的完成，既扬弃了宗教又扬弃了艺术，自然要比它们更高级，自然较完善。这是黑格尔美学的一般读者很容易有的理解。但这样的理解如果成立的话，那黑格尔就不是主张通过辩证思维扬弃知性思维方式的黑格尔，而是他所批判的只知知性思维的人。可惜人们却往往根据这样的理解来不甚费劲地批判黑格尔。但黑格尔却不会像他的许多读者那么头脑简单。

二

虽然贡布里希把黑格尔称为"艺术史之父"③，但黑格尔从来不

---

① Hegel, *Enzyklopädie der philosophischen Wissenschften I*, Werke 8, Frankfurt am Main: Suhrkamp, 1986, S. 60.

② ［德］黑格尔:《精神现象学》下册，贺麟、王玖兴译，第243页，译文有改动。

③ Ernst Gombrich, "The Father of Art History", *Tributes: Interpreters of Our Cultural Tradition*, Ithaca: Cornell University Press, 1984, p. 51.

是在经验或实证史学（Historie）的意义上来讨论艺术和有关艺术的一切的，而是将艺术和美的问题作为哲学问题来思考。有关艺术终结的问题也当如是观。黑格尔本人从未明确说过"艺术的死亡"或"艺术终结"之类的话，艺术终结的命题严格说是一些人从他的美学思想中得出的结论。Erich Heller 的说法就是一个最典型的例子："黑格尔古典型和浪漫型艺术都出于他的形而上学，被精神的规律本身判了死刑。古典型艺术不能不死，是因为精神不能信守它用具体实在获得的圆满理解；因为它在精神的真实本性上撒谎，精神最终应该摆脱一切感性的拖累……浪漫型艺术……作为艺术理念的体现……是对这个理念的否定。"[1]这种理解显然是错误的，作为绝对精神的三种表现形式之一，艺术将会与精神同在。艺术只是"在它最高的规定方面对我们是明日黄花了"[2]。但这决不能理解为艺术的终结或艺术的死亡。

什么是艺术最高的规定性？那就是"用感性的方式表现最高的东西，从而使人了解自然的显现方式，了解感觉和情感"[3]。但是，艺术在其历史发展中，尤其在近代浪漫型艺术那里，艺术却逐渐与感性现象脱节或分裂了，而不是像在古典型艺术（希腊艺术）那里那样，普遍和理性的东西与感性的东西天衣无缝地融为一体。在黑格尔看来，古典型艺术才是艺术的典范，最符合艺术的最高规定性，而到了近代，到了浪漫型艺术那里，就艺术的上述最高规定性而言，艺术成了明日黄花（ein Vergangenes）。但这绝不等于说它将

---

[1] Erich Heller, *The Artist's Journey into the Interior*, New York: Vintage Books, 1968, p. 115.

[2] Hegel, *Vorlesungen über die Ästhetik I*, S. 25.

[3] Ibid., S. 21.

不再存在；相反，它将继续存在；不但继续实际存在（existieren），而且还会"更上层楼，日趋完善"①。但它已经不再像在古代希腊世界那样，既是绝对的表达方式，也是人们的存在方式或伦理（Sittlichkeit）方式；而是成为我们的观念，却不是我们的现实必需。这意味着通过感性表达绝对和神圣的艺术在现代世界不再构成生活本身，现代世界和生活为一种偏重理智的文化所支配。

但这并不像许多人理解的那样，在黑格尔那里，艺术终究被宗教和哲学所取代。②然而，那种理解没有充分考虑黑格尔的辩证法在其哲学思想和体系中的根本作用。按照黑格尔的辩证法，精神的发展是一个像植物一样有机的整体，每一个环节或发展阶段，无论多么原始或初级，都不会被后来的环节或发展阶段所取代，而是被扬弃，即其有限性在后来的环节或阶段当中得到克服，但它的本质规定性却作为后来者自身规定的一个有机部分而被保留。黑格尔在《精神现象学》的序言中就告诉我们，事物辩证发展过程的每一个环节都是必不可少，且都构成那个有机整体（发展过程）的生命。伊波利特在阐释黑格尔的体系时也指出，黑格尔辩证法的每一个阶段都会有更丰富的发展，"总是在它们自身中再产生先前的发展，并给予它们新的意义"③。后面的阶段并没有取代或消灭前面的阶段；

① Hegel, *Vorlesungen über die Ästhetik I*, S. 142.

② 这种理解非常普遍，甚至像对黑格尔哲学及其辩证法有精深研究者，已故德国哲学家吕迪格尔·布伯纳(Rüdiger Bubner)也这么认为：在黑格尔哲学中，"哲学接替了艺术，以此将它作为精神发展史的一个过去了的阶段"(Rüdiger Bubner, "Über einige Bedingungen gegenwärtiger Ästhetik", *Ästhetische Erfahrung*, Frankfurt am Main: Suhrkamp, 1989, S. 18)，并且以此批评黑格尔的美学是一种错误的观念论，取消了艺术的自主性。

③ Jean Hyppolite, *Genesis and Structure of Hegel's Phenomenology of Spirit*, trans. by Samuel Cherniak & John Heckman, Evanston: Northwestern University Press, 1974, p. 64.

相反，前面的阶段是后面阶段的基础和条件，后面的阶段通过把先前的阶段扬弃吸收为自身的一部分而丰富了自己。黑格尔在《逻辑学》中已经以逻辑范畴的形式表明了这点。具体到艺术与哲学的关系，也是如此。

黑格尔在《美学》中明确指出，艺术、宗教和哲学有相同的内容，这就是精神的对象——绝对，它们的区别不在这里，而在形式，它们是精神认识自己，即认识绝对的三种不同的形式。这种形式上的区分不是外在的任意规定，而是来自绝对精神的概念本身。[1]也就是说，绝对精神的概念（它的本质规定）决定了它要有这三种自我认识和表达的形式。既然艺术与宗教和哲学一样，是根源于绝对精神的概念本身，那它就是绝对精神认识与表达自身所必需，不是可有可无的东西，也不是宗教或哲学出现之后，艺术自然会归于衰败与死亡。艺术对于现代人来说是过去了的东西有两重意思：一、艺术在现代世界变得越来越不能与感性浑然一体，而是越来越理智化，越来越抽象化和内在化。这就使得艺术日益背离了它的本质规定——以感性的方式表现绝对。在此意义上，艺术的巅峰状态已经过去。但这种"过去"首先不是编年史意义或物理时间意义的，而是形而上学意义的。二、这种"过去"真正说来不仅仅是由于现代世界的外部状况，更是由于艺术这种形式本身的局限性。它内在的局限注定它不可能是精神自我认识的最完满阶段，它不能不被扬弃，不能不被超越。但这种扬弃和超越不能理解为如原始社会那样是人类社会进化过程上的一个一去不复返的阶段；而应理解为绝对精神除了艺术之外，还需要进一步的形式来完成自我认识的

---

① Hegel, *Vorlesungen über die Ästhetik I*, S. 139.

任务。但这绝不能理解为绝对精神喜新厌旧，有了宗教和哲学这两种更高的表现形式后就彻底抛弃了艺术这个形式。

哲学是艺术与宗教的统一者，而不是它们的吞没者和消灭者。按照黑格尔的辩证法，统一既是被统一者的扬弃，又是将它们包容。哲学之所以是绝对精神自我认识的最终形式，是因为它既包含了艺术的客观性因素又包含了宗教的主观性因素。但哲学无法像艺术那样感性地表现绝对，而只能用概念的方式来把握绝对。绝对不是纯粹的抽象，而是具体的普遍，即作为这个世界的大全。在黑格尔那里，大全既不是特殊性也不是普遍性，而是个体性。个体性总是具体的，但不是特殊的具体，而是普遍的具体。哲学虽然用概念来认识绝对，却不能不保持它的具体性，这样，它就必须以辩证方式吸收艺术表达方式的具体性。另一方面，绝对精神的自我认识是在具体中发现自己。因此，以感性方式认识绝对和表达绝对的艺术，不能不始终是精神自我认识和自我表现的三种基本形式之一，"没有作为大全的要素之一的艺术的继续参与，与辩证法和哲学相关联的绝对的表达会是不完全的"[①]。

其次，艺术与宗教和哲学内容相同，从这个意义上说，它们具有共同的基础，它们是内在相通的，而不是彼此并列的三个不同领域。这其实是符合历史真相的，例如，在古希腊文化中，这三者就没有明确的区分；将它们看作是完全不同的领域，那是现代性想象的产物。只是从文艺复兴开始，艺术才寻求将自己从宗教的种种限制中解放出来，越来越主张它的自主性。尤其到了 19 世纪，艺术被

---

① Curtis L. Carter, "A Re-examination of the 'Death of Art' Interpretation of Hegel's Aesthetics", *Art and Logic in Hegel's Philosophy*, edited by Warren E. Steinkraus and Kenneth L. Schmitz, New Jersey: Humanities Press, 1980, pp. 87-88.

看作是一个专门的审美领域。它被视为一个由想象力产生的人类精神独立的表达方式。19 世纪"为艺术而艺术"的运动以自己夸张的方式表达了这种要使艺术完全独立的强烈意志。①黑格尔显然并不认可这种现代性的区分，因为这种区分是建立在艺术、宗教、哲学三者内容、功能、目的截然不同基础上的。黑格尔认为，艺术、宗教、哲学作为绝对精神的三种表现形式，它们彼此之间是有内在关联和交集的，有时甚至是你中有我、我中有你，难以分开的。《精神现象学》提出的"艺术宗教"（Kunstreligion）的概念就是一个明显的例子。

艺术宗教是宗教，而不是为宗教服务的艺术。它的性质与其说是美学的，不如说是宗教的。神通过艺术表现在一个民族（希腊人）的生活中，这就是艺术宗教的基本所指。在古希腊艺术与宗教实践是一致的，它们虽然是绝对精神的两种类型，却都是对共同体生活中至高无上者的反思。艺术家创造美的作品来表现神，美和真理（至少是关于神性的真理）对于希腊人来说是交织在一起的，希腊宗教因此就是艺术宗教，②即具有根本艺术特征的宗教。或者说，它既是艺术，也是宗教。

艺术与宗教的交织在《美学》中也有明确无误的论述。象征、古典、浪漫这三种类型的艺术都贯穿着明显的宗教意义，因为"艺术的起始与宗教的关系最密切"③。宗教呈现于人类意识的是绝对，而象征型艺术即是要从自然中观照绝对。象征型艺术的特征是渗透

---

① Cf. William Desmond, *Art and the Absolute*, Albany: State University of New York Press, 1986, pp.37-38.

② Cf. Terry Pinkard, *Hegel's Phenomenology. The Sociality of Reason* (Cambridge: Cambridge University Press, 1996), p.234.

③ Hegel, *Vorlesungen über die Ästhetik I*, S.409.

着模糊朦胧的无限感和崇高感，是宗教对于神秘事物的崇仰和对于无限的敬畏。作为象征型艺术的典型例子的金字塔和狮身人面像都体现了这一点。东方的泛神论、阿拉伯神秘主义和《旧约》的《诗篇》，也都是如此。古典型艺术的宗教性上面已经说过，就不赘述了。古典型艺术的缺陷在于把精神表现为人的精神和形象，这显然也是从艺术的宗教性上来说的，是说古典艺术的宗教意义还不够纯粹。与之相比，浪漫型艺术的宗教意味要更为清晰和复杂。在这种艺术类型中，无限内在化于人自身中。人在他内在主体性的深度中最丰富地揭示了神性的意义，即作为精神的神的意义。①到了浪漫型艺术时，艺术对神的意义最自觉，但精神需要更充分的表达，因此，浪漫型艺术就不能不向宗教过渡了。

　　值得我们注意的是，"浪漫型艺术是艺术的自我超越，然而却是在它自己的领域，以艺术自身的形式"②。这就是说，艺术尽管不离宗教的意义，但还是它自己的领域；它在自己领域中自我超越的是它的审美性质；但这种自我超越绝不是对艺术的否定或废弃，而是它最高的完成和实现。艺术牺牲了它自己独有的审美形式而开启了精神更丰富的宗教形式。③但艺术并未因宗教的出现而留在宗教的外面或后面；相反，艺术在宗教中起着相当积极的作用，黑格尔在《精神哲学》中写道："在艺术似乎给予宗教最高的美化、表达和光辉时，它同时就使宗教超越了其局限性。"④这表明，艺术与宗教的关系既不能理解为外

---

　　① Cf. Hegel, *Vorlesungen über die Ästhetik II*, Werke 14, Frankfurt am Main: Suhrkamp, 1986, SS. 132-133.

　　② Hegel, *Vorlesungen über die Ästhetik I*, S. 113.

　　③ Cf. William Desmond, *Art and the Absolute*, p. 44.

　　④ Hegel, *Enzyklopädie der philosophischen Wissenschften III*, Werke 10, Frankfurt am Main: Suhrkamp, 1986, S. 371.

在的并列关系，也不能理解为线性进化的递进取代关系。

　　艺术与哲学的关系也当如是观："美的艺术从自己方面作出了哲学所做的同样的事情——使精神摆脱不自由。"①在此意义上，未尝不可认为艺术具有哲学的性质。当然，与哲学本身相比，艺术在达成精神解放的目标上还有欠缺："美是艺术只是解放的一个阶段，而不是最高的解放本身。"②作为解放的最高阶段的哲学，它把艺术扬弃后作为自己的一个方面包含在自身中，同时也"在作为它自己直接的显现形式或它自己的感性形态的审美现象中认出了自己"③。因为艺术是哲学的"前身"(Vorform)，所以哲学可以通过"回忆"在自身认出它。在《精神现象学》结尾，黑格尔指出："目标、绝对知识，或知道自己为精神的精神，必须通过对各个精神形态加以回忆的道路；即回忆它们自身是怎样的和怎样完成它们的王国的组织的。"④哲学通过这样的回忆，承认而不是拒绝艺术不可替代的独特意义，承认艺术乃是它自身的一个重要环节，而不是被它取代的外在的东西。⑤

---

　　① Hegel, *Enzyklopädie der philosophischen Wissenschften III*, Werke 10, Frankfurt am Main: Suhrkamp, 1986, S. 372.

　　② Ibid.

　　③ Rüdiger Bubner, "Über einige Bedingungen gegenwärtiger Ästhetik", S. 17.

　　④ ［德］黑格尔：《精神现象学》下册，第 275 页。

　　⑤ 但黑格尔关于艺术、宗教、哲学三者关系的说明，本身并非如此明确，而是包含不少问题，尤其在处理方法上。黑格尔不但在《美学》中，而且在《逻辑学》中也明确说："哲学与艺术和宗教共有它的内容和目的；但它是把握绝对观念的最高方式，因为它的方式是最高级的，是概念"(Hegel, *Wissenschaft der Logik II*, Frankfurt am Main: Suhrkamp, 1990, S. 549)。黑格尔在《精神哲学》与《美学》中都讨论过这三者的关系，但都模棱两可。这就使得不少人认为他是哲学中心论者，贬低艺术，抬高哲学。但自相矛盾往往是伟大思想家的标志，对于黑格尔这样复杂的哲学家来说，他关于艺术与哲学关系的真实想法，不能仅仅根据某些文本的表述就望文生义，轻易得出结论；而是应该根据他思想的根本立场，而不是个别字句，有更深入细致的分析。有关黑格尔在处理艺术、宗教和哲学三者关系上的种种问题，Stephen Bungay 有很好的分析与论证，参看 Stephen Bungay, *Beauty and Truth*, pp. 30-34。

三

其实，艺术的独特价值和不可取代性，放在黑格尔哲学的现代性问题域中考察就更无疑问了。当黑格尔在《美学》全书绪论中说"我们现代的一般状况是不利于艺术"时[①]，他显然是自觉地将美学问题放在现代性的问题域中来思考的。[②]黑格尔对现代性的根本问题从一开始就有非常敏锐的观察和深刻的反思。他先于尼采宣告："**上帝已死。**"[③]这是他在《精神现象学》中分析苦恼意识的实质时说的，指在现代世界，绝对在人的意识和历史中缺席，苦恼意识"是丧失了一切**本质性**，甚至是丧失了自己关于本质性这种自我意识的意识"[④]。就神人关系而言，则是神人无限分裂，神弃人而去，人不再有超越的根据。神人分裂是世界分裂的一个表征，现代世界是一个分裂的世界，"从中可以找到全部有限的总体，单单没有绝对本身"[⑤]。这个"绝对"，才是作为世界统一性的大全。一旦失去，就形成了种种截然对立的二分：精神与物质、灵魂与肉体、信仰与理智、自由与必然，等等。

与此同时，人本身也异化了，失去了其生命应有的整体性。首先，他被作为一个原子从社群中剥离出来，不复有希腊人那样丰富

---

① Hegel, *Vorlesungen über die Ästhetik I*, S. 25.

② 爱尔兰哲学家威廉·戴斯蒙德也说："黑格尔的美的概念被牢牢置于艺术表现的自我和艺术积极的、创造性的力量的现代问题域中的。"(William Desmond, *Art and the Absolute*, p. 103)

③ [德]黑格尔:《精神现象学》下册，第 231 页。

④ 同上。

⑤ Hegel, *Differnez des Fichteschen und Schellingschen Systems der Philosophie*, Werke 2, Frankfurt am Main: Suhrkamp, 1986, S. 20.

的社会生活；他与群体的关系只是外在的关系，不复古人那种认同感；其次，工作对他成了一种过分专业化的活动；第三，宗教不再是社群集体生活的一部分，而被内在化和私人化，只是满足个人内心的需要；第四，理性变成了纯粹工具理性和计算理性，不再是整体自我更深的精神和生命资源；第五，现代人的实践生活被功利规范所支配，艺术与美成了纯粹审美意义上无聊的奢侈或无用的装饰。所有这些现代性的特征都表明了现代人生活的破碎和不统一，与坚持统一、和谐和整体性的古典美的理想形成鲜明的对照。

可能有人会问，尤其是后现代主义者会问，统一（无论是世界的统一还是人的统一）真的很重要吗？差异和区分难道不是更实在、更具体、更重要吗？追求统一难道不是传统形而上学的典型要求和做法吗？不错，哲学从一开始就追求统一。为什么？因为任何有限的事物都不是自足的，而是依赖于其他事物的联系和中介才能确定自己的地位和身份。黑格尔从斯宾诺莎的"一切规定都是否定"的著名命题中得到启发，看到在经验世界中，特殊事物都是内在地"否定的"，因为它们在一个特定的时刻是什么，取决于时间和它们在认知中与其他事物的关系。后来海德格尔通过他的"世界"学说说明了同样的道理：事物本身没有意义，它是什么取决于它在作为事物的关系整体和意义整体的"世界"中的位置。这个整体，也就是黑格尔和他的许多同时代思想家追求的绝对统一（大全），如果失去的话，那么一切事物的意义都是主观任意而没有根据的，这恰是虚无主义的渊薮。而此前雅可比已经通过"虚无主义"这个概念敲响了虚无主义的警钟。如果虚无主义是由于统一在现代被种种分裂和对立所取代，那么恢复意义的整体性和统一性就是克服虚无主义不二法门。

　　黑格尔从一开始，就将克服这些对立，克服现代人生活的分裂和破碎化，恢复世界的整体性和有机统一，作为哲学的唯一任务："扬弃变得如此坚固的种种对立，是理性的唯一任务。"①而艺术将会对现代性问题的解决起着独到的作用。②这不是黑格尔个人独有的想法，在他之前，席勒和谢林都试图通过艺术来克服现代世界的种种分裂。这方面黑格尔受到他们程度不同的影响。席勒已经"把普遍性与特殊性、自由与必然、精神和自然的统一科学地把握为艺术的原则与本质，并且孜孜不倦地通过艺术和审美教育使其进入现实生活，然后使统一作为**观念本身**成为知识和存在（Dasein）的原则，并将此观念把握为唯一真实和现实的东西"③。可以说，席勒开了黑格尔通过艺术克服世界种种二元分裂的艺术形而上学的先河。

　　但在这方面黑格尔还得到了康德哲学的启发。康德与席勒不同，他的哲学是建立在现代性二元论的基础上，而席勒却是非常自觉地要设法克服这种二元论。不过康德晚年在《判断力批判》中试图通过审美判断来打通自然和自由两大领域。审美的愉悦来自自然中的统一感，这种感觉是普遍的。美学对于康德的哲学意义就在于，在进行趣味判断时，对事物之美的判断虽出于个别主体，却是会被普遍同意和接受。美的事物并不只是使我愉悦，而是对所有人皆然。这种与情感有关的一致之可能，指向了"可以被看作是人类超感性的基础的东西"④，那是自然和自由的连接处。

　　① Hegel, *Differnez des Fichteschen und Schellingschen Systems der Philosophie*, Werke 2, Frankfurt am Main: Suhrkamp, 1986, S. 21.

　　② William Desmond, *Art and the Absolute*, pp. 106-107.

　　③ Hegel, *Vorlesungen über die Ästhetik I*, S. 91.

　　④ Kant, *Kritik der Urteilskraft*, Frankfurt am Main: Suhrkamp, 1977, B 237, A 234.

黑格尔在康德的美学中看到了，美是一种统一的力量，"我们在康德所有这些（美学）命题中发现的是：通常在我们的意识中被预设为分裂的东西，其实是一种不可分裂性。这种分裂在美中得到了扬弃，这样，普遍与特殊、目的与手段、概念与对象就完全融贯无间了……艺术美体现了这个思想……因此，自然和自由，感性和概念在一个**统一体**中发现它们的权利并得到满足。"①这当然是黑格尔对康德美学思想的释义学阐释，但也暴露了康德美学给他的重要启发。

谢林的同一哲学顾名思义是要消除主体与客体、自然和自由、认识与对象的区别，主张它们的绝对同一，但是，在早期谢林看来，是艺术而非哲学最合适地表达了主体和客体的同一。艺术可以在哲学上做哲学无法做到的事，这就是恢复世界的统一。因此，他主张用艺术哲学来统一世界无意识和有意识的方面，也就是物质和精神、主体和客体、自然和自由。这种思想在当时德国并不奇怪。一方面，德国思想家对现代世界的分裂有相当深刻的观察和感受；另一方面，他们许多人都是希腊文化的仰慕者和向往者。温克尔曼给当时的人们呈现了一个理想的希腊，一个感性和理性、肉体与灵魂和谐统一的希腊。希腊世界和生活的和谐统一，成了许多开始对现代性持批判态度的德国人的理想。而希腊艺术，在他们眼里则是这种理性的完美体现，他们把希腊人视为审美的人民，荷尔德林说希腊是"一个艺术的王国"②。在这种情况下，以艺术来克服哲学和现实世界中的种种二元对立，就不那么难以理解了。

---

① Hegel, *Vorlesungen über die Ästhetik I*, S. 88.
② Hölderlin, *Sämtliche Werke*, hg. Friedrich Beissner, Stuttgart, 1946-1961, II, S. 167.

在很可能反映了早期谢林和黑格尔这两个同窗好友共同想法的《德国观念论最早的体系纲要》①中，作者这样写道："我相信，理性的最高行动是审美的行动，理性把一切理念包括在这个行动中，**真与美只有在美中**亲密无间。哲学家必须拥有像诗人拥有那么多的审美力量。……精神哲学是一种审美哲学。"②他还说，美的理念是联合一切事物的概念③。虽然谢林后来放弃了这些早期的想法，但黑格尔仍然对谢林对哲学美学的贡献有很高的评价。他认为只有到了谢林这里，"艺术的**概念**和科学地位才被发现……才在它崇高的真正的规定上被接受"④。黑格尔不像早期谢林那样认为艺术可以做哲学做不到的事，是比哲学更基本的东西；但他始终赋予艺术以绝对的地位。⑤

黑格尔在《精神哲学》中已经告诉我们，艺术属于绝对精神的范畴，它"是对作为**理想的自在的**绝对精神的具体**直观**和表象"⑥。在《美学》中，他又说艺术是一种"精神的需要"⑦，这意思显然是说，没有艺术，精神的自我认识或自我反思是不完全的。从黑格尔哲学的体系上说，艺术就是必需的，它提供了一个不可化约的绝对精神自我反思的形式，并且以只有它才能够的方式中介绝对精神的知识。真正的艺术与宗教和哲学为伍，它是认识和表达神性、人类

---

① 这篇文献现在被收入德国 Suhrkamp 出版社出版的 20 卷本的《黑格尔著作集》中，但它的作者为谁一直是有争论的。

② Hegel, *Frühe Schriften*, Werke 1, Frankfurt am Main: Suhrkamp, 1986, S. 235.

③ Ibid.

④ Hegel, *Vorlesungen über die Ästhetik I*, SS. 91-92.

⑤ Cf. William Desmond, *Art and the Absolute*, p. 36.

⑥ Hegel, *Enzyklopädie der philosophischen Wissenschften III*, S. 367.

⑦ Hegel, *Vorlesungen über die Ästhetik I*, S. 24.

最深刻的旨趣以及精神最广泛的真理的方式和手段，这也是它的最高使命。①艺术的自主性和不可替代与不可化约性，不言而喻。在此意义上，艺术是绝对的。但不止于此。

"绝对"一词在黑格尔那里有名词和形容词两种用法。当它作形容词用时，指一种差异中的同一关系或有差异的同一关系，即所有的他性都被扬弃后得到保留，成为该同一关系的内在环节或要素。这种同一关系不是 A=A 式的同义反复，而是包含了差异的同一。绝对或大全，就是这样的包含差异的同一。当德国古典哲学家要克服现代性的种种二元对立时，他们并不要通过否认对立的相对合理性而完全抛弃对立，达到 A=A 式的绝对同一。虽然黑格尔批评谢林的同一哲学追求的就是这样 A=A 的纯粹同一，可谢林没有那么简单，他曾明确指出："现代世界最终注定要构想出一个更高的、真正包罗万象的统一。科学和艺术都正在往这个方向走，这恰恰是为了这样的统一可以存在，所有对立都必须得到表现。"②黑格尔本人自不必说，克服二元对立不是通过一方消灭另一方，而是双方通过互动扬弃后在一个更高的层面上到达包容统一。

这也是辩证法的要求。辩证思维让黑格尔看到，事物的对立在很大程度上是合理的，生命与运动来自对立："必要的分裂是生命的一个因素，生命永远对立地构成自己，总体性只有通过从最高的分裂中恢复才有最高的活力。"③但是，"从最高的分裂中恢复"不意味着一个纯粹同一的总体性，而是重新确立有差异的统一："理性把已

---

① Hegel, *Vorlesungen über die Ästhetik I*, SS. 20-21.

② F. Schelling, *On University Studies*, ed. and trans. E. Wilkinson and L. A. Willoughboy, Athens, Ohio: Ohio University Press, 1966, p. 69.

③ Hegel, *Differnez des Fichteschen und Schellingschen Systems der Philosophie*, SS. 21-22.

经分裂的东西联结在一起，把绝对的分裂降为由源始的同一性制约的相对的分裂。"①如前所述，艺术和美学将在恢复世界的统一（总体性）中起到特殊的作用，人们将在"最高的审美完满性"中超越一切分裂②。为什么？黑格尔对艺术的定义给我们提供了答案。

黑格尔在《美学》全书的绪论中，在反驳了种种流行的对艺术的看法（如艺术模仿自然说、艺术净化情绪说、艺术娱乐说和艺术以道德为目的说）之后，总结性地阐明了他的艺术定义，即艺术本身就是目的，它是精神以自然、感性的方式表达自身的一种形式，因而它调和了精神与自然的对立。③艺术是人精神活动的产物，艺术作品是精神与物质融合在一起的结果，因此，艺术是精神与物质、理性和感性的中介，精神与物质、理性与感性在艺术中得到了统一。黑格尔明确提出："艺术美被认识到是解决抽象地以自身为基础的精神和自然之间的对立与矛盾，使它们复归统一的诸中介之一。"④这里的"中介"一词的德文原文是 Mitten，意为"中间"，艺术在精神和自然中充当把它们联结起来的中间人、中介的角色。自然和自由，感性和概念通过艺术走到了一起，并得到统一。在艺术中，真理以感性的方式得到了揭示。

四

在黑格尔心目中，希腊古典艺术是艺术理想的典范，他在总论

---

① Hegel, *Differnez des Fichteschen und Schellingschen Systems der Philosophie*, S. 22.

② Ibid., S. 23.

③ Hegel, *Vorlesungen über die Ästhetik I*, S. 82.

④ Ibid., S. 83.

古典型艺术时指出："艺术的核心是在内容和全然适合它的形式的自成一体的统一中成为自由的总体性。"①也就是说，艺术的本质就是通过内容与适合内容的形式的融合无间，自成一个开放的世界。"内容"在黑格尔美学思想的语境中指精神性的东西，而"形式"则代表外在的客观性或对象性。若以此论艺术的典范，则非古典型艺术莫属。因为古典型艺术的特点即在于精神性的东西与其自然形象一体融贯②。就此而论，希腊艺术堪称古典型艺术的代表，因为"它从一开始就显出意义和形象，内在的精神个性与它的躯体完成融合为一"③。所以黑格尔称"希腊艺术是古典理想的实现"④。在它那里，精神和自然、内容与形式结合得天衣无缝，水乳交融。"就精神把自然和自然力量纳入它领域，但并不因此把自己表达为纯粹的内在性和对自然的统治而言，古典型艺术将其内容作为精神性的东西来掌握。"⑤但这个精神性的东西不是与物质或自然处于截然对立状态的精神，而是贯穿在自然和物质中，通过自然与物质表现出来的精神，是精神与自然的浑然一体。"古典理性既不知道内在性与外在形象的分裂，也不知道主观的因而是在目的和激情上抽象任意的东西这一方面与另一方面由于上述分裂导致的抽象的普遍性之间的断裂。"⑥近代那种与客体处于截然对立状态的主体，以及在此基础上的主客体二元分裂，在古典艺术中是找不到的。古典型艺术是艺术

---

① Hegel, *Vorlesungen über die Ästhetik II*, S. 13.
② Ibid., S. 18.
③ Ibid., S. 121.
④ Ibid., S. 25.
⑤ Ibid., S. 74.
⑥ Ibid., S. 105.

完美的顶峰。①

　　然而，古代世界的解体与基督教的产生，使得古典艺术的理想渐趋式微。尤其是现代性的产生，从根本上颠覆了古典艺术的精神，即精神与物质的天然平衡，内容与形式的和谐统一，主观与客观不分彼此。现代性可以说是主体无限扩张的时代，主体是一切，主体是核心，主体是基础，主体是无限，主体是目的。当主体成为一切和目的本身时，主体的空洞也就暴露无遗。黑格尔在《美学》中通过对浪漫型艺术的分析和论述，揭露了现代性种种二元分裂的根本原因。

　　在黑格尔看来，古典型艺术虽然天人合一，但却过于浑然，这个统一体中的人缺乏自觉意识，还不是自在自为的人，即还不能"在它主观意识的内在世界中清楚知道自己与神有区别，而且也扬弃这种区别，由此作为与神一体者，本身就是无限绝对的主体性"②。而浪漫型艺术刚好相反，一方面，它表现为高度自觉的主体由于日益加强的自我意识而越来越转向内在，转向自己内心深处；因此，另一方面，古典型艺术的内外一体，天人合一在它那里也消失了。古典型艺术只有一个统一的世界，而在浪漫型艺术里有两个彼此不相干的领域，一个是自身完满具足的精神领域；另一个是外在事物的领域。精神对外部世界漠不关心；反过来，外在现象也不再表达内在的东西③。

　　就像象征和古典都可以指一种艺术原则一样，"浪漫"（das Romantische）也可以指一种艺术原则，这种艺术原则或艺术特征就是

---

①　Hegel, *Vorlesungen über die Ästhetik II*, S.127.

②　Ibid., S.110.

③　Ibid., S.140.

"绝对的内在性"。所谓"绝对的内在性"，就是除了精神的主体性外，什么都不重要，也不关心。"这种本身无限者和自在自为的普遍是对一切特殊东西的绝对否定，是与自己的简单统一。"① "与自己的简单统一"，就是 A = A 式的空无内容的同一。它除了自己之外连神都不买账，"它把一切特殊的神消解在纯粹无限的与自己的同一性之中"②。因此，浪漫型艺术不再在它的对象中表现神性，自然就是自然，不再具有神性，因此，外在世界对于浪漫型艺术来说就没有什么意义，充其量是个偶然的世界，是一种可有可无的东西，"精神对它毫不信任，也不再栖身于它"③。这样，浪漫型艺术实际上背离了艺术的理念，或艺术的理想，即以感性的方式表达神性，或者说，以内外一体，内容与形式和谐统一的方式揭示绝对精神的真理。等到内在与外在的东西彼此分裂，都成了偶然的东西时，浪漫型艺术，而不是艺术本身，就走到头了④。

黑格尔指出，浪漫型艺术其实是建立在近代哲学主体概念基础上的，主体概念的缺陷必然影响到浪漫型艺术的种种观点和做法，例如费希特的"自我"概念与浪漫派思想家施莱格尔的"反讽"说的关系就是如此。费希特的自我概念是一个与外部世界完全脱离的绝对原则，因为它高踞于一切客观事物之上，它本身既单纯又抽象，"一方面，所有特性，所有规定性，所有内容都在这个自我中被否定……另一方面，所有对我有意义的内容，都只是由我设定和肯定的。凡是存在的东西，都是由于我而存在，凡是由于我而存在的

① Hegel, *Vorlesungen über die Ästhetik II*, S. 130.
② Ibid.
③ Ibid., S. 139.
④ Ibid., S. 142.

东西，我也能把它消灭"①。这是一个绝对的自我。具体落实到艺术家身上，艺术家就是可以自由建立一切又自由消灭一切的"我"，对作为这样的绝对的我的艺术家来说，外在事物的客观性和形态、状态是怎样的一点不重要，"他只想在自我欣赏的天国生活"②。这种自我或主体实际是极度空虚的，"尽管它向往达到实在和绝对，却仍是不真实和空虚的"③。这样的主体和自我，其实是虚无主义的根源。

从表面上看，事情可能正相反，我们已经习惯了主体给自然和道德立法这样的说法，却未思考主体的根基是什么。当主体高高在上否定一切神性，以宇宙的立法者的身份出现时，它把自己置身于一切事物之外，除了自我意识，它没有别的根据。但自我意识是需要他者的中介才能产生的，指着自己的鼻子说"我就是我"丝毫不能证明我的同一性④。主体只有在世界中，成为其一部分，它才是主体。迪特·亨利希曾经说："有限除了与自身的否定关系外什么都不是。"⑤我们也可以说："主体除了与自身的否定关系外什么也不是。"躲进内在性只是无视世界，却不能否定世界的存在。现代性

---

① Hegel, *Vorlesungen über die Ästhetik I*, S. 93.

② Ibid., S. 95.

③ Ibid., S. 96.

④ "虚无主义"概念的发明者雅可比解释斯宾诺莎的命题"一切规定都是否定"为：知识的每一个要素只有在与知识的其他要素相联系的情况下才能获得它的同一性。此外，任何事物是什么，是由于它不是其他事物，那些其他事物制约它之所是。这样，任何确定的知识主张都是有条件的，但条件本身也是受到别的因素制约的，也就是条件之为条件又有它们的条件，这形成了一个条件的无穷倒退，使得似乎不可能达到"无条件者"。而如果没有这样的"无条件者"，则世界的可理解性如何解释？对于雅可比来说，答案在神学；而黑格尔则要以哲学来回答。

⑤ Dieter Henrich, *Selbstverhältnisse: Gedanken und Auslegungen zu den Grundlagen der klassischen deutschen Philosophie*, Stuttgart: Reclam, 1982, S. 160.

的种种分裂，肇因于此。

　　当然，用二元分裂的观点看世界在西方世界中源远流长，一直可以追溯到古希腊，追溯到柏拉图和亚里士多德，肉体与精神、形式与质料、内在与超越、现象与本质、时间与永恒等基本的二分模式，远在笛卡尔和康德之前就已出现。但前现代思想家与现代性思想家在这个问题上的最大区别是，前者基本都承认绝对和神性超越者，后者刚好相反，除了自我外，一切都没有根本的重要性。此外，在古代社会，因为普遍承认有绝对者和神性超越者，因为没有像现代社会这样细密严格的劳动分工和知识分类，世界和人生基本是有机统一的。而现代世界则不复有这样的统一，一切坚固的东西都烟消云散了（马克思语）。黑格尔对此洞若观火，立志要致力于克服现代性的种种分裂。

　　艺术之所以在他那里有如此高的地位，属于绝对精神本身的表现形式之一，自然是因为它在这方面能起到独特的作用，因而具有特殊意义。首先，艺术本身就是世界原始统一的体现，艺术表现了一个有机的整体，有机的统一，而不是对各种异质的部分的偶然拼接或安排，从古希腊哲学家（柏拉图和亚里士多德）到19世纪的德国古典哲学家和浪漫主义者，都是这么认为的。有机的整体或有机的统一是从事物内部产生，而不是以机械的方式从外部强加给事物的。在事物的有机整体中，各部分各尽其职，融洽配合，合理互补，缺一不可，形成一个美的整体。各部分的关系稍有变动和破坏，事物的和谐统一就不复存在。很显然，这样的有机统一一定是复杂的，包含了太多的差异和异质性，它是差异中的同一性，因而具有内在的、几乎是不可穷尽的丰富性。

　　其次，在黑格尔看来，艺术就像绝对精神的其他模式一样，是一种二元论本身在其中显得是错误的方式之一。①理想的艺术是感性和理性、形式与内容、精神和自然、主观与客观、时间与永恒、自由与必然的完美统一，艺术作品和艺术美生动而多样地彰显和证明了世界的统一性。

第三，黑格尔认为艺术以感性的方式揭示了绝对的（开放的）真理，真理是全体，②是开放的世界。后来海德格尔的艺术哲学基本也是延续这个思路：艺术展现的是一个世界，是存在的真理。所以无论是把艺术当作道德或宗教的工具还是为艺术而艺术，黑格尔都是明确反对的。但是，黑格尔高度欣赏在古希腊人那里艺术是民族生活的一部分，是伦理生活（Sittlichkeit）的体现。虽然他认为古希腊的艺术风格不可复制，但希腊人将美与善视为一体的理想，③还是被他作为艺术的理想继承下来，他的"艺术宗教"的概念就表明艺术在他那里的实践哲学内涵。④艺术揭示的全体应该是真、善、美、神圣的有机统一。

第四，艺术是对日常世界和经验去粗取精、去伪存真，由此揭示存在的真理："艺术从糟糕的、流逝的世界的表明现象和假象中取出现象的真实内容，给予它们更高的、出自精神的现实性。因此，与日常现实相反，艺术的现象远不是纯粹的表面现象，而被赋予了更高的实在和真实的存在（Dasein）。"⑤艺术开启的世界不是彼岸世

① John Walker, "Art, Religion, and the Modernity of Hegel", *Hegel and Arts*, p. 273.

② ［德］黑格尔：《精神现象学》上册，第 12 页。

③ *Kalokagathia* 这个词就体现了希腊人的这个理想。

④ Cf. Rüdiger Bubner, "The 'Religion of Art'", ed. Stephen Houlgate, *Hegel and the Arts*, Evanston: Northwestern University Press, 2007, pp. 296-309.

⑤ Hegel, *Vorlesungen über die Ästhetik I*, S. 22.

界，而是比浑浑噩噩、习以为常的日常世界更为真实、更为实在的
世界。

在古希腊，艺术不但表现真、善、美和神的统一，而且也表现
了主观与客观、精神与自然的统一。但是，到了近代，知性在突出
主体性的绝对性的同时，在艺术领域也造成了精神与现实世界的截
然区分。艺术不再体现全体的圆融，而变成了纯粹主观活动的产
物。然而，在黑格尔看来，"艺术的要务正在于显出单纯自然与精神
之间的差异，使外在的形体成为美的，彻底塑造过的，生气勃勃、
充满精神活力的形象"①。这段话如果单独看的话，也会使人误以为
黑格尔的美学理论完全是主观主义的，尤其当我们联想到他把自然
美排除在美学的范围之外时，更容易产生此种误解。

作为一个坚决反对和批判知性非此即彼的思维方式的辩证思想
家，黑格尔既不会认为美和艺术是主观的，也不会认为它们是客观
的。艺术与美作为绝对精神的自我表现的形式，作为形上真理（大
全）的揭示者，它是主客观的统一。美既不是我们主观情感对事物
的反应；也不是事物的客观性质，美是理念的感性显现，"美的生命
在显现"②。"显现"（Schein）这个词从柏拉图哲学开始就有贬义，在
柏拉图那里，只有理念世界才是真正真实的，与之相比，现实世界
是虚幻的假相。近代笛卡尔—康德的主体性哲学秉承了本质—现象
二分的传统，感性属于现象界，不太真实，似是而非，靠不大住。
在康德哲学中，Schein 就是"假相"的意思。

黑格尔坚决反对传统的二元论，而主张世界是一元的整体，因

---

① Hegel, *Vorlesungen über die Ästhetik II*, S. 22.
② Hegel, *Vorlesungen über die Ästhetik I*, S. 17.

此，Schein 一词在他那里也就有了积极的含义。在《逻辑学》讨论
Erscheinung（现象）时，他就把它看作是积极的东西，现象不是与
本质相对立的、需要否定的东西，而是使本质显现，使本质具体呈
现的东西，"它是本质的实存"①。《美学》中的 Schein 同样是如此：
"**显现**本身对于**本质**是根本性的，如果真理不显现和显示，如果它不
是为某个人，为自己，也为一般的精神，它就不是真理。"②美是理
念的自我揭示，理念的感性表现。黑格尔的"理念"与柏拉图的
"理型"虽然是同一个词，但意思有根本的不同。在柏拉图那里，
理型的静态的先验存在物，它与它在现实世界中的对应物是原型与
摹本的关系，是模仿或分有的关系，双方存在着根本的区别。而黑
格尔的理念是概念与现实的统一，事物的理念就是它的实现，而非
彼岸的一个原型。因此，不存在显现或表现是否符合理念的问题，
而是显现就是理念自身的表现，就是理念的实存（Existenz）。

　　然而，黑格尔并没有因此完全否认美和艺术的主观性，因为艺
术作品是人的主观活动的产物是无法否认的。此外，感性云云也是
对人而言的。因此，要坚持艺术是绝对自身的表现，必须辩证地肯
定艺术的主观性。克服主客对立绝不是把一方归约为另一方，或以
一方抹杀另一方，而是将主客双方看作是一个统一体的两个要素或
环节。这是黑格尔克服现代性二元论的基本思路。

　　但是，承认和肯定艺术与美的主观性不是像康德那样，把美和
艺术视为完全主观性质的东西；而是说，美和艺术只有与作为精神
的人联系在一起，我们才能更清楚、更自觉地看到其形而上学的意

---

①　Hegel, *Wissenschaft der Logik II*, S. 149.

②　Hegel, *Vorlesungen über die Ästhetik I*, S. 21.

义（绝对精神的自我表达之形式）。美是因为人而得以彰显，人本质上参与了美更为充分、清晰的呈现。通过他，默默无闻的美表达了出来。但这不能理解为私人或个人心智产生美和表达美；美只有在与无限的精神的关系中才能得到适当的理解，而人并不在此无限的精神之外，而是在它之中，因为它是大全，美在存在的大全中有许许多多的表现，包括自然美。但无论是自然美还是艺术美，都需要显现，也就是把它表达出来。美本身只有通过人为的表达，无论是表达在自然还是表达在人，才能从自在存在到自为存在，才能成为绝对精神的自我认识①。《美学》之所以以艺术美为对象，就是因为没有人的作用，自然美仍然默默无闻地存在在那里，不具有形而上学的意义。艺术美之所以高于自然美，是因为艺术更适合呈现神和神性的理想。

在西方有一种说法：自然是上帝的作品而艺术只是人的产物。黑格尔在这种说法中看到了对神的本质的一个基本误解。这个说法的含义是：神不在人身上工作或通过人工作，而只限于在外在于人的自然工作。在黑格尔看来，我们需要接受一种相反的观点，即"神从精神创造的东西中比从自然产生和形成的东西中，得到更高光荣。因为不仅人身上有神性，而且神性在人身上活动的形式，根据神的本质，也比它在自然中活动的形式更高。神是精神，在人身上，神性得以贯彻的那个中介才有有意识的自生的精神的形式"②。这段话虽然不太好懂，但给我们提供了一条重要的了解黑格尔在艺术性质问题上的独特立场的线索。

---

① Cf. William Desmond, *Art and the Absolute*, p. 144.
② Hegel, *Vorlesungen über die Ästhetik I*, SS. 49-50.

对于黑格尔来说，艺术当然不是客观的，因为艺术作品是人的活动的产物，艺术活动是一种精神活动，这都是无法否认的。但艺术也不是像在康德哲学中那样，是纯粹主观的。因为精神就是神，只有通过本身也是精神的人这个中介，神才揭示自己和表达自己。人本身是精神，就他是神揭示自身的中介而言；但人不是精神本身，而只是有限的精神，这也是就他只是神或绝对精神本身揭示自身的中介而言。但是，从根本上说，在艺术生产中起作用的是神："神在艺术生产中像在自然现象中一样起作用。"①就此而言，说艺术是主观的当然也不合适。其实，主观与客观的说法本身是建立在主客对立二分基础上的，黑格尔根本不承认这个二元对立，当然也不可能在艺术是主观的还是客观的这样的问题上选边站。一定要问他，他会说艺术既不是主观的也不是客观的，而是绝对的，就像他把自己的哲学叫"绝对观念论"一样。②绝对是主观与客观的辩证统一，在此统一体中，主观和客观，主体和客体都有它们有限的合理性，但终究要在绝对中被扬弃。在黑格尔看来，艺术感性地向我们显示了这个道理。

五

然而，根据黑格尔，艺术作为绝对精神的感性表达，与宗教和哲学相比，终究有所不足。不足在哪里？一个比较方便的回答是，

---

① Hegel, *Vorlesungen über die Ästhetik I*, S. 50.
② 我们的教科书和一些研究著作把黑格尔哲学称为"客观唯心主义"，那是因为作者认为主客截然二分对立天经地义。

它过于感性，"'绝对'是精神，感性形式终归不适于表达它"①。但仔细一想，问题就来了。首先，绝对精神为什么要用这个不太合适的手段来表达自己？其次，希腊也是哲学发展的黄金时代，为何黑格尔不把希腊哲学称为绝对精神的最高表现方式，而要说"在希腊，艺术成为绝对的最高表达"②？第三，如果艺术只是感性的话，那如何解释黑格尔把审美视为理性的最高行动？所有这些问题都表明，不能简单地理解黑格尔关于艺术之不足的论述。也许我们将这个问题放在他整个对现代性问题的思考视域中来考察更为合适。

仔细读《美学》就会发现，黑格尔基本是以现代（他那个时代）的艺术为例来说明艺术在表达绝对精神或神性方面的缺陷的。只是在现代人看来，艺术才显得有局限，或其局限才被认识到，"艺术本身还有一个局限，所以要转入一个更高的意识形式。这个局限规定了我们在当今生活中赋予艺术的地位。艺术不再是真理实存的最高方式了"③。"不再是"说明"曾经是"，艺术在古希腊是真理实存的最高方式，这是黑格尔自己也承认的。只是在现代（"当今生活"）我们才感到艺术的局限，那么当然，是从近代艺术，即黑格尔分析的浪漫型艺术中感到的，因而主要与近代艺术有关④。

---

① 张世英：《论黑格尔的精神哲学》，第 237 页。

② Hegel, *Vorlesungen über die Ästhetik II*, S. 26.

③ Hegel, *Vorlesungen über die Ästhetik I*, S. 141.

④ 黑格尔把从基督教出现到他自己时代的整个艺术叫作"浪漫的艺术形式"（die romantische Kunstform）。他把近代艺术称为"浪漫艺术形式的解体"（die Auflösung der romantischen Kunstform），但仍属于浪漫的艺术形式或浪漫型艺术。本文不严格区分"近代艺术"和"现代艺术"，基本上将它们同义使用，指的就是从文艺复兴开始到黑格尔自己时代的艺术，黑格尔在讨论浪漫型艺术，尤其讨论"浪漫艺术形式的解体"时，主要讨论的就是这段所说时期的艺术。

　　中世纪的基督教艺术虽然也属浪漫型艺术，但是却还保留了感性与精神的内在联系，在它那里，精神被感性化 (versinnlicht)，感性被精神化 (vergeistigt)，道成肉身的教义和相信上帝会真实出现，能够审美地体现在人的形象中，都表明它与宗教改革和启蒙运动后的近代艺术有明显的不同。新教坚持上帝只出现在内心，不能也不应该以感性形象来呈现上帝。基督教其实就是希望用表象 (Vorstellung) 而不是感性来把握最高的真理。

　　在黑格尔看来，浪漫主义是基督教，尤其是中世纪基督教艺术的产物。中世纪基督教艺术关心灵魂的内在生活，浪漫派艺术也是如此。但是，在后宗教改革和后启蒙的时代，艺术已经失去了将精神的东西表现在一个客观世界中的能力。因为现代艺术家缺乏"最内在的信仰"，只有相信对象，将最内在的自我与对象同一起来，主体性才能完全进入客体，创造出真正的艺术作品①。由于现代艺术家把感性材料视为有待主体性加工的外部对象，与之并无内在关系，古典艺术表现出来的内容与形式的和谐一致也不复存在；相反，内容与形式出现了乖离。"浪漫型艺术从一开始就有一个对立，无限的主体性因为自身原因无法在自身中与外部材料统一起来，而且一直无法统一。"②这样，艺术已经背离了它的理想，当然也就更加不太适于表达绝对精神本身。③

　　艺术在近代的这种衰退，不仅仅是艺术本身的事，而且与人类

---

① Hegel, *Vorlesungen über die Ästhetik II*, SS. 232-233.

② Ibid., S. 197.

③ "黑格尔对近代文学和视觉艺术的说明恰恰表明，这种美学表现的不完善——近代艺术内在的形式与内容的相悖——的确美学地表达了现代经验的真理"(John Walker, "Art, Religion, and the Modernity of Hegel", p. 275)。

的现代性经验有关。尽管黑格尔否认艺术在近代的变化与时代有关①，但还是不能不承认，他所分析的浪漫型艺术解体的种种情况，只是出现在现代②。现代艺术无论表现的内容是什么，都体现了现代性经验。在现代艺术中，形式最终与实体不一致，是因为现代性意味着主体性失去了一切有机的约束和联系，现代艺术所反映的主体性与客观世界的关系，是"不安和痛苦"③，因为人无法与他的世界和谐一致。近代流行的"异化"概念就表达了人与其世界这种根本的不一致。

主体性与世界对立和脱节的现代经验，反映在现代艺术中就是内容与形式的乖离，现代艺术注重表达主观性，使得它必然是抽象的，现代艺术本质上是一种抽象艺术，它能暗示或反映其对象的实在，但绝不能适当地表达或体现它。这就是为什么现代艺术倾向离开属于艺术的感性直观的领域而转向属于宗教的表象（Vorstellung）的领域。④但我们知道，在黑格尔看来，宗教也不能完全适当地表达绝对精神。只有哲学才能胜任此一任务。只有哲学才能最适当地表达绝对，或者说，只有哲学才是绝对精神的最完美的自我表达。因为哲学是"艺术和宗教这两方面在哲学中统一起来了：在哲学中，艺术的**客观性**失去了其感官性，而换成了客观性的最高形式，换成了

---

① "不过我们一定不能把这看作是纯粹偶然的不幸,艺术由于时代的贫乏、散文意识以及缺乏兴趣等外部原因而遭此不幸,这是艺术本身的作用和发展"(Hegel, *Vorlesungen über die Ästhetik II*, S. 234)。海德格尔在《艺术作品的本源》的后记中讨论了黑格尔的艺术在近代已成过去的观点时,也指出了在现代性条件下美和艺术概念变得贫乏(Cf. Heidegger, Holzwege, Frankfurt am Main, 1980, SS. 65-67)。

② Cf. Hegel, *Vorlesungen über die Ästhetik II*, SS. 234-235.

③ Hegel, *Vorlesungen über die Ästhetik I*, S. 133.

④ Cf. John Walker, "Art, Religion, and the Modernity of Hegel", pp. 277-278.

思想的形式，宗教的**主体性**被进化为**思维**的主体性"①。哲学是对艺术和宗教这两种绝对自我揭示形式之必然性的认识，而它自己，既承认这些形式，又摆脱了这些形式的片面性，将这些形式提高为绝对的形式，这种形式，就是哲学自己。即便如此，黑格尔也绝不会认为艺术和宗教都是多余的，因为它们是"必然的"②。

黑格尔很可能是从他体系的角度来理解艺术和宗教的必然性（必要性），但如果我们从现代性问题的语境来理解黑格尔这位最具历史感的哲学家，理解他极具历史性特征的哲学，将它视为对现代性问题最为深入细致的反思与批判之一，那么未尝不可以把这种"必然性"理解为：艺术与宗教在现代性反思和现代性批判中，是不可或缺的。黑格尔自己固然已经通过他的艺术哲学和宗教哲学向我们证明了这一点，黑格尔以后西方哲学的现代性批判乃至一般的现代性批判，不断向我们提供新的证明。

---

① Hegel, *Vorlesungen über die Ästhetik I*, SS. 144.
② Hegel, *Enzyklopädie der philosophischen Wissenschften III*, S. 378.

3

马克思研究

主体的颠覆：从黑格尔到马克思

一

　　从某种意义上说，现代西方哲学是一个传统主体和主体性概念不断被消解和解构的过程。与此相反，在我国哲学界，主体和主体性概念近二十年来却大行其道。人们在别的问题上可能还有不少分歧，唯独对于主体和主体性这两个概念很少有完全不赞同的。热了好几年的实践唯物主义的论说，实际上是以"实践"外衣包装的主体性哲学；强调或突出实践，实际上是强调和突出主体和主体性。正如一位论者所说的："实践的观点所突出的便不可避免地是能动性或主体性方面。"[①]主体和主体性成了各种关于实践唯物主义论说的基本概念。

　　然而，在西方学者对马克思主义的研究中，主体和主体性概念很少出现，更不用说成为研究的主题[②]。这种明显的对照和反差，用诸如国情不同或发展阶段不同等不费力气的解释来说明是不得要

---

　　① 王南湜：《新时期中国马克思主义哲学发展理路之检视》，载《天津社会科学》，2000 年第 6 期，第 5 页。

　　② 例如，在比较权威的 *The Cambridge Companion to Marx*，Cambridge University Press, 1991 的索引中，就没有主体和主体性。

领的，因为这里涉及一些重要的理论问题。它们不仅涉及马克思的主体概念，更关涉到马克思与西方思想传统的关系，包括如何看待马克思的主体概念，以及马克思学说对于现代思想的巨大影响和革命性作用。上述这种反差，恰恰反映了我们在这些方面存在的问题。深入探讨从黑格尔到马克思主体概念的发展，有助于弄清这些重要的问题。

严格说来，主体（Subjekt）是一个近代哲学产生的特定概念，它来自拉丁文 subjectum，意为"在底下的东西"。古代哲学家和经济哲学家用 subjectum 这个词来翻译希腊文 hypokeimenon 一词，这个词在亚里士多德那里意为一切性质、变化或状况的载体，实际上是"基础"或"实体"的意思。从 17 世纪近代哲学产生开始，"主体"一词渐渐有了我们今天熟悉的意思。它表示意识的统一，即奠定一切感觉、一切知觉、一切思维（知性、理性）和意志基础的东西。因此，"主体"一词常常被用做"自我"或"我"的同义词，表示心理学及认识论意义上的、与对象或客体相对的个人，他是认识的主体，也是行动的主体①。

然而，不加区别地将主体与个人（尤其是经验的自我）相提并论，会造成理论上的极大困难。因此，康德在批判地总结近代西方哲学的主体概念基础上，将它改造、规定为先验主体或主体性②。对于康德来说，主体就是逻辑主体，是绝对的、先验的我思，而不是一个实体性的存在者。在道德哲学中，虽然行为主体要受自然因果性的影响，但它和思维主体一样，只是一个没有实体存在的逻辑

---

① 参见 *Philosophielexikon*，Hamberg，1998，SS.603-604。

② 参见张汝伦:《自我的困境和时间释义学》,《思考与批判》,上海:上海三联书店,1999 年,第 158—197 页。

函项。

此外，到康德为止，主体概念基本上是一个认识论的概念，它的主要内容是意识与自我意识，所以主体概念绝不能简单地与人或个人画等号。近代哲学家同样承认人的自然性和生物性，他们也会从人类学的角度去研究人，例如康德的《实用人类学》。这时，研究的对象是人，而不是主体。总之，在近代西方哲学家那里，主体与人是两个不能完全等同的概念。

康德哲学遭到了黑格尔的有力批判。在主体问题上，黑格尔反其道而行之，断然提出"实体就是主体"的思想。在《精神现象学》中，黑格尔指出："照我看来……一切问题的关键在于：不仅把真实的东西或真理表述为实体，而且同样理解和表述为主体。"①黑格尔从巴门尼德的"思有同一"的思想出发，坚决反对康德将现象与本体、主体与客体分裂的二元论。思有同一，也就是主体与客体的同一。在黑格尔那里，主体不再是笛卡尔的我思，也不是康德的先验主体，而是绝对。这个绝对是表现为历史总体过程的大写的理性，即古希腊逻各斯意义上的存在理性②。思有同一在黑格尔这里不是一个静态的描述性命题，而是绝对自身发展的必然结果。

主体在黑格尔那里与在康德哲学中不同，是一个暧昧的概念。主体不仅指认识论意义上的自我或意识，而且也是一种存在样式，即一个在对抗过程中实现统一的自我发展过程。一般而言，这个过程就是存在。事物在这个过程中经历种种变化，但仍是同样的东

①　[德]黑格尔：《精神现象学》上卷，贺麟、王玖兴译，北京：商务印书馆，1983年，第11页。

②　参见 Herbert Marcuse: *Reason and Revolution*, Boston: Beacon Press, 1960, p.8。

西。在此意义上，一切事物都是主体。但是，真正能自觉地实现自己的主体是人，只有他有自我实现的力量，有在一切生成过程中成为自我决定的主体的力量①。但是，人这个主体不是绝对的，相对于绝对的精神（Geist）即体现为理性过程的历史世界，它又是客体，是精神这个绝对的主体实现自己的中介或手段（Medium）。即使是像拿破仑这样的"世界历史个人"，也只是理性实现其原则的手段或工具。

与康德哲学不同，在黑格尔那里，主体与客体之间并没有一条不可逾越的鸿沟。人既是精神的工具，又是它的体现。精神对人而言是主体，又是他的目标与完成。客观世界或客体本身也不是绝对的客体，劳动将它们变成人的自我发展或自我实现的中介。当对象由劳动产生和形成后，它们就成了主体的一部分，主体从它们那里看到自己的需要和欲望②。黑格尔这种以劳动（过程）超越传统主客体畛域的思想受到了马克思的高度赞扬。在《1844年经济学—哲学手稿》中，马克思指出："黑格尔《现象学》及其最后成果……的伟大之处首先在于，黑格尔把人的自我创造看作一个过程，把对象化看作失去对象，看作外化和这种外化的扬弃；因而他抓住了劳动的本质，把对象性的人、现实的因而是真正的人理解为他自己劳动的结果。"③

由此可见，主体概念在黑格尔那里已完全不是一个认识论的概念，而首先是一个存在论的概念，它关涉的首先不是主观意识的认

① 参见 Herbert Marcuse: *Reason and Revolution*, Boston: Beacon Press, 1960, pp. 8-9.

② Ibid., p. 77。

③ 《马克思恩格斯全集》第42卷，第163页。

知活动，而是客观存在的过程（尽管黑格尔将存在视为精神）。传统主体概念实际上消解在这个过程中。因此，阿尔都塞甚至把黑格尔的精神发展过程看作是一个"无主体的过程"。马克思虽然还没有如此极端地看待黑格尔的主体概念，但他清楚地看到黑格尔主体概念的去主体性质，在《1844 年经济学—哲学手稿》中，他把黑格尔的主体概念解读为主体-客体①，即主客体的同一。卢卡奇在写《历史与阶级意识》时并未读过马克思的《1844 年经济学—哲学手稿》，但也得出了与马克思相同的结论。他指出，如果主体被设想为全部内容的创造者，即客体的建立者，那么主体与客体的两重性就消除了，主体与客体成为"同一的主体-客体"(identische Subjekt-Objekt) ②。

与近代哲学传统的主体概念相比，黑格尔的主体概念其实就是这样的"同一的主体-客体"。也因为如此，黑格尔的主体概念决不是像有些论者以为的那样，是德国古典哲学主体概念的最终完成，而恰恰是近代主体概念颠覆的开始。传统主体概念的根本是建立在主体与客体绝对对立与分离的基础上的，一旦否定了这一点，它的根本就动摇了。从此以后，那个自我意识和以抽象自我为主要内容的近代主体概念，就不能不最终消解在人类存在的历史过程中。

但是，黑格尔最终不是在具体的历史过程中发现主客体的自我扬弃和同一，而是将它归结为精神自我实现的过程。黑格尔虽然承认历史的重要性，在维柯之后又一次将历史引入哲学，但他却使历

---

① ［美］费莱德·R. 多尔迈：《主体性的黄昏》，万俊人、朱国钧、吴海珍译，上海：上海人民出版社，1992 年，第 33 页。

② ［匈］卢卡奇：《历史与阶级意识》，杜章智、任立、燕宏远译，北京：商务印书馆，1995 年，第 193 页。

史成为精神的剧本，而不是精神的舞台；不是精神融入历史，而是历史归结为精神。这样，尽管他在《精神现象学》中破天荒地宣告"我就是我们，我们就是我"①，但他的主体不是作为"历史主体的'我们'，即那个实际上就是历史的'我们'"②，而是一个最终超历史过程的主体，一个"纯粹的概念神话"。

二

马克思也使用"主体"概念，但与黑格尔及海德格尔一样，其主体概念都是传统主体概念的颠覆与消解，而不是它的复辟或回归。他的哲学也和他们的哲学一样，根本不是、也不可能是主体或主体性哲学。相反，通过将传统主体概念消解在真实存在的历史过程中，马克思给传统主体概念签发了死亡证书。

马克思在其早期著作中曾多次使用主体概念，但越到后来，这个概念出现的次数越少，相比之下，现实的个人、劳动者、无产阶级等字样，即使在他早期著作中出现的次数也要多得多。这当然不是偶然的。这至少可以说明，主体在马克思那里并不是一个中心概念。不然的话，马克思应该像我们的许多论者那样，在提到人的时候一概以"主体"称之。马克思并没有这样。他更多地使用个人、劳动者、无产阶级、资产阶级这些概念来指称人，主体概念越用越少。当然，这个统计的事实并不能说明太多的问题。尽管马克思（尤其是在早期）在使用主体概念时，多少会受到这个概念的传统

① ［匈］卢卡奇：《历史与阶级意识》，杜章智、任立、燕宏远译，北京：商务印书馆，1995 年，第 224 页。

② ［德］黑格尔：《精神现象学》上卷，第 122 页。

定义的影响，但关键是，从根本上说，马克思与黑格尔一样是在扬弃的意义上使用这个概念的，因此从一开始，马克思的主体概念就不可与传统的主体概念同日而语，并非像我们今天许多论者所以为的那样，主要是指人的自主性、能动性（那恰恰是传统主体概念的主要内容），甚至也不是一般的人的活动（费希特和黑格尔都已达到此种理解），而主要是人的历史性，即历史过程本身。

在马克思的早期著作《1844年经济学—哲学手稿》中，主体概念出现较多，通过对其中主体概念的使用情况的研究，我们可以对马克思的主体概念有比较切实的认识。马克思在这部著作中一共大约在八处使用了"主体"（Subjekt）和"主体的"（subjektiv）字样。其中两处是转述黑格尔的观点可以不计，其余六处对主体概念的使用充分表明了马克思的主体概念的独特意义。

在这部手稿中，主体概念首先被视为"肉体的主体"。马克思指出，劳动者"只有更多地作为劳动者才能维持作为肉体的主体的生存，并且只有更多地作为肉体的主体才是劳动者"[①]。这里，"主体"一词是在其前近代的原始意义即"载体"的意义上使用的。这种用法受费尔巴哈的影响十分明显，但马克思这样来使用"主体"概念，正说明他的主体概念与近代哲学传统的主体概念有根本的区别。前者不仅不排斥，反而包容人的自然存在即肉体存在的根本性；后者却专指人的精神和意识能力。与费尔巴哈不同的是，马克思将劳动者的身份与作为肉体的主体的生存本质地联系在一起，说明这个作为肉体的主体不是一个单纯一般的自然存在者，而是处于一定生产关系或社会关系中的社会存在者，并且这种社会关系对他

---

① 《马克思恩格斯全集》第42卷，第92页。

的存在本身有着根本性意义。

接着，马克思在《1844 年经济学—哲学手稿》的"第三手稿"中，又把私有财产称为"自为存在的活动"（für sich seiend Tätigkeit，中译有出入）、"主体"和"人格"，并说这种意义上的财产就是劳动。①对于近代哲学家，甚至对于黑格尔来说，这种对主体的用法都是不可想象的。对于任何想把马克思的主体概念与人简单等同起来的做法，它都是一个难以克服的障碍。显然，在这里，马克思根本颠覆和解构了传统的主体概念。主体不是指任何意义上的个人、自我、主观意识或主观能动性，而是指人的基本历史活动——劳动。

常识以及国民经济学都把劳动抽象地看作物，但在马克思看来，劳动和财产是历史活动本身，就它毫无疑问是人的活动而言，马克思用 subjektiv（主体的）这个词来描述、规定它，但这决不等于说这种活动是人的主观活动。它是"自为存在的活动"，即是不为人的主观愿望和意志所左右、有规律和逻辑的历史活动。任何个人都可以参与这个活动，但却无法支配这个活动，至少到目前为止。就历史是人的产生过程而言，历史是人的真正的自然史②。人不但无法操纵历史，反而被这历史所左右，归根结底是它的产物。人对历史的创造始终是有条件的、相对的；历史对人的意愿和努力的制约是无条件的、绝对的："人们自己创造自己的历史，但是他们并不是随心所欲地创造，并不是在他们自己选定的条件下创造，而是在直接碰到的、既定的、从过去继承下来的条件下创造。"③"每

---

① 《马克思恩格斯全集》第 42 卷，第 112 页。

② ［德］马克思:《1844 年经济学—哲学手稿》，第 122 页。

③ 《马克思恩格斯选集》第 1 卷，北京:人民出版社，1972 年，第 603 页。

个个人和每一代当作现成的东西承受下来的生产力、资金和社会交往形式的总和，是哲学家们想象为'实体'和'人的本质'的东西的现实基础，是他们神化了的并与之作斗争的东西的现实基础，这种基础尽管遭到以'自我意识'和'唯一者'的身份出现的哲学家们的反抗，但它对人们的发展所起的作用和影响却丝毫也不因此而有所削弱。"①这些著名的论断都证明了这一点。

基于这样的认识，马克思从来也没有将"主观能动性"作为他的主体概念的主要内容。而我们许多热衷于谈论所谓"马克思的主体性原则"的人，却恰恰是在"主观能动性"的意义上来理解马克思的主体概念的，不论是将 subjektiv 译为"主观的"还是"主体的"，误解丝毫没有两样。著名的《关于费尔巴哈的提纲》的第一条提纲，常常被他们视为马克思主体性思想最有力的证据。在这条提纲中马克思指出："从前的一切唯物主义——包括费尔巴哈的唯物主义——的主要缺点是：对事物、现实、感性，只是从客体的或者直观的形式去理解，而不是把它们当作人的感性活动，当作实践去理解，不是从主观的方面去理解。所以，结果竟是这样的，和唯物主义相反，唯心主义却发展了能动的方面，但只是抽象地发展了，因为唯心主义当然不知道真正现实的、感性的活动本身。"②这段话似乎可以证明，在马克思那里，subjektiv 一词就是指"主观能动性"，所谓"实践"也就是指人的主观创造活动。这种理解也许有它的道理，但不免将马克思的理论理解得过于简单了。

作为历史唯物主义的辩证法大师，马克思始终是以历史发展的

①　《马克思恩格斯选集》第 1 卷，北京：人民出版社，1972 年，第 43—44 页。
②　同上书，第 16 页。

眼光来观察事物和分析事物的。马克思所说的人的"感性活动"，决不是指人作为一个自然生物的生命活动（这是连法国唯物主义者和费尔巴哈都承认的），而是指人的历史性活动，即在活生生的历史过程中的具体活动。马克思的出发点是"从事实际活动的人"，他"不是处在某种幻想的与世隔绝、离群索居状态的人，而是处在一定条件下进行的现实的、可以通过经验观察到的发展过程中的人。只要描绘出这个能动的生活过程，历史就不再像那些本身还是抽象的经验论者所认为的那样，是一些僵死事实的搜集，也不再像唯心主义者所认为的那样，是想象的主体的想象的活动"①。从马克思的这段论述中可以看到，因为人总是现实的历史的存在者，所以"人的感性活动"就是能动的生活过程，这个过程就是历史。换言之，"人的感性活动"也就是人的历史活动，"从主观的方面"去理解，也就是从人的历史性方面去理解。"主观的"或"主体的"，应解读为"人类历史的"。《1844 年经济学—哲学手稿》中提到的"工业的主体的本质""地产的主体的本质"②和"财产的主体的本质"③，说的无非是它们的历史规定性和它们作为人类历史活动的根本性质。

马克思在《关于费尔巴哈的提纲》中讲的"能动的"（tätige），根本不是指认识论意义上的"主观能动性"，而是存在论意义上的能动的生活过程，即历史的活动和活动的历史，因为 tätige 这个词与 Tätigkeit（活动）出于同一个词根，是它的形容词形式。黑格尔就已经摆脱了对主体的狭隘的认识论的主观能动性或自主创造性的

①　《马克思恩格斯选集》第 1 卷，第 30—31 页。
②　[德]马克思：《1844 年经济学—哲学手稿》，第 69 页。
③　同上书，第 70 页。

理解，而将其视为一个自我的发展过程。但由于他未能真正贯彻存在的历史性原则，他的思想在马克思看来不可能不是抽象的①；而马克思总是将人的活动放到具体的历史条件下来考察。

　　既然不应将事物、现实、感性理解为客体和直观，而应理解为人的感性活动、实践，那么，它们也就是主体。根据整个文本的行文和语气，"从主观的方面去理解"，显然应该这样来理解。这与马克思在《1844年经济学—哲学手稿》中将私有财产—劳动理解为主体的思想是完全一致的，也与后来在《〈政治经济学批判〉导言》中将实在、社会（特别是现代资产阶级社会）视为主体的思想是完全一致的。其实，正如施密特所指出的，马克思坚持康德之后不排除历史的观点、主观与客观建立在彼此换位的关系上的观点②。黑格尔已经在一定程度上将主体与客体互相换位，马克思更是自觉地这么做。通过主体与客体的彼此换位，传统主体概念被彻底解构，而后又重构为主体—客体的现实历史过程。随着主体的消解，能动与受动失去了它们彼此间的对立，从而失去它们作为这样的对立物的存在③。意识的主观能动性现在成了能动的生活过程和历史过程。传统的主体概念在马克思这里遭到了真正的扬弃。

　　不过，在《1844年经济学—哲学手稿》中，马克思还未完全摆脱传统哲学的影响，他也将人称为主体④，但马克思心目中的人，

---

　　① 马克思对"抽象"和"具体"这两个概念有自己独特的规定。堆积僵死的事实叫"抽象"；"具体"是"许多规定的综合，是多样性的统一"（《马克思恩格斯选集》第2卷，第103页）。

　　② ［联邦德国］施密特：《马克思的自然概念》，北京：商务印书馆，1988年，第127页。

　　③ 同上书，第80页。

　　④ ［德］马克思：《1844年经济学—哲学手稿》，第75页。

不是原子式的孤立的个人，而是处在真正的历史进程中、作为这一进程的结果的人。由于篇幅关系，本文不打算重复《1844 经济学—哲学手稿》在将人称为主体后那一大段著名的论述，而只想指出，马克思这段论述的根本内容，是强调社会对人的构造作用，即使是对他的自然性而言！ 而人化自然无非是主客体互相换位的又一种形式。作为主体的人既是历史运动的出发点，又是它的结果，这说明什么？ 说明了人自身作为历史过程的根本性质。这里，马克思强调的是人的社会性与历史性，同样也不是传统意义上的主体性。

当马克思说人是"可以被思考和被感知的社会之主体的、自为的存在"[1]时，他强调的同样也还是人的社会性，而不是他的主观意识。人是社会的存在物，人的存在是社会的存在。为了进一步证明这一点，马克思在稍后论证了在传统哲学家和常识看来是自然产物的人的五官感觉，实际上是以往全部世界史的产物[2]。在上述这些谈论"主体的"一词的地方，马克思恰恰都是在强调社会与历史，这决非偶然。连人的五官感觉（更不用说人本身）都是历史的产物（客体），那么作为主体的人还剩下什么？ 除了作为社会—历史过程的主观存在之外，还能是什么？

三

我们现在看到，即使在《1844 年经济学—哲学手稿》中，马克思对主体概念的使用也不是单一的。从他思想的整体发展来看，就

---

① ［德］马克思:《1844 年经济学—哲学手稿》，第 76 页。
② 同上书，第 79 页。

更是如此。从上述有限的引证就可以发现，马克思的确也用"主体"指人，但更多地（尤其是在他成熟的著作中），则是指劳动、实在、社会、现代资产阶级社会，等等。这说明，与传统主体概念不同，马克思的主体概念决不是指人的主观意识或个别自我，也不是指人类学、生物学意义上的人，而是人的社会历史存在。人的存在与人当然不是一回事，前者关乎"怎么"，后者关乎"什么"。

可能会有人认为，作为主体的社会与作为主体的人是一回事，因为社会就是人的社会，说社会是主体，当然也就是说人是主体。这种推理不仅过于粗糙，而且也完全忽视了马克思思想的根本的历史性原则。在马克思那里，没有抽象的社会，只有具体的社会，即处于一定发展阶段和发展形态的社会。"现实的、有生命的个人"的现实性，正来自这种具体社会的特殊性。在马克思看来，如果脱离人的历史规定性来谈论人及其历史发展，恰恰是把历史变成了意识发展的过程："哲学家在已经不再屈从于分工的个人身上看见了他们名之为'人'的那种理想，他们把我们所描绘的整个发展过程看做是'人'的发展过程，而且他们用这个'人'来代替过去每一历史时代中所存在的个人，并把他描绘成历史的动力。这样，整个历史过程被看成是'人'的自我异化过程，实际上这是因为，他们总是用后来阶段的普通人来代替过去阶段的人并赋予过去的个人以后来的意识。由于这种本末倒置的做法，即由于公然舍弃实际条件，于是可以把整个历史变成意识发展过程了。"①可是许多主体哲学家正是始终这样来谈论人和主体的！

历史性原则还意味着，不是静态地将事物视为一个固定物，像

---

① 《马克思恩格斯选集》第 1 卷，第 75—76 页。

国民经济学将劳动视为物那样，而是将它们视为历史过程及其产物。甚至像樱桃树这样的东西，也是由于历史发展进程才成为对象和客体。因此，真正的主体恰恰就是创造和规定了人及其产物的历史过程。这个过程客观上表现为一定的社会关系和社会形态，主观上表现为人的社会历史存在。只有在这样的主体概念基础上，马克思的全部理论成果及其实践品格才有可能建立。这就是马克思"不是从人出发，而是从一定的社会经济时期出发"①的根本原因。

的确，主张所谓"主体性原则"的人，也有不少将主体理解为"感性活动"，但他们的理解恰恰不包括人的历史性，他们不是同时也把"感性活动"理解为"历史的活动"。对于他们来说，主体性等于自然性加能动性，感性活动就是对象化的活动和劳动。但即使是国民经济学家和黑格尔，都已达到这种理解。马克思讲的感性活动或劳动，不是脱离具体历史语境和生产关系与交往形式的理论抽象，而是在一定的历史语境、一定的生产关系和交往形式中发生的现实的实践过程。这个过程除了特定的经济基础外，充满了丰富的社会政治内容，既是历史的事实，也是历史的发生。人作为这个过程的产物，只有作为这个过程的要素才是主体的一部分，而且这只是相对意义上的主体，因为他在改变世界的同时也被世界改变。

在现代社会，人的历史性体现为他的阶级性、民族性、身份、地位、性别，等等。如果人是主体的话，他是哪一个人、哪一种人、哪一群人？劳动者？资产者？打工者？老板？金融大亨？阿富汗难民？他们的"感性活动"是否具有相同的意义？不把"人的感性活动"具体理解为在一定历史时代、一定社会经济条件下现实的、

———————

① 《马克思恩格斯全集》第 19 卷，第 415 页。

充满差异的活动，那么这种"感性活动"不可避免地会成为主体一般自发性、能动性或创造性原则即主观能力的代名词，而这正是马克思力图避免的。

由于未能理解从黑格尔开始、由马克思完成的对传统主体概念的颠覆过程，主张"主体性原则"的论者几乎无人能像黑格尔和马克思那样，坚持主客体彼此换位的辩证原则，将客体同时视为主体，将实践视为这种彼此换位的过程，视为人的去主体性和非主体化的过程。在他们那里，实践永远是主体"改造客观世界同时也改造主观世界"的单向过程，否则主体还有什么意义？黑格尔，尤其是马克思，实现了主体概念由认识论范畴向存在论范畴的过渡，完成了传统主体概念自身的扬弃和颠覆。可是在一些论者心目中，主体和主体性基本上还停留在前黑格尔阶段：由于没有从存在论上重新理解主体和主体性，没有将历史性视为主体和主体性的先决条件，他们喜欢谈论的"实践"和"感性活动"结果成了一枚严重磨损的硬币，成了极为空洞的陈词滥调，不是由抽象上升而来的具体，而是永远停留着的抽象。"实践"和"感性活动"在他们那里就像黑格尔在《精神现象学》中讲的"感性确定性"，表面上看起来似乎最具体，实际上最空洞，最无规定性。这就是为什么马克思用"实践"和"感性活动"对人类历史和现代社会所作的分析至今还有那么强的实践相关性；而这两个概念在现今的一些论者那里只能起到意识形态的装饰作用。

其实，马克思对于传统主体概念的解构，首先不是出于理论的兴趣，而是出于实践的需要。马克思之所以要颠覆和解构传统主体概念，是因为它不仅不符合马克思心目中全面发展的人的理想，而且，它实际上是现代社会异化的人的哲学表述。传统主体概念理论上的缺陷，恰恰反映了现代社会人的自我扭曲。

早在马克思之前，黑格尔就已深刻指出："主体的特殊性求获自我满足的这种法，或者这样说也一样，主观自由的法，是划分古代和近代的转折点和中心点。"①近代把个人从传统与社会及宗教的束缚下解放出来，由共同体的成员变成独立的个人或私人。然而，这个表面上看起来空前自由的个人，其自由是建立在对财产（个人利益）的追求上的。洛克等人将财产权视为人的基本权利和自由的保证，正说明了这一点。黑格尔对此洞若观火，在他看来，"没有进一步规定和发展，就这样存在的自由概念，就是作为个人的抽象主体性，它能有财产"②。说它抽象，是说它是一个绝对的主体。虽然康德苦心孤诣地提醒人们：人是目的，可黑格尔敏锐地发现，在现代社会，每个人自己才是目的，别人都是手段。马克思则进一步纠正说，个人把别人当作工具，把自己也降为工具。虽然现代人在政治上获得了平等地位，但这是抹平一切个性与特殊性的抽象的平等，它是一种普遍，但却是抽象的普遍。这种个人形象在政治理论上的形态是个人主义，在哲学上就是主体概念。它永远是"自我和另一个自我"，是个别，但却是单向度的个别。它是普遍的自我意识、意志和精神，但却是抽象的普遍。

主体概念的抽象性，正折射了现代社会中现实的人的"最彻底的、粗糙的、抽象的简单化"③，或者说，他的自我异化。异化并不是人背离或违反了自己的本质（从根本上说，马克思不是一个本质

---

① [德]黑格尔:《法哲学原理》，范扬、张企泰译，北京:商务印书馆，1982 年，第126—127 页。

② Hegel: *Enzyklopädie der philosophischen Wissenschaften*, Ⅲ, Werke 10, Frankfurt am Main: Suhrkamp, 1992, S. 332.

③ [德]马克思:《1844 年经济学—哲学手稿》，第 86 页。

主义者，虽然他说人的本质是一切社会关系的总和①，但一方面，
人的本质规定是形形色色的，另一方面，在不同的历史时代，人的
社会关系是不同的），异化的实质是"非人的力量统治一切"②，即
"单独的个人随着他们的活动扩大为世界历史性的活动，愈来愈受
到异己力量的支配……受到日益扩大的、归根到底表现为世界市场
的力量的支配……"③传统的主体概念只能与世界分裂，像在康德哲
学中那样，局限在抽象的世界里，一旦将历史、将真实的世界引进
主体构造的世界，主体概念自己就无法存在了。马克思发现，从历
史的角度来讲，现代是一个人逐渐消失的时代，中世纪人与人直接
的社会关系变成了物与物的社会关系④。主体概念固然体现了现代
人摆脱传统的种种束缚这一面，但却歪曲和掩盖了人自我异化的事
实。马克思对传统主体概念的颠覆和解构，正揭露了它作为现代意
识形态的"假意识"性质。

　　无论从实践还是从理论考虑，马克思都必然要否定和扬弃近代
哲学的主体概念。虽然他还使用这个概念，但已赋予它崭新的内
容。可以说，马克思对待主体概念是一个通过解构来重构的过程；
对于马克思来说，主体不再是自我意识或自我，而是人的历史存
在，它具体表现为各种不同的社会形态及其所有的种种复杂关系。
活动并不是人的单向行为，而是处在各种关系中的具体的人与周围
世界的双向互动过程；"感性活动"决不等于"主观活动"或"主体
的活动"，而是现实的、历史的活动。因此，马克思的主体概念也不

---

① 《马克思恩格斯选集》第1卷，第18页。
② ［德］马克思：《1844年经济学—哲学手稿》，第94页。
③ 《马克思恩格斯选集》第1卷，第42页。
④ ［德］马克思：《资本论》第1卷，北京：人民出版社，1975年，第94页。

是胡塞尔意义上的主体间性，因为主体间性归根结底还是以主体（自我）为其基点。在这个意义上，我们甚至可以说，马克思将主体概念去人化和去主观化。仅仅承认主体是人的活动还不够，黑格尔已经做到了这一点①，只有将感性活动同时视为历史的活动，即由历史决定和历史地发生的活动，是历史过程本身，才是马克思的主体概念。

但这决不意味着马克思由此否定了个人的价值。情况正好相反。我们已经说过，即使在近代哲学家那里，主体也不能与人完全画等号，人的外延远比主体广阔。马克思扬弃传统主体概念，决不是要否定个人，而恰恰是因为个人在现代社会完全丧失了自己，而传统主体概念却使人无法看到这个严酷的事实。与现实生活中人的平面化相应，主体概念将活生生的人抽象化。作为现代资本主义社会主要意识形态的主体概念，它所意指的只能是无个性（个性受压抑）的抽象自我。而马克思通过对人类历史处境和现实状况的深刻分析，提出了人的全面发展，即人类解放的伟大目标。"无产者，为了保住自己的个性，就应当消灭他们至今所面临的生存条件，消灭这个同时也是整个旧社会生存的条件，即消灭劳动。因此，他们也就和国家这种形式……处于直接的对立中，他们应当推翻国家，使自己作为个性的个人确立下来。"②马克思始终把个人的自由联合作为他的理想社会的基本形式。

马克思强调人的社会性和历史性，决不是要让个人被社会和历史吞没，而是要使人的个别性得以最终实现。正是社会性和历史性

---

① ［德］黑格尔:《法哲学原理》,第126页。

② 《马克思恩格斯选集》第1卷,第85页。

使人成为真实的人，而强调社会性和历史性的主体概念，则使人看到了自己自我异化的真相，从而产生自我解放的自觉意识和行动。正是这样的主体概念使得马克思的思想不是任何一种形而上学，而是特色鲜明的实践理论、实践哲学。马克思的主体概念首先不是要解决传统的认识论上的问题（在很大程度上这其实是伪问题），而是要让人们在自己的历史存在中达到自身的解放。当主体概念不再是指一般的人，而是指历史过程时，人的解放才真正成为一个实践的课题。这就是马克思的主体概念所辩证地昭示于我们的真实含义。

（原刊《学术月刊》，2001 年第 4 期）

马克思的哲学观和"哲学的终结"

——纪念马克思逝世一百二十周年

一

现代西方哲学的一个引人注目的现象，就是"哲学的终结"成为一个热门的话题。美国哲学家罗蒂要取消哲学的独特地位；德里达甚至说，哲学死亡的问题应该是那些称为哲学家的人的共同体的唯一问题①。热衷此道的决不只是后现代的哲学家，现代西方哲学两个最大、最有影响的代表海德格尔和维特根斯坦也是积极的鼓吹者。他们不但自觉与传统哲学划清界限，而且"哲学的终结"就是他们思想的核心主题之一。除此之外不太有名的西方哲学家对"哲学的终结"的谈论，更是不胜枚举。

"哲学的终结"的谈论决不始于现代西方哲学家，在此之前，不断有人给哲学签发死亡通知，其中最彻底的当属马克思。1844 年之前，马克思像传统哲学家一样，对哲学予以最高的热情和尊崇。他在《博士论文》中引用休谟的话来表明哲学根本不需要为它的"最

---

① 参看 Derrida, *Writing and Diffenrence*, Chicago: University of Chicago Press, 1978, pp. 79-80。

高权威"和结论作辩护，认为这简直是对哲学莫大的侮辱①。他还以年轻人特有的骄傲和激情大声向世人宣告："对于那些以为哲学在社会中的地位似乎日益恶化而为之欢欣庆幸的可怜的懦夫们，哲学再度以普罗米修斯对上帝的奴仆赫尔墨斯（Hermes）所说的话来回答他们：'你知道得很清楚，我不会用自己的/痛苦去换取奴隶的服役；/我宁肯被缚住在崖石上，/也不愿作宙斯的忠顺奴仆。'"②次年，马克思在《第179号〈科隆日报〉社论》一文里对哲学更是给予了至高无上的评价，"任何真正的哲学都是自己时代精神的精华"，"人民最精致、最珍贵和看不见的精髓都集中在哲学思想里"③。与宗教相反，哲学与科学一样，是人类理性的产物，卢梭、费希特和黑格尔等人像哥白尼一样，不是从神学，而是从理性和经验中引申出国家的自然规律。"哲学已成为世界的哲学，而世界也成为哲学的哲学。"④虽然马克思不再像传统哲学家那样强调哲学的形而上学性，而是强调它的现实性和现实意义，但哲学在他那里仍然具有崇高的地位。

　　可是一年以后，情况有了显著的变化。这个显著的变化表现为两个方面。一方面，马克思通过把哲学的现实功能具体化，进一步强调了哲学的现实意义。在这时的马克思眼里，哲学的现实功能就

---

　　① 马克思引证的休谟的那段话如下："无疑地这对于哲学是一种侮辱：当它的**最高权威**到处都被承认时，人们却迫使它在每一个场合都去为它的结论作辩护，而且于每一艺术和科学触犯了它的时候，都得去为它自己作申辩。**这样就令人想起一个国王，他被控告有背叛他自己的臣民的叛国罪。**"[德]马克思：《博士论文》，北京：人民出版社，1973年，第2页。

　　② [德]马克思：《博士论文》，第3页。

　　③ 《马克思恩格斯全集》第1卷，北京：人民出版社，1956年，第121、120页。

　　④ 同上书，第121页。

是它对现实的无情批判。"人的自我异化的**神圣形象**被揭穿以后，揭露**非神圣形象**中的自我异化，就成了为历史服务的**哲学**的迫切**任务**"①。这种批判本身虽是理论的、精神的活动，但它却是人类解放的历史运动的先声。对于马克思来说，哲学从来就不是纯粹形而上学的思辨，不是什么重建本体论的努力，而是人类解放的精神武器。"哲学把无产阶级当做自己的**物质**武器，同样地，无产阶级也把哲学当做自己的**精神武器**"；"**德国人的解放就是人的解放**。这个解放的**头脑**是**哲学**，它的**心脏**是**无产阶级**"。这些像《国际歌》一样读来让人热血沸腾的句子，足以证明这一点。

但是，另一方面，同样是在《〈黑格尔法哲学批判〉导言》中，马克思第一次提出了"消灭哲学"的命题。他认为德国的实践派要求否定哲学是正当的，问题是他们仅仅提出了这一要求而没有认真实现它。在马克思看来，只有在现实中实现哲学，才能消灭哲学。对于不懂辩证思维的头脑来说，马克思的这种立场无疑是费解的。既然哲学是批判的武器，既然要在现实中实现它，为什么还要消灭它？这其实正是辩证法深刻的地方。黑格尔在《历史哲学》中曾用希腊神话中克罗诺斯的故事来说明精神本质的异化力量。克罗诺斯是时间之神，是世界最初的统治者。它吞食自己的儿女，即人类所创造的一切，最终它自己被宙斯吞没。马克思向来把黑格尔的"精神"解读为人类及其历史。批判的主体（哲学）与批判对象并不属于两个不同的世界。相反，哲学恰恰属于它所批判的世界。因此，哲学对现实世界的批判恰恰是通过否定自身完成的。不消灭哲学，就不能使哲学变成现实。

---

① 《马克思恩格斯全集》第 1 卷，北京：人民出版社，1956 年，第 453 页。

毫无疑问，哲学的否定自己，意味着哲学的自我批判，这种批判将导致哲学的自我消灭。这似乎应该是马克思《黑格尔法哲学批判导言》所蕴含的结论。然而，在《黑格尔法哲学批判导言》中我们还看不出哲学自我批判的端倪和方向。马克思心目中哲学的自我批判在《1844 年经济学—哲学手稿》(以下简称《1844 年手稿》)中开始显露出来。马克思在写《1844 年手稿》时并不像曼德尔所说的那样，已经不用哲学概念进行论证，"而是**努力用经验地观察到的现实社会矛盾批判一种特殊的思想体系(政治经济学)**"①。相反，正如法国哲学家博蒂热利所指出的，马克思在写《1844 年手稿》时他首先是个哲学家，并像哲学家那样思考问题。《1844 年手稿》是用哲学对政治经济学加以批判。之所以要对政治经济学进行批判，是因为资产阶级政治经济学不加批判地承认现实，对私有制支配的世界保持沉默。正因为是用哲学对政治经济学进行批判，所以马克思还使用政治经济学的传统概念而没有提出自己的概念，如果我们将《1844 年手稿》与《资本论》相对照，就可以看得更清楚。

虽然马克思在《1844 年手稿》中是用哲学对政治经济学进行批判，但这种哲学批判已完全超越了传统哲学的框架。虽然马克思在《1844 年手稿》中也提到"人的激情的本体论本质"，但这决不能证明马克思在这里提出了以自然界为前提的类存在本体论或其他什么本体论，马克思在这里只不过是沿用了费尔巴哈的说法。费尔巴哈在《未来哲学原理》中说："真正的本体论证明——除了爱，除了一般感觉之外，再没有别的对存在的证明了。"②而"人的激情的本

① [比利时]欧·曼德尔："从《经济学—哲学手稿》到《政治经济学批判大纲》"，《〈1844 年经济学—哲学手稿〉研究》，长沙：湖南人民出版社，1983 年，第 403 页。

② 《费尔巴哈哲学著作选集》上卷，北京：生活·读书·新知三联书店，1959 年，第 168 页。

体论本质"的"激情"的德文原文 Leidenschaft 一词的一个基本意思就是指"强烈的爱情",在生活中和文学作品中它往往就是爱情的另一种说法。这当然不是说马克思仍然停留在费尔巴哈的水平上。费尔巴哈的感性概念基本是康德在《纯粹理性批判》中给感性下的定义,即感性就意味着被作用、被动和受动。马克思并不否认这一点,他也认为人"作为自然的、肉体的、感性的、对象性的存在物……是**受动的**、受制约的和受限制的存在物"①;但"因为它感到自己是受动的,所以是一个有**激情**的存在物。激情、热情是人强烈追求自己的对象的本质力量"②。"激情"概念在马克思这里是用来表示人的自主能动的力量,这就远远超出了康德和费尔巴哈。也因为这样,"感性"到了马克思那里就成了"感性的活动"或实践。

　　然而,这个被许多热衷谈论马克思本体论的人特别重视的"感性活动",具有远远超出它的字面含义的丰富内容,可惜这丰富内容往往为上述本体论爱好者所忽视。众所周知,马克思固然是通过费尔巴哈超越了黑格尔;但他同样通过黑格尔超越了费尔巴哈。马克思从黑格尔那里得到的根本性启发,就是黑格尔"把对象性的人、现实的因而是真正的人理解为他自己的劳动的结果"③。正是黑格尔的这个思想使马克思得以用"实践"这个概念与费尔巴哈划清界限。

　　但是,我们无论在理解黑格尔的上述思想还是理解马克思的实践概念时,都不能忘记,黑格尔是个历史主义者,对于他来说,劳动就是人类自我成就的历史过程,人是劳动的结果意味着人是历史

---

　　①　《马克思恩格斯全集》第 42 卷,北京:人民出版社,1979 年,第 167 页。
　　②　同上书,第 169 页。
　　③　同上书,第 163 页。

的产物。马克思对此作了精辟的阐发，指出：人使自身作为类存在物即作为人的存在物实际表现出来，只有通过人类的全部活动、只有作为历史的结果才有可能①。然而，作为唯心主义者，黑格尔却把历史理解为自我意识自身发展的历史；而对于马克思来说，历史首先是人类发展的历史。这个历史，就是人类的自然，而不是相反。感性和感性的对象，都是这个历史的产物和结果。因此，即使是像樱桃树这样的"自然物"，也"只是**依靠**一定时期的这种活动才为费尔巴哈的'可靠的感性'所感知"②。在《1844 年经济学—哲学手稿》中，马克思同样是在"发达的工业"和"私有财产的异化"的语境下谈"人的激情的本体论本质"的，他指出："只有通过发达的工业，也就是以私有财产为中介，人的激情的本体论本质才能在总体上、合乎人性地实现。"③可见，在马克思那里，"感性的活动""实践"或"人的激情的本体论本质"，从来就不是抽象的观念，而总是具体的、历史的存在条件。也只有这样，哲学才能被"克服"，而不是被重建。

虽然马克思在《1844 年经济学—哲学手稿》中是用哲学批判政治经济学，但这并不意味着他仍像两三年前那样，将哲学看得至高无上。恰恰相反，此时的马克思对哲学（不仅仅是旧哲学或黑格尔哲学，而是哲学本身）的缺陷有了更具体的认识。哲学不但与"日益**在实践上**进入人的生活，改造人的生活，并为人的解放作准备"的自然科学疏远，而且它有可能为自然科学所取代④。但问题根本

---

① 《马克思恩格斯全集》第 42 卷，北京：人民出版社，1979 年，第 163 页。
② 《马克思恩格斯全集》第 3 卷，北京：人民出版社，1965 年，第 49 页。
③ 《马克思恩格斯全集》第 42 卷，第 150 页。
④ "自然科学往后将包括人的科学，正像关于人的科学包括自然科学一样：这将是一门科学。"《马克思恩格斯全集》第 42 卷，第 128 页。

还在于："主观主义和客观主义，唯灵主义和唯物主义，活动和受动，只是在社会状态中才失去它们彼此间的对立，并从而失去它们作为这样的对立面的存在；我们看到，**理论的**对立本身的解决，**只有**通过**实践**方式，只有借助于人的实践力量，才是可能的；因此，这种对立的解决决不是认识的任务，而是一个**现实**生活的任务，而**哲学**未能解决这个任务，正因为哲学把这**仅仅**看作理论的任务。"①

这样，马克思在著名的《关于费尔巴哈的提纲》的第十一条，也就是最后一条中说"哲学家们只是用不同的方式**解释**世界，而问题在于**改变**世界"时，他显然不是对任何特殊的哲学，而是对"作为哲学的哲学"进行了最后的清算，并且，他显然把自己排除在"哲学家们"的范畴之外。这在他以后的作品，尤其是《德意志意识形态》中可以得到充分的证实。在那里，"哲学"和"哲学家"都留给了他和恩格斯的论战对象，成了完全负面的概念。他在谈论"哲学"时经常是用不屑的语气，在这时，他和恩格斯将一切哲学都等同于资产阶级哲学，因为它属于现存的意识形态，必然要随着现存的制度消亡。另一方面，如上所述，哲学也不可能根本解决其自身的问题。因此，柯尔施说至迟从1845年起马克思和恩格斯就不再把他们的新唯物主义和科学的立场看作是哲学的并非没有道理②。他们两人的确都认为黑格尔哲学既是哲学的集大成者，也是哲学的终结③。他们再没有说自己的理论是哲学。

① 《马克思恩格斯全集》第42卷，第127页。

② Karl Korsch, *Marxism and Philosophy* (New York and London: New Left Books, 1970), p. 48.

③ 恩格斯就在《路德维希·费尔巴哈和德国古典哲学的终结》中明白写道："哲学在黑格尔那里终结了。"《马克思恩格斯全集》第21卷，北京：人民出版社，1965年，第311页。

二

如此看来，似乎马克思开了"哲学的终结"的先声，在一个侧面证明了有些人主张的他是现代西方哲学的创始人的说法。但是，"哲学的终结"其实是一个悖论加反讽，是一个自拆台脚的命题。"哲学的终结"意味着哲学的不可能，可是，这种哲学不可能的主张，恰恰是通过哲学的论证和哲学的方法得出的。其次，许多哲学家在宣布"哲学的终结"的同时，往往却代之以新的一种哲学。正如一个以色列哲学家说的，哲学史只是"哲学死了，哲学万岁"的永久呼喊①。

让我们来看一下在这方面最有代表性的三个现代西方哲学家关于哲学终结的主张。首先是维特根斯坦。在维特根斯坦看来，"历来关于哲学事物所写的大部分命题和就此而设置的问题并不是假的，而是无意义的。因而我们根本就不能回答这些问题，而只能确定它们的无意义性。哲学家的大部分问题和命题都是因为不理解我们语言的逻辑而引起的"②。一开始维特根斯坦认为，哲学由逻辑和形而上学组成，它不同于科学之处在于科学是表象世界，而哲学是反思这些表象的前提和性质，所以它是"科学命题的逻辑形式的学说"③。"哲学的目的是澄清思想的逻辑。……哲学的结果不是'哲学

————————

① 参看 Avner Cohen, "'The End-of-Philosophy': An Anatomy of a Cross-Purpose Debate", *The Institution of Philosophy* (La Salle, Illinois: Open Court, 1989), p. 112。

② Wittgenstein, *Tractatus Logico-Philosophicus* (London: Routledge, 1990), 4.003.

③ Wittgenstein, *Notebooks 1914-1916* (Oxford: Blackwell, 1979), p. 106.

命题'，而是命题的澄清。"①因此，正当的哲学只是"语言批判"，"大部分关于哲学事物的命题和问题不是虚假的，而是无意义的"②。它们是由于我们不理解语言的逻辑而产生的。这种不逻辑使我们问了许多不可能有答案的问题。因此，哲学的任务不是要回答这些伪问题，而是指出它们的无意义。哲学不是要发现世界的本质特征，更不是去模仿科学的方法，哲学是通过逻辑分析澄清非哲学命题的活动③。它的目的是获得一种"正确的逻辑观点"，理解能说的东西及其界限。也就是说，哲学没有自己的特殊命题和特殊内容，因而，它的目标充其量只能说是功能性的，而不是"哲学"（传统意义上）的。

维特根斯坦对于哲学的态度后来略有改变，后期维特根斯坦不再认为哲学是形而上学。恰恰是形而上学混淆了事实问题和概念问题，混淆了科学理论/假设和表象的规范④。他也不再认为哲学不可说，哲学不是理论，但他仍然坚持哲学是一种澄清的活动，是"语言批判"。他仍然认为哲学错误实际上是语言使用的错误，是由于我们不理解语言的正确使用。所以哲学现在要做的事情就是让事情如其所是。"哲学是用语言来与我们着魔的理智进行的战斗。"⑤所谓"着魔的理智"，又叫"精神上的疾患"和"精神上的不适"，"哲学家便是这样的人：在他达于健全的理智概念之前，必须治好在他之

① ③ Wittgenstein, *Tractatus Logico-Philosophicus*, 4.112.

② Ibid., 4.003.

④ Wittgenstein, *Zettel* (Oxford: Blackwell, 1967), 458. *The Blue and Brown Books* (Oxford: Blackwell, 1967), pp. 18-33.

⑤ Wittgenstein, *Philosophical Investigation* (New York: Macmillian, 1953), § 109.

内的很多理智上的疾患"①。哲学就是这样一种治疗行动，但与精神分析治疗不同，它只描述，而不解释。它描述语言规则，因为哲学的先天性与它们相关。所以哲学只关心我们谈话的方式，而无关实在的本质。描述语言规则或描述语法就是提醒我们说话的方式。但维特根斯坦心目中的这种描述是"概览式描述"。"概览式描述这个概念对我们来说意义非常重大。它标明了我们的描述形式，即我们看待事物的方式。"②所谓"概览式描述"就是一个关于语言、关于思想、关于我们各种"描述系统模式"的基本特点、关于人们设计和用来在世界上"走动"的各种概念体系和语言游戏的描述系统。一旦我们有了这样一张地图，我们就不会再陷入以前的精神混乱。

维特根斯坦认为，这样的描述并不导致理论的建构，可是他自己在论述他的这种"取消哲学"的哲学观时，恰恰是在建构一种元哲学的理论。按照这种理论，传统的哲学和哲学方式是被取消了，但这种理论本身仍然是一种哲学的主张，它只是改变了哲学的主题、旨趣和方式，但没有消灭哲学。或者说，它只是用一种哲学代替了另一种哲学。

其实，维特根斯坦也看到，哲学问题的解决归根结底在于思维方式的改变："要想解决哲学问题，我们就必须改变我们的立足点，改变我们古老的思维方式。如果我们不能做到这点，我们就休想解决哲学问题。"③但这又不仅仅是个思维方式转换的问题，更是一个

①　Wittgenstein, *Bemerkungen über die Grundlage der Mathematik* (Frankfurt am Main: Surkamp, 1994), p.302.

②　Wittgenstein, *Philosophical Investigation*, §122.

③　*Ludwig Wittgenstein: Sein Leben in Bildern und Texten*, ed. by B. McGuinness (Frankfurt am Main: Suhrkamp, 1983), p.340.

生活方式转换的问题。因为哲学家的疾患实在也是时代的疾患,"属于一个时代的疾患需要通过人们的生活方式的转换来医治。因而哲学问题说造成的疾患只能通过思维方式和生活方式的转换,而不能通过某个个人所发明的药物来加以医治"①。这话讲得好,只是维特根斯坦的哲学只能改变人们的思维方式,却无法改变人们的生活方式。

再来看海德格尔。海德格尔从一开始就不同意他老师胡塞尔对哲学的看法。胡塞尔认为哲学不是世界观,就是科学的哲学。胡塞尔拒斥作为世界观的哲学,而主张作为"严格科学的哲学"。而海德格尔认为将哲学作这种区分恰恰是 19 世纪以来哲学在自然科学面前不知所措的最后征象,反映了科学已经取得了特殊的技术文化地位,而个人已失去了坚实的存在根基。他在早期也曾称哲学是"科学",但绝不是实证科学意义上的科学。海德格尔认为,各种具体科学都是研究存在者的某一个领域或某一个方面,也就是说,它们都只关心存在者。世界观也是如此。无论从其起源看还是从其使用上看,世界观都不是一个理论认识的问题②。世界观是对存在者的规定性认识,是规定对存在者的看法,因而是存在状态上的(ontisch),而不是存在论的。所以,世界观不属于哲学的任务范围。而哲学则相反,它关心的是存在者全体,"哲学是对存在,它的结构和它的种种可能性理论—概念的解释。它是存在论的"③。所以,哲学和科学与世界观有根本的区别。海德格尔始终认为,**"存在是哲学真正的和唯一的主题"**。哲学不是存在者的科学,而是存在的

①　Wittgenstein, *Bemerkungen über die Grundlagen der Mathematik*, p. 132.

②　Ibid., p. 7.

③　Ibid., p. 15.

科学，即存在论①。但海德格尔这里讲的存在的科学，是给予根据的理论②。

从亚里士多德开始，西方形而上学或存在论思想就把存在视为存在者的根据，存在者之所以存在，是因为有存在。若无存在，一切将不存在。因此，存在论就是研究存在这个最终根据的学问，而不是像有些人理解的那样是关于世界的最终本原或本体。所以海德格尔说，哲学是在缺乏真的情况下建立真理③。建立真理就是给出事物的根据，这是一切科学的开始。科学"研究者总是在已经决定了的基础上运作：有自然、历史、艺术，这些都能成为观察的对象。对于思想家来说没有这种东西；他要决定有什么和存在者是什么"④。海德格尔这里说的"思想家"，其实就是"哲学家"。追问存在的问题，就是给存在者全体，给存在的真理奠定基础。因此，哲学总是一个起始⑤。

但是，哲学最本真的问题，即存在的问题在后来，尤其是近代被遗忘了，不但所谓"认识论"误解了哲学的问题，而且存在论在近代哲学家那里也变成了许多学科中的一个，完全失去了其奠基性意义，哲学也因此失去了其必要性，成了"文化财产"，或文化装饰品。在海德格尔看来，世界观的统治和世界图像的统治一样不是偶然的，而是近代形而上学的一个结果⑥。现代性必然导致哲学的衰

---

① Wittgenstein, *Bemerkungen über die Grundlagen der Mathematik*, p. 15.

② 德语 Wissenschaft（科学）一词有"给予根据的理论"的意思，这与英文的 science 有明显的区别。

③ Heidegger, *Beiträge zur Philosophie*, Gesamtausgabe 65（Frankfurt am Main: Vittorio Klostermann, 1989），p. 36.

④ Heidegger, *Nietzsche*, Ⅰ（Pfullingen: Neske, 1989），p. 477.

⑤ Heidegger, *Beiträge zur Philosophie*, p. 37.

⑥ Ibid., p. 38.

落，哲学直接或间接地成了教会和世界观的经院哲学，哲学不再追问整体性的问题。就所谓"科学的哲学"要给可知的东西统一系统地奠定基础而言，它还保留了最后一点真正哲学的东西。但总的来说，哲学在近代已经走向了世界观，或者说，哲学让位给了世界观。

但是，在海德格尔看来，哲学在今天仍然是十分必要的。一切必要都根源于某种需要。哲学是对存在的真理和真理的存在的最初和最深远的思考，它的必要性也就在一种最初和最深远的需要中。这种需要就是人的被抛性，是它驱使存在者中的人，首先使他面对存在者全体，在存在者中间驱使他，因而使他面对自己，由此让历史开始或消亡。正是人被抛在存在者中的被抛性，决定了人是存在（存在的真理）的筹划者。哲学的必要性就在于，它作为思考并不排除这种需要，而是必须承受它和给它奠定基础，使之成为人的历史的根基①。

对于实际上将功利性作为思考一切问题的最后准则的现代人来说②，海德格尔的上述思想是难以理解的。现代人对一切事物首先会提出的问题是"那对我有什么用？"在海德格尔看来，面对这样的问题，哲学只能回答"没有用"。可是，"人内在的伟大不在于他能利用事物和怎样利用事物，而在于他能超出自己，确定一种立场……哲学就是让这种确定立场发生"③。这里讲的确定一种立场

---

① 参看 Heidegger, *Beiträge zur philosophie*, p. 45。

② 我们不应忘记，黑格尔在《精神现象学》中正是将有用性，也就是功利性作为启蒙的根本原则。参看[德]黑格尔《精神现象学》下卷，贺麟、王玖兴译，北京：商务印书馆，1983 年，第 97—99 页。

③ Heidegger, *Der Deutsche Idealismus (Fichte, Schelling, Hegel)*, Gesamtausgabe 28(Frankfurt am Main: Vittorio Klostermann, 1997), p. 7.

(sich einsetzen) 就是上面讲的决定有什么和存在者是什么。鲁迅说过，世上本没有路，走的人多了，也就成了路。其实世上所有的东西之所以是那个东西（即存在者是什么或是这个存在者）全在于人。在地球的陆地上，最初路与非路的物质构成是一样的，作为路的陆地与不是路的陆地的区别不在于它们的物质成分，而在于人给它们的意义，或用海德格尔的话说，在于人的筹划。事物之为如此这般的事物，是由人决定的。不过海德格尔这里讲的决定不是对个别存在者的决定，而是对作为全体的存在者的决定，即存在论的决定。或者用他的话来说，是对存在的筹划。这种筹划就是展开一定的存在视域，使得事物得以作为如此这般的事物显示出来。但这种展开不是通过人的主观认识活动或理论活动，而是通过人的生存活动。人类并不是先客观认知了某样东西之后再与其打交道，而恰恰是在与事物打交道的生存活动中使得事物作为"某一种事物"对我们呈现。仅仅消极地将"被抛"这个概念理解为人不由自主存在于客观世界是不够的，"被抛"之所以是一种"需要"(die Not)，是指人一定得面对存在者全体并与之打交道；筹划或存在视域的敞开不先不后，恰与这交道同时发生，而历史也就是这样开始。存在的筹划是历史的根据或为历史奠定了基础，换言之，有怎样的存在筹划，就有怎样的历史。

哲学的任务或使命并不是思考人的具体活动或认识世界，而是思考上述被抛的根据，即人生存活动的根据，这就是存在或存在的真理。哲学不像各门科学那样回答特殊事物的问题，哲学的问题是整体性的问题，它不关心个别存在者是什么，而关心作为全体的存在者为什么是（存在）和怎样是（存在），即事物为什么是这样和怎么会是这样，也就是事物的根据。而存在的真理，无非也就是事物之为事物的根据。但这不是某个特殊事物的根据，而是存在者全体的根据。强调存在不是存在者，就是告诉我们哲学思考的不是"什么"，而是"怎么"。**世界怎么会是这样**，这才是哲学要思考的问题，这也是海德格尔试图思考和回答的问题。当然他是以他特有的方式和洞见来这么做的。以为海德格尔哲学是不食人间烟火的形而上学，那真是彻底误解了海德格尔。海德格尔对玄学没有兴趣，他为之殚精竭虑、念念不忘的，毫无疑问是西方形而上学或西方现代文明的根本困境。哲学解决不了这个困境，但可以弄清这个困境，或至少思考这个困境，而所谓的世界观或实证科学，甚至都不会给自己提出这样的任务。

但是，海德格尔在晚年觉得，哲学在现时代已经终结了。哲学是形而上学，思考的是存在者全体，思考存在者之为存在者的根据（本原、原因、原理），亦即存在。然而，在现代，哲学却变成了关于人的经验科学，即心理学、社会学和政治学，变成了关于一切能成为人的技术的经验对象的东西的经验科学。而所有这些科学都被控制论所操纵，所以，哲学被控制论取代了，哲学在当前这个时代终结了，因为它已无法思考技术时代的根本特征了[1]。换言之，哲学已经无法胜任现代的思考任务了。

海德格尔把哲学的这种终结叫作哲学的完成[2]，这意味着哲学的终结对于哲学来说不是偶然的；相反，哲学的终结是它必然的归宿。哲学从一开始就不曾思考过一个最原始的事情，这就是空敞（lichtung）。哲学思考的是使事物显示自己的方式，即在场性

---

[1] 参看 Heidegger, *Zur Sache des Denkens* (Tübingen: Max Niemeyer, 1969), pp.61-64. "只还有一个上帝能救渡我们"，《外国哲学资料》第5辑，第179—180页。

[2] Heidegger, *Zur Sache des Denkens*, p.63.

(anwesenheit)。事物要显现出来，必得要有光，但光还不是决定性的；没有一定的空间，光也无能为力。甚至黑暗，也需要空间。没有空间，就没有黑暗。地球深处一定既无光明，又无黑暗。合着的书页也是这样。所以海德格尔说，决不是光创造了空敞，而是它以空敞为前提①。这种空敞就是古希腊人讲的 alētheia。海德格尔早年曾把这个概念理解为真理。但在他晚年写的《哲学的终结和思想的任务》中，他明确表示 alētheia 还不是真理，而是"作为在场性的空敞之无蔽"②。也就是说，alēhteia 是空敞，是无蔽，是真理的前提，有它才有在场性。空敞提供了在场得以发生的条件。因此，把空敞意义上的无蔽叫"真理"是不合适和误导的③。传统作为形而上学的哲学不可能思考这种空敞，不可能思考技术时代的根本特点，它在尼采那里已经结束了。哲学给思想留下的任务就是思考这个空敞。

---

① Heidegger, *Zur Sache des Denkens*, p. 72. 国内有些人将 Lichtung 译为"澄明"显然有误。海德格尔在 *Zur Sache des Denkens* 中说得很清楚, Lichtung 这个词在德语语言史上是对法语 clairiere(意为"林中空地")的直译, 而 Lichtung 在德语中就是"林中空地"的意思。为怕人们误解他的意思, 海德格尔一再强调 Lichtung 一词与"光"毫无共同之处。虽然 Lichtung 一词来自动词 lichten, 但 lichten 有两个基本意思, 一个是"照亮", 另一个是"使稀疏"。与 Lichtung 一词相关, 海德格尔显然是取第二义, 这才会说 lichten 某物就是使某物稀疏(leicht), 使某物空旷(frei), 使某物敞开, 紧接着就以使林中某处无树为例。还要指出的是, 海德格尔在说明 Lichtung 一词的特定含义时恰恰利用了 licht 这个形容词的多义性来标明他的 Lichtung 概念的特殊意义。Licht 一词与 lichten 一样有两个基本意思, 一是"稀疏的", 正是在这个意义上海德格尔说 licht 和 leicht 是同一个词; Licht 的另一个基本意思是 hell, 即"光亮", 而这恰是海德格尔力图将 Lichtung 与之划清界限的那个意思(参看 *Zur Sache des Denkens*, p. 72)。总之, 海德格尔 Lichtung 这个概念强调的是"空"与"间", 而不是什么"澄明", 否则就无需苦心孤诣地将它与"光"相区别, 并以之为后者的前提。"明"和"光"几近, 而只能是敞开的后果, 不敞开无以澄明, 但澄明无论如何不等于敞开。

② Heidegger, *Zur Sache des Denkens*, p. 76.

③ Ibid., p. 77.

　　我们看到，虽然海德格尔宣布了哲学的终结，但实际上只是作为形而上学的哲学的终结。那个思考空敞的思虽然不叫哲学，但从它追求总体性的问题，不关心个别特殊的存在者这些基本特点看，它继承了哲学的最主要特点。为什么人们不能称它是另一种哲学？今天又有谁不把海德格尔晚年的思想视为哲学，尽管它以空敞与在场性，而不再以存在与时间作为自己任务的标题？

　　哲学在后现代主义者那里情况更糟，在他们看来，哲学更近于巫术而不是逻辑。他们不一定完全否定哲学，但肯定完全否定哲学的传统地位，否定传统的哲学。试以罗蒂为例。罗蒂自称受到杜威"克服（哲学）传统"号召的很大影响，一心要克服传统哲学。他把他要克服的传统哲学或哲学传统叫认识论。认识论就是"认为存在有一种哲学能显示其'结构'的永恒中性构架，就是认为，与心相对照的对象或限制着人类研究的规则，乃是一切话语共同具有的，或者至少是在某一主题上每一种话语都具有的。这样，认识论是根据这一假设来进行的，即对某一话语的一切参与活动都是可公度的"①。认识论的基本设定是："要想合理，要想充分合乎人性，要想履行我们所应做的事，我们必须能与其他人达成协议。去建立一门认识论，即去找到与他人共同基础的最大值。"②用通俗一点的话来说，认识论假定有一个相对于人心的共同世界，知识是这个世界镜子般的客观反映，认识论就是在人心中找到认识的共同基础。"去认知，就是去准确地再现心以外的事物；因而去理解知识的可能性和性质，就是去理解心灵在其中得以构成这些再现表象的方式。哲

────────────────

　　① ［美］罗蒂：《哲学和自然之镜》，李幼蒸译，北京：生活·读书·新知三联书店，1987年，第277—278页。
　　② 同上书，第278页。

学的主要关切对象是一门有关再现表象的一般理论。"①

很显然，罗蒂这里讲的认识论或哲学其实就是近代西方哲学。这种哲学认为自己有至高无上的地位，因为"哲学相对于文化的其他领域而言能够是基本性的，因为文化就是各种知识主张的总和，而哲学则为这些主张进行辩护。它能够这样做，因为它理解知识的各种基础，而且它在对作为认知者的人、'精神过程'或使知识成为可能的'再现活动'的研究中发现了这些基础"②。但是，"如果不承认康德关于哲学家能够决定与文化中其他部分的主张有关的合法裁决问题这个假设，专业哲学家的这个自我形象也就瓦解了"③。或者说，哲学本身至高无上的地位就不复存在了。但这并不意味着哲学的末日，而只是说哲学不再是为文化奠基的活动，而只是一种教化活动。

罗蒂对于哲学的态度在《实用主义的后果》一书中有进一步的发展。在那里他将哲学区分为大写的哲学和小写的哲学。他的批判矛头现在不光是对着近代哲学，而且也对着整个西方哲学传统。像怀特海和海德格尔一样，他认为柏拉图主义是西方哲学最一般的特征。但他说的"柏拉图主义"不是指柏拉图的种种学说，而是指试图孤立和抓住真、善和理性的真实本性或本质的做法。这也就是所谓大写的哲学，即本质主义的哲学观。而小写的哲学则相反，对于这种哲学来说，世界有多种多样的可能性，哲学也有多种多样的可能性。小写的哲学不是一种专业的把握世界本质的活动，而只是试图看事物怎样结合在一起。在这个意义上布莱克比费希特更是一个

---

① ［美］罗蒂：《哲学和自然之镜》，第 1 页。
② 同上。
③ 同上书，第 340 页。

哲学家，亨利·亚当斯比弗雷格更是一个哲学家①。哲学也好，科学也好，都只是文学的一种类型；反过来，文学和艺术也都是探究，都是用自己相对的词汇来描绘世界。但决不存在绝对的、在人之外的本质、实在或真理，本质、实在和真理都是相对于我们对它们的描述而言的。人决定事物是什么它们就是什么。这样，以揭示事物客观绝对本质为己任的大写的哲学就没有存在的理由，人类将进入一个后哲学文化。在这个后哲学文化中，哲学不再是一种"专业"，哲学家只是文化批评家，他们和其他人一起决定人类的自我形象。

从表面上看，罗蒂这种对哲学的后现代的批判似乎比维特根斯坦或海德格尔更彻底地颠覆了哲学，他几乎没有对他的小写的哲学有什么身份规定，毕竟，文化批评或文学批评不认为自己是哲学家的人也可以做，我们又何必保留哲学这个名目？罗蒂的这种多此一举恰恰表明他仍无法完全超越哲学。事实上，且不说他对传统哲学或他所谓的大写哲学的批判完全是哲学的批判，他后哲学文化的提出没有实用主义哲学的传统资源也是很难想象的。他仍然要把自己的思想归入实用主义的范畴。其实罗蒂只是反对本质主义的认识论哲学，反对哲学给政治、道德和思想价值奠定基础的特权主张，他并没有反对，也无法反对思想自我反思的特性和活动，正是这种特性产生了哲学也产生了对哲学的怀疑。正如一位以色列学者说的："反哲学是一种哲学的种类。"②后现代主义对哲学的批判也可以作如

---

① 参看 R. Rorty, *Consequences of Pragmatism* (Minneapolis: University of Minnesota Press, 1982), pp. xiv-xv。

② Avner Cohen, "The 'End-of-Philosophy'", *The Institution of Philosophy*, p. 123.

是观。罗蒂自己也承认，"一个人恰恰可以通过反（大写）哲学而是一个哲学家"①。

三

如果是这样的话，所有宣布哲学终结的企图岂非都是徒劳？否定哲学的主张到头来否定的只是这种主张本身，而不是哲学。现代西方哲学家是这样，那么马克思呢？他要消灭哲学的主张是否也分享了这样的命运呢，尤其是从没有人怀疑马克思有哲学，或有马克思哲学？应该如何来理解马克思对哲学的态度呢？进一步说，从马克思开始的西方哲学家对哲学的否定，难道是偶然的吗？为什么一流的西方思想家都把批判的矛头指向了哲学？这些批判又说明了什么？哲学危机是如何产生的？它仅仅是哲学危机，还是更大的危机的一个征兆？对马克思哲学观，只有放在这个总问题背景下，才能得到充分地理解。

马克思在 1840 年代以后确信哲学已经在黑格尔那里告终，明确要"消灭哲学"，并把"哲学"留给他的批判对象，决不是偶然的，不是一时心血来潮。首先，马克思与上述三位现代西方哲学家不同，他不是沿着哲学问题的内在理路，由哲学内在危机的引导，走向对哲学的否定与批判的。马克思从来就没有想当一个纯粹的哲学家。相反，他从一开始就非常清楚自己的使命"是要揭露旧世界，并为建立一个新世界而积极工作"②。在《关于费尔巴哈的提纲》写

① R. Rorty, *Consequences of Pragmatism*, p. xvii.
② 《马克思恩格斯全集》第 1 卷，第 414 页。

作之前，他就对哲学只是解释世界而不满了。在 1843 年 3 月 13 日写给卢格的信中他说，费尔巴哈《关于哲学改造的临时纲要》的缺点在于过于强调自然，而对政治强调得不够。恰恰通过政治这个环节当代哲学才能成为现实。他的早期论文几乎无一不与现实政治有关：从书报检查制度到林木盗窃法；从黑格尔法哲学批判到犹太人问题。马克思几乎从一开始就投身于"当代的斗争"。他的现实立场和革命态度从一开始就决定了他对"作为哲学的哲学"的批判态度。

其次，马克思虽然深受德国古典哲学的影响，但对其缺陷就像对其优点一样明了。他在德国古典哲学中看不到现代性的现实，他是通过英国政治经济学家和法国政治哲学家（孟德斯鸠、卢梭、狄德罗等人）发现现代世界的现实的。而在西欧发达国家的流亡经历又使他发现了有组织的工人阶级和**不取决于哲学和哲学家而按照其自身的规律进行的阶级斗争**①。当马克思说"哲学把无产阶级当做自己的**物质**武器，同样地，无产阶级也把哲学当做自己的**精神**武器"②，当他把无产阶级看作德国古典哲学的继承人时，他并不是在纯粹玩弄修辞学，而恰恰表明在他那里哲学与历史的同一性，或哲学与政治的同一性③。既然现存的哲学本身就属于这个世界，而且是这个世界的补充④，那么自然，消灭哲学是与消灭现存（资产阶

---

① 参看[法]阿尔都塞：《论青年马克思》，《西方学者论〈1844 年经济学—哲学手稿〉》，上海：复旦大学出版社，1983 年，第 242 页。

② 《马克思恩格斯全集》第 1 卷，第 467 页。

③ 葛兰西在他的《历史唯物主义问题》中对此有精辟的阐发："因为我们的活动始终都是**政治**的活动……因此，不能把哲学同政治分开，不仅如此，甚至可以说，世界观的选择和批判也是一种政治行为。"（参看[法]阿尔都塞：《读〈资本论〉》，李其庆、冯文光译，北京：中央编译出版社，2001 年，第 230 页）

④ 《马克思恩格斯全集》，第 459 页。

级）国家联系在一起的①。因此，"哲学的终结"在马克思那里首先不是一个哲学问题和理论问题，而是一个现实的政治问题。

第三，在马克思眼里，哲学和宗教、道德、政治和法一样，不是永恒存在的东西，而是属于各个时代的社会意识，或者说，都是在意识形态中演进的。如果产生哲学或哲学所属的社会制度注定要灭亡，那么哲学又怎么可能永久存在？人类在改变自己的现实生活的同时也一定会"改变自己的思维和思维的产物"②。对于以改变现实社会和现实生活为己任的马克思来说，对于相信"对现实的描述会使独立的哲学失去生存环境"③的马克思来说，哲学的终结不是哲学家的大胆想象，而是事物发展的必然结果。另一方面，既然哲学属于现存的意识形态，那么对现存意识形态的批判也一定包含对哲学的批判，这对于马克思来说也是毫无疑义的。

但是，与那些也宣布"哲学的终结"的西方哲学家不同，哲学的危机不能通过另一种新的哲学来解决，而只能通过哲学之外的东西，通过实践来解决。"思辨中止的地方，即在现实生活面前，正是描述人们的实践活动和实际发展过程的真正的实证的科学开始的地方。"④作为变革现实社会的革命理论的科学社会主义，在马克思看来，就是这样一门科学。它的任务不是解释世界，而是改变世界。既然"**理论的**对立本身的解决，**只有**通过**实践**方式，只有借助人的实践力量，才是可能的；……而**哲学**未能解决这个任务，正因为哲

---

① 参看 Karl Korsch, *Marxiam and Philosophy*, p. 52。
② 《马克思恩格斯全集》第 4 卷，第 30 页。
③ 同上书，第 31 页。
④ 同上书，第 30—31 页。

学把这**仅仅**看作理论的任务"①，那么哲学危机的最终解决当然不可能是哲学的解决；只有诉诸革命的实践才能最终超越和克服哲学，这是马克思和上述那些现代西方哲学家根本区别所在，也是马克思超越他们的地方。在这里，把马克思说成是现代西方哲学的开创者不是"抬举"了马克思，而恰恰是矮化了马克思。

也许有些人会不解，为何哲学困境或危机的解决不能是哲学的解决，而最终要由实践来解决？这是否有点大言欺世？理论与实践截然对立的思维定式和将哲学视为同物理学一样的学科的现代性传统的确会使人们这样想。但是，哲学作为一种社会和文化的意识形态，本身也是一种社会和文化的创制（instituion），哲学的危机不仅仅是哲学的危机，更是反映了社会的危机和文化危机。无论从起源还是从历史看，欧洲文明或西方文明的核心都是哲学，哲学的危机说明这种文明陷入了深重的危机②。"哲学的终结"与"上帝死了"和虚无主义一样，是现代性危机的基本征象。维特根斯坦要否定哲学是因为哲学没有正确地使用语言，结果造成许多伪问题；而哲学之所以误用语言，是因为哲学受到引诱以科学的方法来提问题和回答问题。海德格尔宣布哲学终结是因为哲学无法思考存在的前提。罗蒂提出后哲学文化是为了反对实证论的本质主义，去除哲学的真理垄断地位。刺激他们思考的科学主义、虚无主义和本质主义恰恰是现代性的基本特征，这些特征不仅在人的思想中有其根源，更在人的生活方式和生活制度中有其根源。

但哲学却始终未能超越自己，真正进入人们的生活。哲学一方

---

① 《马克思恩格斯全集》第 42 卷，第 127 页。

② 参看［德］胡塞尔：《欧洲科学的危机和超越论的现象学》，王炳文译，北京：商务印书馆，2001 年，第 13—30 页。

面成为时代危机局外人；另一方面却在巩固和加强这危机，这就是当代哲学的基本状况。现代西方哲学家使出浑身解数想使哲学摆脱这种状况，但最终的结论仍然是"哲学的终结"或"后哲学文化"。当晚年海德格尔提出将思考空敞作为思的根本任务郑重提出时，他其实已经看到了思考存在之条件的必要性。只是他对于实践没有丝毫兴趣和信心①，最终不是把哲学的问题归结为实践的问题，而是把实践的问题归结为哲学的问题，也就根本谈不上超越哲学了。

而马克思始终认为"观念的东西不外是移入人的头脑并在人的头脑中改造过的物质的东西而已"②。因此，哲学危机一定是时代危机的表现。批判哲学，必须批判哲学生存的现实；消灭哲学，必须消灭哲学依附的制度。只有解决产生哲学的现实的问题，哲学问题才能得到真正的解决。马克思不但把解决哲学问题的任务交给实践，还把它交给一个特定的阶级。一旦这个阶级将"过去传下来的所有制关系"打破，哲学就和这个阶级同归于尽。马克思并不仅仅指出这一点，他还用他毕生的思想行动实践这一点。马克思从来不关心"重建本体论"或"本体论转向"之类没有实践意义的问题，他毕生关心和为之奋斗的只有一个问题，一个事业，这就是无产阶级和全体人类的解放。

但这绝不是说马克思没有哲学或没有马克思哲学这样的东西。就哲学要回答整体性的问题，哲学体现了人类思想批判反思的本性而言，马克思毫无疑问是真正的哲学家。正如柯尔施所说的："只是因为马克思的唯物主义理论有一个不仅是理论的，也是实践和革命

---

① 参看张汝伦:《海德格尔:在哲学和政治之间》，第198—230页。
② 《马克思恩格斯全集》第23卷，北京:人民出版社，1972年，第24页。

的目标就说它不再是哲学的是不正确的，马克思和恩格斯的辩证唯物主义从性质上说彻头彻尾是一种哲学……。它是一种革命的哲学，它的任务是通过在一个特殊领域——哲学里战斗来参与在社会所有领域中进行的反对现存秩序的革命斗争。"①

但是，马克思的哲学决不是传统意义上的哲学，即不是"作为哲学的哲学"或作为一种学科创制的哲学，马克思从来对学院哲学不屑一顾。这就是为什么我们在他那里几乎找不到传统哲学家热衷讨论的问题；为什么我们会对有些人谈论的"马克思哲学"感到那么苍白和没有生命力。其实，马克思在否定"作为哲学的哲学"的同时，也根本否定了它的问题。因为他早就看出，"不仅是它的回答，而且连它所提出的问题本身，都包含着神秘主义"②。因此，对马克思来说，"只有通过理论上有根据的逃遁——确切地说不是**逃遁**……而是彻底建立新的领域，建立新的总问题，才能够提出被意识形态的提法的再认识结构所歪曲的现实**问题**"③。这个"新的总问题"辩证地不是哲学的问题，而是现实的实践的问题。马克思的主要著作，尤其是《资本论》，典范性地证明了这一点。

在著名的《资本论》第二版跋中，马克思明确指出他的辩证法与黑格尔的辩证法的根本不同，在他那里，辩证法不只是主体的思维过程，更是现实的批判过程，"因为辩证法在对现存事物的肯定的理解中同时包含对现存事物的否定的理解，即对现存事物的必然灭亡的理解；辩证法对每一种既成的形式都是从不断的运动中，也就是从它的暂时性方面去理解；辩证法不崇拜任何东西，按其本质来

---

① Karl Korsch, *Marxism and Philosophy*, pp. 75-76.

② 《马克思恩格斯全集》第 3 卷，第 21 页。

③ ［法］阿尔都塞：《读〈资本论〉》，第 52—53 页。

说，它是批判的和革命的"①。所以，马克思讲的把被黑格尔神秘化了的辩证法倒过来不能简单地理解为赋予它唯物主义的基础，马克思的哲学不能简单地理解为黑格尔加费尔巴哈的平均数。要知道他对这两人哲学的最根本批判都是它们脱离实践，而辩证法在他那里恰恰首先是历史和实践本身的特点。

总之，马克思真正使哲学变成了社会改造实践的一部分。人们只有像他那样进行哲学，才能懂得他的哲学，任何学院式的玄谈或机械僵硬的比附与马克思的哲学都是不相干的。马克思的哲学属于为美好的世界而斗争的人们，而与无视现实问题，只会凿空蹈虚的学究无干。只有懂得这点，我们才能懂得他为什么要把普罗米修斯称为"哲学的日历中最高尚的圣者和殉道者"②。

（原刊《中国社会科学》，2003 年第 4 期）

---

① 《马克思恩格斯全集》第 23 卷，第 24 页。
② ［德］马克思：《博士论文》，第 3 页。

4

尼采研究

《尼采遗稿选》导读

一

　　不管喜欢不喜欢，理解还是不理解，尼采对于人类思想的重要性今天已很少有人怀疑。他与马克思、弗洛伊德一起，被称为现代世界的三大先知。西美尔、海德格尔、雅斯贝斯、勒维特、芬克、福柯、德里达、德勒兹、巴塔耶、布朗肖这些有影响的、原创性的大哲学家，都写过研究他的专门著作，萨特曾计划写一部关于尼采和瓦格纳的小说。弗洛伊德和韦伯公开承认尼采对他们的重要影响。凡此种种，足见其哲学的激发力和魅力。还在他在世时，已经形成了尼采工业（即研究他的专门事业），而他身后，人们对他的兴趣更是延续了一个多世纪，方兴未艾，蔚为可观。尼采的著作，不断以各种文字在世界各地出版，研究尼采的文献，更是汗牛充栋，层出不穷。福柯说："尼采标准着一个开端，超越这个开端当代哲学才能再次思考；毫无疑问，他将继续长期支配它的进展。"①

　　然而，颇为反讽的是，尼采又是一个极难读懂的哲学家，许多

---

　　① Foucaut, *The Order of Things*, translated by A. Sheridan, New York: Random House, 1970, p.342.

自称喜欢尼采的人，其实根本不懂尼采在说什么，他们或者满足于鹦鹉学舌般把尼采一些话复述一遍，再无其他；或者以尼采杯酒，浇自己的块垒，按照自己的意思用尼采为自己张目。这在尼采研究深入发展的西方国家尚且不免，在中国就更是如此。

尼采很早就进入中国，热衷谈论尼采的大有人在。尼采的各种著作的中文译本已有不少，但像样的研究著作与论文很难看到。如果说西方思想家在中国都难免是一种学术时尚，而不是深入研究的对象的命运的话，尼采尤其如此。人们对尼采与女人的关系，比他与柏拉图的关系更有兴趣。在进入中国的西方哲学家中，也许尼采是最为出名，被人谈论最多，但却研究最少的人之一。尼采在中国的遭遇可用"热烈的冷淡"来概括。

抛开我们对于西方思想的实用主义的虚浮态度不说，尼采在中国遭遇的"热烈的冷淡"，当然也与他思想的极为另类难懂有关。记得笔者自己在"文革"中第一次看《查拉图斯特拉如是说》时，简直一头雾水，在那优美热烈的文字后面，却不知作者说的是什么。后来才明白，尼采漫说对一个中学生，即便对于大学教授，要理解他也是相当困难的。

尼采哲学之难，首先在于他不像别的哲学家，尽可能让自己的著作和哲学远离自己的生活和生命。因此，研读一般哲学著作，如《纯粹理性批判》，我们不必了解作者的生平遭遇、感情生活和健康状况。亚里士多德甚至认为，对于一个哲学家，我们只要知道他活着，他工作，他死了就足矣。康德也用 *de nobis ipsis silemus*（关于我们个人，我们将什么也不说）作为他主要著作的箴言。卢梭的生平很另类，可我们无须知道他的生平照样可以读懂《社会契约论》。尼采则不然，他说他喜欢血写的文字，他的著作也的确与他个人生命息息相关。"有很多理由相信，尼采许多文本的思想就像是日记或个人笔记，告诉我们一些关于他自己和他关于这些文本处理的问题的看法，而不是以客观非个人的成果为目标的产物。"①

因此，了解尼采的生平以及它在何种程度上影响和形成他的思想和著作的特点，是十分必要的。尼采1844年10月15日出生于德国东部萨克森州一个叫 Röcken 的村庄。父亲是一个新教牧师，在他五岁时便去世。尼采有一个弟弟，不到两岁便去世。死亡的突如其来和横暴的经验，从尼采幼年一直到成年，都对他的思想有深刻的影响。尼采自小与他寡母、妹妹，还有两个未出嫁的姑姑一起生活，家庭的阴柔气氛后来在他的思想中造成了强烈的反弹。

尼采早慧，很少与同龄人一起玩，而是以写作来消磨时光。他有极高的语言和音乐天赋，十岁时就能作曲写诗弹钢琴，尼采对德语的掌握使得他在德国文学史上都占有一席之地。他十四岁时以优异成绩从当地的学校毕业后，被推荐到著名的普福塔学校（Schulpforta）学习，这所学校曾培养出施莱格尔兄弟和费希特这样德国近代思想史上的大家。1864年，尼采以优异的成绩从这所学校毕业，进入波恩大学（马克思的母校）学习神学和古典语文学，次年转到莱比锡大学学习古典语文学，深得业师里奇尔（Friedrich Ritschl）的赏识。

在莱比锡学习期间，尼采在一家旧书店发现了叔本华的著作《作为意志和表象的世界》，一下子就被吸引住了。在此之前，尼采对当时流行的学院哲学不感兴趣，叔本华哲学使他看到了另一种哲

---

① Rolf-Peter Horstmann, "*Nietzsche*: Beyond Good and Evil", *Introductions to Nietzsche*, ed. by Robert Pippin, Cambridge: Cambridge University Press, 2012, p. 180.

学、直接面对生活的哲学的可能。由于他在古典语言方面的天赋和里奇尔的大力推荐，尼采大学未毕业就被瑞士巴塞尔大学聘为古典语文学的副教授（1869 年），一年后转为正教授。1872 年，尼采发表了他的第一部重要著作《悲剧的诞生》。书出版后，他的朋友音乐家瓦格纳和史学家布克哈特等都表示肯定，但他古典语文学的同行，包括他的老师里奇尔却一致否定，认为它无视古典语文学的行规和纪律，从此尼采逐渐被排除在古典语文学界之外。

其实，尼采真正的兴趣不在古典语言学，而在哲学。他向巴塞尔大学申请哲学教授的教职未能成功，而他的健康状况也不允许他继续从事教学工作。1879 年，尼采向学校提出辞呈。从此以后，尼采在他妹妹伊丽莎白的陪同下，在瑞士、意大利等地漫游、疗养。这段时间是尼采创作的高峰期，他的主要著作大都是在这时写成，但已开始出现精神分裂的征兆。1889 年 1 月 3 日，尼采在都灵大街上看到一个马夫虐待他的马，便跑过去抱住马的脖子昏了过去，从此就和疯人院结下了不解之缘，尽管其间也几进几出，但始终没有真正康复。1900 年 8 月 25 日，尼采在魏玛去世，享年五十六岁。从此以后，他和他的思想，就成了哲学史上一个永久的传奇。

以上只是尼采一生大致的外在经历，影响他思想和直接形成他思想特点的是他内在的人格特征和身体状况。首先是尼采糟糕的健康状况。他自幼体弱多病，一生饱受各种病痛和精神压力的折磨。他有周期性的神经问题和严重的眼睛疾患，使他几近失明。还有极端折磨人的长期偏头痛。这使得除了意大利北部一些地方和瑞士的英加第纳（Engadine）外，其他地方的生活对他而言是都无法忍受的。他糟糕的健康状况不但影响他的外部生活，而且也影响他的思想。而尼采又根本不在乎，甚至有意要将这种影响表达在他的文字中。

尼采悲惨的健康状况自然也极大影响他与他人的关系。除了将陪伴他一生的母亲和妹妹视为仇敌外，他与其他女性的关系也很难说得上融洽，他与女性关系的失败直接表现在他对女人和女性的各种会引起很大反感的观点中。[①]尼采一生朋友不多，但即使和这些不多的朋友的关系，也难称融洽。他在讲到他称为"朋友"的人时经常语带怨恨，主要是责怪他们对他缺乏敏感，他抱怨他们不肯下功夫去研究他的著作，没有让他避免公众的忽视。[②]这种心态自然使他倍感孤独和孤立。他虽然说他对荣誉没有兴趣，但却对不被世人承认耿耿于怀，总觉得那是由于他周围都是平庸之辈。这种怨恨心态也表现为他的思想和文字。在他留下的文字中有不少纯粹个人性的、与哲学没有什么关系的东西，任何尼采的认真读者都应该对此有足够的注意。

尼采最在意的也许还不是他不被广泛承认，而是他有限的读者根本不是他心目中的卓异之士——如果那样的话他不被承认也就认了——而都是些完全不够格的人。在他看来，他们不是不能就是不愿好好去理解他。他指责他们根本不准备相信他的想法，而只注意那些他们能够方便地拿来证明自己已有想法的观点，当然也是曲解。不幸这就是他的命运，多数人读尼采不是为了读懂他往往惊世骇俗的见解，而只是为了以他的名义为自己的庸俗和卑鄙辩护。

———————————

① 有关尼采对于女性的观点，可看他的《看这个人》中"我为何写这么好的书"那部分第 5 节,*Ecce Homo, Sämtliche Werke: Kritische Studienausgabe*, ed. G. Colli und M. Montinari, Bd. 6, Berlin: de Gruyter, 1988, SS. 305-307。

② Cf. Nietzsche, *Ecce Homo, Sämtliche Werke: Kritische Studienausgabe* (以下简写为 KSA), ed. G. Colli und M. Montinari, Bd. 6 (Berlin: de Gruyter, 1988), SS. 362-364.

作为一个极端自信的人，尼采根本不会认为他私生活的不幸与他不被社会大众接受，他的艰难处境部分得归咎于他自己人格的特性或缺陷，当然更不会接受别人对他的批评。他的这种心态在《看这个人》中表现得淋漓尽致。在那里他毫不犹豫、毫不遮掩地向世人宣告："我知道我的命运。有一天，我的名字将与对某个非凡的事情——对一个好像地球上没有过的危机的回忆，对良知最深刻的冲突的回忆，与对一个招致反对一切迄今为止所有人都相信、要求和认为神圣的东西的决定的回忆联系在一起。我不是人，我是炸药。"①

由于极端自信和长期被孤独感笼罩，尼采完全不顾别人对他的看法，在思想上彻底我行我素，想怎么说就怎么说，很少有推理和论证，丝毫不管自己的想法是否站得住脚，所以他的哲学是最个人化的哲学。按照常理说，哲学追求的是普遍真理，哲学家应该尽可能不让自己的个人倾向、激情和好恶影响自己客观冷静的表述，更不用说直接表述自己的特殊情绪和爱憎、甚至偏见了。从理想上说，哲学家是代天立言，个人情绪性倾向和冲动在书面表达中越少越好。尼采正相反，他一方面坚决否定哲学上流行的"我"和"主体"概念，另一方面他自己的哲学离开他这个"我"是无法理解的。他恰恰极度厌恶那个不把自己生命融入哲学的哲学，而有意要让读者在他的文字中看到他鲜活的生命。我们在绝大多数哲学著作中看到的是沉静，但在尼采的著作中我们只能感受到热烈。如果说绝大多数哲学家是用理智在写的话，那么尼采是用无与伦比的激情在写。只有阴沉性格的人才会不被他感动，尽管感动不等于同意。

---

① Nietzsche, *Ecce Homo*, S. 365.

对于习惯了传统哲学文本风格的人来说，如何在融智慧、洞见、激情和偏见为一体的尼采哲学中提炼出真正超越他的个体性（这也是他终身反对的一个来自叔本华的概念）的真理和智慧来，相当困难。

由于对学院哲学或正统哲学极为不满，尼采也就不认同自古以来哲学的许多规范和标准，也不准备按照这种规范和标准来写作，而一般哲学读者却是根据这些规范和标准来理解哲学著作的，这就使得尼采与他的读者之间缺乏共同认可的标准，对此没有足够意识和准备的读者，自然会觉得尼采的著作不可理解。但就尼采而言，他希望别人理解他，但又不打算用别人熟悉的话语方式来表达他的思想，他明确表示他讨厌"正常的"思维方式，他并不想说他表达的是普遍真理，而是明确表示那是**他的**真理。普遍真理和唯一真理在他看来都是形而上学的幻相。只有按照他自己的说法去读尼采，即按照尼采的方式去读尼采，我们才能理解他，才可能在他高度个人化和文学化的文本中发现真正智慧的洞见。

尼采是个杰出的文体家，他出色的语言表达能力，使得他可以在德语文学史上占有一席之地，人们至今认为他是与歌德、海涅并列的最优秀的德语散文家。尼采在他的著作中充分运用一切表达方式和修辞手法：比喻、隐喻、格言、寓言、双关、反讽、诗歌，等等。以至于我们在读尼采时必须时时提醒自己："谁按照面值来对待尼采，照字面意思理解他、相信他，就完了。"①

除了他特殊的哲学表达方式外，尼采的难懂更在于他要颠倒和

---

① Thomas Mann, *Addresses Delivered at the Library of Congress, 1942-1949*, Washington D.C.: Library of Congress, 1963, 99, quoted from Mazzzino Montinari, *Reading Nietzsche*, trans. & intr. by Greg Whitlock, Urbana and Chicago: University of Illinois Press, 2003, p.6.

否定的是"一切迄今为止所有人都相信、要求和认为神圣的东西",是大多数人思想行为的前提和基本原则,是许多人认为天经地义的东西,是离开或否定它们,人们觉得不知如何思想和行动的东西。正因为这样,在许多人看来,尼采的思想是离经叛道加胡说八道,是绝对无法理解,也无法接受的。尼采的噩运,相当程度是由此造成的。理解尼采,需要成为他那样的勇敢的怀疑者,即不是怀疑别人,而是怀疑自己,怀疑自己认为天经地义的东西。不经怀疑的东西就没资格称为"天经地义"。

相比西方人,对于我们中国人来说,理解尼采还有一层额外的困难,这就是要理解尼采的文化背景、尼采的时代、尼采生活的文化传统和文化氛围,尼采所面对的种种问题。金克木在谈读哲学书时说:"读哲学书的前提是和对方站在同一条起跑线上,先明白他提出什么问题,先得有什么预备动作或'助跑',然后和他一同齐步前进,随时问答。"①的确如此。尼采要挑战的是西方文化的一些根本问题,如世界、真理、宗教、道德等,是人类普遍的问题,但西方文化对它们有自己独特的理解和表达;而尼采作为西方文化的产儿,他必然是在西方传统的背景下挑战这个传统。因此,不先了解这个传统,也就是尼采哲学的起跑线,我们就无法确切理解尼采的思想。例如对于世界问题,如果我们对从柏拉图直到康德、叔本华的西方传统二元世界观缺乏了解,我们就无法真正理解尼采关于世界问题的种种思考。中国的西方哲学研究之所以不尽如人意,很重要的一个原因就是研究者缺乏起跑线意识。要理解尼采哲学,我们

---

① 金克木:《存在与虚无·逻辑哲学论·心经》,《金克木集》第五卷,北京:生活·读书·新知三联书店,2011年,第322页。

要比研究其他哲学家更加需要与他处在同一个起跑线上，因为尼采是直接挑战西方传统的根基。这就对尼采的研究者乃至读者提出了很高的要求，他们必须是有相当文化教养和哲学修养的人。

尽管尼采哲学不容易理解，但肯定不是不能理解。相反，由于他天才地洞见了现代性的种种问题，这些问题正越来越清晰地暴露在世人面前，我们现在比过去任何时候都更加具备理解尼采的外部条件。只是由于尼采哲学的特殊性，我们在读尼采时还必须意识到不能用阅读一般哲学著作的那种方式去阅读。除了要努力和尼采本人处于同一起跑线外，德国哲学家豪斯特曼提出的三点警告也值得注意：(1) 不要指望尼采的著作表达的是它们处理的主题的平和中正的观点，它们表达的是尼采自己的观点；(2) 尼采喜欢用绝对肯定的语气来说话，这些表达极为笼统，常常有悖于正常人们对谦虚的期待和常识的要求，这些风格上的怪癖反映了他坚决蔑视多数人，尤其是那些他怀疑不愿意听他的人珍爱的东西，对此我们不必管它；(3) 绝不要忘了尼采不要与"我们"，他的正常的、感觉迟钝的"学术界的"读者为伍。他不要成为"我们的一员"，相反，他坚持他称为"距离"的东西，以保持他的观点是他自己的，提醒我们他的独特性。①

只要我们记住这些，记得尼采是一个非常特殊的哲学家，他的哲学是非常另类的哲学，我们不能让他和他的哲学来迁就我们的阅读习惯和思想习惯，而应该努力去适应他的哲学风格和表达习惯，那么，阅读尼采会给我们一种非同寻常的享受和刺激。这种非同寻常的享受和刺激不是因为他的思想听上去就合情合理，更不是因为

---

①　Rolf-Peter Horstmann, "*Nietzsche*: Beyond Good and Evil", p. 185.

它正确，而恰恰是因为它的片面、它的偏激、它的怪诞。这是一种开创性的片面、矫枉过正的偏激和突破墨守平庸的怪诞。尼采之所以吸引一切有思想的人，并不是因为他思想的超前，是所谓后现代的开山鼻祖；他关心的有些问题其实早已过时，有些问题只是在他生活的 19 世纪语境中才有意义。尼采的魅力，来自他以激进的眼光和彻底怀疑批判的态度来对待那些人类亘古以来的根本问题，促使和鼓励他的读者也以同样的彻底态度重新审视这些问题，从而得到思想的新生。

现在，就让我们来看看尼采哲学的一些主题。

二

尼采身后声名鹊起，百余年来人们对他的兴趣有增无减，使得尼采主要的哲学论题即便是非专业读者也能说出一二；而对于尼采研究者来说，他的主要论题也基本没有争议。根据美国哲学家皮平的归纳，大致如下：首先是上帝死了，这已经成了谈论现代性问题之人的口头禅了。接着当然要数权力意志，即一切自然和人类世界都是权力意志，为支配和统治而斗争的零和游戏。尼采从批判基督教入手，进而批判道德本身。犹太教和基督教都是奴隶道德。基督教的动机和意义在于一种对强者、主人的怨恨情绪。基督教道德发展到登峰造极就是虚无主义。虚无主义的意思是："没什么是真的；一切都是允许的。"当代道德是畜群道德。我们现在需要重估一切价值，这种重估必须超越善恶。超人将是新价值的代表。一切事物都永恒地重现（永恒轮回）。没有客观价值或普遍的道德原则。所有理解都有其特殊视角。没有事实，只有解释，即便"物理学"也只是一种"解释"。"狮子和绵羊同一法则"是不可接受的；人类真正的优秀只是对少数精英而言的。我们感到意识控制我们所信所行的东西是一种幻觉。意识本身就是一种幻觉。[①]当然，尼采的哲学远不止这些内容，他对艺术、人生和知识问题的思考都影响深远，非常重要。他的政治思想近年来也引起人们的广泛兴趣。如同《尼采译稿选》一样，本导读对这些内容不可能一一涉及，只能择其要者，略作介绍。

尼采哲学上述的丰富主题是在他四十五年的有效生命中逐渐发展起来的（最后十年作为哲学家的尼采其实已经停止工作了）。我们可以把他思想发展分为前后期两个阶段。第一阶段是从他出生到1877年，第二个阶段是从1878年到1889年他精神崩溃为止。在第一阶段首先值得一提的当然是叔本华哲学对他的影响和他对叔本华哲学的批判性接受。如前所述，尼采是1865年在莱比锡的一家旧书店发现叔本华的《作为意志和表象的世界》的，他后来在《不合时宜的沉思》的第三部《作为教育者的叔本华》中回忆说，他读了第一页就觉得那本书"是他为我写的"[②]。虽然此时尼采对叔本华的哲学早已持保留态度。

叔本华的哲学以康德的二元论世界观为出发点，即世界分为现象与本体，人只能认识现象世界，本体或物自身在人的认识能力之外，只是我们理性的设定。叔本华接受康德的现象本体二分，但主张本体也是可以认知的，本体就是意志，宇宙的万事万物，现象世界的一切，都只是意志的不同表现。意志是一种盲目的冲动，一种

---

① Cf. Robert Pippin, "Introduction" to *Introductions to Nietzsche*, p.1.

② Nietzsche, "Schopenhauer als Erzieher", *Unzeitgemässe Betrachtungen* III, KSA, Bd. 1, S. 346.

无穷的努力或永恒的生成，它实际上是一种原始的生命力，意志实际上是生命意志。它表现为动物的自我自存和繁殖后代的本能，也表现为人满足自己生存需要的种种活动。然而，意志既然是一个无尽的追求，那么它永远也没有满足的时候。

叔本华从这种意志存在论中得出否定生命的悲观主义结论。在现实生活中，人追求幸福和欲望的满足，但永远不可能一劳永逸地得到满足。满足之后必然伴随着空虚与无聊，有追求新的满足，循环往复，以至无穷。幸福无非是从痛苦或缺陷中得到解放，但解放后必然又生新的痛苦。要真正摆脱痛苦只有彻底否定生命意志，达到物我两忘。

尼采对叔本华的哲学并不欣赏，虽然尼采后来说自己从一开始就不相信叔本华哲学的体系①可能有点过甚其辞，但叔本华哲学的两大特征——二元论形而上学和悲观主义——的确一直是尼采批判和否定的对象。尼采始终从根本上反对柏拉图以降西方二元论形而上学的传统，坚持世界就是世界，不存在本体与现象之分。另一方面，他始终肯定生命和赞美生命，哪怕是生命（人生）的丑恶与痛苦。因此，也许人们有充分的理由说，尼采在哲学上是与叔本华对立的。不过，叔本华用非理性的意志作为世界最终原因的解释却被尼采加以接受，他的权力意志概念很显然与叔本华的意志概念有继承关系。

但真正吸引尼采的，是叔本华的人生风格和哲学风格，正是因此他把叔本华当作"教育者"和人生的"榜样"。真正的叔本华是怎样的一个人，尼采并不太感兴趣，他是把自己的人格理想和人生理

---

① Nietzsche, *Nachgelassene Fragmente 1875-1879*, KSA, Bd. 8, S. 524.

想投射在叔本华身上。所以他赞美叔本华与批判叔本华并不矛盾：
他赞美的是作为他理想人格投射的叔本华，批判的是叔本华的哲学
观点。当然，选择叔本华作为自己的人生榜样也并非毫无理由。叔
本华与学院哲学的乖离，以不同于学院哲学的方式做哲学："简单地
说出深刻的东西，不用修辞学讲出感人的东西，严格科学但不学究
气。"①以及将对人生意义的思考融入哲学，都是尼采所欣赏的。但
对于尼采来说，叔本华代表一种人的形象——"叔本华式的人的形
象"②。他后来在他的笔记中写道："叔本华式的人驱使我怀疑一切
我以前维护和高度评价的事情（包括希腊人、叔本华和瓦格纳），
反对天才，圣人——知识悲观主义。我通过这条弯路达到清风拂煦
的顶峰。"③叔本华对他而言不是一种学说，而是代表他毕生追求的
目标："不仅是一个伟大的思想家，而且也是一个真正的人。"④这样
的人是"尺度、钱币和事物重量的立法者"⑤，是不怕与现存形式和
秩序处于最敌对的矛盾之中的人，因为他想揭示活在他那里的更高
的秩序和真理。⑥当然，这样的人必须承受常人无法承受的命运。

　　尼采早年还受到德国音乐家瓦格纳的影响，他们于1868年在莱
比锡相识。次年尼采便去瑞士巴塞尔大学教书，瓦格纳当时住在离
巴塞尔不远的 Tribschen，尼采经常去拜访瓦格纳，一度是瓦格纳忠
实的崇拜者。瓦格纳吸引尼采的地方与叔本华相似，就是尼采在他
的音乐中听到了对于生存的深刻思考和激发，在瓦格纳本人身上看

---

① Nietzsche, "Schopenhauer als Erzieher", S. 347.
② Ibid. , S. 371.
③ Nietzsche, *Nachgelassene Fragmente 1875-1879*, S. 500.
④ Nietzsche, "Schopenhauer als Erzieher", S. 409.
⑤ Ibid. , S. 360.
⑥ Ibid. , S. 351.

到了对于当时德国中产阶级平庸文化的坚决否定和批判。就在他与瓦格纳相识的 1868 年，尼采在写给他的同学罗德（Erwin Rohde, 1845—1898）的一封信中说："瓦格纳吸引我的地方也就是叔本华吸引我的地方，道德气氛、浮士德式魅力、十字架、死亡和墓穴。"①

瓦格纳的确对当时德国的音乐文化有强烈的不满和批判。他赞同叔本华的音乐观，即音乐有它自己的语言，音乐表达的是意志或事物本身。与黑格尔相反（他认为诗是最高的艺术），叔本华将音乐视为最高的艺术，是音乐而不是语言最接近把握世界本身。这十分合瓦格纳的心意，他批判传统歌剧使音乐从属于语言，使用音乐主要为了说明或强调舞台上的行为。相反，他自己的歌剧突出了音乐，使之成为意志结构的表现，而把语言仅仅用来使听众明白音乐所表达的感情可能聚焦的对象和活动。瓦格纳相信他的音乐剧（歌剧）在艺术上是地道的，在哲学上是正确的，真正体现了德意志"精神"，会使它们的听众直接体验到世界的本质，他们在世界中的地位以及超越他们个人身份，把他们维系成一个单一、统一的人民的意志的团结力。②这些想法连同瓦格纳本人，尼采后来都有严厉的批判，但在当时瓦格纳对于尼采而言却代表了一种理想的文化和理想的人格。

尼采自幼便对古典文化有浓厚兴趣，及其长也，古典语言学的学习大大加深了他对古典文化，确切地说，古希腊文化的理解。他在古希腊文化中看到了不同于近代平庸的资产阶级文化的另一种文

---

① Nietzsche, *Briefwechsel: Kritische Gesammtausgabe*, Bd. 2, ed. Giorgio Colli & Mazzino Montinari, Berlin and New York: Walter de Gruyter, 1975- , S. 322.

② Cf. Alexander Nehamas, "Nietzsche: Writings from the early notebooks", *Introductions to Nietzsche*, p. 25.

化——他心目中理想文化的典范。希腊文化体现了现代性腐朽文化再生的希望。然而，尼采并不像18世纪德国古典学家温克尔曼那样，在希腊文化中看到的只是"高贵的简单和静穆的伟大"。于他而言，希腊文化固然代表了文化理想，但希腊文化本身并不那么和谐，那么理想。就此而言，他比许多希腊文化的崇拜者要高明得多。希腊人一方面深爱自由，但另一方面也承认奴役和献身城邦的必要。个人野心和无私行为的冲突和张力，形成了一个动态的统一。希腊人享受世间的生活和种种欲望，但也对命运无常感同身受，从而有深入骨髓的悲观。尼采把希腊文化叫作"艺术的"，就是因为它把如此的对立整合为一个平衡的结构；而希腊艺术就是这种平衡结构最好的体现。在希腊艺术的极致——希腊悲剧中，希腊灵魂中这两种极端对立的倾向——对人生与世界本质深刻悲观的洞见与对生命的快乐欲望，表现得淋漓尽致，达到了最终统一。

尼采早期的代表作《悲剧的诞生》，通过对希腊悲剧的解释，熔他对叔本华哲学、瓦格纳音乐艺术和古希腊文化的批判性理解和解释于一炉，既吸纳了它们，又批判和扬弃了它们，从而体现了他自己对于文化和人生的最初成熟的看法。文化与人生的意义，而不是悲剧本身构成了这部著作的两大主题，而对希腊悲剧的论述只是探讨这两大主题的一个途径。《悲剧的诞生》是尼采思想发展的第一个不朽的里程碑。

19世纪欧洲文化的一流精英，大都对现代性文化感到不满。这种不满主要集中在人类生活失去了它的有机完整性，变得破碎化。现代社会的生活缺乏在以前社会所具有的那种统一性、完整性和意义。现代个人的能力得到了片面和过于专门（即所谓专业化）的发展，但他们的生活和人格却变得破碎化，甚至变得畸形，没有古人

（如古希腊人）那么全面圆融。他们无法以自然的方式与他们的社会相认同，"异化"概念道尽了这种个人与世界和社会的疏离。席勒、荷尔德林、黑格尔、马克思、瓦格纳，都对此有共同的感受，尼采也不例外。但他批判现代文化的策略却是沿袭浪漫主义的策略：以一个高度理想化的过去来与当下文化相对照，既彰显被批判者的缺陷，又提出了不同的出路。浪漫派喜欢以艺术作为文化批判的工具，《悲剧的诞生》同样如此。尼采要通过希腊悲剧揭示希腊文化的特点与本质。

艺术产生于人身上的原始欲望和冲动，尼采把它们称为"动物力"。人身上这样原始的冲动或倾向有两种，尼采分别用希腊神话中的酒神狄俄尼索斯和日神阿波罗来象征它们。这也是两种希腊文化中彼此竞争又彼此互补的基本冲动。酒神代表人性中激情冲动的那一面，而日神则象征着人性理智静观的另一面。阿波罗体现区别、分离和个体化，倾向划分和尊重边界和界限，在艺术中表现为造型艺术和文学（史诗），这两种艺术都注重描写个人、个别事物和事情。狄俄尼索斯代表希腊人灵魂中另一种倾向。与日神阿波罗相反，"狄俄尼索斯是对个体化原则没有多少敬意的神，他将一切生灵卷入迷狂……将性别的界限踩在脚下，随意摆弄着被割裂的各种存在领域"[1]。他化解界限，毁灭个体性，追求混沌，在希腊艺术中的体现是音乐和舞蹈。

阿波罗和狄俄尼索斯这两种在某种意义上对立的倾向在希腊悲剧得到了综合，希腊悲剧是造型艺术、文学、音乐与舞蹈综合统一

---

[1]　[德]弗兰克:《浪漫派的将来之神》，李双志译，上海:华东师范大学出版社，2011 年，第 17 页，译文有改动。

的一门艺术。悲剧在希腊并非像在现代那样，仅仅是一种文娱活动的形式。悲剧是希腊人用来对抗悲观主义，承受生存和命运的手段。尼采认为，希腊人是一个极其敏感的民族，极能感受人生根本的痛苦。但他们并没有像佛教徒那样否定生命的意志，因为艺术（悲剧）救了他们。悲剧证明了古希腊文化的蓬勃的生命力和优越性。

艺术（悲剧）之所以能于生存的苦难中拯救希腊人，是因为古希腊文化是一种"艺术的"文化，所谓"艺术的"文化，是说它与近代文化不同，不是以理性认知（科学）和道德为中心，不是以艺术为基础。艺术不会忽略任何东西，它全面深入生活的各种方面，感受生活的意义。酒神的迷狂恍惚，恰恰是对日常理性设定的界限和规则的破坏。在相信只有一种规则、一种逻辑的现代人看来，哈姆雷特知道真相还犹豫不决，迟迟不能行动是一种人格缺陷；但在尼采看来，酒神式的希腊人与哈姆雷特一样，看透了事物的真正本质，行动只能产生厌恶，因为行动改变不了事物永恒的本质，"知识扼杀了行动，行动需要我们被幻想蒙蔽——这就是哈姆雷特的教训"[1]。艺术让人洞察存在的荒谬可怕，并提供解脱之道。悲剧用崇高来制服可怕，喜剧用滑稽来使我们制服荒谬。

然后，希腊悲剧还是走向了死亡，导致希腊悲剧没落的，是希腊文化中的另一个因素——苏格拉底主义，它也是现代文化的滥觞。苏格拉底主义的本质是对理论和理性的推崇，相信人的行为必须受知识的指导。苏格拉底相信，人只要有知识就不会作恶，更不会做错事。苏格拉底心目中的知识更多地是实践知识，可是尼采却

---

① Nietzsche, *Die Geburt der Tragödie*, KSA Bd.1, S.57.

把它理解为现代文化中的理论科学知识。但尼采有他的道理，在他看来，苏格拉底讲的那种"知识"与近代文化的知识概念都是主张知识是由形式化的命题表达的，除了这种知识，再也没有别的东西可以指导人们如何生活。

如果直接从艺术本身说的话，那么希腊悲剧的死亡是由于欧里庇得斯把酒神的因素从悲剧中排除了出去，把悲剧建立在非酒神的艺术、伦理习俗和世界观的基础上①。实质上是苏格拉底精神战胜了酒神精神。"苏格拉底与欧里庇得斯倾向有一种密切关系。"②建立在酒神的迷狂基础上的酒神美学被苏格拉底的美学所取代，后者可以概括为两点：一切只有可理解才是美的，以及有知者有德③。欧里庇得斯自觉地将这种审美苏格拉底主义用于他的戏剧，以理性的一目了然代替之前悲剧诗人"醉醺醺的"智慧，用种种方式（让观众上台、增加开场白，等等）将悲剧去神话化。悲剧一旦被"去神话"，它就失去了对于我们生命的意义。

尼采虽然拒绝叔本华悲观主义的结论，但他始终同意叔本华对生存的悲观主义诊断。在尼采看来，苏格拉底主义是一种知识乐观主义，或一种乐观的世界观，体现为 19 世纪人们对"进步"的普遍信仰，这种信仰的主要根据是知识的增长会带来幸福的增长。基督教的神正论也是一种乐观主义，世界是由全能的上帝创造的，祂会使一切最终是最好的。尼采在《悲剧的诞生》中要表明，古希腊人没有这种对于知识的乐观主义，也没有基督教的神正论的关于宇宙本质的乐观主义，或任何形式的乐观主义。相反，希腊悲剧表明，

---

①　Nietzsche, *Die Geburt der Tragödie*, KSA Bd. 1, S. 82.

②　Ibid., S. 88.

③　Ibid., S. 85.

希腊对宇宙和人世都持一种根本的悲观态度。索福克勒斯的《俄狄浦斯王》，就是一个典型例证。

悲剧英雄俄狄浦斯在索福克勒斯笔下是一个高尚的人，他正直、勇敢、智慧，一心要弄清事实真相（真理）。但发现真相（真理）对他一点好处也没有。他解了斯芬克斯之谜，使忒拜便于她的荼毒，但结果却给忒拜带来瘟疫。人类理智的运用只是用一个罪恶替代另一个罪恶而已。至于他自己身世的真相，对他而言更是无法承受的。所以尼采说：“谁用知识将自然推向毁灭的深渊，他自身也要经受自然的那种瓦解。”①知识和智慧是对自然的冒犯，但人也会因此遭到自然的报复。这就是悲剧要传达的基本的神话真理。

否定苏格拉底式的知识乐观主义其实也就是否定世界的合理性（合乎形式理性），否定世界后面有一个全知全能的上帝在操控一切，否定人定胜天，否定自由意志可以想怎么样就怎么样。宇宙和世界都没有什么道理可讲，生存就是充满苦难、邪恶和毁灭。就此而言，尼采认可叔本华的悲观主义世界观。但他不同意叔本华的悲观主义人生观。世界与人生是值得肯定的，但不是认识论意义上按其面值加以肯定，而是把它作为一个审美现象来肯定：“世界只有作为审美现象才是可证明是合理的。”②

从形而上学上说，人生确实悲惨，很多不幸，如俄狄浦斯的命运，一点道理都没有。我们人类无法改变这种根本的状况。但是，人可以通过艺术将它变为审美现象，从美学上肯定人生。酒神精神和日神精神联手产生的悲剧，就起到了这样的“美化”世界与人

---

①　Nietzsche, *Die Geburt der Tragödie*, S. 67.

②　Nietzsche, *Nachgelassene Fragmente 1875-1879*, S. 530.

生，从而在审美上肯定它们的功能。这里的"美化"不是粉饰或造假，而恰恰是把宇宙人生的真相彻底暴露在世人面前。但审美间距使得人们不致被人生的悲惨和恐怖压倒，而能从审美中获得积极生活的力量。"在悲剧神话中你们可以希望一切，忘怀最痛苦之事。"①悲剧使生命得以升华，不再被世界人生的悲惨真相压倒，而能忍受一切苦难。尼采并不完全否定悲观主义，相反，他提倡一种"强者的悲观主义"，这种"强者的悲观主义"不同于否定生命的"弱者的悲观主义"，它由于幸福、由于过分健康、由于生存的充实而对生存的艰难、恐怖、邪恶和问题有一种偏爱②，一种审美的偏爱，而不是事实的偏爱。这种悲观主义不因世界的苦难而否定世界，而是肯定世界。

对于古典学学者（无论在当时还是现在）来说，《悲剧的诞生》无疑有很多硬伤，有很多自以为是的解释和无法得到经验支持的假设，但尼采追求的是智慧而不是科学。他不是要撰写一部学界同仁都能接受的"学术著作"，而是要**用艺术家的眼光来看科学，又用人生的眼光来看艺术**③，以此向艺术堕落为娱乐，用概念来指导人生的现代文化提出根本的否定和挑战。

1878 年到 1888 年这 10 年构成尼采思想发展的第二个阶段，这也是他思想的成熟期，他的主要著作基本都是在这一时期写的。1878 年出版的《人性的、太人性的》（上卷）标志尼采思想的一个转折点。这部著作无论在基调上还是在观点上，都与他以前发表的著作有显著不同。他此时不再像早期那样，即便有所保留或不满，对

---

① Nietzsche, *Die Geburt der Tragödie*, S. 154.

② Ibid., S. 12.

③ Ibid., S. 14.

叔本华和瓦格纳基本还是肯定的，现在则对他们毫无顾忌地进行批判。与此同时，他的主要哲学思想，都是在这十年提出的。我们可以从肯定和否定两个方面来划分他的主要思想。他正面提出的思想主要是权力意志和永恒轮回；负面的则是他对宗教、道德和旧哲学的批判。而虚无主义学说则贯穿他思想的整个基本方面。

尼采提出要"重估一切价值"，这意味着他对西方文化传统认可的几乎所有价值都持怀疑态度，尼采是西方文化史上最激进的怀疑论者之一。他从一开始就对西方传统形而上学的基本观点持否定态度，首先就是否定有永恒不变的本质世界或世界本身。在他看来，柏拉图既是西方哲学史上第一个大师，也是第一个大骗子。[①]因为他开始把世界分为不变的本质世界和可变的现象世界，只有理性才能把握本质世界或世界本身。由此本质现象二元论派生出传统形而上学"世界真正是由什么构成的"这样的问题，由此区分唯物和唯心。尼采根本否定这样的二元论，否定有"背后的世界"或"超验的存在"。

尼采把《人性的，太人性的》题献给伏尔泰，他的形而上学立场也秉承了启蒙哲学家的自然主义立场，这种自然主义一方面认为，我们认识的世界的各种形式或我们以为世界有的各种性质都是我们赋予世界的，没有这种人类中心论的附加的自然才是本色的自然。而我们人归根结底也是这种自然的一部分。但另一方面，这种自然主义显然还是一种二元论，即有未经人类中心论洗礼的自然和在我们人类看来的自然。可是，那种未经人类处理或解释的自然只

---

① 参看[丹麦]约尔根·哈斯：《幻觉的哲学——尼采八十年代手稿研究》，京不特译，北京：东方出版社，2011年，第50页。

是一种未经证明的假设，但却是我们必须坚持的一种假设。正是将此假设作为他形而上学的绝对前提，尼采才能有意义地说，没有赤裸裸的事实，只有解释，世界只是我们的解释，人类在事物中发现的只是自己加进去的东西，并且，这些加进去的东西，无论是事物的种种意义、形式、价值，还是科学、宗教、道德，都不是永恒不变的东西，而是不断在变化，可以很不一样。

对于相信有一个永恒不变的本质的哲学家而言，变动不居的东西只是与真理或实在对立的"假相"（Schein），假相往往意味着错误。尼采虽然提醒我们要注意人类中心论，但他又认为人只能从自己出发来把握世界，就此而言，我们加给世界的东西是必要的，不加是不可能的。在此情况下，一方面要看到，一切都是解释，没有赤裸裸的事实，因而没有传统那种与客观事实相符合意义的真理而言，真理就是谎言，是我们生存不得不有的谎言。这里"谎言"的意思不是"欺骗"，而是它只是没有客观检验标准的解释。尼采坚决反对建立在传统真理观基础上的"真""假"之分："如我所理解，假相（Schein）是事物的真正的和唯一的实在（……）。这个词仅仅表达它对于逻辑程序和分类而言的**不可及性**：也就是相对于那'逻辑真相'（它本身也只能在一个想象的世界里才可能）而言的'假相'。于是我并不设定一个作为'现实存在'的对立面的'假相'，而相反把假相作为实在，这个实在拒绝让自己变成一个想象出来的'真相世界'。"①也就是说，世界就是假相的世界，假相就是实在，没有"真相世界"。就此而言，尼采的形而上学二元论又是一

---

① 转引自［丹麦］约尔根·哈斯：《幻觉的哲学——尼采八十年代手稿研究》，京不特译，北京：东方出版社，2011 年，第 234 页。

种弱二元论。

因为没有"真相世界"，世界只是种种解释："我们无法拒绝这样的可能性：世界自身中含有**无限解释**。"①解释就是在一定的视角下认识世界，"无限解释"意味着有"无限的视角"，每个视角都有其正当性。这就是尼采的"视角主义"："在'认识'这个词有意义的范围内，世界是可以认识的：但是，它可以有**不一样的解释**，它不仅仅有一种意义在背后，而是有无数种意义。——'视角主义'。"②在一定的视角下认识世界同时也是赋予世界以一定的意义和价值。"没有'事实本身'，**而是始终必须先植入一个意义，方能有一个事实**。"③但因为可以有不同的视角，所以认识和意义都不是绝对的，即便是科学认识也是如此，也是有一定视角的。视角主义决定了：不存在传统意义上唯一正确的解释，"同一文本允许有无数解释：不存在'正确的'解释"④。

对于习惯了传统认识论观点的人来说，尼采的视角主义不啻否定普遍真理，主张没有普遍（非个人）的认识，只有个人主观的认识。正是这样，主张有非个人的客观认识在尼采看来是人格虚弱的表现。然而另一方面，主张认识是"主观的"并非主张认识没有价值。尼采只是想告诉我们，任何认识都只是一种"观点"，都是有偏颇的，都是局部的，都不可能像上帝之眼那样是全面而巨细无遗的。人的认识不完全靠理性，更受他身上种种自然性因素（本能、欲望、无意识，等等）的支配。

在尼采看来，"人用来解释世界的方式不是依赖于人的'主体'

① Nietzsche, *Die fröhliche Wissenschaft*, KSA 3, S. 627.
② Nietzsche, *Nachgelassene Fragmente 1885-1887*, KSA 12, S. 315.
③ Ibid., S. 140.
④ Ibid., S. 39.

(意识、理性)，而是依赖于**人生活**所用的方式"①。尼采之前，西方哲学家一般认为认识主要是意识，更确切说，是理性的功能。但对于尼采来说，**"理性思维是根据我们无法摆脱的一种图式来进行的解释"**②。它非但没有特权的地位，而且还有致命的缺陷，就是把事物简单化。"理智和感官首先是简单化的器具。我们能生活在其中的世界只是虚假的、缩小的、逻辑化的原因世界。"③我们的理智和感官必定要以一定的简化模式（如因果模式）来解释世界，以便我们把握世界。但因此被把握的世界却是一个丰富性和复杂性大大地打了折扣的世界。

　　尼采的思想远不是一个自洽的体系，他也不会去追求这样一个体系。他反对传统哲学用最终的本质或原因来解释世界，世界似乎应该，也只能是种种解释和假相。可他又要违背自己的这个基本倾向，大力鼓吹权力意志的学说。世界是有其根本所是的，这就是权力意志，一切解释、一切假相、一切的一切，都是由于这个权力意志，权力意志是世界的原因，世界的本质。权力意志是尼采哲学的招牌性标志，但也是他思想中最有争议，并且最困难（自身的困难和理解的困难）的部分之一。也因此引起无数的解说。

　　"权力意志"的概念最早出现在尼采 1876 年底到 1877 年中的一个笔记本中，在那里尼采写道："恐惧（否定）和权力意志（肯定）解释了我们极为顾忌人们的看法。"④在《查拉图斯特拉如是说》中，尼采将它与超人和永恒轮回一起并列为查拉图斯特拉的三

---

① ［丹麦］约尔根·哈斯：《幻觉的哲学——尼采八十年代手稿研究》，第 231 页。

② Nietzsche, *Nachgelassene Fragmente 1885-1887*, S. 194.

③ Nietzsche, *Nachgelassene Fragmente 1884-1885*, KSA 11, S. 434.

④ Nietzsche, *Nachgelassene Fragmente 1875-1879*, KSA 8, S. 425.

个主要学说之一，可尼采在那本书里仍然对这个概念的意思很少论述。他真正对此概念展开论述，是在 1886 年出版的《超越善恶》一书中，尽管在那里的论述也谈不上充分。

尼采在《超越善恶》中这样来定义"权力意志"："生命本身就是权力意志。"①为什么这样说? 因为"首先有生命的东西都要**释放**它的力量"②。"因为每一种本能都是有权势欲的。"③这里说的"权势欲"(herrschüchtig) 当然首先不是政治权力意义上的"权势"，而是指一般意义的控制和支配。生物 (不一定是人类主体) 的每一种本能都以生理学和社会的方式来释放它的力量或能量。人类主体当然也是生物，但意志 (动名词意义上的) 却不是像传统形而上学理解的那样，是一种"我思"(I think) 或"我要"(I will) 那样的单纯意识行为。尼采把人的主体性叫作"灵魂"(Seele)，但却是一个"作为主体——多样性的灵魂"和"作为本能与冲动的社会建构的灵魂"④。意志的确可以是一个主体实行的行为，但不单单是意识，而是包含本能、冲动，以及它们的社会变形，它包含"多样的情绪"(eine Mehrheit von Gefühlen)、"某种掌控的思想"(einen commandirenden Gedanken)，"尤其还有冲动"⑤。意志作为一种冲动意志是命令的冲动，所谓"意志自由"本质上是要凌驾于必须服从的东西之上的冲动⑥。意志既不是有意识的选择 (决定)，也不是盲目的欲望。它是非理性的，却总是有其目标。另一方面，"正如我们不可把

---

① Nietzsche, *Jenseits von Gut und Böse*, KSA 5, S. 27.
② Ibid.
③ Ibid., S. 20.
④ Ibid., S. 27.
⑤ Ibid., S. 32.
⑥ Ibid.

'意志'这个概念看成欲望或者需求，我们也不能把'权力'看成是生理上的强力、或者社会和政治上的权力（这在尼采那里被称作是 Gewalt/暴力）。'权力（Macht）'和动词 machen（做、制作）有着亲缘关系：'能够''做'或者'有能力于某样东西'。"①

但意志及其效能不能以传统的因果模式来理解，也不能理解为自由意志产生的有意识行动。因为那实质上是把世界理解为一个机械的机制和机械过程。而尼采是把世界理解为我们本能的世界，它是有机的，而非机械的，它是权力意志。但是，权力意志之"意志"不能理解为狭义的，即"我要"意义上的人的主观意志。权力意志在尼采那里是"一种'形而上学的'原始力的标示，而不是一种'心理学的实在'的名字"②。尼采是要将它作为关于宇宙整体的一个存在论假设加以提出。尼采受生物学和康德、歌德有机世界观很大的影响。他虽然接受启蒙的自然主义，但拒绝启蒙哲学家机械论的世界观。③他的基本想法是：如果我们把有机生命现象看作是实在的一个组成部分，我们就会发现，世界并不处于一个静止的状态，而是处于一个创造与毁灭、制服与被制服、压倒和被压倒的动态和混乱的状态中。这表明支配这些过程的是某种权力斗争，在这种权力斗争中每一种生命形式都有要压倒一切其他形式的倾向。但是，要这样来想生命得假定每一个有生命的东西都有它要实现的一定量的权力。这种量规定了它的"权力意志"，因此最终对于它能否发展和生存下去是决定性的。尼采由此得出结论："生命本身就是

① ［丹麦］约尔根·哈斯：《幻觉的哲学——尼采八十年代手稿研究》，第 66 页。

② 同上书，第 65 页。

③ Cf. Elaine P. Miller, "Nietzsche on Individuation and Purposiveness in Nature", *A Companion to Nietzsche*, ed. Keith Ansell Pearson（Malden: Blackwell, 2006）, pp. 58-75.

权力意志。"①

尼采关于权力意志的论述很容易让人们以为他像他以前是形而上学家一样，把权力意志作为一个形而上学的原则提出，或把实在最终还原为权力意志这个事物本身，就像叔本华的"意志"概念那样。就连海德格尔都是这么理解的。但这是一个误解。权力意志不是这样实体性的形而上学本质，或实在本身。尼采认为："所有统一**只是作为组织和相互作用**的统一：就像人类共同体是一个统一那样：因此与原子式的混乱相反；因而是一种**支配性的购物，它表示，但不是一。**"②任何冲突形而上学的终极实在都是静态的一，而权力意志刚好相反。事物都是极度复杂的，是我们的意识使之成为"统一"，但那种"统一"只是假象："我们始终只有**统一的假象。**"③

虽然尼采经常把"权力意志"(der Wille zur Macht) 用作单数，实际上"权力意志"的"意志"是复数。实在是各种权力意志（对于尼采来说，意志实质上都是权力意志）的相互作用。各种意志都不是终极实在，而只是意志互动的样式，所以没有终极实在。实在就是在权力意志之间发生的事情④。

权力意志 (der Wille zur Macht) 按其德文字面的意思，应该是"向着权力的意志"，意志总是向往权力，趋向权力，因此，它们之间的互动就是彼此寻求压倒对方或支配对方，在一种斗争或竞争

---

① Nietzsche, *Jenseits von Gut und Böse*, S. 27.

② Nietzsche, *Nachgelassene Fragmente 1885-1887*, S. 104.

③ Ibid., S. 205.

④ Cf. Paul van Tongeren, "Nietzsche and Ethics", *A Companion to Nietzsche*, p. 397.

中。实在不是静态的存在，而是动态的生成（Werden），这种生成就是权力意志的斗争。这种斗争具体表现为对世界的解释。

传统哲学既然认为世界有其终极实在，那么哲学也好，科学也好，最终都是提供对此实在真实的描述。而对于尼采来说，既然世界没有这样的终极实在或不是这样的终极实在，而是权力意志斗争的生成过程，那么"没有事实，只有解释"①。并且，"人们不应问：'那么谁解释？'而是解释本身，作为权力意志的一种形式，有作为冲动的此在（不是作为一种'存在'而是作为一种**过程**，一种**生成**）"②。显然，尼采讲的"解释"，不是古典释义学意义上一个主体有意识的行为，而就是权力意志的实现。之所以叫它"解释"是因为它是有特定视角的"解释"，不是最终唯一的定论，完全可以有从其他视角出发的其他解释。权力意志的斗争也可以理解为不同解释的斗争。

当然，尼采肯定会说，他的权力意志理论也只是一种解释。他要把这个最初只是一个有机生命的原理进一步应用于宇宙万物，把它变成一个更为广泛的关于一般自然本质的解释，一个普遍的存在论假设。它的解释力不限于有机生命，而能适用于宇宙的万事万物。不仅有机物是权力意志的形式，物质是瘫痪的"权力意志"，是处于潜在状态的"权力意志"。"假定我们最终能成功将我们的本能生命解释为意志（即我所谓的权力意志）的一种基本形式的组织和派生；假定我们能把一切有机作用追溯到这个权力意志，发现生育和供养的问题——那是一个问题——都在它那里得到了解决，那么

① Nietzsche, *Nachgelassene Fragmente 1885-1887*, KSA 12, S. 315.

② Ibid., S. 140.

我们就有权把一切有效的力量明确规定为：**权力意志**。那个从内部看的世界，那个根据其'思维特征'来规定和描述的世界——只是'权力意志'，岂有他哉。"①当尼采把权力意志解释为宇宙万物的根本动力时，传统主体概念也被彻底瓦解了，主体背后的意识和自由意志，其实只是存在论意义上的非人格的权力意志的玩偶。

从权力意志的观点看，认识和科学根本不是被所谓好奇心或为真理而真理所驱使，而就是权力意志的表现："求真理的意志乃是权力意志。"②它是一种向控制，而不是向真理的意志。知识（认识）是一种解释，一种价值。作出解释的根本不是传统哲学认为的一个（有意识的）主体，那是形而上学的虚构，作出解释的是"有机的过程"，是生命本身的过程，亦即权力意志，它本身"是以不断的解释为前提的"③。科学的目的也不是为了探求真理，而是要掌控自然："科学（如人们今天所从事的那样），是试图对所有现象创造出一套普遍的符号语言，目的是为了更容易地**测算**和掌控自然。"④

按照豪斯特曼的说法，"我们如何生活"或"我们如何承受生活"构成了尼采一切问题的出发点，对于他来说是根本重要的问题⑤。尼采相信，生命是一个混乱的动态过程，没有稳定的方向和目标，因而生命也没有"意义"或"价值"，只要这两个术语指的是生命"客观"或"自然"的目的。但是另一方面，尼采又有点自相矛盾地认为，人生本质上是有价值取向的，没有这样那样的价值人生是根本不可能的。这样，被视为价值渊薮的道德与宗教，自然成

① Nietzsche, *Jenseits von Gut und Böse*, S. 55.

② Nietzsche, *Nachgelassene Fragmente 1885-1887*, S. 352.

③ Nietzsche, *Werke in drei Bänden*, Bd. 3, S. 489.

④ Nietzsche, *Nachgelassene Fragmente 1884-1885*, S. 209.

⑤ Cf. Rolf-Peter Horstmann, "*Nietzsche*: Beyond Good and Evil", p. 187.

了以重估一切价值为职志的尼采怀疑与批判的首要目标。

传统伦理学一般都认为道德是人类理性或神的旨意的产物，一经产生后，便相对稳定，不说天经地义，也成为世世代代人们行为的准则与规范。可是在尼采看来，这是天大的误解。既然生命与世界无非是权力意志，那么当然道德也是权力意志使然。这也意味着道德的起源是非理性的。那些主张道德是理性的人不懂心理学，不知道道德首先表达的不是理性，而是非理性的本能与冲动，是权力意志。

权力意志本身没有固定的目标，它是一个混乱的本能与冲动的过程，因此，道德既不可能是稳定的，也不可能是单一的，而是不断在变化。道德的依据也不是超验的，而是来自我们生命本身的冲动和要求。然而，道德的依据是超验的，道德是普遍的行为规范，是永恒不变的原则，这些传统道德形而上学的观念早已深入人心。但那是因为人们不懂道德乃历史的产物，有其历史性。尼采对道德的反思和批判首先就要颠覆这些先验的观念。他著名的道德谱系学，就是他颠覆这些观念的利器。

福柯曾主张尼采的谱系学（Genealogie）概念与历史学是有区别的，但也有学者指出，在尼采眼里，谱系学只是正确实践的历史学[①]，它关心的是道德的真正历史，即"原始记录下来的东西、真正可确定的东西、真实存在的过去，简言之，人类道德史漫长的、难以破解的象形文字"[②]。一般谱系学研究的是一个可识别的祖先如何一代又一代传到某些后代，它的图式是单向纵贯直线的。尼采的谱系学完全不是这样，它的目的不是要确定事物的起源，而是要通

---

① Cf. Alexander Nehamas, *Nietzsche: Life as Literature* (Cambridge, Mass.: Harvard University Press, 1985), p. 246 n. 1.

② Nietzsche, *Zur Genealogie der Moral*, KSA 5, S. 254.

过追溯起源展开批判，它的图式不是单向纵贯直线的，因为它研究对象的起源是多元的，它的"血统"是"不纯的"，即道德稳定的特征不是它的意义或目的，因为那是不清楚的："一个事物出现的原因、它最终的用途、它实际的应用和在目的系统中的排列，是完全不同的；凌驾于现实的、以某种方式形成的事物之上的权力总是用各种新的观点重新解释它们，重新占有它们，并改头换面重新利用它们；有机世界发生的一切都是**征服和主宰**，而所有征服和主宰又都是重新解释和纠正，因此，迄今为止'意义'和'目的'必然是模糊不清的，或被完全抹去了。"①

　　道德谱系学揭示道德有几个不同的起源和多种意义，抵制从道德当前的目的推论它的历史或起源的错误。另一方面，道德谱系学也不仅是为了发现道德起源而拒绝道德当前意义的明显价值。尼采自己在《道德谱系学》的前言中说得很清楚："我们必须**批判道德的价值，首先必须对这些价值的价值提出疑问**——为此，还必须认识这些价值得以产生、发展和推进的条件和环境。"②通过这样的谱系学，尼采也可以否定道德的超验起源说。美国学者克拉克得出结论说："因此，道德谱系学的计划是用纯粹自然主义的术语，不诉诸上帝的声音或一个接触永恒价值的灵魂，来解释道德的起源：人受道德的指引是如何发生的。问题不是为何我们在道德上是善的，而是为何是人这个动物接受特殊的**道德**理由或价值（因而在此基础上行动）。"③道德不再是一个永恒神圣的东西，而是本身需要批判审视

①　Nietzsche, *Zur Genealogie der Moral*, KSA 5, S. 314.

②　Ibid., S. 253.

③　Maudemarie Clark, "Introduction: Nietzsche's Path to the End of the Twentieth Century", *On the Genealogy of Modality*, eds and trans. Maudemarie Clark and Alan Swensen(Indianapolis: Hackett, 1998), pp. 26-27.

的东西。

尼采认为，最初道德只是对古代法则或传统的服从。他利用德文有两个不同的词都可以指一般所谓的"道德"，即 Sittlichkeit 和 Moral，用前者来指对最初人们习俗的服从。"Sittlichkeit 只是对作为行为和评价方式的任何可能习俗（Sitten）的服从。"[①]Sittlichkeit 植根于祖先留下的传统。在无条件服从传统和习俗的时代，按照传统习俗行事是理所当然的，至于行为是对是错、是好是坏，那根本不是一个问题。然而，到了后来，尤其到现代，习俗的力量已经衰落，人们对祖先的传统已经不当一回事，对 Sittlichkeit 也就不再有切身的感受，它就衰落了。这时，新的价值（善、恶）出现了。这时，怎么做不再取决于习俗传统，而取决于行动者自己。人类在这时，才真正有了"道德"。

尼采从孩提时代开始就对善恶的起源问题，实际上也就是道德的起源问题非常敏感。他反对基督教和康德哲学对此问题的先验解释，善恶的起源不在上帝，也不在一个先验的"绝对命令"，而是作为自然的人自己构成的。他要追问的是："人在什么条件下自己虚构了善和恶的价值判断？**它们自身又有什么价值？**迄今为止它们是阻碍还是促进了人的发展？它们是否是生活困惑、贫困、退化的标志？或者与之相反，它们自身就显示了生活的充实、力量和意志，或者显示了生活的勇气、信心和未来？"[②]尼采批判道德，并不纯粹是为了理论的目的：拒绝先验道德观，更是要考察它对于人类生活的根本意义，既然只有人才有道德。

---

① Nietzsche, *Morgenröte*, KSA 3, S. 21.
② Nietzsche, *Zur Genealogie der Moral*, SS. 249-250.

尼采对他之前的道德哲学的不满在于，它们从不怀疑道德本身，它们提供的所谓道德的哲学基础，"只是一种学术形式的对流行道德的好**信仰**，一种新的表达这种信仰的手段"①。也就是说，它们只是用学术的方式来对道德进行合法性论证，丝毫没有对道德本身的怀疑和批判。在尼采看来，道德并不都是理所当然正面的东西，始终有不同的道德，道德可以是症状、面具、疾患、兴奋剂、毒药，等等。当时欧洲流行的道德只是**"畜群的道德"**②，但它把自己理解为是道德的唯一定义和唯一可能的道德，实际上却是一种牺牲未来的道德。可在尼采看来：**"较高的**道德是可能的，或应该是可能的。"③他要发现道德的不同意义，揭示可能的较高的道德。

虽然尼采批判道德时似乎是总是以基督教道德为例，但他要批判的不仅仅是基督教道德或康德哲学的道德，而是一切道德。人类到当时为止各种类型的道德，尼采其实都有批判，④尼采的道德批判首先不是要批判哪一种特定的道德或道德哲学，而是要批判一切道德共同的东西，即都认为自己是唯一的、普遍的、放之四海而皆准的。用尼采的话说，他批判所有道德是"因为它面向'一切人'，因为它在不应普遍化的地方普遍化——它们都无条件地说话，把自己当作是无条件的"⑤。只有它们知道善恶，并且，它们认定的善恶是固定的、持久的、明确的。"它顽固而无情地说：'我是道德本身，'

①　Nietzsche, *Jenseits von Gut und Böse*, S. 106.

②　Ibid., S. 124.

③　Ibid.

④　Cf. Paul van Tongeren, "Nietzsche and Ethics", *A Companion to Nietzsche*, pp. 391-392.

⑤　Nietzsche, *Jenseits von Gut und Böse*, S. 118.

此外没有是道德。"①而尼采恰恰要证明，可以有许多不同的道德，它们的区别不在它们是否是道德，而在它们的高低。高等的道德对人生有正面意义，较低的道德则刚好相反。

为此，尼采提出了由两种类型道德构成的道德类型学，这两种类型的道德分别是主人道德和奴隶道德。"通过对地球上迄今为止的曾经流行或现在仍在流行的诸多精致的道德和粗野的道德的巡礼，我发现了某些有规则地一起出现并且相互联系的特征：直到最后在我面前出现两种基本类型，和一个基本不同。存在着**主人道德和奴隶道德**。"②尼采这里讲的"主人"与"奴隶"，是精神气质意义上的，而不是社会身份和经济地位意义上的。主人或上等人是强者，是精神贵族，他们不屑于隐瞒自己的想法，他们天马行空，不受拘束，认为自己是价值的创造者和赋予者，好恶不需要被人批准。他们超越常人的善恶之外，以自己的是非为是非，以自己的善恶为善恶。奴隶刚好相反，他们最在意别人的看法和流行的道德，不敢越雷池半步，他们的人生最高准则就是服从流行，避免危险。尼采在《道德谱系学》的第一章中对这两种类型的道德（主人道德和奴隶道德）做了详尽的论述。

在那里，尼采用西方古代的骑士贵族作为他心目中主人的典型。这类人有力、积极、充满生气，率性而为，无法无天，不顾一切。他们听任自己欲望和本能的摆布，敢于冒险，敢于成功，无拘无束地享受这种生活。他们用"好"来指这种生活和能过这种生活的他们自己。他们一般不太在意别人，但有时也用"坏"来指那些

---

① Nietzsche, *Jenseits von Gut und Böse*, S. 124.

② Ibid., S. 208.

由于自己的虚弱而不能过这种自我肯定自己的身体力量的生活的人。"好"和"坏"这两个术语构成不同的主人道德的视角。"好"和"坏"在这里不是规范性的术语,而是描述性的术语。"好"不是一个人**应该是**的规范。在尼采看来,一个人如果不好就不会好了,"好"是事实,不是通过努力可以达到的目标。所以(精神)贵族是天生的,他们生来就要给这个世界以自己的价值,打上自己的印记:"高贵的人觉得自己就是决定价值者,他不需要被赞成,他宣判:'对我有害的,就是本身有害的',他知道是他给予事物荣耀,他**创造了价值**。"①

在主人们看来,那些与他们不同的人都只是"坏人"。这里的"坏"也不是道德评价上的,而也是描述性的,即不达标。它不是道德意义上的"坏",而只是普通"次一等"的意思。主人眼里的"好"和"坏"是指不同的"所是",并无特别褒贬之义。

僧侣阶层,或者犹太人这个僧侣化的民族,是奴隶的典型。如果说主人是阳刚型的,那么奴隶就是典型阴柔型的。他们既不能过主人那样的生活,也不认同主人的评价标准,因而起而反叛主人的评价形式。尼采把这种反叛称为**"道德上的奴隶起义"**②。这是西方历史上最大的事件,**"地球上从未有过与之相类似的东西"**③。奴隶在身体条件上并不比主人弱,他们也不是社会身份意义上的奴隶,相反,他们也可能是人上人,如基督教僧侣。他们是由于他们精神上的虚弱无法自发地以一种肯定的方式来看自己和自己的生活。奴隶只关心实际利益,除此之外,他们都可以放弃,他们以一种完全

---

① Nietzsche, *Jenseits von Gut und Böse*, S. 209.
② Nietzsche, *Zur Genealogie der Moral*, S. 268.
③ Ibid.

不同的方式评估他们自己和他们的生活。

"奴隶对强者的美德恨之入骨：他对之深感怀疑和不信任，但他对一切'善'，对在强者道德尊崇的东西的不信任很巧妙——他会说服自己，幸福本身在那里就不存在。相反，那些减轻人们痛苦的品质却得到彰显与突出：同情、乐于助人、热心、容忍、勤奋、谦卑、和友爱得到了尊崇。"①这是尼采对奴隶道德的描述。我们不难发现，这是世界上多数人都秉持的道德。尼采反对这些道德，当然不是因为他自己是一个十恶不赦之人，需要以此为自己辩护，以使自己的良心得到安宁。尼采其实并不反对这些道德本身，而是反对人们不假思索地接受它们，把它们视为天经地义。道德没有那么神圣。

奴隶与主人的好恶是完全相反的。奴隶追求的是幸福；主人追求的是痛苦。奴隶主张利他主义和无私；主人主张自爱和自利。奴隶提倡平等；主人刚好相反。奴隶要和平安宁；主人要危险。奴隶崇尚社会或共同体的功利；主人崇尚危及这种功利的东西。奴隶同情与怜悯；主人对痛苦无动于衷。奴隶要消灭本能；主人欣赏或满足本能。奴隶要灵魂的健康；主人要身体健康。主人道德处处与西方流行的基督教道德相反，这使得提倡它的尼采在许多资产阶级的正人君子眼里，简直就是魔鬼的化身。尼采会认为，这刚好证明奴隶道德的怨恨根性。只有内心充满怨恨的人，无能的人，才会老是盯着别人，斤斤计较别人的"恶"，以别人之"恶"来证明自己之"善"。

奴隶道德与主人道德的截然对立不仅仅在具体的德目上，也不

---

① Nietzsche, *Jenseits von Gut und Böse*, S. 211.

仅仅在善恶的评价上，而在这两种道德的根本性质上。对于主人或强者来说，道德价值是绝对的，无条件的，绝不能以利害为转移，他们的道德相当于康德说的定言命令。而对于奴隶来说，道德是有条件的，相当于康德说的假言命令，只有那些能带来实际好处的价值才会得到肯定和尊崇①。就此而言，主人才是真正崇尚道德的人，但必须是他自己建立的道德。

奴隶道德的产生，不是出于他们的理性，也不是出于他们超验的上帝，而是出于他们的怨恨心理，怨恨主人的强大和他们自己的无能。他们在身体条件上也不够强壮，无法对主人造成伤害，他们只能玩阴的，通过发明一些新的道德概念和评价体系来报复主人，即用善和恶的概念来取代主人好和坏的概念，怨恨变成了创造性："道德上的奴隶起义始于**怨恨**本身变得具有创造性，并且产生价值的时候；这种怨恨来自这样的存在者，他们不能用行动做出真正的反应，而只会通过幻想中的复仇获得补偿。一切高尚的道德都来自凯旋般的肯定，而奴隶道德从一开始就对'外在'，对'他者'，对'非我'说'不'：这个'不'是它的创造性行动。这种价值观设定的颠倒——必然是向外而非转向自己——正好就是怨恨：奴隶道德的出现首先需要一个对立的世界和外部世界。"②奴隶把"善"用来指自己和自己宣扬的东西，而用"恶"来指主人及其生活方式。

相反，高贵的主人豁达坦然，光明磊落，他甚至"不会长久对其敌人、对其不幸、对其不当行为耿耿于怀——这是强大充实天性的标志……这样的人一下子就抖掉了身上许多寄生虫，它们却深埋

---

① Cf. Arthur C. Danro, *Nietzsche as Philosopher*, New York: Columbia University Press, 2005, pp. 141-142.

② Nietzsche, *Zur Genealogie der Moral*, SS. 270-271.

在别人身上；假定在地球上真正的'爱敌人'是可能的话，那只有在这才可能。一个高贵的人已经对他的敌人有了多少尊敬！——这样的尊敬已经是一座通往爱的桥梁……他为了自己而渴望敌人，把敌人作为对自己的褒扬，他只能忍受这样的敌人，他们不应受到任何蔑视，而应得到**许多尊敬**。"①而奴隶却总是先在道德上把自己的敌人臆想为"恶人"，而与之为敌的他自己则当然就是"善人"。主人和奴隶，不但在精神气质上，而且在人格上，都是截然不同的。

尼采在《道德谱系学》中说主人彼此之间互相体谅、自我克制、温柔、忠诚、自豪和讲友情，但对外比野兽好不了多少，在杀人放火、强奸施暴以后还会扬扬得意，"这种高贵种族在根本上就是食肉猛兽，是威武的渴求战利品和胜利的**金发猛兽**"②。这些话使得很多人把尼采看作是法西斯的理论祖师，"金发猛兽"就是纳粹心目中雅利安人的标准形象。然而，这当然是可怕的，又是很难避免的误解。

尼采之所以要用非常感性甚至是引发众怒的方式来描写他心目中的高贵种族或主人阶层，是因为他要矫枉过正。如前所述，尼采在一定意义上可以说是一个自然主义哲学家，他从不认为人是理性的动物，相反，他一直对西方哲学用理性和意识来界定人的唯心主义传统深为不满。他很早就开始主要从生理学和心理学上来理解人。在他看来："'精神'实际上最多等于一个胃。"③并无特权地位。人其实是与其他自然无异的自然，只是自己被自己创造的种种假象或装饰品（面具、外套）所蒙蔽。这就好比一个文本在翻译过

---

① Nietzsche, *Zur Genealogie der Moral*, S. 273.

② Ibid., S. 275.

③ Nietzsche, *Jenseits von Gut und Böse*, S. 168.

程中被加上了许多解释和附带意义，但人这个"文本"的原来的意思只是"自然人"（homo natura）。所以当务之急是把这个"文本"再翻回去，"把人再译回（zurückübersetzen）自然"①。

尼采要这么做不难理解。任何价值系统的核心都是对人的理解与评价。要重估一切价值，当然不能不对人有一个不同的理解，不能不首先重估人。根据基督教的《圣经》，上帝按照它自己的形象造了人，人不管怎么罪恶，总还是沾有一定的神性，这使得他在上帝创造的众生中占有一个特殊地位。而从亚里士多德开始的西方哲学用理性来标志人的特征的传统，更使得人远离自然，"禽兽"成了骂人话便反映了人对自己自然本源的忽视。尼采受到当时生物学、生理学和心理学等关于人的自然科学的影响，与西方传统对人的理解针锋相对，坚决反对人的任何超验实在，而要强调人首先是自然物，是动物。在他首次喊出"上帝死了"的《快乐的科学》②中，他问道："我们何时能完全去除自然的神性！我们何时可以开始用纯粹的、新发现的、新得到救赎的自然来使我们人自然化！"③他要以近代自然科学对人的研究成果为武器来反对西方哲学传统对人的理解④。所以有人认为他的自然主义是方法论的自然主义。

在他写于1888年的《反基督者》中，尼采直截了当地说："我们不再从'精神'，从'神性'中追寻人的本源，我们把他放回到动物中。在我们看来他是最强壮的动物，因为他是最狡猾的：他的精

　　①　Nietzsche, *Jenseits von Gut und Böse*, S. 169.

　　②　Nietzsche, *Die fröhliche Wissenschaft*, KSA 3, S. 467.

　　③　Ibid. , S. 469.

　　④　所以人们认为他的自然主义是方法论的自然主义（Cf. Brian Leiter, *Nietzsche on Morality*, London & New York: Routedge, 2002, pp. 3-7）。

神性是由此而来的。"①西方哲学传统的主流是把精神看作是与人的动物性不相干，甚至是对立的东西。而在尼采看来，这是完全错误的，精神并非与动物性（人的生理、心理条件）毫不相关，相反，尼采说："'纯粹精神'就是纯粹愚蠢：如果我们去除神经系统和感官，这个'有死的外壳'，**那我们就算错了——再无其他！**"②

然而，如果我们认为尼采不过是重申 18 世纪法国唯物主义已经说过的东西，那就大错特错了，那样尼采就不是尼采了。尼采强调人的动物性，并不是要从经验自然科学来理解人和规定人。他重申人的动物性的有限性，不是否定人的社会性和文化对人的塑造。在他眼里，人是充满可能性的动物，可能性首先意味着创造。社会与文化正是人创造性的产物。他鼓吹人的动物性，不是像唯物主义者那样把人的动物性确定为人的本质，而是为了看清文化与文明对人的种种改造。在此意义上，我们甚至可以把他这种方法论的自然主义也看作是一种谱系学：通过追溯本源看清后来变形的实质，并进而表明人没有旧形而上学以为的那种本质。

尼采从一开始就明白，人的生命不完全是一个生物学的过程，它的种种演变也不完全是由于生物学的原因，以生物学的方式发生的。人生命的种种演变，总是在一定的社会和文化环境下发生的，总要有某些改变和限制。《悲剧的诞生》就已经体现出尼采的这种基本认识了。阿波罗和狄俄尼索斯是生命的原始冲动，但又通过某种升华的复杂过程产生艺术。悲剧的诞生和死亡与希腊的文化和社会条件，以及希腊人的生活实践有极大的关系。在他另一部早期著作

---

① Nietzsche, *Der Antichrist*, KSA 6, S. 180.

② Ibid., S. 181.

《荷马的竞赛》中，他指出了希腊的竞赛制度对参与竞赛者情感素质的影响。在《论非道德感中的真理与谎言》这篇早期论文中，他则阐明了社会存在的需要对人意识发展的影响。在尼采强调要恢复人的动物性地位时，他丝毫也没有忽略人的文化性，以及人的动物性通过文化（道德、宗教、艺术、形而上学，等等）的升华。"一度你的地窖里有野狗，但最终它们都变成了鸟儿和可爱的歌女。"①《查拉图斯特拉如是说》这句美妙的话就说明尼采对于文化对动物性的改造并不全盘否定。

但是，文化对生命的改造并不都是正面的，志在重估一切价值的尼采，当然更多在意的是文化或文明压抑和扭曲人的本性（Natur自然）的一面。道德就是这方面的一个典型例子。尼采在《道德谱系学》第二章，通过探讨"罪责"与"内疚"的起源来证明文化对人性的改造。人原本并无所谓"良心"或"内疚"，只是在文明发展过程中，人们认为有必要永远记住某些东西，遂用残酷的手段（流血、刑罚、牺牲）强迫人们记住："在义务和权利这个领域，产生了道德的概念世界，'罪责''良心''责任''责任的神圣性'——它们的开始与世上所有大事的开始一样，完全是用鲜血长期浇灌而成。"②责任感起源于原始的债务关系，欠债不还，就要通过对债务人的各种惩罚来补偿。强制和惩罚使得人们有了责任感：他必须做某事，他必须信守承诺。但惩罚与暴力强制不能直接使人产生有罪感和内疚，内疚是人在人类进入历史那个巨大变革中承受压力时所"罹患的重病"③。在形成人类社会、进入文明社会时，人不能再随

---

① Nietzsche, *Also sprach Zarathustra*, KSA 4, S. 43.

② Nietzsche, *Zur Genealogie der Moral*, S. 300.

③ Ibid., S. 321.

心所欲地向外倾泻自己的本能，因为外面有许多力量在阻止他本能的宣泄。这时，他只能转向内在，"仇恨、残暴、追逐、迫害、突袭、猎奇、毁灭之快感——所有这一切都转向拥有这些本能者自己。这就是'内疚'的起源"①。尼采把"内疚"称为"最严重、最可怕的疾病"，因为它是"**人因为人而痛苦，人因为自己而痛苦**"②。它实际上是人原始生命压抑的结果，虽然它并非完全是负面的，因为它，"在地球上就产生了崭新、深刻、神秘莫测、充满矛盾和前途无量的东西，地球的面貌也因此发生了根本性的变化"③。

尼采通过对道德基本概念的谱系学研究，揭示了它压抑和改造人本身的复杂效应。他并非没有看到道德的必要性，更没有否定一切道德或否定道德本身，他只是否定某些类型的道德，尤其是那些把自己作为唯一道德的道德，而不是所有道德。他对道德本身当然有批判，但这"批判"的意思不是"否定"，而是"辨析"。尼采对道德的一般态度是看它究竟是促进人生，还是妨碍人生。

在尼采看来，西方流行的道德是压制人生的，是"畜群"的道德，使"人动物化"④。他强调人的动物性，当然不是要人变成畜生，而是要让人看到，人**"特征的多样性"**⑤。人并非只有一种特性，一种本质，而是有许多可能性："我们体现的那种类型是我们**可能性**之一种——我们还**能**制造很多特性——我们在自身有这样做的**材料**。"⑥如果说有将人这种动物与其他动物区分开的特征的话，那

① Nietzsche, *Zur Genealogie der Moral*, S. 323.

② Ibid.

③ Ibid.

④ Nietzsche, *Jenseits von Gut und Böse*, SS. 127-128.

⑤ Nietzsche, *Nachgelassene Fragmente 1884-1885*, KSA 11, S. 17.

⑥ Ibid., S. 107.

么不是理性，不是语言，不是他会笑，不是他是直立的，不是无论什么确定的东西，而恰恰是他的不确定性①。然而，人在生活中又不能不确定，他得决定他自己在所是，权力意志也要求他首先对自己说"是"。人得不断赋予事物以解释和价值，他当然也得**不断地**自我立法。由于他的不确定性，他自我立的法不能是固定不变的，而应因人而异的。

强者和弱者，或主人与奴隶的区分就在这里：强者是天上地下，唯我独尊，自己就是自己的立法者，也是自己的上诉法庭，不会服从别的更高的权威；而奴隶恰恰主张众生平等，服从一个人人都应该服从的最高权威，主张怜悯、同情、博爱和无私，以此消除一切个别性和差异；而主人的道德却是要强化差异。主人喜欢发号施令，喜欢征服；奴隶就只会服从。所以尼采又把奴隶道德称为畜群的道德。畜群的道德要抹平一切差异，以一个统一的模式来塑造和规范所有人，反对个人独出心裁的创造，对人类的发展构成了威胁。

尼采对宗教的批判在一定意义上可以说是他对道德批判的延伸，在西方传统中宗教本来也与道德有密切联系。与对待道德的态度一样，尼采并不完全否定宗教本身，宗教给予痛苦的人生以意义，即使它们自己也产生痛苦。"任何一种意义都比完全没有意义好。"②因为"人还是因此而得到拯救，他获得了一种意义，从此他不再是风中飘零的一片叶子，不再是一种瞎折腾的、'无意义的'玩偶。他从现在起可能有某种追求了"③。但他的确不太喜欢宗教，宗

---

① Cf. Paul van Tongeren, "Nietzsche and Ethics", p. 393.

② Nietzsche, *Zur Genealogie der Moral*, S. 411.

③ Ibid., SS. 411-412.

教的本质，他把它叫作"宗教的神经官能症"，总是与孤独、斋戒和节制性欲有关①，即总是与对原始生命的压制有关，基督教尤甚，所以尼采把基督教作为他宗教批判的主要对象。

他认为基督教是奴隶道德的典型体现，它同样是怨恨心理与奴隶起义的产物。它所鼓吹的"美德"都是从根本上对生命的否定。严格说来，尼采批判的甚至都不是原始的基督教，而是被称为"基督教会""基督教信仰""基督教生命"的"腐败物"和"畸形物"②。基督教是弱者的宗教，是一种颓废的宗教，它把人变成顺从的羊群，在它那里，"追求虚无的意志战胜了生命意志"③。基督教**"诋毁**和怀疑美的、辉煌的、富有的、自尊的、自信的、有认知能力的、强大的东西——归结起来就是**整个**文化：他的意图（指真正的基督徒）在于夺去文化的**良知"**④。总之，尼采对宗教，尤其是基督教的批判，意图与他的道德批判是一致的，就是要揭示西方文化的这两根支柱都体现了生命的颓废与衰败。它们使得西方文化失去了古人（希腊人和罗马人）的勃勃生气。

尼采主张主人道德，不是因为主人无法无天，而是因为"他们的行为是本能地创造形式、赋予形式，他们是最不自觉、最无意识的艺术家"⑤。换言之，主人是真正的精神贵族，他们真正体现了权力意志的主动性和创造性，他们从不因袭，而总是自创。他们总是给自己和世界带来新的可能性。他们元气淋漓，不拘一格，无法预

---

① Nietzsche, *Jenseits von Gut und Böse*, S. 67.

② ［德］尼采：《重估一切价值》上卷，维茨巴赫编，林笳译，上海：华东师范大学出版社，2013年，第245页。

③ 同上书，第264页。

④ 同上书，第267页。

⑤ Nietzsche, *Zur Genealogie der Moral*, S. 325.

测，通过他们艺术家般的创造，保持了人"特征的多样性"。

那么，主人或贵族是否就是尼采讲的"超人"？回答是否定的。主人或贵族是事实存在过的一类人，而"超人"根本就不曾存在过,①他不是"人"，而是已经超越或超出了人。尼采的"超人"概念也许是尼采最为人熟知的概念，是他哲学的招牌，可实际上真正理解这个概念的人并不多，因为这是一个容易引起误解的概念，也是一个不那么好理解的概念。首先，我们把 Übermensch 这个德文词翻译成"超人"就很不妥当，因为"超人"的通常含义是指有超常能力者，但有超常能力者（如力能扛鼎或过目不忘）仍然还是"人"，而尼采讲的 Übermensch 已经超越了人的范畴，所以一直有英语学者指出，把 Übermensch 译为 superman 是不妥的，因为它还是离不开人，superman 意味着 superhuman,②但 Übermensch 的意思是在人之外，或"人之上"，所以现在大部分英语学者都将 Übermensch 译为 overman。但也有人认为这个译名既过于刻板，又听上去有点跋扈，因为它有点居高临下的意思。③

的确，正如意大利哲学家瓦第莫所言，（西方人）如何理解尼采 Übermensch 的意思完全在于如何理解那个词的前缀 über,④这个前缀概括了尼采思想的全部要点和远大抱负。⑤可对于我们中国人来说，似乎没有这个问题，因为汉语词汇可以说没有前缀，一般人不会把"超人"之"超"看作前缀。其次，"超人"在汉语中的确有超

① Nietzsche, *Also sprach Zarathustra*, KSA 4, S. 119.

② Cf. Arthur C. Danto, *Nietzsche as Philosopher*, p. 178.

③ Ibid., p. 179; Gianni Vattimo, *Dialogue with Nietzsche*, trans. by William McCuaig(New York: Columbia University Press, 2006), p. 126.

④ Gianni Vattimo, *Dialogue with Nietzsche*, p. 83.

⑤ Ibid., p. 90.

出一般人范畴的意思,"超人"往往指并不现实存在的虚构人物。

然而,这还不是尼采超人(我们姑且继续使用这个约定俗成的译名)概念的真正意思。尼采首先在《查拉图斯特拉如是说》中提出超人概念:"**我教你们超人**。人是应该被超越的东西。"①超人就是对人的超越,这样理解显然并不离谱。但问题是:什么意义上的"超越"?作为哲学史上最为激进的哲学家之一,尼采以喜欢超越著称,而且他要超越的都是一般人眼里不可能超越的东西,如善恶,他就要超越——根本不承认善恶区分的正当性和有效性。那么超(越)人是什么意思?首先是"不再是和优越"的意思。在尼采看来,人是一个衰退的物种,即便是"最伟大的人"与"最渺小的人"与超人相比也根本不能同日而语②。

超人概念很容易让人将它理解为是人进化的一个更高阶段,其实不然。尼采明确指出:"我因此提出的问题不是什么将在存在者的序列中接替人,"③"人类并不如今天人们相信的那样,表现为向更好或更强或更高发展。"④尼采虽然受近代生物学影响很大,但对达尔文的进化论却嗤之以鼻,因为他发现并非宇宙万物如人们以为的那样,是优胜劣汰,适者生存,而恰好相反,往往是弱者最终存活了下来。例如主人或精神贵族几乎就在历史中完全淡出了,奴隶则大行其道。超人并不是普通人的升级版,而是与人有根本的区别。当然,这种区别不是生理学和生物学上的,而是人生态度和人生境界上的。超人超越的是构成现代人精神最核心的东西——虚无主

---

①　Nietzsche, *Also sprach Zarathustra*, KSA 4, S.14.

②　Ibid., S.119.

③　Nietzsche, *Der Antichrist*, KSA 6, S.170.

④　Ibid., S.171.

义、怨恨心理和奴隶道德。它根本改变了对人类的评估。查拉图斯
特拉要求超越或超克人，真正的意思就是要根本改变对人（包括他
的道德、文化、特征、品性等）的评估和理解。

　　然而，不能把这种新的评估理解为是一种纯粹理论活动。它是
一种更高的存在方式（höhere Form zu sein)①，它不是通过它的观点
来提出一种对人的新的理解，而是通过它全新的生活态度和生活方
式来完成这种对人的评估的根本改变。或者说，这种全新的生活态
度和更高的生活方式就是对人类评价的一种根本改变。

　　那么这种被称为超人的生活态度和生活方式究竟是什么? 或者
说，超人概念到底有哪些内容? 尼采并无说明。事实上除了《查拉
图斯特拉如是说》之外，超人概念几乎很少再被尼采提起。即使在
《查拉图斯特拉如是说》中，尼采也更多地说它不是什么，而很少
正面论述它究竟是什么。然而，对于习惯了概念有重要规定的研究
者来说，总想要给出尼采笔下的超人究竟为何的答案。例如，在考
夫曼看来，超人是歌德式的狄俄尼索斯，他克服了他身上的动物
性，将他的本能升华，把他混乱的激情组织成型，给他的特性以风
格。②对于丹托来说，超人是一个自由之人，快乐、从不自责，控制
着本能冲动使其不为它们所屈服。③而萨赫特认为，超人是"更高之
人的本质"，他生气勃勃、健康、自控、纯净、崇尚精神、举止得
体、独立、正义、诚实、不惧痛苦和真相、充满创造性。④

　　① Nietzsche, *Der Wiile zur Macht* 866, Stuttgart: Alfred Kröner Verlag, 1964.

　　② Walter Kaufmann, *Nietzsche. Philosopher, Psychologist, Antichrist*, Prin-
ceton: Princeton University Press, 1978, p. 316.

　　③ Cf. Arthur C. Danto, *Nietzsche as Philosopher*, pp. 179-180.

　　④ Cf. Richard Schacht, *Nietzsche*, London, Boston, Melbourne and Henley:
Routledge & Kegan Paul, 1983, p. 340.

总之，在不少研究者笔下，超人体现一种完美人格的理想，类似中国人所谓的完人。但这恐怕不是尼采的意思，例如，尼采自己明确表示"更高的人"（höheren Menschen）还根本不是超人，①甚至连宣扬超人的查拉图斯特拉自己都不是。上述研究者归于超人名下的那些规定，充其量属于"更高的人"，而不是超人。"更高的人"还是太"人"了，而超人则是"人"的超越。人总是给自己提出某种规范和固定的目标，试图面对生成的世界确定自己。而超人则要与世界一起生成，它要超越任何固定的规范与目标，在此意义上，它是不确定的。

海德格尔对此洞若观火，他指出，每一有特殊内容的目标，每一此类确定性，对于超人的本质来说，是非本质的，始终只是偶然的手段而已。超人体现了"无条件权力本质的不确定性"，虽然尼采没有这么说。无条件的权力是纯粹的专横本身，是无条件的超胜，它高高在上，能够发号施令，是唯一和最高的存在。②而超人"作为完美主体性的最高主体，就是权力意志之纯粹行使"③。他无条件的确定性正在于其内容无条件的不确定性。海德格尔的这个解说是相当深刻的，超人概念只有一点是绝对确定的，就是他是权力意志的纯粹行使，而权力意志本身是无确定方向的，所以超人在内容上是不确定的，他是一个永远要由创造来充实的生成。

这样讲恐怕还是会让人觉得有点"空"，如果我们把它与"上帝死了"的宣告联系起来看的话，就可以看到尼采究竟想说什么了。"上帝"意味着欧洲固有的价值体系和行为规范，欧洲传统的主

① Nietzsche, *Also sprach Zarathustra*, S. 357.
② Heidegger, *Nietzsche* II, Pfullingen: Neske, 1989, SS. 125-126.
③ Ibid., S. 304.

流道德，正是这些东西构成了西方人安身立命的支柱。现在"上帝死了"，那就什么都可能了。在这种情况下，可以有两种选择。一种是继续源自基督教的空洞的、实质是虚无主义的人道主义；另一种是断然拒绝此在虚无主义的人道主义（也就是对人的超克），勇敢地自己承担起人生的责任。我们在《查拉图斯特拉如是说》中看到，查拉图斯特拉要"更高的人"在没有上帝的情况下自己负起人生的责任，"彻底思考自己的意义"①，自己成为自己的主人②。没有先验的价值，只有自己创造、自己赋予的价值才是有意义的。"你们称为世界的东西，首先应该由你们创造出来：你们的理性、你们的形象、你们的意志、你们的爱，都应该成为世界本身。"③所以，超人是"大地的意义"④。

超人学说与永恒轮回的学说有密切关系，它们同为查拉图斯特拉要向世人宣教的学说。也像超人概念一样，如果不算遗稿的话，除了在《超越善恶》和《瞧这个人》偶然提到一两次外，永恒轮回就只在《查拉图斯特拉如是说》中得到了表述。尽管如此，它却是尼采最重要的学说之一（虽然也是最费解的学说之一）。从表面上看，永恒轮回的学说一点也不复杂，这就是世界上发生的一切都会重复出现。

这个思想并非始于尼采，"'永恒轮回'的学说——即一切事物无条件和无限循环往复的学说——赫拉克利特很可能已经教导了查拉图斯特拉的这个学说。至少斯多葛派，他们从赫拉克利特那里继

---

①　Nietzsche, *Also sprach Zarathustra*, S. 110.
②　Ibid., S. 357.
③　Ibid., S. 110.
④　Ibid., S. 14.

承了它的几乎所有基本观念，显示了它的踪迹"①。但尼采根据自己的权力意志的学说给它提供了"科学的论证"：时间是无限的，因为如果是有限的话，就会有它的起因问题；组成世界的权力意志的量（宇宙的能量）是有限的，它们的状态也是有限的，这就意味着它们的种种状态在无限的时间里会重复出现或回归。但也有人指出，这个论证并非尼采的发明，很可能是从海涅那儿来的②。

但这个学说及其论证是从哪里来的并不重要，重要的是尼采想用它来干什么？因为至少从表面上看，它应了《圣经》上的那句话："太阳底下没有新东西。"它使得尼采极力主张的创造不可能，一切都早已有之，都在重复过去，因而一切都无意义。但这没有什么关系。关键在于我们永远在做的事情——赋予事物和我们的生活以意义，因为宇宙本来是没有意义的。因此，如果我们的生活有意义的话，我们必须接受，我们必须在我们的命运中肯定我们自己："我对于人伟大的表达是这样的：*amor fati*（热爱命运）：人希望事物就是这样的，不前不后，就在此刻。"③永恒轮回学说还有道德哲学的意义：既然一切都会再次出现，无论伟大还是渺小，高尚还是卑鄙，那么每个人都要问问自己，"你还想再一次并无数次这样吗"？康德伦理学的命题是："要如此行动，使你的准则成为普遍的法则。"而尼采相应的原理是："如此地生活，以致你不得不希望，再次获得生命。"也就是说，应该使你的行为可以在未来重复无数次，即成为某种典范。

---

① Nietzsche, *Ecce Homo*, KSA 6, S. 313.

② Cf. Walter Kaufmann, *Nietzsche. Philosopher, Psychologist, Antichrist*, pp. 317-318.

③ Nietzsche, *Ecce Homo*, S. 297.

　　然而，如果我们把超人学说和永恒轮回的学说放入尼采哲学关注的主要问题——虚无主义的语境中来看的话，就会发现这两个学说更积极的意义，它们都是尼采对虚无主义问题的回应。

　　对于许多人来说，尼采的虚无主义的概念似乎是一目了然的：虚无主义可用"上帝死了"来概括，指近代世界不再有什么价值和意义。然而，这样理解还是过于简单，因为虚无主义可以说是尼采哲学的根本问题，他把自己都视为是欧洲最好的虚无主义者①。"虚无主义"一词在尼采那里有丰富的内容，在一定程度上提供了我们了解尼采哲学的重要线索。

　　"虚无主义"一词并非尼采的发明，相反，他是在法国、德国和俄国思想家有关思想影响下知道这个概念的②。但是，他大大强化了此概念，使之成为他自己哲学思考的一个重要观念。严格说，在尼采那里，虚无主义并非仅仅用于现代世界和现代文化，而是被他用来诊断整个西方文化，虚无主义贯穿了西方文化的始终。不仅是皮浪，爱利亚学派的哲学家就已经是虚无主义者了③。基督教是虚无主义的宗教，耶稣也是虚无主义者④。整个欧洲从基督教开始，就转向了虚无主义的方向。其根本原因，是对理性范畴有绝对的信仰。

　　在尼采看来，世界是生成，而不是存在，即是说，它是变动不居的，而不是永恒不变的。它本身没有意义、没有目的、没有价值。理性范畴是人发明来试图把握实际无法把握的生成的工

---

　　① Nietzsche, *Der Wiile zur Macht*, Vorrede 3.

　　② Cf. Andreas Urs Sommer, "Nihilism and Skepticism in Nietzsche", *A Companion to Nietzsche*, p. 252.

　　③ Nietzsche, *Nachgelassene Fragmente 1884-1885*, S. 490.

　　④ Nietzsche, *Nachgelassene Fragmente 1887-1889*, KSA 13, S. 107.

具。"虚无主义的原因是相信理性范畴——我们用**与纯粹虚构的世界有关的范畴**来衡量世界的价值。"①"目的""统一""存在"都是这样的范畴，把它们一拿掉，"世界"就显得"无价值"了。一旦人们发现世界不断在生成流变，因而没有绝对"真实的世界"，那么，"一切信仰，一切认为是真（Für-wahr-halten）必然都是错的：因为根本没有一个**真实的世界**"。这便是"最极端形式的虚无主义"②。尼采不仅不会反对，而且是认同这种虚无主义的。这种虚无主义可以使我们打破一切教条，自己超越自己。极端形式的虚无主义认为事物实际上根本没有价值——没有真理、没有绝对的事态、没有本质、没有事物本身，因此，把一个未经许可的价值强加给它们等于"使**生活的目的**简单化"③。尼采把这种虚无主义称为"积极的虚无主义"④。

但是，除此之外，还有一种消极的虚无主义。消极的虚无主义是要掩盖或隐瞒被尊为存在、价值、固定结构的东西实质的空虚。它是精神权力衰落的症状，是虚弱的征兆：精神力量疲乏耗尽了。它表现为：1. 迄今为止的目标和价值不适当了，不再有人信了；2. 价值和目标的综合（一切强大的文化都以此为基础）失去了，各种价值产生冲突，造成瓦解；3. 一切能恢复、治疗、安抚、麻醉精神疲软的东西都在各种伪装（宗教、道德或美学）下粉墨登场⑤。

虚无主义之所以产生，有其心理原因。首先是由于没有发现一个**"生成的目的"**而感到失望；其次是由于不能把一切发生之事统

① Nietzsche, *Der Wiile zur Macht* 12.
② Nietzsche, *Nachgelassene Fragmente 1885-1887*, S. 354.
③ Ibid., S. 353.
④ Ibid., S. 350.
⑤ Ibid., S. 351.

一地组织在一起和系统化而感到失望；第三是当一个"真实世界"的形而上学的反世界的构造证明只是由于我们在心理上需要对没有真实世界进行补充所致，这种认识使得我们不再相信这样的形上世界时，我们就处于产生虚无主义的心理条件①。作为生成的世界使我们不能不产生上述心理状态；人为了活着不能没有确定性（尤其是价值、意义、知识的确定性），可实际上我们无法最终具有这样的确定性。基督教、道德和形而上学的出现和命运，就反映了上述虚无主义产生的必然性，它们构成了虚无主义的三个本质表现。因为"虚无主义是基督教、道德和真理概念的必然结果"②。

按照尼采的看法，宗教精神表达了一种要找到谁或什么该负责的本能，他把该本能称为报复本能。人类不敢为自己的状况负起责任，就要寻找一个外部意志来为它负责③。"宗教……是一种感谢的形式"④，感谢为之负责的神；但感谢与报复同出一源⑤。就基督教而言，它的所有教义都是要通过像创造、原罪、惩罚和救赎为人类的状况提供理由。接受这种对人类状况的说明，只表明精神的虚弱，它剥夺了人类的一切尊严，把它的每一个行动都归结为一个神恩的问题⑥。另一方面，基督教试图为了超越的世界而改变现实的世界，已经就是虚无主义了，它培养"终结意志，虚无主义意志"⑦。基督教的禁欲主义，也是其虚无主义的表现。

---

① Nietzsche, *Nachgelassene Fragmente* 1887-1889, S. 47.

② Ibid., S. 594.

③ Nietzsche, *Der Wiile zur Macht* 136.

④ Nietzsche, *Der Antichrist*, S. 182.

⑤ Nietzsche, *Nachgelassene Fragmente 1882-1884*, KSA 10, S. 90.

⑥ Nietzsche, *Der Wiile zur Macht* 136.

⑦ Nietzsche, *Der Antichrist*, S. 176.

尼采始终认为："虚无主义是道德的世界阐释的结果。"①如前所述，尼采将道德也视为是报复本能的结果。基督教道德是低等人的发明，他们面对强者的自由创造，发明出一套戒律表，表现的都是畜群的消极德性。他们试图以此来将它们的低劣与虚弱变为道德上的优越。但是，人的自由意志却被否定，上帝的意志决定人做什么和不做什么②。从此以后，权力意志在人类一切最高价值中都付阙如；衰弱的价值大行其道。道德的"应该"建构了一个理想的，但最终也是堕落的反世界。积极行动被消极的"价值判断"所取代。

形而上学的特征——真理意志同样也是精神虚弱的表征：人类无法承受混乱变动的生成世界，因而设想生成世界应该在某个稳定的结构，在另一个世界中有其基础，那个世界才是真实的世界。我们可以在那些没有创造力的人那里找到这种对于稳定结构的信仰，他们"**不想如一个世界应该是的那样创造一个世界**。他们将它设定为已经现成存在，他们寻找达到它的手段和道路。'真理意志'是创造意志的无能"③。真理意志暗含对生成的恐惧，它适合平庸的人，他们不能掌控事物，以不动为幸福。

无论是基督教、道德还是形而上学，其根本的动机都是要寻求秩序，寻求稳定，寻求不依赖于意志的价值。这里始终起作用的是报复本能：只是因为意志发现它无法抛开"已然"（es war）的重负，它寻求种种解释和建立一种世界观，这种世界观必然以虚无主义告终。虚无主义的不可避免性在于，世界的一切秩序不取决于意

① Nietzsche, *Nachgelassene Fragmente 1885-1887*, S. 309.

② Nietzsche, *Der Antichrist*, S. 195.

③ Nietzsche, *Der Wiile zur Macht* 585 A.

志证明是幻觉。通过价值虚无化的痛苦过程，意志发现世界和历史是无意义的，遂得出以上结论。[1]但是，此结论并不完全是消极的，它也隐含了对虚无主义的克服。

这个结论是极端虚无主义的，同时也是虚无主义的克服。永恒轮回学说就体现了这个常人难以理解的吊诡："让我们以其最可怕的形式来思考这个观念：存在正如它所是，没有任何意义或目标，却无情地再现，没有以无告终：'**永恒轮回**。'这是最极端形式的虚无主义：作为永恒的无（'无意义'）！"[2]肯定虚无不是否定，而恰恰是"肯定"。极端的虚无主义者不会像基督教那样掩盖存在的虚无，而是相反，他承认虚无的永恒。永恒轮回的观念是虚无主义的危机，是颠倒的虚无主义。要一切存在永恒轮回（永恒轮回意志）就是"虚无主义的自我克服"，通过这种意志人克服了终极的观念——自我毁灭。[3]

如果生成是相同东西的永恒轮回，如果它既无方向也无发展，那么人的决定在某种意义上就是绝对的，不但在历史的某一点上，而且对于整个历史来说都是如此，因为不再有超验的神、永恒的本质或事物本身。如果历史不是按照规律组织起来的一种展开，它的每一点与每一其他点都是等值的，没有哪一点在价值上优于其他点；也没有哪个决定能说是受制于任何别的决定。超人自觉地意识到他要负起原来人归于上帝、社会、规律或人之外的任何东西的责

---

① Cf. Gianni Vattimo, *Dialogue with Nietzsche*, p. 19.

② 转引自 Karl Löwith, *Nietzsche's Philosophy of the Eternal Recurrence of the Same*, trans. by J. Harvey Lomax, Berkeley / Los Angeles / London: University of California Press, 1997, p. 56.

③ Cf. Karl Löwith, *Nietzsche's Philosophy of the Eternal Recurrence of the Same*, p. 59.

任。他在一种比康德的道德主体更绝对，也更严肃的意义上是立法者，他保证他的所作所为可以永远重复，也就是成为典范，而不是抽象的法则。

因此，永恒轮回的观念是一种肯定，肯定意义、肯定责任、肯定世界、肯定生命，实际上它是超人的自我肯定，也是虚无主义的自我克服。上帝之死是超人诞生的机会，超人取代上帝成为大地的意义，宣告了消极虚无主义的失败和积极虚无主义的胜利。在此意义上，尼采的确如他自己所说的，是欧洲第一个完美的虚无主义者。然而，尼采并非因为坚持虚无主义而战胜欧洲现代性，相反，超人与永恒轮回的学说再清楚不过地暴露了他还是一个现代性意义上的现代哲学家，只要我们将他与希腊哲学家相比就再清楚不过了。①

三

这部《尼采遗稿选》是由尼采身后留下的笔记选编而成的。尼采身后留下大量遗稿 (Nachlaß)。这些遗稿严格来说包括：(1) 他准备出版，但他未能看到其出版的文稿，即《反基督者》《尼采反对瓦格纳》《狄俄尼索斯颂歌》和《看这个人》；(2) 他早期未发表的论文和演讲，许多可以认为是完整的著作，虽然从未发表；(3) 尼采的笔记，以及已经出版的著作的草稿及其改动。但在各种尼采著作集中，Nachlaß 一般只包括上述第 3 部分内容。尼采一生除了正式

---

① Cf. Karl Löwith, "Nietzsche's Revival of Eternal Recurrence", *Nietzsche. Critical Assessments*, vol. 2, ed. by Daniel W. Conway, London & New York: Routledge, 1998, p. 181.

出版的著作外，还写了大量的笔记。这些笔记即便在量上（字数）都超过了他正式出版的著作，仅 1870 年至 1888 年所写的笔记就有一百零六本之多，学者一般把这些笔记特指为尼采的 Nachlaß①。由 Giorgio Colli 和 Mazzino Montinari 编的十五卷的考证研究版的尼采著作集（KSA）中②，正式出版的著作占六卷，而笔记（始于 1869 年）占了七卷（该著作集的最后两卷，即第 14、15 卷，主要是编者的说明、注解、尼采的生平编年、参考书目、诗歌索引、语词索引等材料），这些笔记的重要性丝毫不亚于尼采生前正式出版的著作。而由德国学者君特·沃尔法特编的这部《尼采遗稿选》，便是从这七卷笔记中选编而成。

尼采一直有把自己的思想和写作计划先不成系统地写在笔记本上的习惯，但这些笔记（形式上有点类似中国传统学术中的劄记或札记）却不应该视为尼采不成熟的思想或还未展开的思想，而也是我们必须像对待他作为完整著作出版的著作一样对待的重要著作。尼采几乎所有主要著作的主题思想，往往都先见之于他的大量笔记中。例如，《悲剧的诞生》的构成有两条主要线索：一条是阿波罗和狄俄尼索斯的对立；另一条是希腊悲剧由于苏格拉底主义和欧里庇得斯"意识美学"而死亡。然而如果我们看他在此前写的有关笔

---

① Cf. Greg Whitlock, "Translator's Introduction", *Reading Nietzsche*, p. xvii.

② 该著作集虽然叫 Sämtliche Werke("全部著作")，实际并不"全"，即无尼采未成年时期的作品，也无他的书信。真正的全集应该是 Giorgio Colli 和 Mazzino Montinari 合编，他们先后去世后由 Volker Gerhardt, Norbert Miller, Wolfgang Müller-Lauter, Karl Pestalozzi 和柏林—勃兰登堡科学院继续编纂的九部四十卷（还未完成）的考证版全集，即 Kritische Gesamtausgabe（Berlin & New York: Walter de Gruyter, 1967- ）。有关这个国际学术界公认的权威标准全集的编纂情况，可参看李洁：《国外尼采研究的新动向——关于尼采著作的新版本以及研究尼采的方法》，《国外社会科学》1995 年第 1 期。

记,《悲剧的诞生》最初的核心主题只是希腊悲剧的衰落和与苏格拉底主义的冲突;著名的阿波罗和狄俄尼索斯对立直到他 1870 年夏天写的论文《狄俄尼索斯的世界观》中才出现。这两条线索是如何渐渐结合在一起的,我们只有细读他的笔记才能发现。

此外,尼采的笔记构成了他主要著作的形成背景。例如,要弄懂《查拉图斯特拉如是说》,我们必须读 1882 年到 1885 年冬天的笔记,尼采在那里面写的各种片段和计划最好地说明了他的意图。尼采在《看这个人》中说,《查拉图斯特拉如是说》的四个部分他十天就写成了。但这决非事实。该书的基本思想及其对它们的阐发、寓言、隐喻、格言、诗意的观念、叙述框架、个别人物形象,等等,都早已出现在该书写作之前很久写的笔记中。就像一个厨师在做菜前很久就把各种食材和配料准备好了,最后做菜时自然片刻而成。因此,尼采的著作与笔记"处于互补和互相解释的关系中",尼采全集考证研究版的编者之一 Mazzino Montinari 的这句话诚为的论①。

第三,我们应该记住尼采是视角主义者,他对同一的问题会有不同的、多方面的甚至相反的论述,这些不同视角的论述,最适合用笔记来表达。尼采的笔记才让我们看到尼采是多么复杂。此外,尼采提倡实验主义,即从各个方面考察检验思想观念,用它们进行思想实验。结果是,通过实验的思想进入了他最终出版的著作,而未通过实验的观念则被抛在一边,或者后来再重启对它们的实验。尼采的笔记巨细无遗地揭示了他的思想实验。

第四,虽然尼采的笔记像一般的笔记那样,不成系统,表面看

---

① Cf. Mazzzino Montinari, *Reading Nietzsche*, trans. & intr. by Greg Whitlock, Urbana and Chicago: University of Illinois Press, 2003, pp. 8-9.

有些凌乱，但也绝非考夫曼所谓"简直就是混乱——几乎就是字面意义的无法卒读"①。考证研究版著作集是按照编年顺序来编尼采的笔记。这么编恰恰可以使我们看出尼采思想的发展，它的编者之一蒙提纳里举例说："在按编年顺序读 1888 年的笔记时，我们感到一种统一，看到计划、草稿，甚至仅仅标题就相互交替和补充，每一个都构成整体的一个有机部分。我们可以看到尼采思想在一个发展过程中，看到它们的连贯性，它们的清晰表达。"②

最后，尼采的笔记中有许多他对他感兴趣的著作的摘抄，如考证研究版著作集第 9 卷第 666—672 页他摘抄了美国思想家爱默生散文的德文译本。考证研究版著作集第 13 卷第 9 至 194 页上，除了他自己的笔记外，他摘抄了波德莱尔、陀思妥耶夫斯基、托尔斯泰、贡斯当和法国学者 Ernst Renen (1823—1892) 等人的著作。这对我们了解尼采思想的来源和他所受的影响，从而弄清他的思想非常有帮助。

总之，尼采的笔记不仅相当于他的"思想日记"，记录了他的思想历程③，也相当于他的基本著作④。虽然海德格尔说尼采"真正的哲学是作为'遗稿'（Nachlaß）留下的"不免有些过甚其辞⑤，但我们把它理解为强调遗稿的极端重要性倒也并无不可。德、法学

---

① Walter Kaufmann, "Editor's Introduction", *The Will to Power*, trans. by Walter Kaufmann & R. J. Hollingdale, New York: Random House, 1967, p. xv.

② Mazzino Montinari, "The New Critical Edition of Nietzsche's Complete Works," trans. David S. Thatcher, *The Malahat Review* 24(1972): pp. 131-132.

③ Cf. Alan D. Schrift, "Nietzsche's Nachlass", *A Companion to Friedrich Nietzsche: Life and Works*, ed. Paul Bishop, Rochester, New York: Random House, 2013, p. 419.

④ 也有西方学者坚决不同意这个观点, cf. Alan D. Schrift, "Nietzsche's Nachlass", pp. 423-424。

⑤ Heidegger, *Niettzsche I*(Pfullingen: Neske, 1989), S. 17.

者，如雅斯贝斯、勒维特、沃尔夫冈·穆勒-劳特、巴塔耶、德勒兹等人研究尼采的著作都有效利用了尼采的这些笔记遗稿。这些笔记更是对德里达和福柯的思想产生了重要的影响①。

讲到尼采的遗稿，不能不提由他的朋友彼得·加斯特和他妹妹伊丽莎白·弗斯特-尼采编的《权力意志》一书，因为这部书据称是根据尼采的笔记编成。虽然并非出自尼采本人之手，但它袖珍版编者鲍姆勒却断言它是"尼采哲学的主要著作"②。随着尼采著作考证研究版的出版和编者与其他学者的努力，现在可以肯定，所谓的《权力意志》是一部伪书，说"它是尼采哲学的主要著作"更是子虚乌有。现根据国外学者的研究，将此书的来龙去脉及辨伪工作简述如下③。

尼采还未去世前，Heinrich Köselitz（又名彼得·加斯特）、Ernst Horneffer 和 August Horneffer 三人便开始编尼采的第一个全集，即 *Großoktavausgabe* (GOA)，1894 年开始，先是由 C. G. Naumann，后由 Kröner 在莱比锡出版，到 1926 年出齐。第一版的 GOA 最初只包含 483 条笔记，以"权力意志"为标题（副标题是"重估一切价值"），作为它的第 15 卷（1901 年出版）。等到这个全集出第二版时，加斯特和尼采的妹妹把包含的笔记增加到 1 067 条，后来被当作尼采的主要著作的《权力意志》，就是由这 1 067 条笔记构成。这 1 067 条笔记先是在 1906 年由瑙曼出版，1911 年与 Otto Weiss 的语文学注释以及《看这个人》一起，构成 *Großoktavausgabe*

---

① Cf. Alan D. Schrift, "Nietzsche's Nachlass", pp. 422-423.

② Alfred Baeumler, "Nachwort", *Der Wiille zur Macht*, S. 699.

③ 我主要根据 Mazzzino Montinari, *Reading Nietzsche* 和 Alan D. Schrift, "Nietzsche's Nachlass".

第二版的第 15 和 16 卷（《权力意志》共四卷，GOA 第 15 卷只包含它的前两卷，它的后两卷构成 GOA 的第 16 卷）。它们也构成了1920 年到 1929 年在慕尼黑由 Musarion 出版社出版的 23 卷本尼采全集的第 18、19 卷。但 Musarion 版全集给这 1067 条笔记加了一个它们写作的最有可能的时间表。在考利和蒙提纳里的标准全集版出现之前，第二版 *Großoktavausgabe* 是尼采全集的最好版本。

但是，根据蒙提纳里的研究，这个 *Großoktavausgabe* 第二版尽管包括了更多的尼采的遗稿笔记，在质量上却不如第一版。加斯特和伊丽莎白·弗斯特—尼采从第 1 版的 483 条笔记中拿掉了 17 条，"把 25 个连续的和常常是非常重要的文本拆开，把它们的数量增加到 55 个"[①]。但问题还不在此，而在于把这样编纂出来的《权力意志》当作尼采的主要著作是根本站不住脚的，尼采从未写过这样的著作，早在 1906—1907 年就已经有人 (Ernst Horneffer 和 August Hrneffer) 指出了[②]。

但是，克罗纳出版社在 1930 年将这 1 067 条笔记单独编为《权力意志》，作为它袖珍书系列的一种出版，鲍姆勒给这个版本的《权力意志》写了后记。这个版本的《权力意志》没有提编者，给人的印象好像是尼采本人授权的一个文本。出版社并且把它描述为"思想家尼采的主要著作，19 世纪最大胆、最重要的哲学著作，《查拉图斯特拉如是说》是它的入口"[③]。因为这本书是单行本的袖珍版书籍，比较便宜，因而比任何以前《全集》版本的《权力意志》流

① Mazzzino Montinari, *Reading Nietzsche*, p. 17.
② Ibid.
③ Alan D. Schrift, "Nietzsche's Nachlass", p. 407.

传都要广泛，海德格尔就在他的尼采课上向学生推荐这个版本①，使得人们很容易认为这就是尼采写的书。

1940 年，德国 Anton Puster 出版社出版了由弗里德利希·维茨巴赫编的题为《弗里德利希·尼采的遗产：尝试重新解释一切事件和重估一切价值，根据遗稿和尼采的意图来整理》(*Das Vermächtnis Friedrich Nietzsches：Versuch einer neuen Auslegung allen Geschehens und einer Umwertung aller Werte，aus dem Nachlaß und nach den Intentionen Nietzsches geordnet*) 的尼采遗稿集，此书的中译本已由华东师范大学出版社以《重估一切价值》于 2013 年出版②。这部尼采遗稿集的好处是它不限于尼采 1880 年代的笔记。它收录了 2 397 条尼采的格言，与上述 1 067 条笔记的编排没有关系。有人认为，要不是它被译为法语，影响了像巴塔耶、克拉索夫斯基和德勒兹这些尼采著名的法国读者，这本书不值一提③。

1931 年，鲍姆勒又编了一部两卷本的尼采遗稿集，这部著作不像前两部都声称与最初 GOA 里的《权力意志》有关，它完全是鲍姆勒自编的，书名为《生成的无辜》(*Die Unschuld des Werdens*)。在此书导言中，鲍姆勒重申了他的观点："从哲学观点看，《遗稿》比(已出版)的著作重要。"④他并不假装是遵照尼采一部著作的计划来选编这部遗稿集。相反，他声明是要从尼采遗稿中按主题选编一些材料，来补充克罗纳出版的其他尼采遗稿（尼采巴塞尔时期未发

---

①　Heidegger, *Niettzsche I*, S. 19.

②　[德]尼采：《重估一切价值》，林笳译，上海：华东师范大学出版社，2013 年。

③　Alan D. Schrift, "Nietzsche's Nachlass", p. 407.

④　Alfred Baeumler, "Zur Einführung", *Die Unschuld des Werdens*, Leipzig: Kröner, 1931, S. xxxiii.

表的著作和《权力意志》)。从编排组织的观点看，鲍姆勒的这部尼采遗稿集要比加斯特和伊丽莎白·弗斯特-尼采编的《权力意志》更好。他的这部尼采遗稿集的第 1 卷包括 1 334 条笔记格言，分为：论希腊人；哲学家（艺术和知识）；理查德·瓦格纳；音乐、艺术和文学；哲学及其历史；心理观察；女人和婚姻；寓言和隐喻；尼采论自己；尼采论他的著作各章，并有一个尼采诗歌草稿的附录。第二卷包括 1 415 条笔记和格言，分为：认识论、自然哲学和人类学，道德哲学，草稿和计划，宗教和基督教，文化，法律，欧洲和日耳曼人，以及论查拉图斯特拉诸章。在每一章中，各条材料是根据它们尽可能接近的形成日期来编排的，要么是根据季节（如 1870/71冬），要么更经常地是与尼采已出版的某部著作的联系（例如，"从《朝霞》和《快乐的科学》时期"）。第二卷的附录则注明所选材料的出处。在此意义上，这部尼采遗稿选比克罗纳版的《权力意志》提供了更多尼采未出版的文字写作的语境。由于鲍姆勒本人亲纳粹的思想立场，他对尼采研究所做的工作今天已很少有人提及。

　　现在我们回到《权力意志》。坦白说，《权力意志》里面包括的材料，尽管少部分被加斯特和伊丽莎白·弗斯特-尼采做了手脚，但都出于尼采之手并无问题，所以这部书现在还有人用。但把它说成是尼采一心要完成的主要著作，是尼采的"主要著作"（*magnum opus*），那就完全是另一个问题了，那可以说是尼采之妹与其他人虚构的一个神话。鲍姆勒在他给《权力意志》写的后记中说："《权力意志》是尼采的哲学主要著作。他思想的所有基本结果都聚集在这本书中。"① 海德格尔虽然并不认为已有的《权力意志》就是尼采的

---

① Alfred Baeumler, "Nachwort", S. 699.

"主要著作"，但他相信尼采的确是想出版一部主要著作，虽然它并未完成，只是作为遗稿存在："尼采真正的哲学，他在……他自己出版的所有著作立论的那个基本立场，没有最终定型，本身没有在任何著作中发表，无论是在 1879 年到 1889 年这十年间，还是在这之前。尼采在他创作生涯中发表的东西始终只是前厅。……真正的哲学是作为'遗稿'留下的。"①

尼采的确向世人宣布过，他要写一部叫《权力意志》的书。在《超越善恶》的封底，他声称那部书"在准备中"。在《道德谱系学》最后，他告诉他的读者："我在准备一部著作：**《权力意志，尝试重估一切价值》**。"②而在《瓦格纳事件》和《道德谱系学》一个较早的草稿中，他把《权力意志》称为他"在准备的主要著作"③。事实上，尼采从 1885 年夏到 1888 年初秋的确是想创造一部以《权力意志》为题的著作。这在他的遗稿中不难找到证据，人们可以在他的遗稿中发现他关于这部著作的许多计划和草稿④。尼采从 1887 年秋天到 1888 年夏天一直在为这部著作的基本结构努力。结果是尼采自己编了号的 374 条笔记或片段，可以从中看出，尼采心目中的那部著作将有四个部分。记录这些笔记的笔记本证明后来加斯特和伊丽莎白编的《权力意志》在多大程度上无视尼采原来的结构组织。首先，在尼采编了号的 374 条笔记中，有 104 条没有包括在他们编的《权力意志》中，它们中有 84 条根本没有收入 GOA 中。第二，

---

① Heidegger, *Niettzsche I*, S. 17.

② Nietzsche, *Zur Genealogie der Moral*, S. 409.

③ Nietzsche, *Der Fall Wagner*, KSA 6, S. 27; KSA 14, S. 382.

④ 蒙提纳里对此有琐碎但详尽的考证，见 Mazzino Montinari, "Nietzsche's Unpublished Writings from 1885 to 1888; or Textual Criticism and the Will to Power", *Reading Nietzsche*, pp. 80-102。

在剩下的 270 个片段中，有 137 个是不完整的或被有意改动了文本（略去标题，略去整个句子，肢解本属一体的文本，等等）。第三，尼采自己把 1—300 的片段分为他计划中那部书的四部分。但加斯特和伊丽莎白在 64 处没有保留尼采的划分。这使得蒙提纳瑞不能不得出这样的结论："为了在'权力意志'中建构一个尼采的体系而挑选文本，这在几十年里对尼采研究的影响，必须完完全全归咎于两个哲学（和语文学上）的废物，亨利希科什科利茨（又名彼得·加斯特）和伊丽莎白·弗斯特-尼采。"①

就《权力意志》包含的各个个别的具体文本、片段、格言警句来说，它们的确都出于尼采之手，不能说是加斯特和伊丽莎白·弗斯特-尼采的伪造，但就他们编的这本书的整个组织结构整体来说，的确我们可以说，这个文本不是尼采写的，他写的东西没有被完整发表，没有按照他设想的次序来发表②。并且，根据蒙提纳里的研究，尼采创作生涯的最后一年思想的重心有丰富而重要的转移，以至于他最后完全放弃了写一本叫"权力意志"的书的计划③。因此，我们完全有理由说，尼采从未完成过一部叫《权力意志》的书。

译文出版社出版的这部《尼采遗稿选》是由德国学者君特·沃尔法特选编，此人一直在德国和北美、东亚各大学教书，研究德国古典哲学出身，但 20 世纪 90 年代后研究重心转到东亚哲学，尤其是道家哲学。选编这部《尼采遗稿选》是他在教学过程中发现学生

---

① Mazzzino Montinari, *Reading Nietzsche*, p.16.

② Cf. Alan D. Schrift, "Nietzsche's Nachlass", p.414.

③ Cf. Mazzino Montinari, "Nietzsche's Unpublished Writings from 1885 to 1888; or Textual Criticism and the Will to Power", pp.94-101.

许多还是在用比较便宜但却靠不住的克罗纳版的《权力意志》，既然考利和蒙提纳里已经将尼采的遗稿搜罗详尽，按照编年顺序作为他全集的一部分予以出版，那么他觉得应该遵循他们两人的编辑原则，从 KSA7 卷（第 7—13 卷）尼采遗稿中，按照编年顺序新编一部便于学生用的《尼采遗稿选》。这种编辑方法的好处是可以给我们提供一个尼采思想发展的脉络，以及他在各个时期关注的问题的线索。

当然，由于篇幅所限，这个选本不可能面面俱到，但却绝对可靠，因为它是从 KSA 的 7 卷尼采遗稿中选出；但也受制于选编者自己的眼光、解释和兴趣。不过这也不是太大的问题，至少它使一般读者无须一头扎进卷帙浩瀚的尼采遗稿，而先有一个概览式的简选本。并且，麻雀虽小，五脏俱全，这个选本几乎涉及了尼采所有重要思想，是一个很好的尼采遗稿入门本。无论谁要研究尼采的著作，都应该结合该著作产生前他所写的有关笔记，才能弄清他思想的真实内涵。这部以时间顺序编排的著作，就给我们提供了一个简明扼要的尼采笔记选本。

当然，任何选本总是有遗憾的，更何况像尼采的 Nachlaß 这样的笔记选本，它受制于选家的兴趣和眼光是一个方面；无法把尼采每本笔记本的内容都展示在读者面前是另一方面。这将使得我们失去对每个笔记写作的语境和与其他笔记或残篇之联系的把握。当然，作为给学生而不是专家读的一个选本，这点是不能苛求的。专业研究人员读尼采全集应该是个起码的要求。

尼采进入中国，已逾一个世纪，虽然尼采的主要著作几乎都已译成中文，他的全集也已在移译之中，然而，检览今人对他的理解，似乎并未超过前辈太多①。其实几乎所有西方哲学家和思想家在中国都受到这样的对待——浅尝辄止，没有深入，更谈不上把他们转化为自己精神重建的宝贵资源。尼采更是如此，因为爱尼采这样的哲学家是要有胆量的，懂尼采的哲学是需要有智慧的，像他那样思考是要有激情的。只有在自己身上发现尼采的人，才能是尼采的真正赞美者和否定者。

---

① 有关尼采在中国的研究介绍情况，可看郜元宝编《尼采在中国》，上海：上海三联书店，2001 年；金惠敏、薛晓源编《评说"超人"——尼采在中国的百年解读》，北京：社会科学文献出版社，2001 年。

5

狄尔泰研究

狄尔泰和历史哲学

一

尽管近代对于理性和进步的信仰在 19 世纪达到登峰造极的地步，但到了 19 世纪中下叶，西方思想界已有少数敏感的人深刻地感到了西方思想文化的内在危机，并在这种危机感的基础上展开自己独特的思索和创造性工作。狄尔泰便是这样一个人。他坦率承认："我们现在正在经历的科学与欧洲文化的巨大危机深刻而全面地控制了我的心灵，以至渴望对此有所助益已消除了一切无关紧要的个人野心。"① 与他许多同时代人的乐观主义相反，狄尔泰觉得新世纪的前景是"黯淡的"②。在去世的前些年，他还迫切地提出了"给在这世纪的巨大危机中的个人与社会生活以安全和力量的任务"③。

在狄尔泰看来，西方文化的根本危机是一种本身的混乱和不确定。历史上还从未有过像这样的思想与行为的最终前提都发生问题的情况。"自希腊—罗马世界衰落以来，人类社会及其基础如此动摇

---

① 《青年狄尔泰：书信与日记中的生活形象》，斯图加特，1960 年，第 vii 页。

② 《狄尔泰全集》第 8 卷，第 193—194 页。

③ 同上书，第 5 卷，第 356、283 页。

还未见过。"①确切地说，这种危机是近代的"科学变革"造成的，是因为思想与生命的基本不协调而产生的。伽利略—牛顿的物理学构造了一个由规律决定的自然总体关系，这使人们有可能将自然的因果性从外部移到内在经验中。17 世纪的"自然体系"用与解释物体在空间的活动同样的理论框架来解释人的实践行为，这不仅造成了特殊的、可通过环境和处境修正的实践知识的相对化，而且也造成了科学本身的相对化。如果行为像自然过程一样，由一般必然的自然规律支配，那么我们关于本身的由自然规律所确定的规律性知识就只是纯粹假象②。休谟的联想理论实际上正是近代自然科学的这个怀疑论结果。而康德则用理性的自我规定来解释由自然规律所决定的因果关系。理性"可以强求某种一般的自然规律本身，在构造这种'规律'时它无须自然的同意，无须一种纯粹的给定，即经验主义意义上的经验"③。康德坚持古老的理论理性与实践理性的区分，从理性本质的自由（自决）来理解自然的因果性。但是，他的这种区分是以现象与物自身的区分为基础的。他从先在的知性和理性条件得出近代物理学是时空现象的规律科学，同时把实践理性的法则固定在无时间的、排除经验和科学可能条件的物自身上。

但是，由于 19 世纪下半叶自然科学的继续发展和当时学院哲学不能从康德奠定了基础的概念中发展出一种实践科学，并与社会—历史世界的当代经验建立一种关系，上述康德区分理论理性和实践理性的基础就发生了问题。康德的理性批判并未能阻止自然科学将它的概念解释为只有假设的知识价值的构造手段，更不能阻止

---

① 《狄尔泰全集》第 6 卷，第 246 页。

② 参看 E. Frank：《知识、意志、信念》，苏黎世/斯图加特，1955 年，第 352 页。

③ F. Kambartel：《经验主义和形式主义批判》，法兰克福，1968 年，第 87 页。

它将它的方法应用于道德—政治科学。结果是休谟的经验主义又在孔德和穆勒的实证主义哲学中复活。实证主义哲学将全部人类知识归结为研究意识事实共存和相继的规律性，从而以严密的规律科学的名义使认识本身成为一个无关紧要、没有意义的过程。新康德主义则把康德的内外经验同类性和现象性的主题同实证主义与自然科学的立场结合起来，以使康德与自然研究有一种表面上的和谐关系。洛策（Lotze）的折衷主义一方面尽可能扩展规律科学的方法，另一方面又顾及情感的要求来限制它们。而世界观哲学的非理性主义则根本不谈限制，因为它根本否认知识的可能性。因此，哲学面临的不是哪一门单独科学的基础问题，而是科学和知识本身成立的可能性问题。狄尔泰发现，只有效法康德进行理性批判，才可能找到科学的知识论的根据。因此，狄尔泰的哲学并非如狄尔泰学派或海德格尔与卡尔纳普等人所认为的只是与孤立的人文科学知识论有关。它更要考察人文科学的经验和知识对哲学的影响，以及它们所建立的人类理性自主性①。

但狄尔泰是从一个不同于康德的理性概念提出问题的。狄尔泰的理性概念之所以不同于康德的理性概念，是因为：一、康德的批判没有足够深入人类知识，他只是把理性作为"纯粹的"、即理论理性来批判，而实践理性批判按照形而上学构造模式是与之分开的。虽然康德把认识本身理解为行为，但对他来说行为的条件对知识不再起作用。而狄尔泰则针锋相对地提出：这种对不依赖这些条件的知识的批判究竟是否可以和"真实的"经验发生关系？二、康

① 参看 M. Riede 为他编的狄尔泰的《人文科学中历史世界的构造》一书的导言。

德的批判是以经验科学的基础为目标，而不是以研究实践、研究方法和认识步骤规定的前提条件为目标，而这些前提条件对于修正这个基础是完全必要的。因此，狄尔泰要问：由康德作为不变的东西接受的自然科学和人文科学的形而上学的基础知识，究竟在多大程度上与知识发展的不同进程相一致？三、康德的批判是从一个属于纯粹表象（vorstellen）的事实情况，即先在的、无时间的、不变的认识主体的能力出发解释经验和知识，与这种模式相反，狄尔泰要探寻一种完全不同的、可变的人文科学固有的经验的可能性。四、对康德来说，形而上学由它在纯粹理性的起源而确定：它是不取决于认识过程的一般必然原理的科学。但康德在一个无法证明的前提下设想，这些原理"有一种先于它们条件的知识"。因此，对他来说，形而上学作为力图在我们知识中给我们带来最高可能的理性统一的科学，合乎逻辑地有这个特征，他是"纯粹理性的系统"①。但狄尔泰要问：是否理性可以在一个抽象无历史的系统条件下被把握，或者是否相反，批判不应在其全部范围上与形而上学有关，即和纯粹理性的历史有关？因此，狄尔泰的理性批判不再是纯粹理性批判，而是历史理性批判。它不是要补充康德的批判，而是要修正康德的批判，即把康德的纯粹理性理解为历史理性②。

二

实际上，"历史理性批判"本身已经指明了"历史"在狄尔泰哲

---

① 《狄尔泰全集》第 1 卷，第 131、86—98、95 页。

② 参看 H. Schna delbach:《黑格尔以后的历史哲学》，弗赖堡·慕尼黑，1974 年，第 118 页。

学中的重要地位。它的首要任务是通过在人文科学中建立历史世界来研究认识论的基础问题。或者说，把理性奠定在历史的基础上。狄尔泰对当时的学院哲学非常不满，认为它只是在"虚空中运作的有力机器"。"哲学已经在它深思的迷宫中徜徉够久了。但现在研究领域已无限扩大；历史，民族学和人类学都提供了大量材料去进行真正的归纳。"①但另一方面，历史学只关注琐碎的材料，无法对它自己的基础进行反思，这正需要哲学来补救。历史理性批判只有通过历史和哲学携手并进才能完成。然而，与"历史学派"的历史概念不同，狄尔泰的"历史"其实是哲学化的历史。他公开承认，他要用"哲学的目的"来从事历史，"用具体的历史内容"去进行哲学②。这样做的结果便是具有历史哲学性质的生命哲学。

"像人所生活的那样去理解生命，这就是今天人的目标。"③"生命"是狄尔泰哲学的核心范畴。但它本身又是一个容易引起误解的概念，狄尔泰就往往因为这个概念而被误解。波尔诺认为，狄尔泰的"生命"概念有以下三个基本内容：一、生命不是指个人的个别存在，而是原初地指生命联结人的共同性。二、生命不是孤立的主体性，而是包括自我与世界的共同关系的整体性。三、生命不是无形流动的什么东西，而是在历史过程中展开自身的各种生命层次的整体④。根据这三点概括，我们首先可以肯定，"生命"是一个涉及并属于人文世界的概念。生命既是一个人文关系的总体，又是一个自身展开的历史过程。在此意义上，我们可以说生命就是历史的实

---

① 《狄尔泰全集》第 11 卷，第 212 页。
② 同上书，第 5 卷，第 35 页。
③ 《狄尔泰全集》第 3 卷，第 78 页。
④ Otto F. Bollnow：《狄尔泰》，斯图加特，1955 年，第 43—44 页。

在。正因为如此，在狄尔泰那里，生命与历史是在同一意义上使用的，"生命"的范畴和"历史"的范畴可以互换使用①。"生命……按其内容来说与历史是一回事……历史只是在人类整体性观点下解释的生命，它形成了一个关系整体。"②正如波尔诺所指出的，在狄尔泰那里，生命和历史意指相同的东西，所以一种生命哲学对于一种历史哲学来说是必然的，就像狄尔泰的"历史理性批判"的计划后来反过来在"生命哲学"中实现一样③。所以，"历史性"和时间性构成了生命的基本范畴。

历史性和历史意识重新进入哲学，这在当时并非一件寻常之事。19世纪被称为"历史的时代"，德国思想似乎也是以历史意识为特点，但恰恰是在这个时期，一直有一股有影响的反历史思潮，并在19世纪末达到了顶点。歌德就曾认为，即使最好的历史也始终包括"行尸走肉一类的东西"。历史不能把握生命的完整性和个别性；历史着迷于最终结果，常常以一堆废料告终。自然可以客观地看，但历史由于它无可改变的人类学特性只是"传说"和"象征"。甚至黑格尔，由于把理性和历史等同起来，也完全不是一种绝对的"历史主义"。他把"反思的"或"哲学的历史"同"史学的历史"区别开来，声称精神的目标首先是真，而不是历史，"精神所做的不是历史；它关心本身是真的东西——不是过去的东西，而只是现在的东西"④。对于黑格尔来说，真正的历史同"自然发生的永恒的"东西或"现实的"东西有关，而不是同"只是历史的"东西有关。

---

① 《狄尔泰全集》第7卷，第256页。

② 同上。

③ Otto F. Bollnow：《狄尔泰》，斯图加特，1955年，第48页。

④ 转引自 R. Haym：《黑格尔及其时代》，Hildeshbeim，1962年，第420页。

黑格尔的真理与历史的辩证法在叔本华看来是一个愚蠢的痴心妄
想。他对黑格尔的挑战也包含着对历史和历史意识的控诉。时间本
身只是主观的幻想，历史是"人类混乱的梦"，是人类膨胀的人类
中心事物观的主要根源和症状。历史在任何意义上既不是有意义
的，也不是可知的；历史科学根本就是一个矛盾，因为历史只处理
特殊的东西，而科学和哲学则以普遍的东西为目标。对历史的敌视
在尼采那里达到了登峰造极的地步。尼采要求"有意的遗忘"，勇
敢地从历史中解放出来。尼采把这样的遗忘说成是创造意志"必不
可少的条件"。历史在他看来是当前生命的对立面，历史意识是一
种偷偷摸摸形式的愤怒和"反刍"。因此，它基本上只是欧洲病和
虚无主义的另一种症状。无限的历史感助长了对于事实和事实主义
的崇拜，根绝了未来，"死的埋葬了活的"。作为对这种文化的自动
僵化的纠正，尼采要求"非历史"和"超历史"的文明①。

　　与这种反历史的思潮相反，狄尔泰在一个新的高度重新高扬历
史意识和历史性。狄尔泰认为，历史学派已经把历史从神学和道德
哲学的羁绊下解放了出来，不仅开辟了一条到达过去事实的丰富性
的道路，而且也开创了一种全新的看世界的方式——历史意识。这
种新的意识促进了人本质上是历史的存在者的深刻发现。对于狄尔
泰来说，历史是具体的人的历史，历史不仅包括过去，也包括将
来。历史是人本质的体现。历史性不是一个外在的规定，可以后来
加在人事先确定的本质上，而人的本质没有历史性基本上也可以把
握。相反，人的本质就是通过历史性构造的。历史不仅对我来说是
某种外在的东西，而且我就是历史。通过历史我确立在我本质的核

---

　　①　参看《尼采全集》第2卷，斯图加特，1964年，第95—145页。

心中。在此意义上狄尔泰说"人是一个历史的东西"①，"一个历史的生物"②。"我在我自我的最深处是一个历史的生物。"③因此，"人的精神是什么只能通过对于精神经历和产生的东西的意识来揭示。正是这种精神的历史自我意识才能逐步达到一种科学系统的人的知识。……只有历史才能说人是什么。如果精神选择抛弃历史来减轻它的负担，那么它就失去了它活着和运作的手段。拒绝历史研究等于预先诅咒人本身的知识——那是知识倒退到一个天生破碎的主体性"④。

人首先在历史中生活，因而属于历史是狄尔泰的基本出发点。他始终坚持这个历史性原则。他认为这是一切历史知识的根本前提。"在我们是历史的研究者之前我们首先是历史的存在者，只是因为我们是前者我们才成为后者……历史知识可能性的首要条件在于我是一个历史的存在者，研究历史的人也是创造历史的人这个事实揭示了解决历史知识问题的首要因素。"⑤历史性原则被狄尔泰作为人文科学知识可能性之首要条件而提出并坚持。这对于历史哲学的发展具有重要的意义。人不是最终在历史之外，而是在历史之中来理解历史。因此，一个纯粹的"我思"和一个无我的主体不能提供理解人文世界的基础，因为这样的概念把联结主体和客体的活生生的关系网络悬置起来了。研究者决不能也不可能消除这些活生生的兴趣和关系，因为它们提供了研究的动力和前提。这些主观的感情

---

① 《狄尔泰全集》第 7 卷，第 291 页。
② 同上书，第 8 卷，第 151 页。
③ 同上书，第 7 卷，第 278 页。
④ 同上书，第 4 卷，第 529 页。
⑤ 同上书，第 7 卷，第 278、87、214、216、265 页。

因素不能消除，必须上升到意识，从而加以控制、拓宽和补偿。这就是历史意识的任务。

人的历史自我意识具体表现在历史理解中。狄尔泰的"理解"亦是一个容易引起误解的概念。它并不是指生命直接内在于体验中，而是始终与一个作为生命特殊表达的可区分的经验内容的看法联系在一起。理解就是生命在其深处解释自身①。人在历史理解中找到其本质，扩大其世界。理解正如威廉·冯·洪堡所说的是从你中重新发现我。理解必然是历史的，人的历史性决定了理解的历史性。因此，"完满地享有生命在于我们的理解将在历史的路线上前进。进而言之，它随着生命本身的进程而动。因此，变换的过程始终在扩大。体验就是沿着历史的路线创造，我们因而随时间的进程前进"②。理解是与历史同步前进的，它是历史进程的一部分。因此，虽然理解在狄尔泰那里归根结底只是一个方法论的范畴，但是理解决不仅仅是和自然科学的解说方法相对立的人文科学的方法。理解归根结底是对生命的理解，亦是人的自我理解。因此，理解不可完全分解为逻辑的、方法论的、心理学的、认识论的或本体论的规定；它可以从所有这些角度来看待，但不能完全归于任何一个。从根本上说，理解是生命的一种"自然的"或实践的态度。理解与历史一样，始终是个正在进行的过程，没有绝对的开始和结束。因此，"任何理解都仍然是相对的，决不是完全完成"③。但如果理解必然是相对的，它也不是感受与看法的杂烩，因为它显示了一种朝着一般正确性的不断改进。狄尔泰特意用"解释"一词来指"理解被

① 《狄尔泰全集》第7卷，第278、87、214、216、265页。
②③ 同上。

训练上升到一般正确性"①。这样一种方法论解释的批判理论就是释义学。"考虑到与认识论，逻辑和人文科学方法论的关系，解释理论（即释义学）成了哲学和历史科学之间的一个重要连接，人文科学基础的一个主要部分。"②可以这么说，在狄尔泰那里，正是释义学沟通了哲学与历史，使得生命哲学既是生命的释义学，也是一种历史哲学。

正是这种释义的历史哲学，使得狄尔泰在历史规律的问题上根本有别于近代的历史哲学。他认为："在历史世界中没有自然科学的因果性，因为自然科学意义上的'原因'必然要根据规律产生结果，而历史只知道影响和被影响，行动和反应的关系。"③规律和因果性范畴隶属于意义关系和类型，因此，"在历史进程中寻找规律是徒劳的"④。因为历史世界，或者说人文世界区别于自然世界的地方在于：它是一个意义的关系总体和结构，而不是单纯的事实或物体及其关系。归根结底，它是具体的人在现实世界中有目的的活动结果。所以狄尔泰说："历史不引起什么，它创造。它创造，是因为生命的结构在认识，估价，提出目标，追求目的的活动中起作用。在自然条件下活动的人在历史中使精神对象化。历史不断地显示这种价值和目标的创造——人文科学中所有概念只反映了这个活动，但这些价值是从经验产生并在经验中运作。因此，历史的意义不能由纯粹的价值概念来说明。但历史也不只是一整套条件的聚集。因为它是人在自然条件下各种方式的积极表现。历史有意义，只是因为

---

① 《狄尔泰全集》第 7 卷，第 278、87、214、216、265 页。
② 同上书，第 5 卷，第 331 页。
③ 同上书，第 7 卷，第 197 页。
④ 同上书，第 7 卷，第 219 页。

它显示了价值和目标的实现，只是因为它的因果形式目的论地起作用，只是因为它的主体在创造。"①这是狄尔泰的基本历史观。历史对他来说不是一个先验的理性的进步过程，也不是一个绝对精神的自我发展过程。历史是人本质的体现，是人的潜能和可能性的展开。而历史理解的目标决不只是要了解过去，而是为了现在和未来。所以狄尔泰的历史哲学根本有别于那种"为历史而历史"的历史主义。历史理解是一种再创造和再形成的过程。"对过去的理解必须成为形成未来的动力……历史意识必须包括可以使我们与一切过去发生的事截然不同，自由自主地转向人类文化的整体目标的规则和动力。"②历史理解的实践意义表明狄尔泰的历史哲学蕴含着实践哲学的因素。

三

但是，历史理解是再创造和再形成的观点也揭示了狄尔泰历史哲学中的双重因素——先验的因素和历史的因素。狄尔泰把先验的观点和历史的观点相结合看作是 19 世纪早期的伟大遗产，也是他自己思想的出发点③。但也正是这双重因素使他的哲学含有深刻的矛盾，并使他在重大问题上重蹈近代历史哲学的覆辙。

狄尔泰一方面肯定历史的事实性基础，包括物质和本能的因素，并且在他自己对历史的研究中也确实对这些因素予以足够的重视。但另一方面，历史作为研究对象，尤其作为理解的对象，却和

---

① 手稿，德国科学院档案，编页 198/326。
② 《狄尔泰全集》第 8 卷，第 204 页。
③ 《狄尔泰全集》第 14 卷第 2 部，第 538 页。

这些因素脱了节，作为研究对象的历史在狄尔泰那里实际上失去了它的事实性基础。因为此时他把历史看作是客观精神的对象化。他说："正是通过对象化的观念我们第一次洞悉历史的东西的本质。"①作为认识论和方法论对象的历史不是不可名状的生命本身，而是对象化了的生命，它表现在广阔的社会文化关系的形式和模式中。因此，历史只是生命的对象化的总和。这些对象化的东西可以被解释为"精神"，虽然这里的精神不是主体——个人（心理学）意义上，也不是纯粹的、不具形体的绝对精神或先验精神意义上的精神。但是，当狄尔泰把作为认识论对象的历史归结为客观精神的对象化时，无论如何使人想起了黑格尔绝对精神的概念。正如伽达默尔一针见血地指出的："狄尔泰在他晚年越来越多地模仿黑格尔，他在以前说'生命'的地方说'精神'了。"②所以他一方面说"我们今天必须从生命的实在性出发"，另一方面又把这种实在性归结为客观精神："我们寻求理解它并用适当的概念加以表达。这样，客观精神就不再表面地以一般性为根据，表达世界精神本质的理性也不是精神的构造，一个新的客观精神的概念就有可能。语言、道德，每一种生命形式，每一种生活方式和家庭，市民社会，国家和法一样都很好地包括在其中。黑格尔将其作为绝对精神与客观精神相区别的艺术、宗教和哲学现在也归于这个概念名下……"③相应于把生命变成客观精神，历史意识实际上也成了历史的意识（即历史理性）。历史必然和意识联系在一起。历史意识最终成了意识历史的

---

① 《狄尔泰全集》第 7 卷，第 147 页。

② Gadamer：《真理与方法》，即《伽达默尔全集》第 1 卷，图宾根，1986 年，第 232 页。

③ 《狄尔泰全集》第 7 卷，第 150 页。

意识。因此,"客观精神的各种形态对于历史意识来说是精神自我认识的对象。只要历史意识把它从而产生的历史现实理解为生命的外化,它本身就扩大成了包容一切的东西"①。此外,"历史性"在狄尔泰那里是生命的范畴,随着生命变成客观精神。这样,"历史性"原则也失去了其应有的意义,实际上成了一个空洞的概念。历史性归根结底不是人的历史性,而是客观精神的历史性。

当然,狄尔泰的客观精神与传统唯心主义的精神概念有明显区别。他说:"我理解的客观精神的概念是一个人的群体在感性世界中对象化自身的各种形式。在客观精神中,过去对我们来说始终是一个持续的现在。它的范围从生活方式、交往形式伸展到社会确定的目标、道德、法律、国家、宗教、艺术、科学和哲学。"②然而,毫无疑问,客观精神这个概念仍有明显的黑格尔的痕迹③。胡塞尔的意义理论也对狄尔泰"客观精神"概念的构成有很大的影响。"客观精神"就是一个意义全体。而这个意义全体的基础,却是普遍共同的人性。在这里,狄尔泰亦是矛盾的。一方面,他似乎肯定 18 世纪的共同人性观,而另一方面,他似乎又与 19 世纪思潮一样在历史中找到人性的共同本质。人的本质是渐成的,而不是预成的。但不变的本质本身就是矛盾。狄尔泰自己也承认在此碰到了人文科学最深刻的事实:精神的历史性在人类产生的每一个文化体系中表现自己。但人的本质统一如何与它的多样性、它的历史存在联系在一起。这个难题也是理解的难题:人本质的绝对同一将使理解肤浅甚而没有

---

① Gadamer:《真理与方法》即《伽达默尔全集》第 1 卷,第 233 页。
② 《狄尔泰全集》第 7 卷,第 208 页。
③ 参见 M. Ermarth:《威廉·狄尔泰:历史理性批判》,芝加哥,1978 年,第277 页。

必要；而绝对的不同则使它不可能。事实上，狄尔泰无法解决这个难题。历史是在人性全体中把握的生命，而人性又是由历史来决定的，这种循环论证使得基本人性成了一个空洞的形而上学的假定。同样，没有普遍的基本人性，客观精神就缺乏基本的内在确定性，就无法成为一切表达方式的源泉和统一之所在，因而亦只能是一个反历史的先验假定。

狄尔泰自己似乎也看到了这一点，"人的本质在于他是历史的，这就是说，他只是在文化的连续中完成他的道德任务。这个本质不能在处理个人经验存在的人类学中获得，也不能在'应该'立法的道德哲学中获得；它只能在把人类生命本身作为对象的哲学的历史中获得"①。但当狄尔泰像黑格尔一样提出"哲学的历史"以区别于"史学的历史"时，他最终宣告了历史原则的消亡。历史理解的最终目的不是停留在特殊的层次，而是要达到一般，要在历史中寻找和建立普遍一般的认识，或者说在你中找到一般的、超历史的"我"。如果历史理解的结果是超历史的东西，那么历史理解本身亦不是历史性的了。

另外，狄尔泰赋予历史理解的认识论与方法论目的，也使历史理解的历史性大打折扣。狄尔泰通过理解的概念，通过他的旨在为人文学科奠定方法论基础的释义学，使得在人文科学领域同样可以获得如在自然科学领域中的可靠的、普遍客观知识。所以，狄尔泰固然承认不可能有纯粹无我的主体，理解者总是生活在他的种种社会关系中，为他自己的兴趣所驱使，但是，人的历史性实际上只是指他的社会性和历史传统对他的影响和束缚②，或者说指他自身背

---

① 《狄尔泰全集》第 11 卷，第 140—141 页。

② 参看 M. Ermarth:《威廉·狄尔泰：历史理性批判》，芝加哥，1978 年，第 356—357 页。

景的历史性。因此，理解的历史性只是说理解总是在一定的历史条件下理解，但理解本身却并非是历史的，因为理解作为能与康德的纯粹理性媲美的真正理性，它所有的历史兴趣已不是特殊的个人的东西，而成了"一般人类"的特征。"在最深层次上人们可以说我们是这样来理解的：我们普遍地形成我们的内在世界。"①这样，"研究历史的过去最终被狄尔泰认为是破译，而不是历史经验"②。历史最终是外在于理解者的对象，理解得到的知识虽然不全是最终完全绝对的知识，但这并不影响它们真理的程度。实际上狄尔泰一心一意要从历史中得到超历史的知识。他认为历史过程的总体本身当然不是一般的，但就它的规定和把握依赖于一般特征的知识而言，这个总体包含一般知识在内③。因此，虽然理解不断通过利用历史文件，回到迄今尚未理解的部分，最终通过产生新的事件，并因而扩大了理解范围的历史过程本身增加我们的历史知识，但"这种扩大要求我们发现新的一般知识以洞察这个独特事件的世界。这种历史视界的拓宽使我们得以形成越来越一般和丰富的概念。因此，在人文科学工作中，任何地方和任何时间都有经验，理解和人文世界一般概念的表现之间的循环"④。

　　显然，在狄尔泰的哲学中，理解者实际上有历史性，但理解获得的历史知识却摆脱了理解者的历史性，成为一般的、普遍的知识，完全具有客观性和真理性。虽然狄尔泰否定黑格尔的绝对精神，但在他强调的一般历史知识中，仍可看到绝对精神的理想。正

---

① 《狄尔泰全集》第 5 卷，第 283 页。

② Gadamer：《真理与方法》即《伽达默尔全集》第 1 卷，图宾根，1986 年，第 245 页。

③ 手稿，德国科学院档案，编页 242/453。

④ 《狄尔泰全集》第 7 卷，第 145 页。

因为如此，历史性也不可能作为一个方法论原则在狄尔泰那里贯彻到底。如果历史最终被归结为一般的结构、类型和概念，那就必然意味着历史经验的历史性的抛弃和忘却。这样理解只能是起源于历史，又企图最终消除历史的一个自我背叛，导致实际上自我否定的过程。

从狄尔泰哲学的出发点——要为人文科学奠定可靠的知识论的基础，并由此使人类理性本身有一更为坚实充分的根据——来看，他的哲学中的深刻矛盾似乎是必然的。一方面，他的确对传统历史哲学的形而上学性质有深刻的认识。传统历史哲学的根本问题是没有看到，历史实在的总体必须通过各门科学对个别事实的研究才能认识，因为历史——人文世界——要比自然界复杂得多。科学必须分析和处理各种解释根据才能发现单一的解释原理。然而，传统的历史哲学却是用一个先于这种分析的总体性理论来认识历史实在的整体关系。这种理论实际上是一些抽象的公式，如同作为旧天文学基础的那个神秘的旋转运动或旧生物学用来解释有机生命主要特质的生命力概念。传统历史哲学的这种一般概念只是一些普遍的观念，既然传统历史哲学要用它们的这种公式来表达世界进程的本质，那么它们只好用因果关系来说明历史发展的意义，即它的价值和目标。所以历史哲学不是目的论的就是自然主义的。正因为如此，狄尔泰认为历史哲学根本就不是真正的科学①。但是，另一方面，狄尔泰并未放弃传统历史哲学的任务，他仍然认为历史——社会实在的总体是人文科学一般与最终的任务②。也就是说，他实际

———————————

① 《狄尔泰全集》第 1 卷，第 86—98 页。
② 同上书，第 95 页。

上认为以往的历史哲学只是方法错了，它们没有看到历史科学与各门具体社会科学，如法学、人类学、人种学等的依赖关系。历史哲学的原理不应是些抽象的句子。但是他仍然认同历史哲学的基本目标。他的历史理性批判的基本目标——发展到人文科学的知识论基础，无非是利用已产生的辅助手段，即各门科学的具体研究，来确定精神的各门科学的总体关系，也就是把握历史的总体关系。历史最终必然是非历史——生命或者客观精神。狄尔泰哲学目标的形而上学性决定了他答案的形而上学性。

　　狄尔泰历史哲学的矛盾其实反映了迄今为止历史哲学本身的两难。狄尔泰比任何人都更明确地坚持历史的现实性和人的历史性。历史其实是人生存各方面的综合发展。然而，历史一旦成为哲学思考的对象时，它却不知不觉地变成理性或精神的历史，而这种历史与现实的人的历史在本质上根本无法一致。现实的历史其大无外，但哲学家却总想让历史成为他思想中的历史，他总想让他的哲学站在历史之外的某个阿基米德点上。历史哲学的两难却一再证明：这不可能。如果这样的话，历史哲学本身是否可能？

［原刊《复旦学报》(社会科学版)，1992 年第 6 期］

6

胡塞尔研究

现象学方法的多重含义

"方法"是现象学的标志性内容。谈现象学，无法不涉及著名的现象学方法。因为现象学方法本身就是现象学的核心内容。有人甚至说，对胡塞尔来说，现象学就是一个方法概念（Methodenbegriff）[1]。胡塞尔本人就使用"现象学"一词来指一种学说以及一种方法。这一事实也说明，在现象学那里，方法与内容是密切结合在一起，以致我们几乎无法完全脱离内容来抽象地谈论一种纯粹的方法论原则。

在胡塞尔看来，现象学是一门全新的科学，它面对的是一个全新的领域和一个前所未有的任务，因而一切已有的科学方法在此都无济于事。他在《观念I》专门谈现象学方法的那一章中明确指出：为现象学铺路的方法论研究，其内容本身就是彻头彻尾的现象学[2]。在《欧洲科学的危机和先验现象学》中，胡塞尔告诉我们，现象学的任务是发展"生活世界的纯粹本质学说"[3]。但是，这种新的

---

① Klaus Held, "Einleitung" zu Edmund Husserl. Ausgewählte Texte I: *Die phänomenologische Methode*, Stuttgart 1986, S. 12.

② Edmund Husserl, Ideen zu einer reiner Phäenomenologied und phäenomenologische Philosophie. Erstes Buch (hiernach Id. I). Husserliana Bd. III. 1. The Hague 1976, S. 139.

③ Edmund Husserl, *Die Krisis der europäischen Wissenschaften und die transzendeniale Phänomenologie*. Ein Einfuehrung in die phänomenologische Philosophie (hiernach Krisis). Husserliana Bd. VI, The Hague 1976, S. 144.

科学不是一种存在论。否则它就仍然是在"自然的基础上，因此在先验的意欲视界（Interessenhorizonte）之外"①。但现象学的任务恰恰在于思考和指明：先验地看，生活世界是如何作为基础起作用的。它研究的是如何（Wie），而不是什么（Was），因为与其他一切科学相比，它已摆脱了自然世界的前与（Vorgegebenheit），因而也摆脱了它的成见（Vorurteilen）；它关心的是意义和意义的有效性（Sinnsgeltung）。现象学方法恰恰不仅是使之可能的条件，而且就是这种科学本身。与之相比，一切其他科学的方法，如胡塞尔反复讨论的数学——自然科学方法，其问题不在于它的技术化或技术的使用，而在于它由此忘了方法原初的意义给予（Sinngebung）②。也就是说，与其他的科学方法相比，现象学方法实际上是与现象学的任务和内容融为一体的。不透彻了解现象学，就不可能掌握现象学方法；但不掌握现象学方法，也不可能理解现象学。这构成了一个特殊的"现象学循环"。这也部分解释了为什么在胡塞尔著作中只有一些片段的方法论的考察，而没有完整系统的方法论论述；并且即使这些片断的考察也并不都是易于理解的。而人们对现象学方法的谈论远过于理解的现象也可以从中得到解释。

　　然而，要真正掌握现象学，理解现象学方法是一个无法回避的任务。本文的目的不是要正面阐述现象学方法的所有内容，而是想通过对胡塞尔现象学的目的、任务和问题的若干考察，揭示现象学方法本身结构的复杂性，使我们对现象学方法本身有进一步的认识。

---

① Edmund Husserl, Krisis, S. 176.
② 参看 Edmund Husserl, Krisis, S. 46。

一

有人说，胡塞尔最初的目的是"一种新的哲学方法"①，这当然是不错的。但仅仅这样说还无法使人充分理解这种方法的性质及其要解决的问题。只有对胡塞尔想用这种新的哲学方法解决的问题有所了解之后，我们才能更正确地理解这种方法的含义和本质。

从胡塞尔对现象学方法的说明和使用，尤其是后者来看，现象学方法似乎的确是一种细致分析事物的方法。但是，在注意到它将普遍命题的大票面兑换成接近事物的细致分析的小零钱时，我们不能忽略这些"小零钱"所由来的"大票面"。正是这些"大票面"构成了现象学所要处理的问题的历史深度和理论深度。

1935 年 5 月，胡塞尔在维也纳做了题为"欧洲人危机中的科学"的演讲。同年 11 月，又在布拉格做了题为"欧洲科学和心理学的危机"的演讲。这两篇演讲的题目很好地揭示了胡塞尔及其哲学所面临的时代课题：欧洲人的危机和欧洲科学的危机，及在这危机中的哲学。其实，在胡塞尔看来，欧洲人的危机和欧洲科学的危机是同一个危机。欧洲人的危机起源于数学化的科学产生的不一致。一方面，它声称是普遍的科学；另一方面，又不能满足普遍科学的要求。普遍科学是一个产生于古希腊的科学理念。它是指一种科学作为普遍的科学能考虑所有的存在领域，不仅如此，它还能与存在者全体有关，即是一种普遍哲学的科学。然而，近代数学化的科学

---

① Klaus Held, "Einleitung" zu Edmund Husserl. Ausgewählte Texte 1: *Die phänomenologische Methode*. S. 12.

由于将其对象与方法狭隘化和绝对化，根本无法实现这个科学理想，反而由此遗忘了科学与生活世界的三重根本关系，即生活世界是科学的基础、主题与目的。因此，科学的危机绝不只限于科学领域。它也不只是科学本身的危机。科学的危机实际上是全部生活的危机。现象学既然试图通过揭示在生活世界中起作用的主体性来满足科学先定的目的，那么也应该在实现普遍的科学的哲学时使得"真正的人类"有可能。这种人类由其全部存在将自己理解与接受为理性的人类。哲学的目标，理论的目标，就是理论与实践理性的自我揭示。它先是在自然的世俗生活中隐藏着，起着作用，但通过发现生活世界的主体性而自身成为普遍的科学。而这也就是现象学的根本任务和目标。而现象学方法，就是一条通往这个目标（这其实也是科学本身的目的）的道路。因此，不应该把现象学方法理解为哲学的技术，而应该理解为哲学的方式（daβ Wie seiner Behandlung）。不仅如此，现象学方法实际上还是现象学本身得以可能的条件。

　　由此来看，悬置（epoche）无疑是现象学方法的首要因素。胡塞尔在《观念I》中明确告诉我们悬置对于现象学任务和问题的根本意义："我们的目的是要去发现一个新的科学领域，这个领域应通过加括号方法得到……"①这就是说，离开悬置我们根本无法进入现象学的研究领域，讨论其他。我们知道，从一开始，现象学就以严格的科学自许；而欧洲科学与哲学向来有追求无前提性，即无先定观点和倾向的传统。胡塞尔在《逻辑研究》中就把现象学方法的无立场性（Standpunksfreiheit）和无倾向性（Richtungsfreiheit）作为无前

---

①　Edmund Husserl, Id., I, S. 65, 中文译文引自《纯粹现象学通论》，李幼蒸译，北京：商务印书馆，1992年，第97页。

提性原则（prinzip der Voraussetzungslosigkeit）提了出来①。在《观念I》中，他进一步描述了现象学的这个基本态度："我们则从先于一切观点的东西开始：从本身被直观给予的和先于一切理论思维的东西的整个领域开始，从一切人们可直接看到和把握的东西开始。"②因此，现象学在其基本论断中不假定任何东西，甚至也不假定哲学概念③。而这一切都以悬置为基本条件，因为 epoche（悬置）一词的本来意思就是"中止判断"。胡塞尔认为，通过悬置就可以达到一个无先定假设与倾向的出发点。但是，仅仅这样来理解作为现象学方法的悬置的意义，还只是从其消极的作用来理解，是远远不够的。国内一些关于现象学方法的文章却往往只是从这一点上来理解现象学悬置的意义，因而对悬置在现象学方法中的地位和作用未有足够的认识。

胡塞尔曾批评笛卡尔在《沉思》中的悬置太空洞，不知道通过悬置获得了对于哲学有决定意义的新的基础科学④。这告诉我们，胡塞尔自己是更倾向于强调悬置对于现象学更直接的正面作用和意义，正是这正面作用和意义决定了悬置作为现象学和现象学方法的关键内容的地位。

悬置的正面作用在于它是"到事情本身"的必要手段和道路。早在《逻辑研究》第二卷中胡塞尔就指出："我们要回到'事情本身'。我们要在充分发展的直观处获得明证（Evidenz），在这里实际

① Edmund Husserl, *Logische Untersuchungen*, Bd. II, Tübingen 1968, §7. S. 19.

② Edmund Husserl, Id, I, S. 45;《纯粹现象学通论》,第79页。

③ Edmund Husserl, Id, I, S. 39;《纯粹现象学通论》,第74页。

④ Edmund Husserl, Krisis, S. 158.

进行的抽象中的所与物其实就是规则表达式的词义所意谓的东西（这里指的是纯粹逻辑的理想规则）。"①按照 von-Herrmann 的说法，我们不应只是把"明证"理解为"确定"，"明证"这个词在胡塞尔那里意思是就反思的显现及在其中被显现物意义而言的"看"（Heraussehen）和"洞察"（Einsicht）②。这就是说，胡塞尔从一开始就认识到，现象学的对象，即事情本身，只有在直观中才显露，而这种直观必须是纯粹直接的，即摆脱一切理论和意欲的附加与假设。这一点在《观念I》中表达得更清楚：理性和科学地判断事情就是朝向事情本身，或从言谈和意见返回事情本身，在其自身所与性中探索事物并摆脱一切不符合事情的成见。③显然，要达到这一点，非悬置莫办。没有悬置，"到事情本身"只能是一个空洞的口号。

此外，现象学"严格科学"或"普遍科学"的要求，也需要一种特殊的方法来达到它自己的对象领域，确定其作为科学的合法地位。这种方法首先必须是悬置。胡塞尔认为，只要我们朝向某个一定的对象领域，我们就必然处于与之相适应的相关关系中。日常生活与科学的区别在于，前者不需要操心我如何能达到这样一种关系或态度。因为在我整个一生中，通过出生、教育和环境我始终已经以这种日常世界，即生活世界的态度来看生活。因此胡塞尔称之为"自然的态度"。相反，科学的态度就需要主体明确的决断，使自己处于这样一种态度中；不仅如此，还需要一种特殊的"理论实践"

① Edmund Husserl, *Logische Untersuchungen*, Rd. II. §2. S. 6.

② F. W. von Herrmann, *Der Begriff der Phänomenologie bei Heidegger und Husserl*. Frankfurt/M. 1988, S. 15.

③ Edmund Husserl. Id. I, S. 41;《纯粹现象学通论》，第 75 页，译文有改动。

以掌握这种态度，以一系列步骤去开启对象领域，使研究得以进行。标明和规定步骤的方法则保证了对象领域的揭示。与实证科学不同，现象学并不对事实的存在感兴趣，而只对世界和世界中的东西在行为与对象的相关关系中作为现象显现的方式感兴趣。它研究先验意识，但这种先验意识不是康德意义上的先验主体性，而是原始的意向对象（Noema）和意义给予（Sinngebung）的领域，它研究生活世界，但"世界"在这里不是个别实体或个体的总和，而是"视界"。总之，它研究的是意识行为的相互关系和意义对象。胡塞尔在给《不列颠百科全书》写的条目中明确指出：现象学是关于所有可想象的先验现象的科学，它不是客观存在之物的科学，而是那些在相关的意向构造中汲取其存在意义和有效性的存在之物的科学[①]。因此，现象学研究不仅要对一切成见和科学假设加括号，甚至也要对存在的信念加括号。这绝不是一个消极的否定步骤，决不意味着通过悬置会失去什么。恰恰相反，悬置实际上是态度的改变。哲学家通过悬置一无所失，自然世界仍然存在，精神世界也仍然存在，但他却由此获得了一种新的经验方式，思维方式和理论方式，可以在世界之上来观察世界，获得了真正的自由。通过悬置，世界成了为我的世界，成为现象[②]。这是由实际的和可能的世界经验变为先验的和可能的先验经验的第一步[③]。

从自然世界转变为先验的现象世界及其相关物——先验主体，就是所谓的还原。从上述关于悬置的论述已经可以看出，悬置是还

---

① Edmund Husserl, "Phenomenology", in *Encyclopaedia Britannica*, Vol. XVII. pp. 699, 702.

② Edmund Husserl, Krisis, S. 155.

③ Ibid., S. 156.

原的关键与条件。没有悬置，还原是不可能的。国内一些关于现象
学方法的论述大都将还原作为主要的论述内容，而悬置似乎只是一
个附加的成分。然而，从悬置对于现象学的根本意义看，它无疑是
现象学方法的核心内容。不坚持进行悬置的方法论实践不仅不可能
有任何先验现象学，而且也无法理解胡塞尔的现象学。事实上，胡
塞尔自己始终把悬置看作还原的先决步骤，并在此意义上将它们相
提并论①。其实，还原是先验悬置的题中应有之义，是悬置的进一
步表述和补充②。关于悬置和还原的关系，胡塞尔自己在《观念I》
中有如下的论述："我们有权利把我们还将要讨论的'纯粹'意识称
作先验意识，并把借以达到此意识的方法称作先验悬置。先验悬置
作为一种方法将被区分为'排除'、'加括号'等不同阶段；因此我
们的方法将具有一种分阶段还原的特征。"③现象学悬置的根本特点
就在于还原到一个作为一切构造最终功能中心的绝对自我。"这决定
了先验现象学的全部方法。"④从这个观点出发，我们来考察还原。

二

严格地说，还原在现象学中并无其独立的方法论地位。正如
K. Held 所说，它无非是悬置的彻底普遍化⑤。如前所述，现象学关

① Edmund Husserl, Krisis, S. 157.

② Werner Marx, *Die Phaenomenologie Edmand Husserls*, München 1987, S. 19.

③ Edmund Husserl, Id. I, S. 69;《纯粹现象学通论》，第 101 页。

④ Edmund Husserl, Krisis, S. 190.

⑤ Klaus Held, "Einleltung" zu Edmund Husserl. Ausgewählte Texte I: *Die phaenomenologiche Methode*, S. 20.

心的不是事物自在的存在，它的"什么"，而是它对意识的意向显现的方式，它的"怎么"。悬置打开了先验主体性的领域，而还原则最终揭示了先验主体性和纯粹意识现象的领域对于世界——现象的根本意义。通过悬置，世界成为现象。意识现象的意义及其存在的实现（Seinsgeltung）是思维主体及其意识行为的构造。意识行为并不无中生有创造一个对象，而是赋予对象种种意义。意识行为作为一个意指行为（vermeinender Akt）在其自身显示其意指的意义。意识是一个体验流，所有意识都包含在这个体验流中。这个体验流也就是先验主体流动的生命。它是现象学最终的和真正的主题。还原，作为悬置方法的补充，就是要将一切现象还原或追溯到这个先验的意识生命——先验主体上去。换言之，现象学还原的最终结果应该是先验主体基础地位的确立。

从笛卡尔开始，主体或主体性就是近代西方哲学的主要问题之一。当笛卡尔提出"我思故我在"的命题时，他实际上已经把主体作为他哲学的轴心和基础。而当他以思维和广延来区分物质和精神两种实体时，他就将主体奠定在先验的基础上。在胡塞尔看来，笛卡尔的伟大在于他产生了一种既是科学，同时又是在一个普遍科学的体系中一切科学基础哲学。笛卡尔的问题在于他的二元论背叛了他的彻底性，因为怀疑应该被用来结束一切客观的外在性，应该产生一个没有绝对外在世界的主体。然而从我思开始的整条思路的保证是上帝的存在，是神圣的诚实。而上帝显然是一超验的存在。"这种神明的存在不只是超越于世界，而且显然也是超越于'绝对'意识的。"①然而，既然先验现象学以先验纯粹意识为其独特的研究领

---

① 　Edmund Husserl, Id. I, S. 125；《纯粹现象学通论》，第 153 页。

域，而"上帝"这个超验的存在就必须被排除在此领域之外。这正是现象学还原的任务之一①。

康德的先验主体的问题刚好与笛卡尔的相反。康德关心的是一个可能的客观意识的有效性问题，所以他的先验主体只是一个世界的先天形式（apriorische Weltform），一个一般的、形式的、普遍的先验主体性。在胡塞尔看来，康德关心意识对客观外在世界的有效性，说明他仍未摆脱自然态度；另一方面，一个纯粹形式的先验主体又是外在于世界的。但悬置和还原并非是要拒绝世界。先验主体完全不是外在于世界的；相反，它是世界的基础。胡塞尔反复肯定指明了这一点：世界是绝对意识的相关物；现实是意识基本形态的索引。意识的意识性无非是这种相关性的先验现象学的表述。现象学方法不过就是用世界的现象作为指导线索来阐明自我②。这就是说，胡塞尔的先验主体决非康德那个纯粹形式的、一般的先验主体，不是纯粹的意识功能，而的确是在世界中存在的人。

但正是在这里，胡塞尔面临着一个明显的困难。根据现象学方法的原则，不管怎么说，主体必须是经过悬置和先验还原的先验主体。也就是说，他不是在实际生活中起作用，成为像经验心理学这样事实的科学的主题的经验主体，不是灵魂的物质载体。相反，在胡塞尔看来，心理-生理的，现世的我之意义得在先验主体性上解释为其构成的成果。我作为世界上经验的人是先验主体自我对象化的一种形式。经验的我从先验的观点看也是先验的我，但这个俗世的我还不知道这一点。只有已经实行了悬置与还原的我才意识到这一

①　Edmund Husserl, Id. I, §58.

②　Paul Ricoeur, *Husserl, an Analysts of His Phenomenology*, Evanston, 1967, p. 27.

点。在《笛卡尔的沉思》中胡塞尔写道:"我作为自然态度的我也始终是先验的我,但我首先通过进行现象学还原知道这一点。"① 胡塞尔的先验的我并不像康德的先验主体那样与经验的我完全无关,而是具有古典先验哲学称之为经验的我的意义。这就产生了胡塞尔所谓的主体性悖论:构成世界的主体把握自己为世界的一部分。"我不断发现一个面对我而存在的时空现实,我自己……属于此现实。"② 问题是:"世界的一部分,它的人类主体怎么竟然构成了整个世界,即构成为它的意向性产物 (intentionales Gebilde)。"③ 但胡塞尔没有消极地理解这个悖论,相反,他认为这个悖论是"必然的",只能通过区分先验的我和经验的我来解决。

胡塞尔讲的先验主体虽然不是经验的、现世的,但也不是与经验的我对立的康德的"一般主体"(allgenmeine Subjekt)。现象学悬置虽然中止存在信念,但也从个别具体的现世生活出发追问这种信念的意义与存在的可能性之条件。因此,它朝向每个事实的我,个别的构造意义的体验流中具体的主体,但不是要阐明他的具体的、经验的方面,而是要阐明他具体的、先验的那一面。现象学主体的个别性和属我 (Jemeinigkeit) 并不是说从事哲学的自我的个人的特性。在现象学反思中处理的虽然是我的我,但不是"我的私我"④。胡塞尔在"第一哲学"的演讲中提醒道:"还原到先验主体是回到我的纯粹的自我我思,但这不应该被误解为我的存在和我私人意义上

---

① Edmund Husserl, *Cartesianische Meditationen*, Husserliana I. The Hague 1950, S. 75.

② Edmund Husserl, Id I, S. 61;《纯粹现象学通论》,第 93 页。

③ Edmund Husserl, Krisis, S. 181.

④ Edmund Husserl, *Erste Philosophie*, Zwiter Teil. Husser-liana VIII. The Hague 1959, S. 432. Anm. 2.

的我的意识生活，好像我可以，或更确切地说应该只把我私人自己的存在和我在其中的生活，因而甚至只把我的意识流规定为存在的。"①现象学对于先验主体的特殊规定显然要求有方法论的步骤来保证和达成。单单先验的悬置和还原还无法做到这一点，还必须要有一个中间步骤，这就是本质还原。

现象学者不能一下子就通过悬置达到具体的先验主体。作为科学家，他所关涉的是一般的表述。他必须努力在先验主体的本质类型中将它描述为可能的具体的先验主体。为此必须坚持这种本质的一般，不要把先验的主体性变成一般主体，而要通过本质的现象学方法（eidetischen phänomenologische Methode）之帮助在其事实性中获得具体主体性的本质或本相。先验和本质的还原就这样共同起作用，先验现象学实现自己为本质的科学，为先验纯粹意识的本质学说②。

本质还原是用对事实状态的贴近描述从事实状态回到它的本质结构。这种描述不是对各个事态依样画葫芦，而是描述意识行为和对象的本质一般性。意向性意识正是在本质中实现其意指。现象学者可以改变一个事实的知觉对象的给予方式，使这个知觉事实完全成为纯粹的知觉的可能性，将这个现实的（但已先验化了）的知觉移植"入一个非现实的好像（Als-ob）领域"③。通过自由想象的虚构他把自己从实际知觉的束缚中解放出来，获得作为"绝对纯粹想象"④的知觉类型。胡塞尔把现象学者的这种本质方法与几何学家直

① Edmund Husserl, *Erste Philosophie*, Zwiter Teil. Husser-liana VIII. The Hague 1959, S. 436.

② Edmund Husserl, Id I, S. 144.

③ Edmund Husserl, *Cartesianische Meditationen*. S. 104.

④ Ibid.

观其理想对象的类似方法相比。几何学家在纯粹地规定线、面和球体时，可以脱离一个特定的线、面或球体的具体的空间对象。他在想象中透彻地改变和穷尽个别对象可以被给予的一切可能性。这样，他在自由想象中在一个具体对象的变异中得到了一个不变的常态，其特征内容构成了这个具体物的 Eidos。现象学者也将这样在自我的行为方式中本质地把握自我。他关心的是揭示先天的结构，是自我可以在其中作为纯粹可能性被把握的本质规律性。

必须指出的是，单单本质还原还不能把握先验意识。因为必须首先有先验悬置与还原，才能使先验意识得以显露出来，只有在这之后，本质学 (Eidetik) 才可能去确定具体的先验意识的本质。就它自身而言，还不能给普遍的世界信念的存在主题加括号，并追问先验的东西，构成意义与存在有效性之可能性的条件的原则。在此意义上我们甚至可以说本质还原只是先验悬置和先验还原的补充。这就使得现象学在拒绝自然态度的同时却可以将一切事物，无论巨细，纳入它的问题范围。这使得胡塞尔可以自负地说："迄今为止哲学的一切可想象的有意义的问题，总而言之，一切可想象的存在问题，先验现象学在它的道路的某一点上都一定会达到。"①现象学的这个特点决定了它只能是"描述性本质学说"②。

三

胡塞尔曾多次指出现象学是一门描述性科学③，所以现象学的

---

①　Edmund Husserl, Krisis, S. 192.

②　Edmund Husserl, Id I, S. 156.

③　Ibid. , S. 149.

基本方法是描述方法。谈现象学的方法，不能不涉及著名的现象学的描述方法。遗憾的是，国内有关现象学的文献中，关于现象学的描述方法大都没有涉及。这也难怪，关于这个问题，胡塞尔自己也未集中充分地加以论述。可是，如果想要进一步理解现象学的特征内容与性质的话，这却是一个必须弄清的问题。现象学的一些主要的理论特点，正体现在它的描述方法中。另一方面，由于现象学的方法与内容不能完全分开，现象学的描述方法也不是一个可以简单回答的问题。要了解现象学的描述方法，至少要弄清下列问题：为什么现象学是描述性科学？现象学描述方法的特点；它与悬置和还原的关系；它对于现象学研究的必要性。

先让我们来看第一个问题。前面已经说过，现象学关心的是现象，即事物对我们显现的方式，或它们被给予的方式。回到事物本身，就是回到这种现象。而要把握这种现象，必须将自然态度、现实生活兴趣、科学假设，乃至存在信念统统悬置起来。只有这样，先验纯粹意识的领域才对我们开启，现象才如其所是地呈现在我们面前。因此，现象学的知识只是直观，只是看。现象学决不概念地、思辨地阐明他的对象——现象，因为现象总是在体验中出现，体验是一个不断的流变。"不可能设想将一种确定的概念和术语加于任何一种流动的具体物上，而且对于它的每一种直接的和同样是流动性的部分的抽象因素而言，情形也是一样。"①因此，寻常科学的概念演绎或归纳的方法都不属于现象学。它只能通过直观来把握对象的本质。本质还原过程中的自由想象步骤就为本质直观提供了方法论条件。既然现象学者只能通过直观来把握其研究现象，那么相

① Edmund Husserl, Id I, S.157;《纯粹现象学通论》，第182页。

应地他的方法也只能是描述的方法。这一点胡塞尔自己也讲得很清楚:"如果现象学现在应当是在纯直接直观界限内的一门科学,一门纯'描述性'的科学,那么其程序的普遍性已作为某种明显因素预先给定了。它应当使纯粹意识的事件作为例示向我们显现,并使其达到完全的明晰性;在此明晰性限度内去进行分析和把握它们的本质,以洞见方式追溯诸本质的相互关联,把握在准确的概念表达中现刻所见到的东西,人们只能够通过所见物或一般来讲被洞见物来规定这些表达的意义,如此等等。素朴地实行这一程序首先只供探索新领域之用,同时也被用于在其内以一般方式来进行看、把握和分析,以及被用于逐渐熟悉其所与物。"①现象学知识的直观性决定了它方法的描述性。

但是,现象学讲的"直观"和"看"并不是说现象学者死盯着其对象,而"描述"最多就是把它依样画葫芦地描下来。在这里它与描述的自然科学不同。自然科学家关心事实的感性直观形状,而现象学者关心的和要把握的是事物的本质。现象学是"用现象学态度观察的先验纯粹体验的描述性本质学科"②。它并不忽视事物的具体性,而是要"在其充分的具体化中将全部本质内容提升到本质的意识,并将其当作一种观念上同一的本质,它像任何其他本质一样不仅是立即地,而且是在无数例子之中被单一化"③。但作为纯描述的科学,它又和几何学这样的精确科学不一样,它的描述不具有精确的概念确定性,但这决不等于说,现象学的描述方法完全没有概念的操作 (begriffliche Verfahren)。虽然它不用寻常的概念演绎与

---

① Edmund Husserl, Id I, S. 138;《纯粹现象学通论》,第 165 页。
② Edmund Husserl, Id I, S. 156;《纯粹现象学通论》,第 181 页。
③ Edmund Husserl, Id I, S. 157;《纯粹现象学通论》,第 181—182 页。

归纳，它也用概念分析和进行抽象操作。它与其他哲学方法的根本区别在于：现象学方法的第一步并不是概念思维的步骤，而是悬置。悬置是一切现象学方法与步骤关键的第一步。

　　是悬置把对象从其在自然生活方式的掩藏中解放出来，使现象学者可以直面现象。现象学者并不产生对象，也不演绎地推导出对象。直观只是指一个自我给予，但不建构对象的意识。然而，对于现象学来说，直观才是知识的开始。"每一原则给予的直观都是认识的合法源泉，在直观中原初地（可说是在其机体的现实中）给予我们的东西，只应按如其被给予的限度之内被理解。"①而这种直观只有在悬置之后才能达到，这也许无须解释了，如果我们记得在现象学那里直观更确切地说应该是本质直观的话。如果现象学描述只有在本质直观的条件下才有意义，那么悬置对于现象学描述方法的决定意义也就不言而喻了。至于还原，正如利科所说的："现象学'还原'表现为阐明在描述现象时实践的方法……"②还原的过程就是描述的过程。本质还原通过自由想象的变换达到对本质的把握和描述再清楚不过地说明了这一点。此外，从根本上说，现象学描述是本质描述，只能在现象的领域，在先验的领域发生，因此它只能通过还原来进行。若无还原，现象学描述就将失去其对象。作为对本质的描述，现象学描述必须始终坚持悬置和还原。但这决不是说还原和描述是一回事，或还原可以代替描述。悬置和还原从消极的方面说是排除一切超越存在；从积极方面说是打开了一个本质认知的领域——意向性或先验意识的领域。"一旦最初的困难被克服，这个领

---

①　Edmund Husserl, Id I, S. 51；《纯粹现象学通论》，第 84 页。

②　Paul Ricoeur, *Husserl, an Analysis of His Phenomenology*, p. 9.

域就在一切方面无限地展开了。多种多样不同种类和形式的体验，以及它们真实的和意向性的本质成分的确是不可穷尽的，正如以它们为基础的多种多样本质连接体与多种多样的绝对真理是不可穷尽的一样。"①确定地区别它们，维持它们的同一性和在严格的概念中把握它们，同时将它们分析为诸组成部分的本质，乃是一门全面科学描述的任务②。很显然，描述方法为现象学所要求和必须。"如果我们现在实行现象学还原，那么每种超验设定因此首先是内在于知觉本身的一切东西，都遭受到它的排除性加括号作用，而且这种程序将逐渐涉及一切有根基的行为，一切知觉判断，基于知觉判断价值设定，还可能有价值判断，等等。结果，我们只能去观察、描述所有这些作为自在的本质的知觉判断，等等，去确定一切与本质相关的方面或在本质中的明证所与物。"③胡塞尔这段话清楚地表明了描述方法对于现象学的理论必要性。也因为如此，现象学的描述绝不像这个术语看上去那么简单，而是有其理论与方法的特点。

确切地说，现象学的描述是对先天意向性的分析描述④。意识总是对什么东西的意识。意向性即我朝向某物的方式，或事物在意识中给予的方式。这有许多种，有现实的，有非现实的，过去的，将来的，被欲求的，被判断的，被爱的，等等。意向性是我们从自己经验的内在性质及其"第一手"知识了解的东西；它的性质就是它是我们的经验自有的，是独立于任何它们与外部世界关系的主观经验；因此，意向性不能从一个纯粹的客观的第三者的观点来解

---

① Edmund Husserl, Id I, S. 135;《纯粹现象学通论》，第 162 页。

② Ibid., S. 156.

③ Ibid., S. 208-290;《纯粹现象学通论》，第 229—230 页。

④ Martin Heidegger, *Prolegomena zur Geschichte des Zeitbegriffs*, 20, Frankfurt/M. 1979, S. 108.

释，如果这种观点不能适应我们经验的这种内在主观的性质的话。悬置和还原保证了意向性的纯内在性，下一步的任务就是对意向性及其结构与因素，尤其是对意向对象（Noema）进行分析描述。这是因为，现象学关注的是现象，意向性是对于某物的意识；但现象学讲的现象指的是与意识必然相关的所与和所与方式，这正是现象学不同于以前的哲学所要弄清的问题。但是，在从自然态度过渡到现象学态度后，也就是经过悬置和还原以后，意向对象，即被知觉物本身，不再是一个自然的存在物，而是知觉的意义。意义内在于种种不同的知觉体验（判断、喜爱、记忆等等）中，当我们纯粹地探询这个体验本身时，即现象学地研究它们时，给予我们的不是自在的客体，而是意义。"有意义或'在意义中有'某种东西，是一切意识的基本特性，因此意识不只是一般体验，而不如说是有意义的'体验'，'意向作用的'体验。"①但我们对对象有种种不同的体验方式，而意向对象的意义在各种各样的体验中是不同的②。换言之，意向对象的相关物对于知觉、想象、形象再现、回忆等等在本质上仍然是不同的。有时此显现物被刻画为"机体上的现实"，有时它被刻画为虚构物，有时它又被刻画为回忆中的再现物③。既然如此，那么对于现象学的意向性分析的任务来说，描述方法也必然是唯一合适的方法。现象学描述方法不同于一般的描述方法之处在于：虽然它们可能像是现实陈述，但却都经过了彻底的意义变样；同时，被描述的即使呈现为"完全相同的"东西，但由于它已是意向对象，仍是某种根本不同的东西。如一棵花朵盛开的苹果树，在

---

①　Edmund Husserl, Id I, S. 206；《纯粹现象学通论》，第 227 页。

②　Ibid., S. 210.

③　Ibid.

被还原的知觉中，可以表达为"物""植物""树""盛开的花"，等等。自然界的树可以毁灭，但上述这些意义不能被毁灭，因为它没有实在的属性①。这也就是为什么现象学的描述必须在"加括号"的条件下进行。此外，由于现象学的描述并非事实陈述或再现，而是在本质直观的基础上发生的，它实际上采取的是内在本质分析中如实呈现本质所与物以达到对"内在心理学的、然后是现象学的所与物真正意义的把握，并最后达到一切本质关联体，后者使此先验关系成为对我们来说先天地可理解的。"②即达到对事情本质的洞见和明证。

四

在现象学方法中有一个胡塞尔从未言明，因而少为人注意，但却是不应该忽略的因素，这就是它的释义学性。也许是海德格尔首先提出"现象学描述就是阐释（Auslegung）"③。但海德格尔显然不是从胡塞尔的先验现象学，而是从他的基础存在论的立场来提出这一点的。毕竟对他来说此在的现象学才是释义学④。但只要对胡塞尔的现象学有稍微深入的了解，就会发现，释义学因素也内在于现象学的理论体系中，是它的必然与必要的成分。

众所周知，"释义学"顾名思义，是关于意义的理解和解释的理论。而意义问题一开始就是现象学的首要问题。《逻辑研究》的第一

①　Edmund Husserl, Id I, S. 205.

②　Ibid., S. 201;《纯粹现象学通论》，第 222 页。

③　Martin Heidegger, *Sein und Zeit*, Tübingen 1979, S. 237.

④　Edmund Husserl, Id I, S. 203.

卷和第二卷都对意义问题做了大量的分析研究。问题首先是意指什么？无论后来对知觉的描述有多么重要，现象学不是从意识运作中最无声的东西开始，而是从它由符号中介的与事物的关系开始，而符号是在一个口头表达的文化中得到阐明的。意识的第一个行为便是意指 (Meinen)。区分意义和符号，即将它与词、意象分开，阐明一个直观的呈现充实一个空洞的意义的不同方式，就是现象学的描述意义。

意向性的两个主要成分 Noesis 和 Noema 更是提醒我们，意向性分析在相当程度上是围绕着意义问题展开的，在胡塞尔那里，现象的核心是意义。因为在胡塞尔看来，知觉的意义就是被知觉物本身，而被知觉物即意识的相关物属于现象学还原的知觉（即先验意识）的本质[①]。因此，胡塞尔将核心是对象意义 (gegenständliche Sinn) 的意向对象视为意向性的基本特征之一。另一个基本特征则是"视界"。世界是经验对象进一步可能的意义域。当意识行为指向某种对象时，总是将它们的对象表象为"超越的"，即比这行为的意义明确规定的"更多"。这样一个意向经验因此就指向一个关于对象的进一步可能性的"视界"，因而也指向一个相应的那个对象的进一步可能的经验的"视界"，这是由于在行为的意向对象意义 (noematische Sinn) 中有某种"不定性"，它才有这样一个视界。

例如，树是超越的对象。当我看见一棵树时，树背面许多特征我是看不见，因而并未具体化在我的知觉中。此外，我几乎不知树的内在化学性质，更不知这棵特定的树的历史。然而，树本身是有背面，有内在化学性质，有历史的；这样我看见的树超出了我对它

---

① Edmund Husserl, Id I, S. 209.

的知觉。在此意义上，胡塞尔说，呈现在我知觉中的树在我知觉意义的述谓内容上是不完全决定的，或部分地决定的：意义规定了树的某些性质，但未确定它规定的对象的全部性质①。

在我们日常的物理对象经验中，我们都熟悉这种不定性。这就是为什么我们要绕着客体走以看清它们的背面。此外，胡塞尔说，无论何时，一个客体表现为物质或物理东西时，"物质的东西"的意思已含有所指对象的不定的大量的种种进一步性质。那个意思含有如此规定的对象是一个三维对象，有一个背面，有历史，等等，因而它有比明确表现在知觉中更多更进一步的特殊性质②。此外，意义包括一个明显的它自身不定性，和开启了一个种种进一步性质的不定范围的含义：我看见"这个对象X，X是苹果树，X正在开花，等等"。胡塞尔说："这个'等等'是在事物——意向对象(Dingnoema)中一个容易理解的和绝不可少的因素。"③胡塞尔把这些开放的和未被意义限定的对象的进一步性质称为对象的视界。相应地，他把进一步可能的知觉称为经验的视界。

再以我看见一棵鲜花盛开的苹果树为例。正如胡塞尔所强调的，一事物一次只能从一面或一个角度看，但真正给予的总是被经验为被一个没有感性明证但却是一起给予的东西的视界所围绕——像我预期可在树背面发现的树叶及其颜色。这棵树的进一步方面和性质的视界本身是不确定的。例如，在树背面叶子的准确形状、颜色和厚薄并未被我当前经验的意义明确地预先描述。这个视界是开

---

①　参看 Edmund Husserl, Id I. § 44；CM § 19-20；*Erfahrung und Urteil*，§ 8, 21。

②　参看 Edmund Husserl, Id I, § 142-143, 149；CM § 19-20。

③　Edmund Hussers, Id I, S. 347.

放的；当我绕着树走，更精确地发现它进一步的性质是什么时，每一新经验的意义将预先描述未被以前知觉激发的更进一步的可能性。

视界可分为内在视界和外在视界①。内在视界由对象可能的进一步的非关系性质组成。它包括可在进一步知觉中给予的性质，如树背面叶子和花的颜色，以及像树的化学成分这样的不可观察的性质。外在视界由对象与其他事物可能的关系组成，包括那些没有清楚地表象在知觉中的事物。外在视界是重要的，它反映了对象不是作为孤立的东西被感知，而是作为存在于自然世界，因而与一切其他自然事物相关的东西这个事实。因此，外在视界可以包括许多种关系性质。很显然，"视界"概念表明了意义先天和原则的不定性。正因为如此，才需要解释，才需要释义学。倘若意义是完全确定的，就无需解释；倘若意义是根本不定的，就无法解释。只有部分地不确定，才需要解释。不过现象学是通过解释视界来阐明对象的意义。"我们也说，人们可以向任何视界探询在它之中的东西，阐释它，揭示意识生命的一切可能性。正是由此我们揭示了在实际的我思中始终只是以某种程度的暗示含蓄地意谓的对象的意义。这个作为意识对象的意识对象（cogitatum qua cogitatum）绝不是作为一个完成的所与物出现；它首先通过阐释视界和永远重新引起的视界而阐明自身。"②因此，释义学应该是现象学的题中应有之义。

这在《笛卡尔的沉思》和《欧洲科学的危机和先验现象学》中得到了更清楚的证明。在《笛卡尔的沉思》中，现象学从朝向客体

---

① 参看 Edmund Husserl, *Erfahrung und Urteil*, §8, 22。

② Edmund Husserl, Cartesianische Meditationen, S. 82f.

的现象学变为朝向自我的现象学，在那里自我将自己构成为存在。现象学成了对一个正在进行的总体的描述，这个总体最远的视界就是生活世界。在第五沉思中，胡塞尔既揭示了阐释方法的全部丰富性，也许还有它深刻的矛盾，又提出了所谓存在论解释(ontologische Explikation)。存在论解释实际上是意义(自然、动物状态、心智、文化、人的存在)层的展开。这个展开很好地再现了朝向具体，朝向人的世界的运动①。这也是现象学"构造"概念的根本含义。构造意味着通过与意义相关的意向来探询此意义。解释就是一个构造过程。所以胡塞尔说：与黑格尔主义及其后继者以及一切"形而上学构造"相反，现象学并不"创造"，而是"发现"②。"关于客观的实在世界(如同关于一切形形色色的理想的客观世界，它们是纯粹先天科学的领域)现象学阐释做的只能是——这一点决不会强调得太多——阐释世界在哲学之前对我们所有人就有的，并显然是由于我们的经验而有的意义。这意义决不能为哲学所揭示和改变，它只是由于本质必然性而不是由于我们的偏好与需要原则阐明的视界一起表现在一切现实经验中。"③这里胡塞尔所表现出来的释义学倾向与海德格尔在《存在与时间》中所表述的释义学思想相距的确不远了。

更加值得注意的是，胡塞尔在他一些主要的后期著作中大量地使用了释义学的方法，最典型的例子便是《危机》中他对伽利略以来近代哲学的释义学解读。不仅如此，他对释义学方法对于他自己面对的哲学任务的根本作用有清楚的认识。在"几何学的起源"

① Paul Ricoeur, *Husserl, an Analysis of His Phenomenology*, p.140.
② Edmund Husserl, *Cartesianische Meditationen*, Hamburg 1969, S.154.
③ Ibid., S.154-155.

中——他公开承认，他的全部目的是以历史沉思的形式，自我反思我们自己当前的哲学境况，希望这样我们可以最终把握一种我们的生命寻求为之存在的和应该奉献给它的哲学的意义、方法与开始①。强调悬置与还原的现象学者现在也开始了"非寻常意义"的"历史的"研究，以揭示寻常历史完全不知的深刻问题。"传统"和"历史性"的字眼居然也在胡塞尔的现象学中频频出现。胡塞尔终于认识到："人的此在是在无数传统中运动的。全部文化世界的种种形态只是由于传统而存在。"②"我们处于人类视界中，我们现在就生活在这个视界中。我们始终逼真地意识到这个视界，它作为时间视界隐含在我们当前的这个视界中。在每一人类的存在方式中，本质上都有与之相适应的作为生活周围世界（Lebensumwelt）的文化世界，它在每一个历史时期和人类中恰恰就是这么一个传统。因此，我们处于历史视界中，在此历史视界中，无论我们知道的确定的东西是多么少，一切都是历史的。但它有其通过方法上的探索去揭示的本质结构。"③这种方法的探索显然只能是历史的、释义学的方法，即胡塞尔说的根据它们的历史存在方式特有的回探起源的方法。现在，"真正的问题是通过回溯到作为一切可设想的理解问题的普遍源泉的历史先在性（historische Apriori）达到理解。在科学中真正的历史解释问题是与'认识论'的创立或阐明同时发生的"④。这里说的历史先在性胡塞尔也叫它不变的或绝对的先在性，即一切历史事实必然有的内在意义结构，也就是生活世界的客观性，即主体

① Edmund Husserl, Krisis, S. 365.

② Ibid., S. 366.

③ Ibid., S. 378.

④ Ibid., S. 381.

间性。只有通过揭示这种先在性才能有超越一切历史事实，一切历史周围世界、民号、时代、人类的先天科学，只有这样才能有作为"永恒真理"（aeterna verias）的科学①。这种科学显然也就是胡塞尔心目中作为普遍科学的现象学。而通过历史回溯或阐释的方法来揭示不变的历史先在性显然只能是一种释义学的方法。在引进了历史性和生活世界的概念后，胡塞尔前期用于先验意识的纯粹描述方法显然不太合适了。这就是为什么在后期胡塞尔那里解释（Explikation）和阐释（Auslegung）越来越多地取代了描述，更确切地说，描述方法更多地掺入了释义学的方法。

随着胡塞尔现象学思想自身的发展和它研究范围的扩大，现象学方法的释义学会越来越彰显出来。从这一事实出发，本文对现象学方法提出如下简短的评论：

利科曾指出：胡塞尔用哲学科学的名义来指三件事。首先是提出起点问题方式的彻底性；其次是致力于解释意义各层次方法的普遍性；最后是由此被阐明结构的系统性②。的确，如果我们从普遍性要求来看现象学方法的话，那么最严格或最本色现象学的方法——悬置和还原是最难有普遍性的。从胡塞尔对悬置和还原的具体提出与规定可以看出，这其实也是他现象学的主要组成部分，因此具有相当强的体系约束性。不接受他先验现象学的主要原则与内容者，几乎不可能卓有成效地使用悬置和还原方法。对于不接受先验现象学的基本立场的人来说，悬置与还原的方法很难说有什么积极的意义。实际上悬置与还原只有在现象学体系中才有意义，而没

---

① Edmund Husserl, Krisis, S. 385.

② Paul Ricoeur, *Husserl, an Analysis of His Phenomenology*, p. 139.

有超现象学的普遍意义。

相比之下，现象学的描述方法则不然。现象学的描述方法的确提供了不同于近代以来流行的以概念演绎和归纳为主要特点的哲学方法，以具体描述代替抽象论证，使得可以在具体中得到抽象，在现象中直观本质。具体的抽象成了新的理论风格。更重要的是，描述方法是一种开放的方法，不同的描述不断揭示出新的、更深入的问题，不断扩大问题域的广度和深度，永远对新的可能性保持开放。这种方法显然更能激发思想的活力，推动新的探索努力，是一种能不断开启新的思想领域的方法。此外，描述方法的优点还在于它的普遍适用性，它可以用来描述一切对象和问题。正因为如此，描述方法被普遍接受，其应用范围甚至超出了哲学本身。这才是胡塞尔现象学在方法论上的真正贡献。但是，在胡塞尔的先验现象学中，描述方法是以悬置和还原为前提的。贯彻这一原则立场，则描述方法势必仍是局限的，仍不能具有真正的普遍性。

在胡塞尔运用的方法中，释义学是现象学色彩最淡的方法，可也正因为如此它具有真正的普遍意义。任何事物都有意义，而意义总是不完全确定的，这一事实决定了释义学方法的基础性和普遍性。尽管胡塞尔本人对此方法的运用有其体系上的目的，但并未因此而影响释义学方法本身的普遍性。利科将现象学方法上的普遍性归在意义解释的方法，即释义学方法的名下是十分正确的。只是释义学方法并不是纯粹现象学的方法，它的普遍性严格说也不是什么现象学方法的普遍性，而是它自身的普遍性。倡导现象学方法的胡塞尔也不能不越来越多地使用它只不过又一次证明了这种普遍性。

（原刊中国台湾《哲学杂志》，1997 年，第 20 期）

生活世界和文化间理解之可能性

在我们这个时代，文化间理解对于人类的未来已变得越来越重要。然而，我们越试图理解不同的文化，不同文化是否能真正和正确地相互理解的问题就越会出现。

初看起来，提出这样的问题似乎是愚蠢和荒唐的。尤其对于我，一个中国的教西方哲学的教授来说，我怎么能设想我不能理解我所研究和教的东西？但是，作为一个中国哲学家，我知道在我们的传统中并无像"存在""本质""超越""理性"以及许多其他的西方哲学的基本概念，也没有诸如"存在论""认识论""辩证法""美学"这些名称，甚至连"哲学"一词也是从日本引进的。我们如何能理解西方哲学，进一步，理解西方文化呢？

就像西方文化一样，我们传统的原始冲动也是要将"他者"(the Other) 化约、吸收或消化为"同者"(the Same)。而另一原始冲动则是将自己的传统视为普遍。于是，"同者"也就是"普遍者"(the Universal)。对于早期的近代中国哲学家来说，西方哲学，就像物理学和化学一样，并不是一个绝对的"他者"，而是"普遍者"。"普遍者"即是"同者"。这样，人们竭力要在我们的传统中找到"普遍的"东西（存在论、认识论、辩证法，等等），并用西方哲学的术语来解释中国传统思想。

这种做法的合法性是建立在下述信念基础上的，即只有一个世界，一种实在。这个唯一的世界就是由近代科学实在论思想给予的自然世界。可以将此世界数学化，但它是自在地处于因果秩序中。经验中给予的东西被构造为只是那个基础层的因果现象。科学宣称它们描述的世界是"客观的"世界，这种客观性意味着可以在主体间普遍地证实。因此，我们有相同的世界，相同的心灵和相同的真理。我们相信世界是给予的，而非构造的。也因此，中国人很难理解科学的实在观之主动与构造的特点。这也就是为什么只有很少的中国人能正确理解先验哲学。然而，只要人们相信我们只有一个世界和相同的心灵，文化间理解的问题本身就不可能是一个真正意义上的问题。

胡塞尔的生活世界的理论根本动摇了上述信念。根据这一理论，科学的世界不是一个最终的世界，它建立在我们生活于其中的生活世界之上。生活世界在三重意义上先于科学世界。首先，生活世界在历史上先于科学世界，既在一般的人类历史上，又在个体发展上先于科学世界。其次，生活世界是普遍给予的，而科学世界则不然：并非所有文化和民族都有近代科学所描述的自然世界。相反，任何文化都有它自己的生活世界和日常的实践的事物经验。有近代自然科学的社会和无近代自然科学的社会皆然①。生活世界第三重也是更强得多意义上的优先性是所谓存在次序上的优先性。胡塞尔论证道，科学所假定的描述的世界是通过抽象、观念化，以及（在自然科学的情况中）对生活世界提供的具体直观基础归纳而来的一种高层次的建构。因此，如果没有生活世界对我们的以明证

①　Husserliana VI, 125.

(Evidenz) 为基础的生存有效性，科学世界既不能有生存的有效性，也不能那样对我们"存在"；甚至在意向行为中科学的抽象或理论的存在物都不可能被思维和给予。因此，生活世界是科学世界的基础。

然而，生活世界不只是一个感性的世界，也是一个丰满的文化-历史世界，充满着过去文化-历史和观念活动的积淀，这就意味着它多少随着各个文化或时代的不同而互异。因此，没有共同的生活世界，只有多元和不同的生活世界，每一个都意向地与一个特殊的主体间共同体相关。对于这个共同体来说，这个生活世界就切实存在在那里。有关这个立场的论述可以在胡塞尔主要的已出版的著作中找到①，但在他私人的手稿中，具体生活世界的多元性以最清楚、最不含糊的措辞得到了反复的肯定和表达。例如，1927 年在题为《周围世界和"真实"世界》的手稿 AV9 中，胡塞尔写道：

> 因此，对于祖鲁人来说，我们认识和经验为科学、科学著作和文献的东西，在那里并不是作为书籍、杂志等等，虽然书籍在那里对于祖鲁人来说是作为东西存在，可能是作为有这样或那样魔法性质的东西；即有着反过来对我们而言不存在的解释。如果我们领悟自身表现在经验的主体的一致（subjektiveinstimmig）中的东西，或民族地或历史地表现在历史共同体中的东西，如果我们认为这属于这个人类共同体具体的经验世界，那么我们必须说：每一个这样的人类共同体都有一个不同的具体世界②。

---

① 参看 Husserliana I, 160-163；Husserliana VI, 142。

② 转引自 Gail Soffer, *Husserl and the Question of Relativism*. Dordrech/Boston/London: Kluwer Academic Publishers, 1991, p. 151。

如果这样的话，我们如何以及在何种程度上可能理解其他文化？胡塞尔在1925年题为《周围世界的描述》的手稿AV10中，肯定了生活世界许多对象有限的主体间性：

> 我们并不与所有的人共有同一个生活世界。并不是所有"地球表面上"的人都与我们共有那些构成我们的生活世界和决定我们个人行为与努力的对象，甚至当那些人与我们实际接触时，如他们在任何时候所能的那样……对象是在那里对我们而言存在——尽管大家承认对象也在变化中，我们对它们的理解时而和谐，时而冲突——但对象并不对他们存在，这就是说，他人对它们没有理解，他们完全没有它们作为这些对象的经验。当他们看见它们，如我们所说，看见我们这些相同的对象时情况正是如此……如果我们把一个巴图人加诸这个人类共同体，那么显然，面对我们的任何艺术作品时，他的确看见了一样东西，但不是我们周围世界的对象，艺术作品。他没有看法，不理解它——作为这个对象，艺术作品——即在"我们的"世界作为米盖朗琪罗的大卫，有着属于这件作品的"客观"规定性……①

但这不是说胡塞尔认为，既然一个生活世界的某些因素是其他生活世界没有的，文化间的相互理解就是不可能的。恰好相反。在胡塞尔看来，具体的生活世界有一普遍的结构或经验的核心，那里存在着两个生活世界间共同的基础，足以构筑一条通往迄今为止还"无法接近"的意义结构和意向对象的道路。例如，在那个老派的祖鲁人和书籍的例子中，语言与交往的存在甚至在一个没有书面语

---

① 转引自 Gail Soffer, *Husseri and the Question of Relativism*. Dordrech/Boston/London：Kluwer Academic Publishers，1991，pp.151-152。

言的生活世界中也能提供一个这样的基础。因此，祖鲁人可以理解语言与交往是什么，符号是什么，在此基础上可以逐渐理解书面语言（的意向构造），和书籍作为一种使用这种语言交往的形式。然后书会像属于任何有书面语言和书籍的生活世界那样属于他的生活世界。但问题是：依靠语言和交往人们可以达到对某些像书这样的对象的相同理解这一事实是否能证明有一个生活世界的共同结构？

很显然，文化间理解不只是理解像书或艺术作品这样的对象。同样有不少例子，在这些例子中，即使在各种实际条件理想化，或至少是最大可能有利的情况下，主体间性或相互理解仍是不可能的。宗教给这种例子提供了肥沃的土壤。就像在祖鲁人的例子中，胡塞尔常常指出"原始人"的生活世界中居住着恶魔、精灵和其他想象的东西，这种东西对他们有一种公共的存在有效性，但对西方人而言却没有。当然，一个西方近代人类学家可以对原始人的生活世界，包括他们的精灵，"神秘的"神祇和野兽有很好的把握。同样，祖鲁人或任何非西方文化出身的人都可逐渐理解酒和圣饼在一个基督徒的意向生活中是如何构造的。但理解一个异己的生活世界是一回事，生活于其中完全是另一回事。主体间性或相互理解在相关的意义上不仅需要前者，也需要后者。一个揣测到异己文化的意向生活却并未将此世界构造为对他自身而言实在的世界的人的确也可以理解别的传统，但却不会与这些传统一致。每个生活世界的内容也没有提供任何方法使我们能解决这种不一致，达到对一切事物的相同理解。一致最多在于承认生活世界的不可通约性：这些东西属于我们的生活世界，那些属于别人的生活世界，而不要求，也不需要消解这些差异。换言之，不再有一个在严格意义上"对一切人存在"的客观实在，而只有在主观——相对意义上"对我们而言存在"。这样，祖鲁人在将书感知为书面交往的媒介时，不必不再将书感知为祖先幽灵的化身。同样，我不明白为什么我在理解莱布尼茨的单子论的同时必须认为世界是由单子构成的。

其实按照胡塞尔的生活世界的理论，文化间理解应在真正的意义上是可能的，如果它意味着特别的文化应理解为他者；否则就是不可能的，因为我们不能超越我们的生活世界或去掉它对我们理解的制约，如果生活世界是一切事物得以向我们彰显出来的视域①，那么伽达默尔所谓的"视域融合"只能是有限的。毕竟没有共同的生活世界，生活世界之间的差异是无法消除的。事实上胡塞尔意识到，并承认生活世界本身是相对的。他在《欧洲科学的危机和先验现象学》（以下简称《危机》）中写道：

> （生活世界）是事物的时空世界，我们在我们的前和外科学生活中经验到它们，我们知道它们被经验……事物：即石头、动物、植物，甚至人和人的产物；但这里一切都是主观—相对的，即使通常在我们的经验中，在我们统一在生活的共同体的社会群体中，我们达到了"可靠的"事实……但当我们被投入一个异己的社会领域，刚果黑人、中国农民等等的社会领域，我们发现，他们的真理，对他们来说是确定的，一般来说是证实了的或可证实的事实，和我们的一点也不一样。②

---

① David Carr, "The Lifeworld Revisited". *In Husserl's Phenomenology: Textbook*. Edited by William R. Mckenna and J. N. Mohanty. Washington, D. C.: *Center for Advanced Research in Phenomenology*, University Press of America, 1989, p. 297.

② Husserliana VI, 141; English Translation from *The Crisis of European Sciences and Transcendental Phenomenology*. Translated by David Carr. Evanston: Northwestern University Press, 1970, p. 139.

但胡塞尔论证说，虽然每一个人类共同体的具体生活世界都不一样，但各生活世界共有一个共同的一般结构。这个一切生活世界经验共有的结构可以为形成可普遍理解与证实的高层次的（如关于物理实体、数、几何形状）概念和证明提供基础。因此，他在《危机》中继续写道：

> 一旦我们考虑到生活世界在它所有相对的特点中确实有一个一般的结构,（生活世界相对性）的尴尬就消失了。这个所有相对存在的东西都受其束缚的一般结构本身却不是相对的。①

的确，自然科学假定，尽管有文化—历史的不同，基本上还是有一个单一的、标准的人类对于感性物体领域的经验。因此，由一个特定生活世界成员进行的经验证实原则上可以为任何一个生活世界的成员进行，自然科学的判断是（至少潜在地）普遍主体间性的。同样，数学家和逻辑学家预设，他们的判断中所用之概念是可以普遍理解的，这些判断本身在任何历史时期或文化语境中都可以一再被重新作出，并始终精确地有着同样的意义和证明。但如果数学和逻辑概念本身是通过对生活世界的具体直观对象的抽象与观念化而形成的，那么数学和逻辑的普遍的主体间性的论断也有一个遍及所有生活世界的共同结构②。

然而，具有讽刺意味的是，这个立场只有在科学世界是给予的，而非构造的，即它是原初的世界的条件下才有效。但这将和胡塞尔的生活世界的思想相矛盾。正如 David Carr 所论证的，一旦我

---

① Husserliana VI, 141; English Translation from *The Crisis of European Sciences and Transcendental Phenomenology*. Translated by David Carr. Evanston: Northwestern University Press, 1970, p. 139.

② 参看 Husserliana VI, 385。

们认识到生活世界不仅包括事物和人，而且也包括历史地偶然的各种哲学、宗教、科学以及其他文化形式的积淀，那么实际存在着普遍结构的主张的就很难说得通了。因为那些文化形式深入到我们理解实在的方式，不仅经验的内容，而且经验的结构都受到了影响。因此，即使在感性知觉最基本的层面，各生活世界都由于它们中流行的理论与解释而有基本的不同。"我们越来越区分被经验的世界和被这个或那个理论解释的世界。理论已经成为我们经验方式的一部分。"①一个超越一切理论和文化—历史因素，遍及所有生活世界的共同结构不仅在经验上，而且在原则上几乎都是不可证明的。没有族群没有时空经验并不能证明祖鲁人有与西方人一样的世界观。科学所得结果的普遍有效性只证明人类有某些共同的经验，这些共同经验使得科学原理的主体间可理解性和可证实性成为可能，但并不证明有一个遍及所有生活世界的"普遍结构"，它可以最终保证不同生活世界的人们可以最终达到相同的理解。一切生活世界都有的时空经验的共同结构或层面可以是科学的一般基础，但不是基本的生活世界层面，因为生活世界不是自然世界，而是一个文化-历史世界。归根结底，科学的世界不是一个给予的世界，而是一个构造的世界。不同世界的人接受它就像接受数学或逻辑那样只说明他们能共有对某些对象的同一理解，就像他们对数学或逻辑的问题可以有相同的理解一样。但这并不说明在他们不同的生活世界下面有一共同的结构，因此他们必然要将他者理解为同者或我。

显然，具体的生活世界只是彼此部分重叠，而不是完全重叠。

---

① 参看 David Carr, "The Lifeworld Revisited" in Husserl's Phenomenlology: Textbook, p. 307。

正是这些重叠的部分构成了可以使我们超越自己特殊的文化去理解和与不同文化的代表交流的基础。然而，这并不是说我们将和他们达到同样的理解。无论何种程度的对话和经验都不能使我们在其充分感性的给定性上共有一个单一的具体生活世界。在这里，一致最多只是说双方都承认相对性：我们感性的生活世界之构造是我们的世界，而非他们的世界。即使我们可以称不同生活世界重叠的部分为它们的共同结构，也不能消除它们的不同，和使之成为它们可通约性的基础。

但胡塞尔关于生活世界的共同结构的预设却意味着他不会允许生活世界完全的不可通约性。胡塞尔对于生活世界的共同结构的证明归根结底仰赖他现象学的唯我论倾向。根据胡塞尔的现象学，先验自我是第一位的。在一方面，对于胡塞尔来说，世界是一个"普遍的精神获得物……发展并同时继续作为一精神的构造发展，这样，它是一个普遍的、最终起作用的主体性的感性形式"①。另一方面，即使别人与我不一致，这种不一致本身及其原因一定可以给我作为一个现象。归根结底，他者是由我构成的。虽然他者可以仍是他者，我按照作为先验自我的我来构造他者。是我赋予他者存在的意义。胡塞尔将优先性给予自我的正当性理由来自一切原则之原则：我自己的意向生活是当下给予的，而他人的意向生活是在我自己的意向生活基础上呈现的。《欧洲科学的危机和先验现象学》之主题的主导目标之一便是在先验主体性原始的赋予意义基础上现象学地阐明生活世界本身。因此，生活世界的可通约性实际上建立在一

① Husserliana VI, 115; *The Crisis of European Sciences and Transcendental Phenomenology*, p. 113.

种主体的结构，而不是一个共同的或主体间的结构上。因此，对于胡塞尔来说，文化间理解只能将他者理解为同者，而不是他者。

面对政治上和哲学上兴起的非理性主义和民族主义的浪潮，胡塞尔在他 30 年代的著作中诉诸理性主义和欧洲主义。按照胡塞尔的看法，区别"欧洲"理性和其他文化较自然—实用的理性（包括那些他类分为"准哲学的"理性，像印度和中国的理性）的，是其绝对真理的目的观念。真理对于任何人，在任何时代都是一样的，而且有终极的基础。① 《危机》文化帝国主义的修辞学表明，胡塞尔试图将作为"一个精神形态"的欧洲作为人类文明的目的实际上是在主张欧洲文化的普遍性。

我们经常出于好意，在我们与其他文化和来自那些文化的人相遇时寻找相同或相似。但这么做实际上会将他者同化为自身。如果文化间理解只是要寻找相同性，它对我们的必要性和意义何在？这样，讨论这种文化间理解的可能性将是无意义的，因为它不管怎样都是绝对可能的，但它的必要性和合法性会是成问题的。考虑到具体生活世界的不可通约性，真正的文化间理解只有当我们将他者理解为他者，而不是同者时，才是可能的。但如果我们像胡塞尔那样，预设一个遍及所有生活世界的共同结构，而它只在于先验自我，那个主体性的原点必然证明一切"客观的"有效性，我们就不可能将他者理解为他者。我们必然会把他者化约为相同的我。这在文化间理解中必然导致某一特定文化中心论，如我们在胡塞尔那里看到的那样。相反，承认他者极端的他性并不意味着没办法理解他者。不能认为不可通约的语言和传统是毫无共同之处，自我包容的

---

① 参看 Husserliana VI, 327-331。

没有窗户的单子。我们语言的视域始终是敞开的。正是这使文化间理解，有时甚至是"视域融合"可能。

　　总结我们关于生活世界和文化间理解之可能性的讨论，可以看出，正是生活世界的差异和不可通约性使文化间理解必要和获益良多，如果文化间理解的目的是去理解他者，而不是我的话。一个遍及所有生活世界的共同结构无论在经验上还是在原则上都是无法证明的。承认这样一个共同结构的预设并不能消除生活世界的差异；却必然要导致某种文化普遍有效性的主张。生活世界的不可通约性并不是说文化间理解是不可能的。在各生活世界之间总是有着交叉重叠的部分，它们为我们使用我们的语言、情感和认识的想象去把握在"异己"文化中表达和述说的东西提供了一个基础。但在这么做时必须抗拒双重诱惑：一、轻易将别人说的话同化为我们的范畴和语言，而不能公正对待真正不同的东西和可能是不可通约的东西；二、简单地把别人说的东西当作自相矛盾的胡说八道来打发。我们必须拒绝任何文化普遍性的主张，如果我们坚持生活世界的多元性的话。文化间理解应该使我们能学到更多关于他者的东西，然后也学到更多关于我们自己的东西。在文化间理解中发生的应该是对话，而不是独白。

　　　　　　　　　　（原刊中国台湾《哲学杂志》，1996 年，第 17 期）

7

海德格尔研究

海德格尔的实践哲学

一

不要说把海德格尔的哲学叫作实践哲学，就是将他的哲学与实践哲学相联系，都会引起极大的争议。海德格尔不但没有谈过实践哲学，他也没有写过伦理学著作或政治哲学的著作，这都是现代哲学史上引人注目的事实。了解其哲学的人更会提出具体理由证明海德格尔哲学不仅不可能是实践哲学，而且还是根本反对实践哲学的。海德格尔一生只关心存在的问题，关心存在论，对存在者层面（ontisch）或具体的事情一点也不关心，他没有伦理学或政治哲学一点也不奇怪。海德格尔忽视人类经验主体间性或集体的维度；或者他根本就只关心本己，不关心他者。还有人会觉得他的哲学虽然形式上自成一体，实际上还是不脱离德国传统理论哲学的路数，等等。不仅如此，他还遭到他的以实践哲学著称的学生的批评，说他不关心人的实践，或他的哲学缺乏实践哲学的维度。

例如，虽然伽达默尔公开承认他是在听了海德格尔关于亚里士多德的《尼各马可伦理学》的课后开始追随海德格尔的，但他自己的实践哲学对亚里士多德 *phronesis* 观念的吸收却是一反老师那种思辨的方式。在讨论亚里士多德的这个重要概念时，海德格尔称赞亚里士多德用独白的推理取代柏拉图喜欢的对话，从而表明语言只是一种看世界的临时中介，这种看最终要把语言弃之不顾。伽达默尔自己则强调要恢复 *phronesis* 这个概念实践智慧的、利他主义的和正当的伦理学内涵。而海德格尔在他对亚里士多德的解释中试图通过把 *sophia*（理论生活的德性）置于 *phronesis* 之上把这种内涵降到最小程度。(Gadamer, S. 81) 在《狄尔泰年鉴》发表曾经一度遗失的海德格尔的这个报告《对亚里士多德的现象学解释》[1]时，伽达默尔写道："今天使我吃惊的是，在海德格尔的手稿中，突出的根本不是 *Phronesis*，而是理论生活（*bios theoretikos*）的德性（*aretê*），*sophia*。"(ibid.) 同样使他吃惊的是海德格尔坚持要洞察秋毫（*Durchsichtgmachen*），不承认历史与人类命运中的晦暗不明。"从整体上说，最使我吃惊的是占压倒优势的存在论兴趣，它走得如此之远，把对 *phronesis* 的分析也包括其中，以至于在这个纲领性著作中 *êthos* 的概念几乎根本没有提到。"[2]

阿伦特虽然也公开说她的《人的条件》是受到海德格尔思想的影响，但人们认为她的这部著作是在逐点反驳海德格尔马堡时期对希腊人的解释。海德格尔注重的是理论生活的德性，而阿伦特认为这种沉思的理论生活会抹去修昔底德赞美的政治人（*bios politicos*）的德性。在给予理论生活优先性时，海德格尔悲叹，由于这种生活献身于沉思自然运动中永恒的东西，它忽视了此在必有一死。海德格

---

[1] Heidegger, *Phänomenologische Interpretationen zu Aristoteles*, Stuttgart: Reclam, 2002. 这是海德格尔 1922 年写给那托普和米施的报告，与他同名的《全集》第 61 卷不是同一部著作。

[2] Cf. Jacques Taminiaux, "The Interpretation of Aristotele's Notion of Aretê in Heidegger's first Courses", *Heidegger and Practical Philosophy*, ed. by François Raffoul and David Pettigrew, Albany: State University of New York Press, 2002, p. 25.

尔从一个单独的此在的存在论角度来读《尼各马可伦理学》，阿伦特却强调这部著作反映的是政治生活及其可能性之条件——众多人类共享行为和话语。海德格尔认为亚里士多德对人"政治动物"的定义是沉沦的日常共在，而"有理性的动物"（*zoon logon echon*）的定义通向一个饱满但独自的推理维度。而阿伦特却坚持两者具有同样的地位，拒绝把前者视为属于非本己的常人以及闲谈，后者才能最终见得真理。①

尽管如此，我们还是必须问自己，为何不仅伽达默尔和阿伦特，还有汉斯·约纳斯和列奥·斯特劳斯，这些海德格尔的学生恰恰是在海德格尔的影响下走上了他们各自的实践哲学的道路？②一个极端反实践哲学或非实践哲学的哲学家，却会影响他的一批天才学生走向实践哲学？这是怎样的一种影响？为什么这些天才的学生没有一个走上传统理论哲学的道路，追求传统理论哲学的问题？如果海德格尔哲学与实践哲学毫无关系，或没有实践哲学的因素，这是无法想象的。然而，说海德格尔哲学是实践哲学或不是实践哲学，都一样不难找到根据。

例如，在《存在与时间》中，海德格尔把此在与存在者的关系分为两种：应手的和现成的。(cf. Heidegger, 2001, S.66-72.) 前者比后者更为基本，因为我们总是先在日常生活中与各种事物打交道。这种交道肯定不是纯粹观察和认识的，而是实用的和实践的。事物最先总是作为对我们有某种用处的器具向我们呈现；另一方

① Cf. Jacques Taminiaux, "The Interpretation of Aristotele's Notion of Aretê in Heidegger's first Courses", *Heidegger and Practical Philosophy*, ed. by François Raffoul and David Pettigrew, Albany: State University of New York Press, 2002, pp. 25-26.

② Ibid., p.13.

面，我们不需要先对它们有什么理论认识就已经对它们的（实用）意义有所了解，从而能利用它们或使用它们。只要我们存在，我们就对它们的（实践意义）有某种把握，海德格尔把这种把握叫作"统观"（Umsicht）。这种统观不像理论认识那样通过努力得来，而是我们与生俱来的。只是在我们与事物打交道出现了障碍或挫折时，我们才会去理论地打量事物，即静观地认识事物。此时，事物作为我们的理论认识对象，即现成之物（Vorhandenes）出现。我们把它们作为研究的主题，即所谓的主题化，形成各门理论科学。海德格尔此说，解构了西方把人与事物的关系首先理解为认识关系，从而理论优先的传统，突出了实践存在的原始地位。

然而，如果我们就此认为海德格尔哲学是一种强调实践第一、理论第二的实践哲学甚至实用主义哲学，那就大错特错了。如果我们仔细阅读《存在与时间》和海德格尔后来的许多著作的话，就会发现事情没有那么简单。我们不可能盲目实践，例如，即便是用锤子钉钉子，我们首先也必须能知觉到锤子。虽然知觉不是对事物的理论认识，但它本身是对工具的实践统观。我们知觉锤子为锤子而不是别的任何东西，就意味着知道它可以派什么用场。另一方面，理论认识，特别是自然科学，基本上应该是"操劳"（Besorgen），本身必定有实践的特点，"理论研究也有它自己的实践"（ibid，S.358）。近代传统对于理论与实践的区分是站不住脚的。海德格尔用观察显微镜有赖于作"切片"为例来证明他的观点。当然这个例子对于他的意思来说还不够。我们对锤子的统观与观察显微镜要作"切片"还不是一回事。理论本身就是实践的，不单单是由于实践与之相伴。但是在《存在与时间》中，海德格尔对理论本身的实践特点再没有说别的。因为他完全是在亚里士多德 *theoría* 的意义上来理解对现成事物的理论认识的，自然科学是这种认识的突出例子：
对存在者纯粹的觉知，或者"平静地停留"在存在者上，人绝不旨
在行为或实践，如果说理论有什么目的的话，它本身就是目的。

　　海德格尔在《存在与时间》以后恰恰在这点上有了明显的变
化。他对知识和自然科学的真正本质形成了新的看法。这个新的看
法与《存在与时间》的观点恰好相反，导致对那部著作基础的一个
修正。知识与自然科学作为理论，本身就是"一种可怕的对现实事
物的介入与处理"（eine unheimlich eingreifende Bearbeitung des
Wirklichen)①，作为理论它本身是一种实践，它基本上延续为技术
的实践。我们知道，《存在与时间》没有提到过技术，所以我们有理
由认为对技术的思考是他关于理论与实践问题理论改变的一个关
键。此后，他绝不在传统理论与实践二分的框架中来讨论理论或实
践的问题。而传统的实践哲学与此二分框架不无关系。

　　亚里士多德 theoría 意义上理解的自然科学与技术没有一点亲
和性。但是，在后《存在与时间》的海德格尔那里，自然科学与技
术有根本的关联。技术是自然科学的延伸，最终彰显其特有的本
质。自然科学的本质是技术，从而是实践，不再是理论知识的一个
突出例子，而必然是对应手器具的统观的一个突出例子。它是此在
接触存在者原始的方式。海德格尔就这样悄悄地把统观溶解在技术
中，而技术又是自然科学的本质。《存在与时间》理论与实践、应手
存在与现成存在的二分被放弃了。

　　导致这种放弃的不仅仅是因为技术问题进入了他的视野，而是
上述这种二分本身就有困难。按照《存在与时间》的海德格尔，对

---

　　①　Heidegger, *Vortrage und Aufsatze*, Pfullingen: Neske, 1978, S. 56.

现成事物的理论知识与对应手事物的统观有根本区别。理论本质上
有一种述谓的基本形式，因此此在总是能在真理中存在，也因此会
有谬误。如果这样的话，那也应该适用于统观，可是统观好像没有
真假的性质。根据海德格尔，统观事实上根本不是述谓，而是"前
述谓的东西"（Vorprädikatives）（2001，SS.149，359）。但这样他就
自相矛盾了，因为他必须承认，他理解的作为对周围世界的存在者
的原始感知的统观，本身也能理解（ibid，S.138），因此不仅成真，
而且如果是错误感知的话，它就是错的。也就是说，不是述谓的统
观却也像理论知识那样有真理与谬误。这表明海德格尔明确区分对
应手事物的实践的统观与对现成事物的理论认识是不成功的。就其
至少也有真或误而言，不如说实践的统观本身一定已经是理论知识
了。但它反过来也使得从较原始的对存在者的知觉开始，最后到高
度发展的自然科学的理论认识，本身必定是统观意义上的实践
认识。

德国学者普劳斯对此曾有精辟的分析。他指出，在《存在与时
间》中，操劳基本上会受挫或不受挫。行为受挫以后，我们会把事
物作为观察对象来观察打量，统观因而就变成理论认识。统观的认
识总是与某个确定的事情有关，本身会成功或不成功。认识上的不
成功就是错误，例如，我可能错把雨伞当成拐棍。所以真理也可以
看作就是认识的成功。操劳的此在在行为时原则上绝不会要不成
功，而是总是要成功，因此在认识时它也原则上绝不会要不成功，
要错误，而是总是只要成功，只要真理。所以，正如行为会有不成
功，认识也会有不成功，但它虽然是在认识中出现，原则上却只是
在一个操劳此在基本的成功意向中出现的东西。认识原则上有一种
真理意向，错误可能基本上只是作为不想要的错误出现在原则上只

想要真理的认识中。此在只有从成功认识的周围世界出发才能成功地行动，从用锤子锤到用火箭飞①。

二

《存在与时间》关于理论与实践的学说本身的困难使海德格尔认识到必须彻底超越实践与理论何者优先的传统思路，重新思考人的行为 (Handeln)。最终他在《论人本主义的信》中提出"思之行"(das Tun des Denkens) 的概念，它既不是理论也不是实践，而是此在源始的行为，它先于传统理论与实践二分，不是它们任何一个。在海德格尔看来，传统将思想视为 *theoría* 和那认识视为"理论"行为都是对思的技术化理解使然。传统意义上的实践与理论都是从对存在的前存在论理解出发来处理存在者，而思是直面存在本身，它不像理论与实践那样，它不产生结果。这不是因为它是柏拉图或亚里士多德心目中的那种理论沉思，而是因为实践已经不再是在传统手段—目的模式中理解的在理论基础上产生某些结果。在《论人本主义的信》一开始，他就语重心长地指出："我们还远未足够明确地深思行为的本质。"②行为不是产生一种结果，也不能从这种结果的用处来评估。海德格尔此时的"行为"概念，是要摒弃工具主义的行为概念，突出被这种传统实践概念遮蔽的人的源始行为。

从表面上看，似乎海德格尔比柏拉图还柏拉图，他根本是要把

---

① Cf. Gerold Prauss, "Heidegger und die Praktische Philosophie", *Heidegger und die Praktische Philosophie*, SS. 179-182.

② Heidegger, *Wegmarken*, S. 311.

实践消融或改造为与人的身体行动没有关系的纯粹的"思"，而这种"思"的特征就是对我们的现实生活没有任何用处。因为"思"不需要人去行动，它只是完成人与存在的关系，或者说，它体现这种关系。鼓吹这种行为概念的哲学最不可能是实践哲学，因为实践哲学一般而言，首先包括伦理学与政治哲学。它们关心的人的道德行为和政治行为虽然不产生什么实用的目的，却肯定是以产生某些结果为目标的，例如改善人的道德状况，提供建立某种或某些政治制度的原则，确立一些价值系统，等等，绝不会是无目的的。甚至人们之所以谈论实践哲学，也是为了弥补理论哲学"清谈"（无关现实）的不足，即不能直接产生某些功效的不足。而海德格尔不但从来不谈伦理学与政治哲学，甚至连通常的与理论相对的实践概念都要否定。

然而，稍微深入了解一下海德格尔哲学的话，上述结论就会动摇。海德格尔从他走上自己的思想道路开始，就对传统哲学持坚决的批判态度。他认为传统哲学最大的问题就在于它是一种理论，它的功能如同自然科学那样，是观察和认识事物，把握事物的真理。这种作为理论的哲学，与事物本身只有外在的关系，只盯着事物静止的现在，因而无法揭示事物的存在。在他 1919 年的课程中，他明确提出哲学是"前理论的元科学"①。这种"元科学"追求的不是什么"绝对知识"，而是"生命"。到了 20 世纪 20 年代，"生命"概念为"存在"概念所取代。存在成为海德格尔哲学始终追寻的目标。

什么是"存在"？存在是一切存在事物的可能性之条件，包括

---

① Heidegger, *Zur Bestimmung der Philosophie, Gesamtausgabe*, Bd. 56/57, Frankfurt am Main: Vittorio Klostermann, 1987, S.63.

理论与实践。若无存在，理论与实践均无从谈起。在此意义上，存在是理论与实践的最终根据，当然也是实践哲学的最终根据。西文中的"存在"就是"是"，因此，存在作为事物的可能性之条件，对事物有方向性的规定，而不只是一种亚里士多德意义上的"潜能"。它使得事物具有一定的意义。以存在为唯一思考对象的海德格尔哲学的确并不规定什么行为规范与价值，而是思考造成行为本身者的意义，换言之，思考使行为处于必须选择规范或价值的境地者的意义①。所以海德格尔称对存在真理之思就是"源始的伦理学"②。它无关具体的规范与价值，而显露它们的源始根据。"源始伦理学"的说法，就表明海德格尔断然把自己的哲学排除在传统的理论哲学之外，"源始伦理学"应该是他对自己哲学的一种自为命名。

这其实一点也不奇怪，因为海德格尔讲的"思"不是传统意义上作为理智行为的"思维"或"思想"，而是如他所说的是"行为"，是存在的行为，是此在的存在，是对存在的理解，是使事物有意义。这种使事物有意义的行为既不是理论的，也不是实践的，而是先于实践与理论区分的源始行为。我们不能说存在是理论的还是实践的，存在就是使一切有意义，这不是对事物的理论规定，而是一切作为存在的事实已经是有意义了，或者说，存在通过此在而使一切有意义。此在与存在的这种关系不是两个现成事物的外在关系，而是意义的显露过程，是作为存在之思的行为。我们不是在纯粹思维中赋予事物以意义，而是我们的存在已经展开了事物的意义。很显然，此种行为与其说是理论的或思辨的，不如说是实践

---

① Cf. Jean-Luc Nancy, "Heidegger's 'Originary Ethics'", *Heidegger and Practical Philosophy*, p. 66.

② Heidegger, *Wegmarken*, S. 353.

的，但不是与理论相对的那种实践意义上的实践的，而是存在论意义上的实践的。

这种源始意义的实践，不是工具性或实用性的，而是本源性的，是一种根本的展示意义的可能性。海德格尔正是在这种可能性的意义上来界定自由。在《存在与时间》中，此在的存在方式就是它的能在，即它对于其最原始的可能性——展示存在——是自由的。自由就是此在最本己的能在（2001，S.191）。它与人的意志或意志的因果性没有关系。30 年代后，海德格尔的自由概念有了进一步的变化。自由是让存在者存在，即使存在者有意义。此在的自由之可能性不在于它想干什么就干什么，而在于它的出位性，即让事物的意义在它那里展开，即让事物存在。归根结底，自由是存在意义展开的自由，它本身是无条件的。"自由不再是人的属性"，而是"人成为自由的可能性"①。而实践则是"对应于自由之现实的事实性（Tätsachlichkeit）"②。实践是有限存在者意义的展开。当然，是在此在的境域中展开的。这是传统意义上理论与实践的基本前提，当然也是传统实践哲学的前提。

如果我们把传统意义上的实践哲学主要理解为伦理学和政治哲学或其他任何与价值规范与人的实际活动有关的哲学的话，那么，海德格尔哲学的确不是这种实践哲学，他始终强调自己的哲学是存在论。但我们要注意，在《哲学贡献》中，他提出从存在**论**（Ontologie）过渡到**存在**论（Ontologie）。这其实是重申他年轻时的想法，哲学应该是元理论，应该回到事物本身的存在，应该进入到

---

① Heidegger, *Vom Wesen der menschlichen Freiheit*, GA 31, Frankfurt am Main: Vittorio Klostermann, 1982, S.134.

② Ibid., S.271.

存在本身的领域，即应该关注意义本身的源始发生，而不是理论的建构。而这样一种态度，本身已经表明了对西方哲学的不满。这种不满不是针对局部问题或枝节问题，而是针对西方哲学，乃至西方文化的根本问题。这些问题又不仅仅是理论问题，今天人类的存在方式正是它们的体现。对它们的批判，也是对今天人类存在方式的批判，这种批判难道不是实践哲学的批判？也许海德格尔不像伽达默尔、阿伦特、汉斯·约纳斯等人把批判的矛头直接指向现代文化，但海德格尔哲学难道不是提供了他们实践哲学批判的前提？

当然，人们很容易会把海德格尔对技术的批判视为与上述他的三个杰出弟子所进行的同样的批判。其实不然。海德格尔进行的是存在论批判，而他那三个弟子进行的是存在者层面的批判。除非我们误解他的批判，否则你会觉得他对虚无主义和技术的批判与其他哲学家对它们的批判相比简直不叫批判。例如，严格说，虚无主义与人思想、行为、价值取向与道德等无关。它是由于内在于存在的真理——开放的隐蔽所致。而历史—文化的虚无主义即一般人理解的虚无主义则是由于忽视了这种隐蔽的产物。本质的虚无主义（存在自身的遮蔽）与历史—文化的虚无主义与技术对自然的宰制也都没有必然关系，限制技术、恢复自然的力量也不必然就能克服对存在的遗忘。

同样，对于海德格尔来说，技术不只是当今世界一个现成的存在者，更是"正在完成自己的形而上学的概念"①。形而上学不再是人们主观创造和从事的一种理论学科，而是一个自我完成的事件。它在人的主观意志之上和之外发生。由于这个事件，哲学不再是人

---

① Heidegger, *Vortrage und Aufsatze*, S. 95.

的建构，而成为世界的一个客观的功能系统。它不再是欧洲人特有的实践，而通过技术对世界生态的影响成为全人类都陷入其中的一种生活形式。在海德格尔看来，种种技术关系是哲学史的极致，因为它们实现了在形而上学研究中只是假设的抽象关系。在技术关系中，感觉与关系之间的关系被取消了。形而上学体系在充满技术关系和技术可能性的世界中实现了。技术关系抹去了抽象结构与日常生活、形式过程和实质关系间的不同。日常成为形而上学；形而上学成为日常。形而上学在技术中的完成是形而上学的实现，而不是形而上学的取消："形而上学现在第一次开始了它对存在者本身的无条件统治，以一种无真理的现实和对象的形态。"①形而上学在技术上的实现导致理论与实践之间，理论与现有的东西之间鸿沟的丧失。②但这肯定不是说技术把理论与实践统一了起来，而是说技术对世界的统治使得传统理论与实践的区分都不必要，从而消失。现在一切都可以用技术来解释，君不见"政治"现在越来越多被"治理"——统治的技术所代替，伦理学越来越成为应用伦理学。

海德格尔的批判本身似乎只能叫形而上学的，而不是实践哲学的。其实，他即使在谈传统纯粹属于实践哲学的问题时，也是从形而上学的角度、用形而上学的话语来谈的。例如，在谈论古希腊的 *polis*（城邦）时，他是这样来描述它的：

> 什么是 *polis*? 这个词本身将我们引向答案，如果我们使自己对存在与真理的希腊经验有一本质理解的话。*Polis* 是 *polos*，即中枢，以其特殊方式吸引万物围绕着它的那个地方，对

① Heidegger, *Vortrage und Aufsatze*, S. 67.
② Cf. Joanna Hodge, *Heidegger and Ethics*, London & New York: Routledge, 1995, p. 20.

于希腊人来说，万物是在存在者中揭示的。作为这样一个所在，
这个中枢让存在者在它们隶属于它们牵涉事物的总体关系的存
在中出现。这个中枢不在存在者的存在中产生或创造它们，但
作为枢轴，它是存在者作为整体揭示的地方。*Polis* 是一个所在
的本质，因此我们讲希腊人历史居住的地区所在。因为 *polis* 总
是以这种那种方式让存在者总体在它们牵涉的事物关系中出
现，它本质上与存在者的存在相关。在 *polis* 和存在之间，一种
同一本源的关系支配着。①

他的这个描述，纯粹是在谈他的存在论思想，而与政治哲学没有什
么关系。他把一个政治概念变成了一个存在论的概念。但是，我们
若是接受海德格尔对存在论（ontologisch）与存在者状态
（ontisch）的区分的话，那么就可以说，海德格尔从存在论层面解
释 *polis* 并不妨碍人们可以继续从政治哲学（区域存在论）的层面来
解释 *polis*。而这两个层面并不是截然分开的，前者是后者的基础与
根据，后者对其对象的研究其实总是已经包含对它的存在论理解，
这一点海德格尔在《存在与时间》中已经说得很清楚了。海德格尔
甚至会说，只有从存在论意义上的 *polis* 出发，我们才能真正理解和
把握政治意义上的 *polis* 概念。

三

然而，始终只是在存在论层面谈问题，始终坚持他的问题只有

---

① Heidegger, *Parmenides*. Gesamtausgabe 54, Frankfurt am Main: Vittorio Klostermann, 1992, SS. 132-133.

一个，那就是存在问题的海德格尔，其哲学能否是实践哲学？如果是，究竟是在什么意义上？

尽管对于"实践哲学"的概念人们尚未有完全一致的定义，例如，马克思主义哲学家心目中的实践哲学与亚里士多德传统意义上的实践哲学肯定不是一回事。我是在后一种意义上使用这个概念，但是，也并不完全排除前一种意义。在后一种实践哲学中，"实践"指的是与理论活动、生产劳动和经济活动判然有别的正确的道德伦理行为和政治行为。在德国哲学中，人们往往用 Handeln 及其名词 Handlung 来指此种意义的实践，所以它往往可以与 Praxis 交换使用。在海德格尔哲学中 Handeln 也是一个重要的概念，不断有哲学家把它作为自己研究的主题①。但海德格尔的这个概念与其在亚里士多德那里或德国古典哲学家和其他现代德国哲学家那里都不同，且前后期也有很大的不同。在《存在与时间》中，Handeln 主要是在传统目的—手段意义框架中用的，指受统观引导的人的实用活动，有点类似亚里士多德讲的 Poiesis（生产）②；而在后期著作中，如在《论人本主义的信》中，Handeln 则是指存在之思，即存在之意义通过此在的存在而展示。至于传统与理论相对立的、手段—目的意义上的"实践"，以及亚里士多德意义上的"实践"，海德格尔很少使用，即便使用，也是为了说明他自己的思想，而不是要正面肯定这些概念以及与之有关的实践哲学。那么，我们还能说海德格尔哲学

---

① 例如 Gerold Prauss, *Erkennen und Handeln in Heideggers "Sein und Zeit"*, Freiburg/München, 1977; Carl Friedrich Gethmann, "Heideggers Konzeption des Handelns in *Sein und Zeit*", *Heidegger und praktische Philosophie*, Hg. von Annemarie Gethmann-Siefert und Otto Pöggeler, Frankfurt am Main: Suhrkamp, 1988。

② Cf. Carl Friedrich Gethmann, "Heideggers Konzeption des Handelns in *Sein und Zeit*", S. 145.

是实践哲学，或者海德格尔的实践哲学吗？

即使是对海德格尔与亚里士多德实践哲学的继承关系有深刻解释的塔米尼奥（J. Taminiaux），也认为海德格尔最终是带着柏拉图的偏见来对待亚里士多德的实践和生产的概念。体现人的复数性的意见（doxa）被归结为此在非本己的行动。海德格尔实际上是和柏拉图一样，根本藐视多数人的意见，不重视人类事务，把理论生活（bio theoretikos）看得高于一切。正因为如此，海德格尔实际上最终把实践理解为理论或等同于理论或思①。

我们认为，塔米尼奥是在用传统的理论与实践概念及其对立的模式来判断海德格尔哲学的性质，他忽视了海德格尔对此模式的扬弃。要弄清海德格尔哲学的性质，我们还必须对"实践"概念本身再简单界定一下。不管人们是把"实践"一般理解为人的行为，还是狭义地理解为人际行为（道德行为和政治行为等），它都是人最基本的特征，是人与他人和世界发生关系的基本方式与途径。人与他人和事物的任何关系，都有一定的意义，而不是任意的。无论我们是出手制止一个暴行还是对它形成一个道德判断，只有在我们与之有一定关系的情况下，或者说它已经与我共在的情况下，才有可能。事物或他人不管与我们有何关系，都是有意义的，即我们对其所"是"有一定的把握；绝对的无意义就是绝对的无，遑论关系了。这种关系不是两个现成物之间的外在关系，而是此在与其他此在或其他存在者之间的存在关系，或者说存在论关系，指的是我们对它们的意义，它们之所"是"有所理解和把握。这种理解与把握

① Cf. Jacques Taminiaux, *Heidegger and the Project of Fundamental Ontology*, pp. 129-137.

不是主观理智的认识，而是我们存在的行为。我们存在于世，就对世界上的种种事情和人物有理解与把握。孩子知道母亲是母亲，当然不是通过理论认识，而是他活着（存在）就对母亲之"是"有把握，或者说，就明白母亲"是"谁。当然，除了存在论关系外，我们与事物和他人还有存在者层面的关系。例如，摇篮里的孩子与其母亲有一定的物理方位关系；有母子之间的人伦关系；有哺育者与被哺育者之间的喂养关系，等等。但这些存在者层面的关系显然都是以母"是"其子之母，子是其母之子，或者说，孩子与其母亲有存在论关系为前提的，这种关系不存在，种种存在者层面的关系都无从谈起。

这种关系从哪来？当然不是人为主观的规定，而是存在论的基本事实，就是世界万物就是有意义的。意义从哪来？当然也不是人能主观加以规定的，虽然人们很容易相信是那样。意义之源来自那个规定意义之"是"，这个"是"就是存在，它既不是一个实体也不是一种性质（存在性），而是一个事实的、历史的发生，一个事件（但不要将"事件"理解为有头有尾完成了的事情）。它是展示，是开启，是敞开，是万物从中出现（呈现）的深渊，是给予和发送，是天命。即便是这些术语和概念，也不能完全表达存在的真正意义，所以海德格尔要不断地重新开始。但有一点是清楚的，就是它永远是犹抱琵琶半遮面，既展示又遮蔽。此在只能听从它，绝不能控制它。它是此在的绝对条件。我们之所以觉得海德格尔的这些说法神秘，是因为我们是用精神、物质二元论来理解世界的，而没看到存在的绝对性，即它规定了精神与物质，或者说，它使精神与物质各是其所是。

海德格尔始终坚持存在在此在的境域中展示，也就是说，存在通过人使事物有意义，使事物是其所是。但这绝不是说人决定事物是什么，而是人只要在世存在，事物就已经是什么了。换言之，事物之"是"是通过人的在世存在展示的，人就处于事物之存在的展示中，也就是处于存在的真理中，但此真理同时是遮蔽，这就是人的有限性。人的在世存在当然不等于意识活动，也不是一般意义的实践，但却是行（Handeln），而不是意识活动意义上的思。海德格尔后来把这种行叫作"思"，不是在人的主观思维意义上使用这个词，而是在他自己特有的意义上使用的。严格说，这种"思"是存在之思，不是人对存在的思，而是存在自己的思，即存在的展示或存在的言说，它与存在互属共生。前苏格拉底哲学家最好地揭示了这种共属，巴门尼德的"思有同一"就是典型的例子。即使在柏拉图和亚里士多德那里，还可看到思与存在共属的若干痕迹。但到了近代，思就完全成了主体的活动了，思变成看计算思维和技术。对于存在之思，或作为存在的思，现代人反而不能理解了。

要理解海德格尔的"思"的意思，还得记住"意义"二字。思不是一种特殊形式的行为，也不是优先于其他行为的"理智行为"，而是在一切行为中激活存在的意义的东西，没有存在的意义就不会有行为①。意义不是此在的属性，而就是此在本身。在后期海德格尔那里，为了避免主体主义的陷阱，海德格尔更多地把此在规定为存在的此在，这个存在的此在就是意义。从存在论上说，此在是存在意义的展开，这种展开就是它的行为，但不是主观意识或意志的行为，而是存在行为。一切其他行为，都以此行为为条件。西方形而上学长期对存在的遗忘，也造成了对此种存在行为的遗

---

① Jean-Luc Nancy, "Heidegger's 'Originary Ethics'", p. 68.

忘。以为世界由赤裸裸的现成事物组成或把行为看成是受主观意志或意识操控的活动，就是这种遗忘的一个表征。理论与实践的二分也是这种遗忘的表征，这种二分没有看到它们其实都是以存在行为为前提的。

而通常意义的实践哲学，正是建立在这种二分基础上的，这从人们把它理解为与理论哲学相对就可看出。实践哲学无论研究人类什么行为，都是研究存在者层面的行为，研究与"可以认识什么"相对的"应该做什么"。但海德格尔的行为，即存在之思，却"既不是理论也不是实践，它在这区分前发生……这样的思没有结果。它没有功效"①。如果我们不接受与理论相对的那个实践概念的话，我们可以把海德格尔的"思"或者行为概念成为源始的实践，就像他把自己的思想叫作"源始伦理学"一样。它不具体研究和告诉我们应该做什么，但却使任何做都有意义。世界正是在这种行为中产生的，而我们的一切行为和对行为的评判只有在此世界中才有意义。就此而言，我们完全有理由称海德格尔哲学为源始实践哲学。它不与理论哲学相对立，而是揭示一切人类实践和理论的存在论条件。它本身当然是理论，但它的研究对象却是（源始意义上的）真理在人存在中的展开。由于这种展开，人的任何实践才有意义，才是实践。

今天人类深陷的虚无主义，源于理论与实践的无根，而这种无根则源于世界被连根拔起。各种理论、各种主张、各种学说和主义，统统没有深究它们自己之所是。它们只是把自己的前存在论理解当作存在本身，而不知自己已从根本上被遮蔽了。以今天实践哲

---

① Heidegger, *Wegmarken*, S. 354.

学的两个主要门类伦理学和政治哲学为例，都早已失去了其存在论
的根据。人们提出种种理论，却不知伦理道德为何，政治为何。我
们看到的是一个又一个无根的道德哲学和政治哲学。人们之所以有
那么多彼此冲突的道德理论，是因为人们对道德本身之"是"没有
共识，这才会争论道德之基础。至于政治，早已为经济所代替，以
至于人们要"找回政治"或"重新发现政治"，归根结底是忘了政治
之"是"，即政治的存在。在号称多元的现代社会，只有对事物前存
在论的理解，却没有对事物之"是"之追究，人们根据利益来决定
是非，根据数量来决定对错，众说纷纭，莫衷一"是"。多元论的背
后实际是虚无主义。

　　在此情况下，任何实践哲学也只能从对人类行为的前存在论理
解出发，而无法深入到人类行为的存在论前提，即此在与存在的关
系上，或者说存在真理的源始展示。各种事物的存在，即其所是，
都不是孤立的而是在世界这个意义整体中才有其意义（海德格尔后
期用"四方域"取代世界，以突出其全方位性和去除"世界"概念
尚存的人类中心论残余），因而不是没有趋向性规定，而是相反。
这个"世界"不是静止的存在者，而是存在真理不断的揭示与遮
蔽，它决定了人们对自己行为（实践）的理解，构成了人类实践最
核心的部分。如果这样，那么还有什么比以此为研究目标的海德格
尔哲学更有资格称为实践哲学？海德格尔称自己的哲学为"源始伦
理学"不是恰如其分吗？

海德格尔: 在哲学和政治之间

海德格尔和纳粹的关系问题，亦即海德格尔公案，一直是海德格尔研究的一个热门话题。早在 20 世纪 60 年代，德国学者 Paul Huehnerfeld 和 Guido Schneeberger 就已经出版著作揭露了海德格尔与纳粹的关系①。最近十几年，尤其是 1987 年智利人法里亚斯发表了《海德格尔和纳粹》一书后，这个问题更是成了海德格尔研究的一个主要课题。1989 年德国洪堡基金会在波恩举办的纪念海德格尔诞生一百周年国际学术研讨会就专门分出一个部分讨论海德格尔与政治的问题。随着时间的推移，人们对这个问题的兴趣越来越浓厚，而非越来越冷淡，说明这不是一个可以轻易得到答案的问题。这个问题之所以不简单，是因为它不只是如何评价一个大哲学家的政治行为的问题，而是也暴露了更为复杂，且一直未得到足够重视的哲学和政治的关系问题。

一

在一个资讯开放的社会，要弄清海德格尔和纳粹关系的事实并

---

① 见 Paul Huehnerfeld: *In Sachen Heidegger*, Hamburg: Hoffman & Campe, 1961; Guido Schneeberger: *Nachlese zu Heidegger*, Bern: Suhr, 1962。

非难事，何况此事就发生在当代。困难在于人们对这些事实如何判断和下结论。单就那些现在已经坐实了的事实看，海德格尔充其量也就是盟军当局 1949 年取消对他的管制时所下的结论："随大流者 (Mitlaeufer)。"像入纳粹党，并交党费直到 1945 年，在校长任上和当局妥协与合作，说些支持纳粹的话之类，都只能算是随大流，任何有在集权制度下生活经验的人都会明白这一点。而诸如对胡塞尔的态度，和一度因雅斯贝斯的妻子是犹太人而冷淡他，这些主要是社会大环境使然。想想"文革"中有多少人和自己的亲人划清界限，就不难理解。当然也有海德格尔个人品格的问题，但专制社会使人道德堕落早已为 20 世纪的人类经验所证明。海德格尔在纳粹统治期间对待犹太人的某些态度充其量也只能说是不正常的社会政治环境使他失去了道德良知。说海德格尔是个反犹主义者，无论如何是证据不足的。但不管怎样，海德格尔一度与纳粹合作是个事实，他自己也在 1950 年给雅斯贝斯的信中承认这是"不可原谅的"。

但问题远未到此结束。海德格尔战后一直对奥斯维辛和大屠杀保持沉默，让许多人觉得"是可忍，孰不可忍"。这再清楚不过地表明了海德格尔"死不改悔"的纳粹态度。更有不少人从《存在与时间》《校长就职演说》和《形而上学导论》中发现，海德格尔不仅在行动上，而且在思想上就一直是纳粹。甚至得出海德格尔的哲学就是纳粹哲学的结论。然而，海德格尔作为 20 世纪最伟大的哲学家之一的地位是举世公认的。因此，上述极端的结论并不为多数人所接受。

但是，却有不少人认为，海德格尔的哲学虽不能称为纳粹哲学，但基本倾向中却有不少东西是与纳粹思想合拍的。也就是说，海德格尔哲学的基本倾向中含有浓厚的纳粹思想因素。但这又如何解释他的思想对 20 世纪人类思想产生和正在产生越来越大的影响这一基本事实？哪怕是最激烈反对海德格尔的人，也无法否认这一事实。例如，哈贝马斯就认为施奈德巴赫在《德国哲学，1831—1933》中所说"当代哲学……决定性地由路德维希·维特根斯坦的《逻辑哲学论》(1921)，乔治·卢卡奇的《历史与阶级意识》(1923) 以及马丁·海德格尔的《存在与时间》(1926) 所形成"是"正确的"①。

正因为海德格尔思想对于西方文明尤其是对于当代西方文明的危机和当代人类生存经验具有无与伦比的洞察力和批判力，许多喜欢海德格尔哲学的人不免爱屋及乌，不仅对海德格尔哲学某些方面与纳粹意识形态有相似或相近之处的说法嗤之以鼻，不仅要为海德格尔与纳粹有关的行为开脱，甚至还要给海德格尔戴上一顶"抵抗者"的桂冠。这与将海德格尔打成"法西斯"一样有点离谱。尽管可以肯定地说，虽然海德格尔一度对纳粹有过不切实际的幻想，但他很快认清了纳粹的本质，并开始对纳粹意识形态进行哲学的批判，这是有案可稽的。但他与纳粹一度合作，以及他对纳粹运动有过的热情，即使是短暂的，也是同样有案可稽的。说海德格尔是个"抵抗者"，不免过甚其词。

综上所述，海德格尔公案并非像看上去那么简单。它不仅牵涉到对海德格尔人品和行为的评价，也牵涉到对他哲学思想的评价，以及这两者之间的关系。对于海德格尔公案，人们基本有三种态度。第一种是全盘否定的态度。持这种态度的人认为海德格尔从思

---

① Habermas, J., *Work and Weltanschauung: The Heidegger Controversy from a German Perspective*, in *New Conservatism*, ed. & trans. by Shierry Weber Nicholsen, The MIT Press, Cambridge, Mass., 1990, p.142.

想到行为，彻头彻尾就是一个纳粹分子。可是，持这种态度的人基本上拿不出足够准确无误的证据来支持他们的观点。相反，却往往牵强附会，望文生义，或道听途说，胡乱推理，很难经得起事实与逻辑的推敲。持这种观点的人大都对海德格尔的哲学不甚了解，经常断章取义地下结论。像法里亚斯，德里达说他"对海德格尔文本的阅读，如果真有的话，那是十分不足或很成问题的，在不少时候其理解力差到令人怀疑这个调查者是否一个多小时前才开始阅读海德格尔的作品"①。持这种观点的人往往以一个起诉人的姿态在作有罪推定，似乎一切罪名早已成立，只要宣判便可。更让人无法接受的是对海德格尔哲学一笔抹杀，全盘否定，似乎只要海德格尔是纳粹，他的哲学便是充满纳粹气味的垃圾。

第二种态度是全盘肯定的态度，不仅对海德格尔的哲学全盘肯定，而且对海德格尔的人和行为也全盘肯定。但是，这种不顾事实或者歪曲事实的全盘肯定，并不能给海德格尔研究带来任何有益的东西，却会影响人们对海德格尔思想的深入了解和把握。知人论世，海德格尔和任何其他人一样，属于他的时代。对海德格尔其人及其思想实事求是的研究，会使我们对海德格尔有更深刻的理解和领悟。相反，刻意掩盖或歪曲海德格尔思想和行为的任何方面，同样有损海德格尔研究。哲学的生命在于自我批判，海德格尔及其哲学同样没有免于批判的特权。思想的巨大价值并不表明行为必然正确。行为与思想之间并不存在机械的因果联系。

因此，第三种态度，即将海德格尔的思想和行为区别对待的态

---

① ［法］德里达：《海德格尔，哲学家的地狱》，《一种疯狂守护着的思想：德里达访谈录》，何佩群译，上海：上海人民出版社，1997年，第197页。

度，是为更多人接受的一种态度。一般人们会认为，不能以人废言，人与思想是可以，也应该分开的。正如利奥塔所言："我们必须同时坚持这两种断言——即其思想的伟大性和其'政治'的可反对性——而不必根据这种推断，即如果海德格尔是一个伟大的思想家的话，那么他就不可能是个纳粹，或者如果他是个纳粹的话，他就不可能是一个伟大的思想家，来认定如果其中一个是正确的，另一个就是错误的。"① 对于持这种观点的人来说，搞清并批判海德格尔的政治行为是一回事，正确客观地评价他的哲学是另一回事。"搞清海德格尔的政治行为不能，也不应为全面藐视他思想的目的服务。"②这种观点听上去似乎很有道理，但进一步思考的话就不见得了。

哲学家的思想真的和他的人格毫无关系吗？思想当然有其独立性，但我们很难说思想家的人品对思想的产生没有任何影响，思想不带有其作者任何主观的烙印。否则思想不成了可以批量生产的东西了吗？其次，海德格尔公案之所以引起人们持久的兴趣，正因为他是一个极富原创性，有巨大影响的哲学家。正如海德格尔自己令人信服地说的那样，艺术家先于，或离开他的作品就不是艺术家，相反，是艺术作品使它的创造者成为艺术家。这同样也适用于哲学家。离开他的哲学，或在他的哲学之外来看，海德格尔只是千百万盲目追随纳粹政权，试图与纳粹政权相安无事的德国小资产阶级之一，他做过的事根本不会引起人们的兴趣。法国哲学家拉库-拉巴尔

---

① Jean-Francois Lyotard, *Heidegger and "the Jews": A Conference in Vienna and Freiburg*, in *Political Writings*, trans. by Bill Readings with Kevin Paul Geiman, London: UCL Press, 1993, p. 138.

② Habermas, *Work and Weltschauung: The Heidegger Controversy from a German Perspective*, in *New Conservatism*, p. 141.

特一针见血地指出:"海德格尔的'哲学',或者说他的思在何处,如果不在他的文本中? 这里的问题是:海德格尔的思,还是别的什么? 如果有一个'海德格尔'公案(cas Heidegger)的话——(据我所知)它不能归为任何'反人类罪',即使他沉默的牵连是可怕的——是因为有'海德格尔之思'。"①

这就是说,在追究海德格尔这样的大哲学家的政治行为时,我们无法,也不能将他的思想与他的行为完全分开。而且,也的确有足够的证据表明,海德格尔的思想与他的行为之间有着种种复杂的关系,虽然不是思想指导行为这样简单的因果关系。以研究"海德格尔的思想道路"而出名的德国哲学家潘格勒在仔细研究了海德格尔的心路历程后不禁问道:"难道不是由于他思的某种倾向,海德格尔——不只是偶然地——陷入与纳粹接近,并从未真正走出这种接近?"②实际上,在讨论和研究"海德格尔公案"时,我们不可能完全脱离他的思想,即使是极力主张在讨论此公案时将人与思想分开的哈贝马斯,自己在实践中也恰恰采取了相反的方法③。

所有这些表明,对待海德格尔公案的第三种态度也并不像看上去那么有理。它在实践中的困难似乎使人们在讨论海德格尔公案时陷入了一个无法摆脱的两难:坚持将海德格尔思想与人统一起来考虑,似乎必然导致不是全面否定,就是全盘肯定,并且必然要抹杀或歪曲一部分事实。而要将海德格尔的思想和行为完全分开,不是

---

① 转引自 Fred Dallmayr: *The Other Heidegger*, Ithaca and London: Cornell University, 1993, p. 17。

② Otto Poeggele: *Der Denkweg Martin Heidggers*, Pfullingen: Neske, 1983, S. 335.

③ 参看 Habermas: *Work and Wletschauung: The heidegger Controversy from a German Perspective*, in *New Conservatism*, pp. 140-172.

无法令人信服地说明他的行为，就是无法完全将这一做法贯彻到底。当然，似乎还可以有折中的做法，就是像潘格勒和哈贝马斯那样，既肯定海德格尔思想的划时代性，又指出他思想中某些因素与他政治行为的内在联系。这种做法虽有相当的合理性，但在逻辑上有些冒险。如果海德格尔的政治行为可以用他的哲学观点和思想来解释，那么无疑，要否定他的政治行为必先否定他的哲学。这也正是持第一种观点的人所持的逻辑。当然，潘格勒和哈贝马斯辈完全可以说，没有必要在倒洗澡水时把孩子一起倒掉。我们完全可以区分海德格尔思想中积极正面的因素和消极负面的因素，正是后者要对海德格尔的政治态度和政治行为负责。

但问题没有这么简单。事实上，海德格尔一生的政治态度就像他一生的哲学追求一样，基本未变。他宁愿承受巨大的政治压力和道德压力而对纳粹暴行三缄其口就是一个明证。同时，他对纳粹本质的批判并非从战后才开始。纳粹对他始终存有戒心也并未看错人。这两个基本事实绝不能用诸如"海德格尔的哲学本身就是复杂的"之类的话对付过去。种种研究表明，现代西方文明的危机对于海德格尔思想的形成起了巨大的作用。根据潘格勒的研究，海德格尔个人陷入的 1917 年宗教危机和 1929 年的政治危机是海德格尔思想道路上的两个关节点。尤其是 1929 年世界经济危机和魏玛共和国的没落所产生的政治危机，对他的哲学思想产生了重要的影响。如果是这样的话，哲学思想和政治态度之间就绝不只是单向的机械因果关系。海德格尔的政治行为无法完全用他的哲学思想来说明，反之亦然。

我们在面对海德格尔公案时所遇到的这些难题表明，海德格尔与纳粹的关系既不是单纯的政治问题，也不是单纯的哲学问题，因

此，它既不能用简单的道德审判了事，也不能以纯粹的思想分析来
了结，更不能意气用事，从理论党派的立场或意识形态立场全盘维
护或否定海德格尔。海德格尔公案所蕴含的问题，远比知人论世、
思想与行动的关系、意识形态或道德宣判等老生常谈要复杂得多。
我们在处理海德格尔公案时面对的两难，实际上是哲学与政治的巨
大张力所致。这个问题在西方哲学中始终未得到足够的重视。海德
格尔公案给我们提供了一个审视这个问题的机会。同时，从这个视
角出发，我们对此公案会有更深一层的认识。

二

　　20 世纪残酷的历史，使西方传统中哲学和政治脱节的问题以前
所未有的程度暴露了出来，1933 年，正当汉娜·阿伦特及其犹太同
胞流亡国外或处于危险中时，她的老师兼情人海德格尔却与纳粹当
局合作。但是，从西方历史上看，海德格尔不是唯一一个容忍暴政
的大哲学家。柏拉图对民主的敌意众所周知。这使得阿伦特不能不
反思哲学与政治，更宽泛地说，思想与行动的关系。她认为，西方
政治哲学从柏拉图起就给人一种系统的关于政治的本质与可能性的
误导印象。哲学起于对世界现象的"惊异"，而政治哲学则始终是
哲学的"非亲生子"，从未得到过哲学的青睐。从雅典人审判苏格
拉底时起，政治哲学就不是建立在真正的政治经验基础上，而是建
立在哲学的思考上。哲学家孤独地思考，当他从反思中走出来时，
却不得不和他并不了解的世界打交道。也就是说，政治哲学是从哲
学家的观点，而不是从政治行动者的观点来看政治的。
　　在阿伦特看来，这产生了很多不幸的后果。首先，政治的地位

被降低，失去了它的尊严。在哲学家看来，政治无论如何只能是达到一个目的的手段，而不是本身就是善的东西。另一方面，从柏拉图开始，哲学家就致力于寻找一个单一的、永恒的真理。这样，一个统治者，而不是众多政治行动者的观念，自然更合哲学家的口味。从政治上说，这种观点的一个大缺点是它隐含了可能失去对人类多样性的理解，看不到这样的事实："许多人，而不是人类（Man）在地球上生活，在世界上居住。"①而且哲学家们不太关心行动自由。他们自以为掌握真理，不是寻求去说服大众，而是用种种方法来迫使他们就范。同时，他们把关键的自由概念解释成一种私人或内在状况，而不是在公共世界中的行动自由，这就使得真正理解政治根本不可能。

尽管阿伦特对西方传统对哲学和政治的理解的阐释可能有争议，但肯定不无道理。马克思在著名的《关于费尔巴哈的提纲》中也曾说过："哲学家们只是用不同的方式解释世界，而问题在于改变世界。"②显然，马克思也同样看到了西方传统中哲学与政治的脱节。这种脱节显然是西方形而上学传统的典型症状。

虽然海德格尔是这一传统最深刻、最彻底和最有力的批判者，但在哲学与政治的关系问题上他仍未摆脱这一传统。阿伦特1946年在美国《党派评论》杂志上发表了一篇题为《什么是生存哲学》的文章③。在这篇文章中她把海德格尔的哲学同她另一位老师雅斯贝斯

---

① Hannah Arendt: *Human Condition*, Chicago: University of Chicago Press, 1958, p. 7.

② ［德］马克思：《关于费尔巴哈的提纲》，《马克思恩格斯选集》第1卷，北京：人民出版社，1972年，19页。

③ Hannah Arendt: *What is Existenz Philosophy?*, *Partisan Review*(8), Winter 1946, p. 13.

的哲学作了比较。她说海德格尔的哲学是"自我主义"（egoism），而雅斯贝斯的哲学则强调交往和对他人开放。她并且表示，雅斯贝斯的哲学不仅更有人情味，在哲学上也比海德格尔哲学更先进。至于在政治上就更不用说，雅斯贝斯始终是纳粹的反对者。

　　这个对比意味着在阿伦特看来，哲学和政治、思想和政治、思想和行动应该是和谐的，而且也曾经有过和谐。这就是在苏格拉底死前的雅典。阿伦特指出，古希腊政治是通过逻各斯来的。逻各斯的意思是言谈和思想。通过逻各斯来的政治，就是在公民无尽的交谈中，行动揭示思想，而思想本身又使相互说服的公民的行动充满活力①。在这种建立在言谈和思想与行动统一基础上的政治中，人的多样性和自由得到了充分发挥。相反，一旦行动和思想相互分手，每一个都容易退化为否定多样性和自由的强迫。行动会退化为无言的暴力，思想则退化为一种单行道的逻辑推理，它同样对人类多样性和自发性抱有敌意。

　　阿伦特认为，苏格拉底的哲学之思就是从雅典的公共言论政治中产生的，这是一种不脱离和反对政治的思，本身就是在公共世界的他人中运作的事物。每个人都有他的观点，有多少不同的人从不同角度看世界，就会有多少不同的观点。但柏拉图后来却要用单一的真理来代替多样的观点。苏格拉底没有这种想法。他所要做的只是鼓励每个人说出自己的观点。苏格拉底不是要发现一个权威的道理，来使讨论得出结论，而是把朋友间关于他们共同世界的交谈看作本身就是有价值的活动："苏格拉底似乎相信，哲学家的政治作用就是帮助建立这种共同世界，建立在友谊的理解上，友谊是不需要

---

① 　Hannah Arendt: *Human Condition*, p. 27.

统治的。"①

　　苏格拉底之死不仅使柏拉图对政治心怀敌意，而且也使他怀疑他老师整个的哲学进路。从苏格拉底的审判来看，和大众谈话是徒劳的。因此，柏拉图现在不是要说服他们，而是要以一个绝对真理来反对他们的观点，这个绝对真理只出现在哲学家孤独的思想中。这个绝对真理必须强加于他们，不管是用逻辑的力量来强迫他们，还是用在未来生活中天意的惩罚来威胁他们②。

　　虽然海德格尔是柏拉图及由其开始的形而上学传统的激烈批判者，但他那哲学家对待政治居高临下的轻蔑态度，却使人们不由得想起柏拉图。海德格尔在很多意义上都可以说是一个纯粹的哲学家，或者说是哲学家的哲学家。众所周知，存在问题是西方哲学，或西方形而上学最基本、最主要的问题。海德格尔从一开始就赋予存在问题以绝对的优先性，他一生关注的问题都可以归结为存在的问题。他晚年一再重申他对存在问题的探究始终未变。因此，与几乎所有其他西方大哲学家不同，严格讲起来，海德格尔的哲学只有存在论，他虽然写了《艺术作品的本源》这样的著作，却并不是要阐述他的艺术哲学或美学思想。同样，在讨论语言问题时，也不认为这是语言哲学。至于被问到何时写一部伦理学著作，他十几年以后的回答是："我们还远未足够明确地思考行为的本质。"③而行为的

---

　　① Hannah Arendt: *Philosophy and Politics*, *Social Research*, Vol. 57, No. 1, 1990, p. 84.

　　② Hannah Arendt: *Between Past and Future*, Penguin Books, 1968, pp. 107-116.

　　③ Martin Heidegger: *Brief über den Humanismus*, Wegmarken, Frankfurt am Main: Vittorio Klostermann, 1978, S. 311.

本质在他看来根本上是存在之思①。

这当然不是说海德格尔丝毫没有现实关怀，丝毫不关心别的问题，而只是说他始终是从一个哲学家的眼光，始终是从他的哲学观点来看待一切重要问题的。但是，他的哲学虽然在对西方形而上学传统的批判上，在对现代西方文明危机的诊断上，具有无与伦比的洞察力和穿透力，但始终是在存在论的层面上，而不是在实在论（ontic）的意义上谈问题。这不可避免地给他的哲学和他对事物的观察带来一定的限制。

例如，他在其成名作《存在与时间》中第一次将时间引入存在论，从时间经验，首先是具体个别人生存的历史经验的境域来解释存在的形而上学问题，这样，一方面将胡塞尔的现象学方法改造成他自己的释义学方法，另一方面又破天荒地把近代以来德国唯心主义的先验自我改造成历史地在世的此在的生命筹划。这就为克服西方传统的意识哲学迈出了根本的一步。但是，海德格尔的此在分析始终集中在此在不变的结构上，而对于同在（Mitsein）却只给了一个派生的地位。哈贝马斯因此说，"海德格尔从一开始就切断了从历史性到真实历史的道路"②。

这不是由于海德格尔当时还未完全摆脱先验哲学的残余，而是由于海德格尔根本的哲学倾向。他虽然不像柏拉图那样，要求由哲学家来统治世界，相反，甚至在晚年他也大谈"哲学的终结"，但哲学家在他心目中始终有一个特殊的地位。既然存在论问题具有对其他一切问题的优先性，那么以存在论问题为己任的哲学家当然也就

---

① 参看张汝伦：《历史与实践》，上海：上海人民出版社，1995 年，第 171—181 页。

② Habermas: *Work and Weltschauung: The Heidegger Controversy from a German Perspective*, in *New Conservatism*, p. 147.

有某种精神的特权和优越性。哲学家及其同类人——诗人在他的思想发展中地位越来越突出，就证明了这一点。哲学家也许不一定是"王"，但却可以"领导领袖"，可以在国家社会主义的发展中引起一种"精神的变化"①。雅斯贝斯说这是海德格尔政治上的极度天真和过于自负②。实际上是他作为哲学家过于自信。潘格勒认为海德格尔1933年在政治上失足就是由于他轻视政治领域的独特性③。

尽管如此，海德格尔毕竟无法脱离现实、脱离政治。相反，他对现实的危机，包括政治危机是很敏感的。正是这份对现实危机的关怀，使他一度接近纳粹，对纳粹抱有希望，并与纳粹合作。但这并不意味着他直接从事政治活动，或放弃哲学，进入政治领域。即使在那时，他也是站在哲学的立场上看待现实问题。如潘格勒所指出的：海德格尔始终"企图哲学地回答第一次世界大战揭示的欧洲危机。在海德格尔看来，战争意味着无意义的欧洲自我摧毁，由这个事实引起，即不是试图创造性地解决它们的问题，而是欧洲民族国家将它们自己投入到外在的为世界统治而斗争中去"④。

在海德格尔看来，欧洲危机的根源在于它在精神上陷入了它自己所产生和传播的虚无主义。问题是欧洲能否找到内在的解毒剂来对抗可见的衰败。在追求这个目标时，他赋予"德国人"或"德国

---

① Frank H. W. Edler: *Philosophy, Language and Politics: Heidegger's Attempt to Seal the Language of the Revolution in 1933-1934*, *Social Research*, Vol. 57, No. 1, 1990, p. 148.

② Fred Dallmayr: *The Other Heidegger*, p. 25.

③ Otto Poeggeler: *Heidegger und die politische Philosophie, Zur philosophischen Aktualitaet Heidegger*, Bd. 1 Philosophie und Politik, Frankfurt am Main: Vittorio Klostermann, 1991, hrsg. von Dietrich Papenfuss und Otto Poeggeler, S. 329.

④ 转引自 Fred Dallmayr: *The Other Heidegger*, p. 25。

人民"（这里不应在种族意义上来理解这两个词）一个关键的作用。
理由如下：德国在欧洲中心的位置；它自己促成了近代虚无主义和
发展了"权力意志"；德国文化与希腊文化间有一种亲和性①。德国
人，或者说日耳曼民族对于欧洲乃至西方文化的这种使命感，从荷
尔德林就开始了②。只是随着第一次世界大战的爆发在德国知识分
子中更流行了。海德格尔在这个问题上并非首倡者。他的特殊之处
在于将这种对危机的回答与解决完全归结为哲学的、精神的问题。

　　1927 年底，海德格尔和谢勒有过一次聚会。他们都看到，从第
一次世界大战以来，德国在经历一个革命的过程。他们都希望德国
精神的再生，都认为学院哲学的情况是没有希望了，认为"冒险再
次进入真正的形而上学，即从基础出发发展形而上学"③的时机已经
成熟。但海德格尔认为谢勒太乐观，以为自己已经找到了解决办
法。而他认为"我们甚至还没有彻底地提出和发展问题。我的根本
意图是提出和阐发问题，这样，整个西方传统在其根本上就将集中
在一个基本问题的简单性上"④，这个问题毫无疑问就是存在论问
题，一个最哲学的问题。

　　即使是在他与政治靠得最近的时候，即 1930 至 1933 年，海德

　　①　Otto Poeggeler: *Heidegger's politischses Selbstverstaendnis, Heidegger und die praktische Philosophie*, hrsg. von Annemarie Gethmann-Siefert und Otto Poeggeler, Frankfurt-Main Suhrkamp, SS. 20-33.

　　②　Frank H. W. Edler: *Philosophy, Language and Politics: Heidegger's Attempt to Seal the Language of the Revolution in* 1933-1934, *Social Research*, Vol. 57, No. 1, pp. 207-220.

　　③　Martin Heidegger: *Metaphisische Anfangsgrund der Logik im Ausgang von Leibniz*, Gesamtausgabe Bd. 26, Frankfurt am Main: Vittorio Klostermann, 1978, S. 165.

　　④　Ibid.

格尔事实上也没有离开这条思路。他的关注点仍然是在精神层面，
而不是在现实的政治问题层面。在他看来，法西斯主义和民主制等
一样，都是权力意志的体现①。只不过他认为可以通过它引起一种
"精神的变化"，而将它变为欧洲文化复兴的工具。被人诟病最多
的《校长就职演说》那独特的思路和言辞，恰好证明了海德格尔对
待现实政治的特殊态度。从表面上看，海德格尔也挪用了一些纳粹
意识形态的流行术语，但实际上根本是在说他自己的思想，而非鼓
吹纳粹意识形态。不少西方学者都已指出这点。例如，G. 尼科尔生
在其研究海德格尔《校长就职演说》的文章中就指出，海德格尔挪
用像 kampf（斗争）、arbeit（工作）、gemeinshaft（共同体）、volk
（人民）、entscheidung（决定）、aufbruch（觉醒）、führer-schaft
（领导）这些流行的"纳粹"意识形态术语讲他的哲学，是为了重
新下定义和改变它们的意义②。例如，Volk 这个词的生物学意义就
由此从属于它的历史意义了③。难怪在海德格尔演讲完之后，出席
其就职仪式的纳粹教育部长马上责骂他是在讲他"自家的国家社会
主义"。

其实，海德格尔也不是在讲他"自家的国家社会主义"，而是
在讲他自己的哲学。因为它从未把自己看作是政治家，而是始终以
哲学家自居。在《校长就职演说》开始不久，海德格尔就讲到"再
次把我们自己置于我们精神——历史此在开端的力量之下：这个开

---

① Otto Poeggeler: *Heidegger's Politisches Selbstverstaendnis.*

② Graeme Nicolson: *The Politics of Heidegger's Rectorial Address, Man and Word* 20, 1987, pp. 174, 185.

③ Ibid.

端就是古希腊哲学的觉醒"①。也就是说，海德格尔此时关心的并不是纳粹那套陈词滥调，而是要回到西方传统或西方哲学的源头——古希腊哲学。他认为"这个开端仍然存在。它并不在我们后面作为很久以前的东西，而是在我们前面。作为最伟大的东西，这开端已经提前超出一切将来的东西，因此也超出我们。这开端已侵入我们的将来。它在那里等我们，是一个遥远的命令，吩咐我们超上它的伟大"②。

这里，海德格尔的思路与他老师胡塞尔的思路有相近之处。胡塞尔认为欧洲科学的危机的内在原因是背离了古希腊科学和理性的观念，而且目的论的历史观使他必然将历史看作是这一理念的实现，或向这一理念回归。海德格尔虽无目的论的倾向，却也认为古希腊哲学的发端作为一个突破性事件形成了一切西方形而上学的基础，悬在前面作为一个真实的可能性等着实现。而德国人的任务，尤其是大学里的德国人的任务，恰恰就是对这个产生古希腊哲学的原初时间作出回应。"只有我们决心服从这个遥远命令，科学才会成为我们此在的内在必然性。"③对于喧嚣不已的纳粹意识形态，海德格尔仍然坚持自己的思路。雅斯贝斯因此称赞它是"到目前为止当代学术权力意志的唯一文件"④。而利奥塔甚至认为它是"独立地颠覆性的"⑤。

在他加入纳粹党前不到一个月，海德格尔在一封给雅斯贝斯的

———————————

① Martin Heidegger: *The Self-Assertion of the German University*, *Review of Metaphysics* 38, March 1985, p. 471.

② Ibid., p. 473.

③ Ibid.

④ 转引自 Fred Mallmayr: *The Other Heidegger*, p. 25。

⑤ Jean-Francois Lyotard: *Political Writings*, p. 145.

信中说，虽然许多事情还不清楚，很可疑，他却越来越感到它们正在成为"一个新的现实，而一个时代已变得衰老了"。"一切都在于我们能否为哲学及其开始准备一个正确的入口处。"①面对时代的风暴，海德格尔是那样一厢情愿和一意孤行。在他看来，真正的革命得发生在哲学中，即此在不仅是古希腊哲学的，而且是作为全体的西方传统的起源之间的思—问斗争。

然而，这种哲学之思又是为时代问题所激起，并且也是针对时代危机的。这就使得不管使用何种策略和方法，不管他对政治是何等轻蔑和无知，海德格尔无法摆脱政治。他最终还是入党了。他合作了，他对希特勒抱有幻想，他说了不少言不由衷的话。这些行动固然暴露了海德格尔人格和个性的许多缺陷：妄自尊大，偶尔的报复心，缺乏公民勇气（Zivilcourage）（当然，在一个专制制度下，这些缺陷经常会急剧恶化）等，但却不能完全用人格与个性来解释，甚至也不能用政治上的幼稚或政治上的反动来解释。因为在海德格尔与纳粹的关系中，很多事情很难给它贴上什么政治标签。雅斯贝斯在他的《哲学自传》扩大版中就承认，海德格尔不适合任何一种纳粹类型②。

这种困难又一次证明了海德格尔公案的复杂性。如果海德格尔是个货真价实的纳粹分子，那就不会这么复杂。如果海德格尔是个地道的纳粹思想家，情况也不会这么复杂。问题如果仅限于哲学，或仅限于政治，都不会这么复杂。问题的复杂来自哲学与政治之间

---

① Hugo Ott: *Heidegger: Unterweg zu seiner Biographie*, Frankfurt am Main: Capmus verlag, 1988, S. 31.

② Karl Jaspers: *On Heidegger, Graduate Faculty Philosophy* Journal 7, Spring 1978, p. 122.

的巨大张力，来自海德格尔以一种非政治的方式——哲学的方式卷
入政治和对政治作出反应。单从哲学的角度或单从政治的角度去看
这桩公案，都无法把握问题的复杂性。

三

但不管问题有多复杂，有一点是可以肯定的，就是虽然海德格
尔对时代危机的某些关切和想法使他容易接近纳粹的立场，他的有
些思想也容易被头脑简单的人，或心怀偏见的人解释为纳粹思想
（康德、黑格尔和尼采都有这样的命运），但他的哲学不仅不是纳
粹哲学，而且是和纳粹主义格格不入的。因此，海德格尔对纳粹的
幻想消除之后，很快就对纳粹意识形态持批评态度。但是，他的批
判也不是一个政治行为，而是一个哲学行为，是他哲学思想的自然
发展，而不是脱离哲学的政治批判。德里达在《关于精神》[①]一书中
对海德格尔对"精神"一词在不同时期的使用的研究即向我们表明
了这一点。

海德格尔在写《存在与时间》时，强调要像对待"主体性"和
"（先验）意识"那样避免使用"精神"一词，或给它加上引号来使
用。这显然是要和西方形而上学传统划清界限。大约二十五年后，
在诠释提拉克的诗时，海德格尔又重提这个回避策略，说诗人总是
避开"精神"和"精神的"（geistig），而用"精神性的"
（geistlich）一词[②]。但在这二十五年间，海德格尔不仅不回避，而且

---

① J. Derrida: *Of Spirit*, trans. by Geoffrey Bennington and Rachel Bowlby,
Chicago and London: The University of Chicago Press, 1989.

② J. Derrida: *Of Spirit*, pp. 9-12.

还乞灵于"精神"及与其相关的词汇。这究竟是怎么回事？

在德里达看来，用和不用，或试图避免"精神"，是海德格尔哲学发展的征兆，它们在一个关节点区分了复杂地纠结在一起的他的思想的不同线索。德里达主要提到了以下四条线索：关于存在的发问问题；与思相对照技术的地位问题；与此在相比"动物性"的问题；形而上学史的时代特征。

在《存在与时间》中，海德格尔试图使自己摆脱传统形而上学，特别是主-客或身-心二元论，它也表现为精神和物质的对立。海德格尔的"生存论分析"试图将此在不仅从不同类型的客观化中救出，而且也从精神的主观规定中救出。在传统形而上学中，"精神"是一连串与物质实在相对的概念的"非客体"的一部分，这些非客体包括意识、精神（或心智）、主体性、人格和理性。要非形而上学地阐明此在，就要避免给整个这一串非客体加引号，特别是精神的概念。根据海德格尔，此在的规定特征不是意识或精神，而是它对存在或存在问题开放；它自己的存在也是可问的，或可被提到一个问题的地位。

从这个观点看，此在不是一个客观上给予和可确定的事物（Vorhandenheit）；它也不只是一个非事物。像意识和精神这样的范畴都无助于理解，反而是理解作为存在发问之所在的此在的一个障碍。"生存"和"在世"这样的术语都是用来避免误解。正如《存在与时间》中说的，此在是一个追问，意思是人实质不在灵肉综合的精神，而在他的生存。所以海德格尔将他的工作与一切依据这个笛卡尔形而上学基础的学科和研究分开，包括人文科学（Geistswissenschaften）和哲学人类学。

但在1933年的《校长就职演说》中，"精神"又威风八面地回

来了，并且没有带引号。精神现在作为"德国大学的自我主张"的
一个主要部分，来坚持自己的权力了。是什么引起了这种变化？在
海德格尔的演讲中，"自我主张"包括一个由引导 (Führung) 支持
的精神秩序，而这种引导本身又受一个精神使命的指导。如同海德
格尔在演讲开头所说的，假如校长的职务是承担这个高等学府的精
神引导的任务，则这引导只有当领导人让自己被"将德国人民的命
运塑成它历史的独特形态的精神使命的不可避免性所引导"，才有
可能。海德格尔在这篇演讲中给"精神"下了一个定义，他思想的
几个有关方面都结合在这个定义中。

与只是聪明、机智或分析的理智相反，精神是在追求存在的本
质中原初地调整和认知的决断。因此，一个民族"精神"或"精神
世界"不是一种文化上层建筑，或有用价值的仓库，而是一种从神
秘力量和对其历史此在最深的检验中产生的生存力量。现在，精神
被当作一种具体的历史力量，不再适合支配现代性的那种形而上学
模式；反而倒是与《存在与时间》相一致，精神不等于主体性，至
少不等于它的心灵的、自我论的解释①。但同时，演讲强烈的唯意
志论是否仍属于主体性时代不无可议之处。

德里达看到，与这种哲学上的左右为难相联系，隐藏在它后面
的，是重要的政治上的矛盾态度。人们可以说，通过呼唤精神和精
神使命，海德格尔将国家社会主义精神化了，因而使其政策（甚至
最坏的政策）合法化。但在肩负这种精神化风险时，海德格尔也可
以追求净化和因而（从其最坏的倾向中）拯救国家社会主义的目

---

① J. Derrida: *Of Spirit*, pp. 31-37; Heidegger: *The Self-Assertion of the German University*, pp. 470, 474-475.

标。在那种情况下，海德格尔的就职演说至少将精神和生物学的种族主义和自然主义区分开来；至少使《校长就职演说》不再属于纳粹的意识形态话语。但是，海德格尔的这种精神化也是要付出代价的：至少部分退回到植根于精神和主体性的传统形而上学去。

在德里达看来，这个代价是不可避免的，因为"只有将精神作为对立的一极，或又将它等同于主体性（即使是一种唯意志论的主体性），才能使自己在其发生形式上就与生物学主义、自然主义或种族主义区分开，并反对它。这种程序的强制力很强大，支配着大多数今天和未来很长时间里想要反对种族主义、集权主义、纳粹主义、法西斯主义等的话语，它们以精神的名义，以精神自由的名义，或以直接或间接可回溯到主体性形而上学的公理的含义（如民主或'人权'的公理）这么做"[1]。在德里达看来，似乎只有两种选择：赞成精神和反对精神。但无论哪种选择，都是"可怕地不干净"[2]。前者会回到旧形而上学，而后者会在政治上走错路。换言之，前者是哲学上不干净，后者是政治上不干净。德里达的这个结论显然也暗示了哲学和政治之间的巨大紧张。

德里达认为在《校长就职演说》中，海德格尔用许多方法混合了这两种选择，因而也混合了它们的恶果：他用一个"仍然是形而上学的姿态"为国家社会主义"担保"，他认为同样的暧昧不清也出现在《形而上学导论》中。海德格尔自己在那里也提到"精神的每一本质形态都具有模糊性"[3]。

---

① J. Derrida: *Of Spirit*, pp. 39-40.

② Ibid., p. 40.

③ Martin Heidegger: *Einführung in die Metaphysik*, Gesamtausgabe Bd. 40, Frankfurt am Main: Vittirio Klostermann, 1985, S. 11.

这部著作是要给人们提供一个引导，使之进入作为一种提问模式，更确切地说，作为"基本问题之问"的哲学。这个引导并不是进一步引导实质性领域或产生各类信息，而只是引起惊异和提问；此外，这个引导性的导论不能依靠任何别的外在引导，而只能把自己完全交给提问。这个提问性引导不受指导和控制，形成了进入哲学提问的入口。

在使用"引导"（Führung）这个词时，海德格尔似乎是同意了占统治地位的法西斯的套语。然而，德里达却写道："我们应非常诚实地承认：在海德格尔冒险将引导的主体为政治服务时，他却表明他事先就不为这种政治服务。"①当然，这种远离政治并不完全或明确，因为提问在这里仍同认知意志连在一起，因而同肯定的决断连在一起。另一方面，也是更重要的，《形而上学导论》将自己置于一个新的政治或地缘政治的语境中：地球上为世界统治而进行斗争的语境中。在海德格尔看来，欧洲，特别是德国，处在一个巨大的钳子中，受到俄国和美国两边的威胁（这两者都被视为想要统治地球的技术大国）。问题是欧洲是否能恢复其本源的力量，这要求"从中心发展出一种历史的力量"②。德里达说，地缘政治在这里采取了一个"精神的世界政治"的形式，这种政治要对抗世界的没落：诸神的逃遁、地球的毁灭、人类大众化和平庸之辈占上风③。

在《形而上学导论》中，世界的没落是与精神的日益被剥夺权力（Entmachtung）联系在一起或等同的。这个过程并非一个外在的偶然事件，而是精神本身特有的特征。在海德格尔看来，精神力的

---

① J. Derrida: *Of Spirit*, pp. 43-44.

② Ibid., p.45.

③ Ibid., p.46.

剥夺有几种形式，包括将它误解为机智或理智，把它还原为一种上层建筑（马克思主义），或一种种族群众组织的套话（法西斯主义）。与这种衰落过程相抗衡，海德格尔将精神表述为力量或力，作为一个原初统一和强制的权力。在这一语境下，《形而上学导论》重提在《校长就职演说》中给予精神的定义："精神授予存在者全体种种权力，精神统治的地方，存在者本身因而更本质。"①正如德里达所注意到的，海德格尔这时的说法仍强烈地（虽是模糊地）受到传统形而上学，以及它认为精神是自我把握和自我同一（逻各斯）的影响。然而，在他以后的著作和讲课中，这些立场慢慢松动或被取代，逐渐为新的观点创造了空间。

在他 1936 年关于谢林的讲课中，海德格尔仍然强调精神的统一和聚集性质，称精神是"原初统一的统一性"。但他又说，作为这个统一性，"精神是 Pneuma"（希腊语"空气"或"呼吸"之意），即一阵微风，呼吸。此风从何处起？海德格尔遵循谢林的说法，指向爱的能力，说："甚至精神也不是最高的；它只是精神，或爱的呼吸。但爱是最高的。"②谢林课程也首次提出了恶的主题，把恶看作是背离爱的精神和在反叛爱的统一精神时生存的自我封闭。德里达也提出海德格尔关于荷尔德林的一些课程，尤其是 1942 年关于荷尔德林的诗《多瑙河》的课程。在那里，海德格尔把诗人的灵魂表述为精神的容器或沃土。精神现在被看作火焰，这与荷尔德林那首赞美诗的开头是一致的："现在来吧，火！"作为火，精神不再指自我把握或自我同一，而是指一个连续的运动或渴望，一种剥夺和再挪用的

---

① Martin Heidegger: *Einführung in die Metaphysik*, S. 53.

② Martin Heidegger: *Schelling: Vom Wesen der Menschlichen Freiheit*, Gesamtausgabe Bd. 42, Frankfurt am Main: Vittorio Klostermann. 1988, S. 154.

永恒过程①。

1953 年，海德格尔在阐释提拉克的诗时再次提出了"什么是精神"的问题，但他现在的回答是："精神就是火焰。"它既是火焰的燃烧，又是在火焰中升腾的东西。在德里达看来，这不只是在阐释提拉克，而是反映或抓住了海德格尔自己的思想。现在，精神已不再属于传统形而上学了。这在他诠释提拉克的诗句"灵魂是大地上的陌生人"时更明显。海德格尔坚持认为，"陌生人"这个词在这里不是指灵魂被放逐到一个它并不属于的、肉体的、现世的监狱中，如老式柏拉图主义所认为的那样。"陌生人"在这里指一种云游寄旅的性质，指灵魂仍寻找它还未居住的大地。灵魂的渴望指向未来，但不是普通时钟意义上，而是时间性意义上的未来。在时间性中，"后来"预期着"早先"，黄昏先于黎明，死亡先于生命。提拉克用"精神性的"（Geistlich）这个词指这种时间性和它的现世世界。这种前指的精神时间性有一种希望的性质。因此，海德格尔认为，提拉克诗中的"西方"（Abendland）必须仔细地与西方文明，或在柏拉图意义（基本上被基督教吸取）上的欧洲区分开。提拉克的这个西方更古老，即比柏拉图-基督教，尤其是欧洲所理解的西方更早，也更有希望②。海德格尔这时不仅超越了传统形而上学，也超越了西方文化中心论。一度坚信的德国人的精神使命，实际上也消解于无形了。

"精神"在海德格尔思想发展中的曲折旅程显然不是学术政治，而是在政治语境中的学术。但它的种种使用，在任何一个时期都不

---

① J. Derrida: *Of Spirit*, pp. 80-82.

② Martin Heidegger: *Unterwegs zur Sprache*, Pfulligen: Neske, 1959, S. 77.

能说是与海德格尔要克服传统形而上学的初衷相悖离的。德里达所谓形而上学和反形而上学话语都不可能是清白的观点，的确深刻地揭示了传统形而上学与近代政治意识形态的密切关系，但以海德格尔在 20 世纪三四十年代对"精神"一词的用法为例，则还嫌证据不足。

海德格尔当时之所以要打出"精神"的旗号，显然是要借用传统精神概念与物质、自然、肉体等相对立的意义，来和纳粹的生物学主义和种族主义意识形态相抗，说明他此时已有意与纳粹意识形态针锋相对。但他这么做时并未退回传统形而上学去。在 1936 年的谢林课程中，精神也一直受到赞美，把它作为生物学主义和军国主义的解毒剂。但海德格尔是在"微风"，而不是在"逻各斯"或"理智"的意义上来解释这个术语。而后来在荷尔德林课程中，"精神"被解释为"火焰"和"火焰的升腾"，这就为提拉克诗中诠释"精神性"（Geistlichkeit）这个概念扫清了道路。在那里，精神性是一种充满火的精神的时间模式。因此，在他对荷尔德林的《多瑙河》这首诗的阐释中（1942 年），海德格尔常常用加了引号的精神这个概念来指近代技术的"精神"和德国唯心主义的主导范畴。而在这时，海德格尔也并未再靠向或要拯救希特勒主义。

海德格尔思想的内在动力从《存在与时间》开始，就是要克服西方传统形而上学，所谓的现代性在他看来不过是这个传统的必然结果和终结，因而各种现代政治意识形态也不过是这个传统的表现。海德格尔的后形而上学思想使他不可能赞美生物学主义或自然主义，因为它们都是建立在与理智相对的基础上。海德格尔对从传统形而上学中派生出来的现代意识形态的批判，也不可能意味着支持纳粹主义或任何一种自然主义政治（即把自己或人性看作是既定的东西）。可是，确如哈贝马斯所指出："海德格尔始终留在普遍中，他关心的是要表明'人与存在为邻'，而不是与人为邻。"[1]在他看来，既然历史就是存在史，那么唯一真正的批判只是哲学批判。所以他的批判始终停留在存在论的层面上，因而始终是非政治的。

因此，对他一直对纳粹的罪行保持沉默，对自己的政治失足毫无悔意，就不能肤浅地仅从个人品质，或政治上顽固不化来理解。既然一切最终都归结为存在的展现发生（Ereignis），那么思想家当然是没有个人责任的。是错误客观地落在他身上，而非他犯错误。所以海德格尔战后会说，他1933至1934年间担任弗赖堡大学校长一事是"不重要的"，它只是"科学本质的形而上学状态的一个表征"[2]。《校长就职演说》"已经是一个对抗"，而他加入纳粹党纯粹是个"形式问题"[3]。应该承认，除去他个人品质和惊人的缺乏道德感外，他的哲学完全可以得出以上结论。对于一个哲学家或思想家来说，还有什么比存在之思更重要呢？与存在之思相比，上述这些问题当然是"不重要的"。

对于海德格尔来说，不仅他个人的行为是不重要的，甚至有计划的种族灭绝和大屠杀也算不了什么。既然法西斯主义和民主制是一丘之貉，那么纳粹做的一切并未有特殊意义。在给他以前的学生马尔库塞的一封信里，海德格尔说，马尔库塞说的关于灭绝犹太人的一切同样也适用于盟国，只要将"犹太人"换成"东部德国人"。马尔库塞在回信中不禁要问："说这句话时，你不是将你自己置于一

---

① Habermas: *Work and Weltschauung: The Heidegger Controversy from a German Perspective*, in *New Conservatism*, p.160.

② Martin Heidegger: *The Restorate 1933-1934: Facts and Thoughts, Review of Metaphysics* 38, March 1985, p.497.

③ Ibid., pp.490, 493.

个人与人之间可以对话的领域之外——逻各斯之外了吗？只有完全在这'逻辑的'维度之外，才可能用说别人也干了同样的事来解释、面对、'理解'一个罪行。"①马尔库塞在这封信里绝望地对他老师说："我们许多人都等着你说句话，一个你可以清楚明确地使你自己摆脱这种认同的声明，一个表达你对所发生的事现在的真实态度的声明。但你没有做这样的声明……"②

海德格尔这种可怕的沉默，不是出于他的人格，也不是出于他的政治立场，而更多的是出于他的哲学立场。严格说来，他只有哲学立场，而无政治立场。因为哲学家是超越政治的。在这一点上，海德格尔完全属于柏拉图开创的传统。在柏拉图看来，哲学家就是能跑到洞外看到真实世界的人，因而是唯一能认识真理的人。而普通人就像被缚在山洞里的人那样，与事物真相无缘，与真理无缘。真理不可能出现在现实世界和日常生活中，而只能出现在哲学家孤独的思索中。因此，哲学家完全没有必要了解政治，他的使命是将自己通过独自思索得到的真理，强加于芸芸众生作为现实生活和政治的标准与尺度就行了。这就是"哲学王"的真实含义③。对于海德格尔来说，哲学家的任务和特权是倾听存在的呼唤，领悟人（此在）与存在的本真关系。因此，他对日常生活和现实世界并无多少兴趣，对政治他知之甚少④，却试图使其按自己的思路运行。他完全无视政治的独立性，企图把政治问题最终都还原为哲学问题。这样，时代的危机最终被归结为存在的天命，而哲学家也只有存在之

---

① 转引自 Habermas: *Work and Weltschauung: The Heidegger Controversy from a German Perspective*, in *New Conservatism*, p.163。

② Ibid., p.164。

③ 参看 Hannah Arendt: *Philosophy and Politics*, pp. 94-96。

④ Otto Poeggeler: *Heidegger und politische Philosophie*, S.341.

思，而无政治和道德立场。他只要对存在作出回应，却无须对人世的苦难和不义作出回应。因为他是"哲学家"。

柏拉图开始的哲学取代政治的形而上学传统的后果，在海德格尔公案中得到淋漓尽致的显露。一个基本的反讽是，哲学家不可能完全脱离政治；相反，政治却不可避免地要进入哲学家的生活。需要明确的是，"政治"其实有两层基本含义。法文中有 la politique 和 le politique，德语中也可以用 die Politik 和 das Politisch 来区分这两层意思。前者指做出具体决定和政策选择；后者指政治领域和我们可以谈起的现象——事件、人物、行为、制度等的政治性质的特别样式。本文主要在后一种意义上谈哲学与政治的关系。永远处于哲学和政治的巨大张力中，是哲学家特有的命运。真正的哲学和真正的哲学家，必然是有现实关怀的。但像柏拉图和海德格尔这样，试图以哲学来指导政治，从而取消政治，却是注定做不到的。亚里士多德可以将哲学作为人最高的实践活动，但却不能把它作为人最基本的实践活动。因为人的生存活动不可能还原为哲学。试图以哲学主导政治，其结果一定是无视政治的独立意义，造成哲学和政治的脱节。柏拉图和海德格尔的政治遭遇，充分说明了这一点。

很显然，政治作为人类存在的基本样态，是不应该，也不可能被哲学所取代的。对它的轻视也是毫无道理的。然而，从柏拉图开始的西方形而上学传统，一贯重观念，重本体，重彼岸，重超越，重心灵，重绝对，重一元，这就注定要对生活世界——政治世界采取一种排斥和轻视的态度。令人吃惊的是，一心要克服传统形而上学，并且为此作出了划时代的、无可比拟的贡献的海德格尔，在对待政治的问题上却与柏拉图如出一辙。这就是"把欧洲思想的空间限制在形而上学的封闭范围里：从此以后问题不过是思考（个人）存在。对（一般）存在的遗忘成了西方哲学的本质"①。但正如利奥塔极为尖锐而深刻地指出的：被西方形而上学所遗忘的不仅仅是存在的区别，而且还有善与恶、正义与侵权的区别。被遗忘的东西从根本上来说不是一般存在，而是对正义的义务。②在这个意义上，我们完全可以说，海德格尔没有超越西方传统形而上学。

如果海德格尔哲学态度的形而上学性本质地解释了海德格尔对待政治的态度，以及他在政治上失足的原因，那么海德格尔公案就向我们表明，传统形态的哲学，是不可能根本克服西方形而上学传统的。对西方形而上学传统的克服，必须通过哲学的自我改造，通过哲学实践领域延伸，通过实践哲学成为真正的第一哲学来完成。今天，任何学院哲学都已完全失去其生命力充分表明，哲学已无法再像过去那样形而上学地画地为牢了。它必须从人类的生存实践中，特别是政治实践中，获得它自我更新的力量。这恰恰是因为政治今天比任何时候都更萎缩，而人类的命运在很大程度上取决于他们有什么样的政治。

这当然绝不是说哲学要成为政治，而是说哲学要像苏格拉底进入雅典的公共场所那样进入政治，促进生活世界中的自由交谈，沟通不同的话语与文化，就人类的前途和命运进行讨论和对话，对任何罪恶与不义做出道德—政治评判。这样，哲学不仅是理论，而且也是亚里士多德所谓最高的实践。既然我们已被抛入世界，与他人共在也是哲学家的命运，哲学家又怎么能回避和拒绝政治？在哲学和政治的张力中，哲学家无法超脱和中立，他必然要有自己的政治

---

① Jean-Francois Lyotard: *Political Writings*, p. 146.

② Ibid., p. 147.

立场，必须面对人类良知的评判。人类良知既不来自形而上学，也不来自意识形态，而是来自人类的历史经验，来自人类的政治生活。良知的声音，才是存在的声音。而我们只有在与他人的对话中，在倾听他人中，才能听到这种声音。

（原刊《开放时代》1998 年第 6 期）

关于海德格尔的两个批评

在对海德格尔的众多批评中，有两个似乎是有内在联系，且经常被人提到，以证明他对纳粹的态度绝非偶然的批评。一个可能是海德格尔以前的学生勒维特最先提出的，即海德格尔在《存在与时间》中关于良知和决断的论述空洞抽象，完全没有具体的价值标准或规范性，极为主观任意，这就不可避免导致他日后丧失政治良知和原则，成为纳粹的拥护者和同路人①。

这个批评后来不断地被人重复②，而美国学者沃林（Richard Wolin）在其著作《存在的政治》③中则对这个批评做了系统的论述。沃林接过勒维特的思路，进一步认为，只要放弃对《存在与时间》中关于决定的准唯我论的个人主义理解，"而代之以一种在其中民族共同体提供了做决定的'集体的'定向，人们便可以毫无困难地到达海德格尔1933年所选择的政治路线"④。沃林也接受莱奥·斯特

---

① Karl Löwith, *Martin Heidegger and European Nihilism* (New York: Columbia University Press, 1995), pp. 42, 162.

② 例如，海德格尔另一个学生 Hans Jonas。参看 Hans Jonas, "Heideggers Entschlossenheit und Entschluss," in *Antwort: Martin Heidegger in Spräch*, Hrsg. G. Neske und E. Kettering (Pfullingen: G. Neske Verlag, 1988), pp. 226-227。

③ ［美］理查德·沃林：《存在的政治》，周宪、王志宏译，北京：商务印书馆，2000年。

④ 同上书，第48页。

劳斯的看法，认为海德格尔的哲学是一种存在主义，而存在主义总是与决断论有一种共生关系。由于存在主义助长了贬低传统的价值观和生活形式的倾向，这就导致存在主义鼓吹的决断必然具有虚无主义的性质和偶然性。这种虚无主义与偶然性充分表现在海德格尔的《存在与时间》关于良知和决断的论述中①。

在沃林看来，海德格尔对"良知的呼声"的讨论是暧昧的，只有拐弯抹角和轻描淡写的暗示②。呼声极其抽象的本性和它缺乏确定的内容，使得它难以作为切实可行的哲学概念。不仅是良知的呼声，海德格尔决断论的各方面都普遍缺乏实质的标准③。而这种不确定性正是海德格尔刻意追求的，因为"他有意识地要沉迷于非理性的力量之中"④。之所以如此，是要摆脱"常人的公众闲谈"，把自己提升到本真生存的境界。然而，区分本真和非本真，表明了海德格尔对民主情绪的厌恶。因为"常人状态"和"公众规范"恰恰标志着民主和自由。由于将与他人共存等同于常人的日常状态的非本真模式，基础存在论最终导致"一种自我取消的**社会本体论**"⑤。呼声成为完全特殊和个别的东西，除此之外，没有任何确定性，而完全是任意和抽象的⑥。

沃林还认为，"决心"的范畴是以其对呼声的关注能力来规定的。它同样也是不确定的，即没有选择的标准，不可能辨别是非和

---

① [美]理查德·沃林:《存在的政治》，周宪、王志宏译，北京:商务印书馆，2000年，第54—55页。

② 同上书，第57页。

③ 同上书，第60页。

④ 同上。

⑤ 同上书，第68页。

⑥ 同上书，第69页。

任何对错，因而它只能是盲目和无知的，最终坠入虚无。它必然要拒绝传统的道德命令，超越善恶①。而在沃林看来，"如果自由的概念是**有意义的**，那就必须具有一个确定的**内容**。这就预设了一套准逻辑一致的（自我选择的）原则、价值观和规范"②。沃林认为，海德格尔的决断论是一种意志论，他的决心概念与无政府主义有明显的亲缘关系③。

沃林在这里对海德格尔提出的批评别人也早已提出过，人们往往因此得出海德格尔在思想上必然亲纳粹或就是纳粹的结论。所不同的是，以前人们往往是从对《存在与时间》的主体性—个体主义和唯意志主义的误读出发对海德格尔提出上述批评④。但沃林在这个问题上的态度是暧昧的。他一方面在相当程度上接受这种误读（否则他就不能说基础存在论是一种自我取消的社会存在论，虽然他在后面又自相矛盾地说《存在与时间》的社会存在论有一种无法取消的"有机论"基础⑤），却指出基础存在论的反主体主义冲动仍然很强，足以阻止对海德格尔的"自我"概念作彻底个体主义的和无政府主义的阅读。这讲得一点都不错。但他却进一步引申说，决心范畴肯定了《存在与时间》的社会存在论的"集体主义"解释的萌芽⑥。可是，他并未对此提出有足够说服力的证据和论证。他提

---

① ［美］理查德·沃林:《存在的政治》，周宪、王志宏译，北京:商务印书馆，2000 年，第 71 页。

② 同上书，第 73 页。

③ 同上书，第 74 页。

④ Friedrich-Welhelm von Herrmann 在他的 *Subjektund Dasein: Interpreta-tionen zu "Sein und Zeit"* (Frankfurt am Main: Klosstermann, 1974)一书中对这种主体主义的误读进行了透彻的批评。

⑤ ［美］理查德·沃林:《存在的政治》，第 76 页。

⑥ 同上书，第 75 页。

出的唯一值得考虑的根据是海德格尔的历史性概念："由'先行到死中去'所激发的，并植根于诸如'遗业'和'命运'这类范畴中的此在的历史性，既为本真的自身个别化解放了此在，又为本真的共他人存在构筑了基础……所以，本真的自我只有在**历史的特定'集体性'**中才得以实现。共在的要求阻止了有决心的此在留驻于封闭孤立的状态中（不管它多么'本真'）。"①

然而，历史性不等于集体性，在历史性中实现不等于在历史的特定"集体性"中实现。实际上，在海德格尔那里，历史性与集体性毫不相干，而与人生存的时间性有关。历史性与时间性保证了此在的"此"，即它的特殊性。沃林之所以要别出心裁地对《存在与时间》作"集体主义"的解释，是因为他实际上已意识到对《存在与时间》作纯粹意志论解释的困难。但他并不愿意完全放弃唯意志论的解释。因为一旦放弃，他就很难证明海德格尔决断论伦理学的空洞性，很难得出他想要得出的结论。他只好说，在海德格尔那里，意志论只是个假象，"乔装打扮成意志论好逞强样子的决断论，无论愿否都暴露出极端顺从和奉承的一面。其顺从性就在于，从它缺少内在的定向准则这个程度上说，决断论必须寄生性地以当时特定历史时刻碰巧所提供的任何选择为条件而维系下去。因此，当决断论不能提供充分的实质性信念，它必须不加区别地抓住特定历史时刻所提供的任何自我实现的机会。决断论不仅完全是'不讲原则的'，而且也是**赤裸裸的机会主义**的"②。

但既然是机会主义，当然就没有原则，它不会必然拥护什么和

①　［美］理查德·沃林：《存在的政治》，第81页。
②　同上书，第85页。

反对什么。按此逻辑，海德格尔与纳粹的关系纯属偶然的选择，没有任何内在必然性。但这显然是沃林绝对不能同意的，他要得出的结论恰恰相反。可是，他的论证实在难以得出他要的结论。他只好笼统地说，德国人缺乏自由信念，所以就无法抵御法西斯主义的诱惑①。就算这样，也难以得出海德格尔"决断论的怀疑论"决定了他对纳粹运动的党派忠诚，如果它只是一种机会主义的话。

总之，即使海德格尔的决断论没有任何价值标准，也得不出他必然倒向纳粹的结论。勒维特、沃林或其他人对海德格尔的这个批评至少在逻辑上是难以成立的。不过，海德格尔哲学是否真的缺乏"内在的定向准则"和"完全不讲原则"，却并不是一个容易回答的问题。如果我们在通常的伦理学的意义上将"内在的定向准则"理解为道德准则或价值规范的话，那么《存在与时间》乃至整个海德格尔哲学中的确很难找到这样的东西。海德格尔是在生存论的意义上，而不是在伦理学意义上谈论良知和决断的。良知在这里不是一个外在规范的内在化，不是道德意义上的罪责意识，而是能有罪和能决断。良知是此在自己向自己呼唤去领会自己的可能性，去成为自己，即知道自己的罪责（责任）。而决断也不是选择可能性，而是**"对当下实际的可能性的有所开展的筹划与确定"**②。它们无关应然，而是关乎本然。因此，准则与规范与它们是不相干的。它们的确是不确定的，如若完全确定的话，就不会再有自由。

海德格尔的决断不同于萨特的选择，它是一个存在论的概念，不能以实证主义或经验主义去理解。但这不等于说它没有一定的倾

---

① ［美］理查德·沃林：《存在的政治》，第86页。

② Martin Heidegger, *Sein und Zeit*, S. 298.

向，是完全任意的。历史性原则已根本否定了此在决断的任意性。但历史性不是价值标准，而只是此在生存的条件。生存就是真正的生活。伦理学的问题归根结底是苏格拉底的问题：人应该怎样生活？这个问题显然不是与海德格尔哲学无关的，尽管它从未将自己看作是一种伦理学或道德哲学。海德格尔虽然从来没有写过伦理学，他不可能回避苏格拉底的问题。因此，当有人问他何时写一部伦理学时，他不得不正面阐明他的立场。

海德格尔从未掩饰他对"伦理学"或任何形式的价值论的怀疑，他认为像"逻辑""伦理学""物理学"这样的名堂是在原始的"思"完结时才出现的，希腊人在他们伟大的时代是没有这些名堂而"思"的[1]。价值这种东西是近代主体主义的产物。正是通过将某个东西标明为价值，被评价的东西被剥夺了它的价值。在《关于人本主义的信》中，海德格尔说赫拉克里特用简简单单的三个字就表达了伦理的本质。这三个字是 ethos anthropoi daimon。这句话一般译为"人的德性就是他的守护神"，但海德格尔认为这句话是说："只要人还是人的话，他就住在神的近处。"[2]并且，如果 Ethik 这个词还保留着 ethos 的基本意思的话，那么伦理学就是深思人的居住，把存在的真理作为一个生存着的人的原始的基本成分来"思"的那个"思"本身就已经是原始的伦理学了[3]。居住显然与当代人的无家可归，即专注于存在者而忘了存在，密切相关。海德格尔从一开始就不断地思考这个无家可归，要为人找到合适的居处。

---

[1]   Martin Heidegger, "Brief über den Humanismus", in *Wegmarken* (Frankfurt am Main: Vittorio Klostermann, 1978), S. 313.

[2]   Ibid., S. 351.

[3]   Ibid., S. 353.

在此意义上，他的哲学就是这样的原始的伦理学。虽然这个原始伦理学与通常叫作"伦理学"的学科不是一回事，但却不是没有伦理学的含义和倾向。

海德格尔关于技术问题的那篇著名论文就是这方面的一个很好的例子。那篇论文题为《追问技术》，旨在揭示我们与技术本质的关系；但这还不是最主要的，海德格尔最关心的是准备与技术的一种自由关系，而不是通常的技术批判。所以他认为，通常将技术视为达到某种目的的中性的工具的观点并不错。这样来看技术的话，我们与它的自由关系就似乎是怎样掌握技术的问题。这种通常对技术的看法当然是正确的（rechtig），但并不是真。对技术真的理解不是上述工具的和人类学的理解，而是存在论的理解。从存在论上来理解，现代技术也是一种揭示或解蔽。只有当我们注意这一基本特征时，现代技术的特性才会显示给我们。

但是现代技术的那种去蔽并不是古希腊 poiesis 意义上的去蔽。那种去蔽是一种自然的生发。现代技术从来没有发展成这样一种去蔽。支配着现代技术的规则是挑战。挑战就是向自然提出蛮横的要求，要求自然提供本身能被开采和贮藏的能量。挑战使得"农业成了机械化的食品工业。人们设置空气以让它交出氮材料，为矿石而设置土地，为铀之类的材料而设置矿石，为原子能而设置铀，而原子能则可以为毁灭或和平利用的目的而被释放出来"①。而以前的农民却不是以这样的挑战态度对待土地，他们播下种子，将它们交付给自然的生长力。现代技术是挑战、安排、操纵、控制和整理安排

① Martin Heidegger, "Frage nach der Technik", in *Vortrae-geund Aufsaetze* (Pfullingen: Neske, 1978), SS. 18-19.

自然。它所谓的去蔽，就是把自然中被遮蔽的能量开发出来，加以改变，把改变的东西贮藏起来，再加以分配，被分配的东西又重新转换。开发、改变、贮藏、分配、转换永远没个完①。

海德格尔在这里绝不是像浪漫主义思想家那样表达一种对素朴的过去的乡愁和缅怀，而是要揭示产生和挑战这两种去蔽模式的不同。如果我们把现代技术理解为挑战这种去蔽模式，那么就会发现人其实并没有控制去蔽本身，技术不是人可以随心所欲加以控制的手段。相反，倒是人自己被技术这种去蔽安置了。只是因为他比自然能量更原始地受到挑战，即被技术安置，他才没有变成纯粹的常备物（bestand）。人通过从事技术而参与作为一种解蔽方式的安置。由此他进入一种无蔽（存在）。这种无蔽不是人的单纯制品；相反，它占用了人，人只有被它占用才是人。人只有对它敞开，倾听它的声音，才能看到已进入它的领域。

海德格尔把技术的本质称为 Ge-stell②。它是一种不同于 poiesis 的去蔽方式。Ge-stell 是各种设置的聚集。这种设置设置人，也挑战人，使人用整理安排的方式把实在事物作为常备物来解蔽。Ge-stell

① Martin Heidegger, "Frage nach der Technik", in *Vortrae-geund Aufsaetze* (Pfullingen: Neske, 1978), S. 20.

② Ge-stell 是海德格尔后期的一个重要概念。它与 Gestell 不同。Gestell 在德语中通常的意思是"座架"或"支架"。国内一般也把它翻译为"座架"。但海德格尔一开始就明确表示，他是在迄今为止人们还完全不熟悉的意义上使用这个词的（"Frage nach der Technik", S. 23）。这就是说他笔下的 Gestell 一词与"座架"这个通常意义没有什么关系。为了使人们意识到他的这个概念的非常性，他甚至把它写作 Ge-stell。这就表明，Ge-stell 根本与"座架"无关，而是与 stellen 一词有关。海德格尔在《追问技术》中对 Ge-stell 有明确的定义："Ge-stell 意味着汇聚了那种设置（Stellen），这种设置设置人，即向人挑战，让人去以整理安排（Bestellen）的方式将实在解蔽为常备物。"（"Frage nach der Technik", S. 24）鉴于中文很难找到一个适当的词把它翻译出来，本文就照搬它原来的形式 Ge-stell。

对人有要求，它挑战人。在它的挑战下，人往往一味去追逐、推动那种在布置中被解蔽的东西，并且以此为尺度，结果就封闭了更早、更多并且总是更原初地参与到无蔽领域的本质和无蔽状态那里的可能性，即封闭了居住在存在的近处的可能性。但这并不是不可避免的命运。因为还有自由。但自由绝不是一个意志主体任意选择的可能性，而是通向真理的道路。"自由与这种发生（即真理的发生——笔者注）处于最近和最密切的亲缘关系之中。"①自由在于成为一个倾听者。自由是我们居住在存在或神的近处的可能性。

Ge-stell 的确是最高的危险，它使人不再遇到他自己，即他的本质，更有甚者，它遮蔽了解蔽本身，使得无蔽，即真理无从发生，使得人无法进入，更不用说居住在更原初的解蔽中，从而经验更原始的真理的呼唤。Ge-stell 这个最高的危险在于它威胁和封锁了与技术本质的自由关系。用海德格尔在《克服形而上学》中的话说，就是"存在的仍然隐藏着的真理对形而上学的人性隐瞒着。劳动的动物被付诸他产品令人晕眩的混乱，这样它可能把自己撕成碎片，消灭在空洞的虚无中"②。但是，"有危险的地方，拯救也在生长"。荷尔德林这句著名的诗引领我们回到海德格尔的原始伦理学。

让我们来看看海德格尔是如何来谈拯救的。"何谓'拯救'？通常我们以为，'拯救'的意思无非是：抓住受到灭亡威胁的东西，以确保其继续存在下去。但是，'拯救'有更多的意思。'拯救'是：纳入本质，以使本质首先显现出来。"③显然，纳入本质，也就是进入

---

①　Martin Heidegger, "Frage nach der Technik", S. 28.

②　Martin Heidegger, "Overcoming Metaphysics", in *The End of Philosophy*, trans. Joan Stambaugh (New York: Harper and Row, 1973), p. 87.

③　Martin Heidegger, "Frage nach der Technik", S. 32.

原始的居处。Ge-stell 本身的确封闭了一切解蔽，除了它自己那种挑战的方式。就此而言，它是最高的危险。但最高的危险本身也有拯救的力量。如果我们对这危险开放的话，我们就为这拯救的力量的高涨做了准备。当我们深思拯救力量的出现，注意它的时候，我们就回到了一度远离的居处，回到了自己的家。家总是最安全的。于是，在第二次引用"有危险的地方，拯救也在生长"之后，海德格尔又引用了同一个诗人的"人诗般居住在大地上"①。诗的领域与技术的本质有亲缘关系，另一方面又与它有根本的不同。诗引导我们回家，它向我们敞开家的大门。

就这样，我们又回到了 Ethos 的本义——居住，回到了建立在这个原始意义上的原始伦理学。任何一个读过海德格尔这篇关于技术论文的人，恐怕都不会说他毫无伦理倾向或立场。相反，的确有人把他对技术及技术的本质的描述与马克思对异化的分析，韦伯对目的理性的发展与传播的分析，以及与卢卡奇关于物化的分析相提并论②。然而，与他们根本不同的是，海德格尔的描述不是经验主义或实证主义的描述，而是哲学的或存在论的描述。这种存在论的描述与《存在与时间》中基础存在论的分析是一脉相承的。只不过基础存在论中用更思辨和抽象的语言所表达的思想，在这里显示出了其内在的伦理学含义。存在的遗忘在这里是 Ge-stell 封闭了一切其他的解蔽可能性，以及无蔽的遮蔽。而这就表现在人表面上在操纵技术，实际上却自己成了 Ge-stell 的设置中的一个设置，成了人力资源。一切原本自然的事物，都变成了种种封闭其他解蔽可能性

---

① Martin Heidegger, "Frage nach der Technik", S. 39.

② Richard J. Bernstein, "Heidegger's Silence? Ethos and Technology", in *The New Constellation* (Cambridge, Mass. : The MIT Press, 1993), p. 100.

的设置。但这不是任何伦理学或道德哲学意义上的批判，它根本不同于法兰克福学派对技术的批判。它有伦理学的涵义，但没有丝毫社会学的意义，因为海德格尔不相信任何社会改造。这就是为什么海德格尔毫不含糊地说："人类的行为决不能对付这种危险。人类的所作所为决不能消除这种危险。"①一直到他晚年接受《明镜》周刊记者采访时，他还坚持说："哲学不能引起世界现状的任何直接变化。不仅哲学不能，而且所有一切只要是人的思索和图谋都不能做到。只还有一个上帝能救渡我们。留给我们的唯一可能是，在思想和诗歌中为上帝的出现准备或者为在没落中上帝之不出现做准备。"②至于他为什么这样想的问题，我们暂时放在一边，待讨论过对海德格尔的第二个批评后再回到这个问题；因为那个批评与它间接有关。

我们要讨论的对海德格尔的第二个批评是一个非常敏感的话题，这就是他在第二次世界大战后对纳粹罪行的沉默。自从人们提出这一批评后，几乎没有什么人提出相反的意见或为他辩护。反对和不喜欢他的人有了一条最坚强的理由；而同情他或对他比较宽容的人也在这个批评前噤若寒蝉。在许多人看来，他的这种态度要比他在纳粹统治期间的表现更令人不能容忍。尤其使许多人愤怒的是，他竟然将纳粹灭绝犹太人与苏联对东部日耳曼人的处置相提并论，说只不过一个为全世界所知，而纳粹的血腥恐怖事实上德国人都不知道。在海德格尔看来，这两件事没什么根本区别。不仅这两

---

① Martin Heidegger, "Frage nach der Technik", S. 38.

② Martin Heidegger, "Nur noch ein Gott kann uns retten", in *Der Spiegel*, No. 23, 1977. 译文取自熊伟先生的中文译本，《外国哲学资料》，第 5 辑，北京：商务印书馆，1980 年，第 177 页。

件事没有什么根本区别，而且在《追问技术》未发表的最初手稿上，他把食品工业，在煤气室和死亡营生产尸体，封锁和饿死一些民族和生产氢弹相提并论。因为这都可以用存在的历史来理解和解释。哈贝马斯曾就海德格尔不肯删除在 1935 年的讲稿《形而上学导论》中"国家社会主义的内在真理和伟大"这句话，在《法兰克福汇报》上发表公开信对海德格尔进行质问："甚至我们所有人今天都知道的有计划地屠杀千百万人，能够用存在历史来理解为是一个命中注定的错误吗？难道它不是那些要对犯下它负责的那些人的一个重大的罪行——整个一个民族的伤天害理吗？"①

可是，海德格尔似乎丝毫也不理会人们对他的顽固和沉默的愤怒。他其实并没有沉默。他依然用上述及别的一些观点来表明他的立场。只是他的这些言论更加坐实了人们对他的纳粹指控。

不过，人们对海德格尔的指控首先是个政治行为；而他在自己的论文中表达上述观点，则首先是一个理论行为。他之所以冒天下之大不韪表述这些观点，说明这些观点的确跟他的哲学思想根本有关，以致即使处境相当不利他也不隐瞒自己的观点。说他是纳粹立场顽固不化之类的话，除了表明自己的政治正确外，并不能解决海德格尔哲学与政治的关系问题。并且，对他这样一位大哲学家而言，也是过于轻率。人们固然有权在政治上批评海德格尔，但政治批评不等于哲学批评。哲学与政治的关系，绝不是简单的因果关系。海德格尔所谓的沉默，显然是首先与他的哲学有关，而不是同他的政治有关。从政治考虑，他至少应该做个姿态，以缓解人们对

---

① Jürgen Habermas, "Zur Vernöffentlichung von Vorlesungen aus dem Jahre 1935", in *Frankfurt Allgemeine Zeitung*, 25 Juli, 1953.

他的批评，而不应该火上浇油，给人们提供进一步的纳粹证据。因此，我们应该首先从哲学上，而不是政治上来考察所谓海德格尔的"沉默"。

海德格尔一生的哲学事业，就是要克服西方形而上学的传统。这个传统用他基础存在论的术语来说，就是忘了存在，以及存在与存在者的区别。然而，他的后期著作却用更明白的语言表明，这个传统在很大程度上就是传统的形而上学人本主义。这种人本主义，海德格尔有时也称之为人类学，其特点就是"人成了首要的和真正的主体……人成为那种存在者，一切存在者以他的存在方式和真理方式把自身建立在它之上。人成了存在者本身的关系中心"①。忘了存在，就是人一步跨入了主观性，以为他可以操纵一切，评价一切，却忘了他在他的本质中被存在要求着。换言之，他首先为某种存在模式所决定，就像在世界图像的时代他为 Ge-stell 所要求，成为它的一种设置一样。而人把一切作为自己的对象，征服、利用、或评价的对象，也正是以为与存在者打交道，就是全部存在。

很显然，海德格尔把食品工业与煤气室、死亡营和氢弹的生产，以及有意的封锁和饥馑都视为 Ge-stell，即现代的存在方式使然。这里当然不涉及经验意义上的因果关系，而是从存在论的角度讲的。这里也不涉及价值判断。海德格尔绝不是说食品工业和煤气室与死亡营在道德判断上是等价的。当然，从存在论上，或者从他的原始伦理学上来说，它们是一个层面上的现象。它们都是世界图像时代或者说现代的基本现象。站在传统人本主义的立场上（事实

---

① Martin Heidegger, "Die Zeit des Weltbildes", in *Holzweg* (Frankfurt am Main: Vittorio Klostermann, 1980), S. 86.

上这是我们能对它们加以谴责的唯一理由）对它们加以谴责或判定善恶，在海德格尔看来是一种主观化，不能说它不对或不合适，更不能说它没有意义或价值，但它却未能穷尽事物的真理，它也无法超越自己。这种人本主义虽然还是当今世界主流价值观的核心和基础，但它经不起尼采以来怀疑主义和相对主义的冲击，足以说明它并非无懈可击。而海德格尔既然一开始就想克服与超越这种形而上学，他当然不能再在相同的层面上来考虑问题。否则他就不是海德格尔，他就不得不退回到他力图超越的那个立场。至于他对那些现象的批判态度，是任何不带偏见的人都无法否认的。

然而，批评海德格尔的人，却正是基于传统人本主义的立场。这种立场经过现代的意识形态纯化和极端化后，越来越成为政治的工具，也越来越简单化。以这样的价值标准来判断，说苏联对待东部日耳曼人与纳粹的种族灭绝相仿佛，说苏联也是美国主义，当然不仅是海外奇谈，更是在有意抹杀民主与专制，自由与奴役的原则界限，适足证明海德格尔的纳粹或反民主的立场。另一方面，按照以上的逻辑，海德格尔既然没有这个价值标准，那么他的纳粹立场也就是理所当然的。可是，如果海德格尔的立场真如沃林所讲的是一种机会主义的话，那么他战后的保持沉默倒是无法理解了。当然，也许有些人会说，海德格尔是有其自己的价值论的，只不过这个价值论与自由民主的价值论正相反。对于这些人，我们可以提醒他们，海德格尔始终是在存在论的层面上谈问题，他始终拒绝任何价值论。

现在我们可以回到海德格尔为何不相信人的实践行动的问题了。近代以来，人总觉得自己是宇宙的主体，可以随心所欲地摆布一切，传统形而上学人本主义于此达到极致，却不知自己为 Ge-stell

这样的存在模式所摆布。既然 Ge-stell 这样的最高的危险并不是人的制造物，而是现代的存在方式，那么当然人的实践活动也就对它无能为力。在这个问题上，海德格尔的确是比较消极的。除了要人回到存在的近处，思存在的真理外，别无正面的实践的建议。为此，连他最得意的学生伽达默尔都批评他："如果我们将尼采的预期和当前的意识形态混乱等同于以它自己的团结的形式实际生活着生活，那么我们不是在冒可怕的知识自大的危险吗？实际上，在这里我与海德格尔的分歧是根本的。"①而汉娜·阿伦特在《人类的境况》中区分劳动、工作和行动，似乎也是要在技术时代或现代的困境中找到一条实际的出路。在海德格尔看来，摆脱 Ge-stell 的魔障的唯一出路是诗的解蔽；而阿伦特却把亚里士多德意义上的实践，即以自身为目的的行动作为可能的出路。拯救的力量不只是在诗般居住，而更在于行动（praxis）。

我们知道，海德格尔在 20 世纪 20 年代所开的关于亚里士多德的伦理学的讨论班对伽达默尔和阿伦特两人的思想都产生了重要的影响。是什么使老师忘了他自己曾精辟阐发过的实践哲学思想呢？是伽达默尔说的"知识的自大"吗？有人认为是②。但问题恐怕不那么简单。作为一个坚持哲学的基本问题是存在问题的哲学家，海德格尔始终从存在论的角度考虑问题，始终是从总体上考虑问题。他之所以在《追问技术》那篇论文一开始就区别技术与技术的本质，就是在暗示我们，他对技术的批判不是对一个局部问题的批

① "A Letter by Professor Hans-Georg Gadamer", in Richard Bernstein, *Beyond Objectivism and Relativism* (Philadelphia: University of Pennsylvania Press, 1983), p. 264.

② Richard Bernstein, "Heidegger's Silence? Ethos and Technology", in *The New Constellation*, p. 128.

判，他对 Ge-stell 的分析，实际上是对现代的存在模式的分析。可能在他看来 Ge-stell 就像神话中的九头怪一样，除非你把它完全杀死，否则砍了一个头它会又长一个头，根本不解决问题。而且，这种总体性的存在论问题也不能通过简单的反其道而行之来解决，形而上学的命题反过来仍然是形而上学的命题。环境污染通过环保运动是无法解决的。素食主义和不穿皮草也救不了动物灭绝的命运。

另外，阿伦特说的行动实际上是政治行动。但在现代条件下还有没有古典（原始）意义的政治，阿伦特自己也是有怀疑的。而相信纳粹运动能提供一条现实的摆脱困境的出路使海德格尔自己付出了惨重的代价，纳粹时期的政治经验可能恰恰使他更相信任何实践都无助于技术本质的根本改变。在这种情况下，他显然无法像伽达默尔和阿伦特那样认为实践能提供一种新的可能性。况且，相信人能通过有意的行动来根本改变 Ge-stell，在他看来一定是一种典型的人本主义或人类学。拯救的力量只能在 Ge-stell 自身中产生。因此，海德格尔将希望仅仅寄托于倾听和守护存在，寄托于诗的解蔽是很自然的。实际上，对于他所谓的拯救的力量，他始终语焉不详。也许人们可以说他自己都不太清楚。但苏格拉底不是对他讨论的许多问题也没有一个明确的答案吗？

但苏格拉底自始至终是一个积极主动的社会存在的人，他生活在城邦中，看得见现实的问题，也听得见各种声音。他不断地和人们对话，讨论各种看似简单的问题，最终关心的却是一个现代人已很少思考的问题：人应该怎样生活。他不会用存在史来遮蔽这个问题，也不会只是倾听某种神秘的声音。而海德格尔却更像柏拉图，在梦想"领导领袖"不成后，他一下子退回到存在的思辨中，就像柏拉图在其西西里的政治努力失败后退回理念世界一样。人们无权要求海德格尔提供具体的出路，但的确有权批评他对现实的苦难无动于衷。

现在我们知道，海德格尔的原始伦理学不是没有它的"内在倾向性"，海德格尔也没有完全沉默。然而，从存在的历史来看问题是否可以完全排斥其他"拯救"的可能性？原始伦理学是否就要拒绝对现实事件的评价？如果拯救的力量是从 Ge-stell 中生长出来，那么是否它本身就包含反对和改变它行动的可能性？换言之，思存在之真理是否一定排斥实践的思考？这些都是我们可以向海德格尔提出的疑问和批评。但是，如果我们仍然站在海德格尔正确批判过的形而上学立场上向他提出这些疑问的话，这些批评恐怕对他无效。

（原刊《外国哲学》，第 15 辑）

8

伽达默尔研究

释义学的"实践哲学"

尽管许多人把释义学看作主要是一种人文科学的哲学，但是，对于伽达默尔来说，释义学似乎自然而然地和实践哲学有着密切的关系。他晚年一篇论文的题目就是《作为实践哲学的释义学》①。哲学释义学不同于一切方法论意义上的释义学，就在于它本质上是实践的。

释义学从一开始就具有根本的实践性质。伽达默尔在《真理与方法》的导言中指出：理解者的理解与正确阐释不只是人文科学方法学说的一个特殊问题。从古代起，神学与法学释义学就并不那么具有科学的特征，倒不如说它同依循科学的法官与教士的实践行为相适应，并为之服务②。释义学固然研究理解和阐释的现象，但释义学的理解作为一个整体过程并非只有理解和阐释两个因素，它还必然包括应用 (Anwendung)③。这一点从释义学的两个来源——神学释义学与法学释义学的例子中就可以看得很清楚。

在奥古斯丁的《基督教学说》中可以找到一个重要的基本例

---

① ［联邦德国］伽达默尔：《科学时代的理性》，法兰克福，1976 年版，第 78—109 页。

② ［联邦德国］伽达默尔：《全集》第 1 卷，图宾根，1986 年版，第 1 页。

③ 同上书，第 313 页。

子，尤其是当他试图准确阐明他对《旧约》的态度时，奥古斯丁发现必须有一个涉及"理解"的意义并为准确阐述文本的教义所要求的反思。说明为何《旧约》在其全部内容上不可能直接反映基督教福音书或其形态学上的雏形，这是一个神学的任务。但像族长一夫多妻制这种与基督教伦理学说相抵触的事情，不再是通过讽喻阐释可以解决的，因而必须要有一种纯粹的历史解释，它能顾及遥远奇异的游牧民族的伦理。这就在阐释范围上有了变化。同样，在宗教改革的时代，基督教经典又成了新的释义学努力的对象，促使人们进行释义学的反思。统治了罗马神学并成了圣经意义的教条传统的讽喻的教义阐释方法，现在被一切以上帝的话为准绳的信念所克服。新教圣经诠释在与天主教圣经阐释的教条斗争时，发现有必要建立某种教义规范，反思从起源上重新阅读圣经而产生的教义上的结果。这样，新的原则"根据自己解释圣经"(sacra seriptura sui ipsius interpres) 就成了新的神学释义学的出发点。它不仅是一种技术性理论，而且同时也包括一种信仰理论。这就使圣经阐释直接与人生发生了关系。

法学释义学的实践性更加明显。它不仅从必然产生的释义学实践的困难反思文本阐释，而且也从文本的实质意义来反思文本阐释。因为它总是首先与在阐释法律文本及将其运用于争讼时产生的实际法律问题有关。将一般法律与法庭上案件的具体材料联系在一起始终是一切法律技巧和法律科学的一个组成因素。但是，在法律文本不再是产生于社会生活现实的法律经验的直接反映，而是表述了一种从另外的社会即历史上的社会中传下来的历史遗产的地方，这种运用的困难就加大了。一个变得陈旧过时的秩序总会产生法律上的困难，这就需要适应现实的合适的阐释。另一方面，"正确阐释法律在某种意义上以它的运用为前提。这样，人们可以说，法律的每一应用都超出了纯粹理解，而产生了新的实在"①。法的观念总是包含法律责任的观念。如果统治者不将自己置于法律之下，而是不用法律来判决，显然就破坏了一切释义学的基础。这就表明，正确阐释法律不单单是一种技巧，一种把事实纳入条文下的逻辑技巧，而且是法律观念的实践具体化，法学家的技巧同时也是法律责任。

随着文艺复兴产生的人文主义思潮的兴起，对于他们奉为人类文化典范的古代希腊、拉丁经典也提出了语文学的释义学要求。然而，即使在这里，释义学也不仅仅是起着疏通语法，解决语义困难，提供各种专门知识作用的辅助性学科。古典作家的特殊典范对近代的自我意识提出了疑问。著名的"古代与近代"的争论唤醒了对于人文主义理想的释义学反思。通过对于古代传统的阐释，人文主义者提出了自己的文化理想。所以，传统释义学无论从哪方面看都不是纯粹的技术性理论，而是实践哲学的近邻。如果伦理学是正确生活的学说，那么它同时也以在现实的伦理（Ethos）中的具体化为先决条件。而理解传统的技巧，无论是关于圣经、法律文本还是典范的经典作品，都不仅以肯定传统为前提，而且是创造性地继续建设着同一个传统。正是这个传统构成了我们的生活世界。

但是，仅仅这样，似乎还无必要把释义学作为实践哲学来强调。因此，要弄清伽达默尔为什么把释义学看作实践哲学，首先，要弄清他讲的实践哲学究竟何指。其次，要弄清他强调实践哲学的目的，即他为什么要把释义学作为实践哲学来强调。再次，释义学与实践哲学究竟在哪些方面有根本的相似。只有这样，我们才能最

---

① ［联邦德国］伽达默尔：《全集》第 2 卷，第 310 页。

终确定作为实践哲学的释义学在其哲学释义学体系中的地位和作用。

伽达默尔讲的实践哲学，首先是指亚里士多德的实践哲学传统。亚里士多德的实践哲学对他不只是一个有价值的过去的理论体系，而且在基础的意义上是形成他思想的一个范型。"亚里士多德的理性的美德（phronesis）最终本身就是释义学的基本美德。它是形成我自己思想的一个范型。"①因此，伽达默尔对亚里士多德实践哲学的理解和解释，对于弄清他自己的释义学实践哲学具有重要的意义。

亚里士多德的伦理学首先是从对柏拉图善的理念的批判开始的。亚里士多德认为，柏拉图善的理念只是一个空洞的一般性，而他自己则始终从人的伦理生活本身出发。他的实践哲学的目的和任务是用流行的善和幸福生活的概念来分析他那个时代人的生活。伦理生活并不是一个完全无规律可循的领域，它虽然是可变的，但还是有其相对的规则。问题是怎样才能获得关于人的伦理存在的知，以及知对人的伦理存在起什么作用。

不言而喻，人的伦理行为不是一种简单的能力，它们必然包含着伦理之知，即善恶之知，否则就不是人的行为。并且，伦理之知总是出现在人的具体实践处境中，使人看到他的实践处境要求什么，即行为者必须在具体的实践处境中看到一般的伦理要求。正如人通过其行为而有其所是，伦理之知也只有在具体实践中才能真正最终存在。显然，伦理之知并不是一种具体的知，也不像数学那么精确，它是一种只有在实践中才能实现的一般。与理论之知不同，

---

① ［联邦德国］伽达默尔：《全集》第 2 卷，第 328 页。

"伦理之知不是在一般的勇敢、正义等等概念中，而是在根据这种知确定此时此地合适之事的具体应用中完成自己"①。因此，对于亚里士多德来说，伦理之知本身就是伦理存在的一种方式，这种方式本身同他称之为伦理生活的全部具体的东西不可分离②。

实践之知或伦理之知显然与科学之知有很大的区别。亚里士多德把前者称为 phronesis，把后者称为 Episteme。后者以数学为典型代表。这是一种关于不变的事物的知，以证明为根据，可教也可学。而伦理之知则不是固定的，它既不可教也不可学，它是人的全部教化、传统、文化、历史的结果，它是存在性的知。除了这两种知以外，还有第三种知，就是技术之知。例如工匠手艺的知识。这也是一种可教可学的知识，或者说，一种能力。人可以学一门技术，可以因而掌握一种能力，但人永远无法通过学习知道实践生活中何者为宜。伦理之知的实践应用绝不是像理论之知或技术之知那样把一些固定的原理、规则用于对象，而是在实践行为中实现自己。

因此，亚里士多德对"实践"这个概念有一个重要界定。它不是区别于理论科学，因为理论科学本身是从广阔的人生可能性的领域出现的一种最高的实践，而是区别于构成城邦国家生活的经济基础的、基于技术之知的生产（Poiesis）。亚里士多德讲的实践不是基于专门能力的生产行为，而是指根据伦理之知在具体生活实践中自由选择生活可能性的伦理—政治行为，或生存行为。这也是作为实践哲学对象的实践。选择何者为宜的实践之知不是一种可教可学的

① ［联邦德国］伽达默尔:《全集》第 4 卷，图宾根，1986 年，第 183 页。
② 同上。

工匠的技术，也不是数学那样的理论科学，而是一种独特的科学。它本身从实践中产生，意识到一切典型的一般性，反过来又和实践发生关系。"这事实上构成了亚里士多德伦理学和政治学的特殊性质。"①亚里士多德的实践哲学正是在这些方面对伽达默尔产生了重要的影响。

伽达默尔认为亚里士多德实践哲学的意义在于：他在与理论和理论哲学的争论中发展了实践哲学，这样，他使人类实践上升到一个独立的知识领域。"实践"就是实践事情的全部，包括一切人类行为和人在世界中的自我安排，政治和立法也属于这个范围。通过最广义的社会与国家生活秩序的"宪法"，人类事务得到自我规范，秩序井然，规则明确②。伽达默尔最重视的是亚里士多德的实践哲学在理论和技术能力之外区分出实践以及实践之知的领域，而这个领域恰恰是我们最基本的生存领域。实践哲学肯定了这个领域的合法性。这种合法性在近代曾经几乎已经失去，而释义学的实践哲学就是要重新肯定和突出这种合法性。

近代自然科学的出现对西方思想产生了划时代的影响。自然科学方法论的一般原则成了西方思想的一般原则。例如，人们认为知就是自然科学理论认识的那种知，这种知与它的对象是可以分开的。而亚里士多德实践哲学传统中所讲的实践之知或伦理之知则逐渐被遗忘。与此相应，近代的实践概念与亚里士多德的实践概念有很大不同。近代的实践概念是以自然科学工作中把原理用于实践或转化为生产技术为模式的。因此，近代的实践概念更多地指亚里士

---

① ［联邦德国］伽达默尔:《科学时代的理性》，第83—84页。

② 参见［联邦德国］伽达默尔:《全集》第2卷，第324页。

多德意义上的技术（Techne）或生产（Poiesis）。而这恰恰不是亚里士多德意义上的实践概念。这样的实践概念必然造成理论与实践的分裂，因为理论不再是实践过程的一部分，知识本身不是在实践中完成，实践反而只是用理论来操作。总之，理论总是现成地在那里，当一个人掌握理论后去做某事时，只是这个单纯的"做"才是实践。理论与实践的分裂，知与行的分裂，伴随着实践之知的遗忘。而古典释义学正是在人文科学处于自然科学方法论模式压迫下竭力维护自己的独立性和合法性的背景下出现的。但是，当古典释义学把自己主要理解为人文科学的方法时，它实际上还没有回到亚里士多德的传统，相反却反映了"传统意识在 19 世纪的科学实证主义时代的沉沦"①。

本来，"科学"的概念是希腊精神真正转折性的发现，希腊文化随着这个概念的出现而完全诞生了。科学对于希腊人来说是由数学来代表的，它是真正和唯一的理性科学，它涉及的是不变的东西。人们只能认识不变的东西。近代科学以某种方式坚持了这个原则，以便能把自己理解为科学。不变的自然规律占据了受数学启发的希腊智慧的重要内容——毕达哥拉斯的数和星宿的科学的地位。显然，这种模式的科学很少会关心人的事务。道德与政治，人制定的法律，据以生活的价值，创设的制度，遵循的风俗习惯，都不可能符合不变的要求，因而不是真正可知的。

不仅如此，近代科学还把古代科学思想的遗产置于新的基础上。一个新的认识世界的时代随着伽利略开始了。一种新的可知性思想从现在起规定了科学提问题的对象。这就是方法的思想和方法

---

① ［联邦德国］伽达默尔：《全集》第 2 卷，第 313—341 页。

对于事物的优先性：方法上可知的条件规定了科学的对象。在这种情况下，人文科学本身成了问题。它究竟是不是科学？它是什么样的科学？

尽管近代人文科学在很大程度上追随近代科学思想，但它同时还在维护古代的知识传统。约翰·斯图亚特·穆勒把人文科学称为"道德科学"，还是用了"科学"这个古老的名字，但却把它们的科学性质同气象学相比，人文科学的可靠程度就像长期天气预测那样。这显然是从一个经验科学概念外推的结果，这种经验科学的概念已经通过近代自然科学明确地形成了。从那时起，哲学的任务就是要维护人文科学的独立地位。

然而，在伽达默尔看来，问题不仅仅只是维护人文科学的科学性，而且还要弄清所谓人文科学的认识论性质是什么。它真的至多只是可与长期天气预测竞争的"不精确"科学，还是一种一切科学中最精确的科学（这是数学都不具有的特殊地位）[①]？这种认识论问题其实是事实与理论的关系问题。这当然不限于人文科学，自然科学也有这个问题。在自然科学中，理论必须证明和确定对一种事实的论断获得了真正的认识。纯粹的事实积累根本不是经验，更不用说经验科学的基础了。在这个领域也有事实与理论的释义学关系，并且，这种关系是决定性的。

但是，真正的释义学问题在人的知识和人关于自身的知识领域出现时，总是要涉及理论与事实的相互关系。狄尔泰以释义学为人文科学奠定基础使黑格尔和施莱尔马赫的遗产得到光大发扬。狄尔泰的思路远比新康德主义的认识论广阔，他接受了黑格尔的全部遗

①　[联邦德国]伽达默尔：《全集》第 2 卷，第 321 页。

产——客观精神的学说。根据这个学说，精神不仅存在于主体中，而且也体现在像经济、法律和社会等制度以及行为系统和生活制度中，从而作为"文化"成为理解的对象。然而，狄尔泰试图更新施莱尔马赫的释义学，从而证明理解者和可理解的东西之间的同一点是人文科学的基础的努力却注定要失败。因为历史本身显然有比人们在历史的可理解性观点下所能看到的要深刻得多的奇异东西。因此，狄尔泰用作历史理解模型的自传，实际上根本无法理解真正历史的发生，或者说，"发生事件的历史性"①。

胡塞尔和海德格尔的重大贡献在于发现了唯心主义的或精神史的精神与历史的同一性的局限。胡塞尔"生活世界"概念提醒人们注意一切科学知识的先决条件，海德格尔"事实的释义学"尤其如此。面对此在本身的不可理解性，必然要突破唯心主义的释义学概念。在与现实发生的事件的张力关系中，理解与要理解（Verstehen-wollen）得到了确认。根据理解与真理的无穷任务，胡塞尔"生活世界"的学说与海德格尔"事实的释义学"概念确定了人的时间性和有限性。由此伽达默尔得出结论：知识并不是控制异己的东西，"在'人文科学'中重要的不是客观性，而是与对象发生着的关系"②。哲学家以知识为己任，关心人文科学的哲学家显然应该去追究这种不同于自然科学的理论知识的知识。人文科学的科学性与合法性取决于这种知识的科学性与合法性。如果不能证明这种知识的独立性和有效性，人文科学就无法真正取得自己认识论和方法论上的独立地位。而"实践哲学在我们的全体关系中只是作为一个与近

---

① ［联邦德国］伽达默尔：《全集》第2卷，第322页。
② 同上书，第323页。

代方法论概念不符的这种知识传统的例子"①。

现在已很清楚了，伽达默尔重新提出实践哲学的传统，绝不是要恢复狭义的传统的实践哲学，他的哲学释义学的目的恰恰是要突破传统实践哲学的范围，揭示实践哲学传统的命题中应有之义，从而使人文科学有一个坚实的基础。不仅如此，如果我们把善的问题作为好像是技术与科学在它们的领域中所遵循的一切知识的自我观念的最高完成来提出，那么这实际上就意味着伦理之知是一种基础性的知识，而以此为内容的实践哲学就应该是一种具有基础意义的哲学。事实上，在伽达默尔看来，"伦理学不仅要描述有效的规范，而且要为它们的有效性奠定基础，或者提倡更为正确的规范"②。实践哲学涉及的是人类生活最基本的方面，因而它也具有基础意义的普遍性。"实践哲学与人类生活中包罗万象的善的问题有关，它（指善的问题——作者注）不是像技术那样通常只限于一个特定的领域。"③实践哲学并不处理某个特定的对象领域，而是涉及人类自身对象化的全部领域，他们的所作所为与痛苦，他们持久的创造，等等。在理性概念中所包含的实践普遍性包括了我们的一切，所以它甚至能对理论的要知最终负责④。

如果这样的话，人文科学的合法性就在于实践哲学的理想完全适合它们。或者说，以实践和实践之知为对象的实践哲学给了它们某种合法性⑤。人文科学与实践哲学有着本质上的相通之处，所以

---

① ［联邦德国］伽达默尔：《全集》第 2 卷，第 305 页。

② 同上书，第 304 页。

③ 同上。

④ 同上书，第 327 页。

⑤ 同上书，第 302 页。

亚里士多德的实践哲学是人文科学合适的自我理解的唯一有承受力的模式①。一方面，实践哲学是人文科学的基础与根据；另一方面，人文科学与实践哲学又有共同的原则和对象。实践哲学的理想也就是人文科学的最终理想。实践哲学使得人生存的基本领域——实践敞开无遗。如果我们承认这个领域对于人类的基本重要性，那么就无法否认实践之知的基本重要性和合法性，虽然它在相当程度上有别于理论知识。实践哲学传统的恢复与更新显然有助于打破科学主义关于知识和科学的偏见与教条。另外，实践哲学直接以"生活世界"为对象，它实际上涉及了一切科学，包括自然科学的前提和基础，使得科学的自我理解得以回到它最终的根据。

释义学不仅在它的历史起源和形态上与实践有着千丝万缕、密不可分的关系，而且在它作为人文科学基础的理论内容和任务上，也和实践哲学有着众多相似。实践哲学的许多重要特征也完全适合释义学。作为解释或阐释理论的释义学不只是一种理论。从古代到今天，释义学一直要求的对阐释的可能性、规则和手段的反思是实践所要求的，是直接为实践服务的。释义学像修辞学一样，表明了人的一种自然能力，意味着他能充分理解地与人交往。所以它不只是一种手艺或技术，它参与一切自我关系，而这对于实践哲学来说是根本性的。比如伦理学是一门正确生活的学说，它以在现实伦理生活中的具体化为先决条件。理解也是这样。无论是理解书、画或法律文本，不仅先要肯定它，而且要建设性地重新产生它，否则就谈不上理解②。理解的要点在于文本所说的和我们自己对事情的理

---

① ［联邦德国］伽达默尔：《全集》第 2 卷，第 319 页。
② ［联邦德国］伽达默尔：《科学时代的理性》，第 91 页。

解之间的实质关系。

释义学的发展在浪漫时代达到了高峰。促使这种发展的正是上述这种实质关系。这时，科学阐述的罗马法和传统的、未经整理的人们的法律习惯之间的冲突达到相当的程度。浪漫时代的人们逐渐认识到，法国大革命后西方文明的整个传统岌岌可危。从这时起，释义学的任务就是如何沟通革命后的时代与以前世代基督教人文传统之间的鸿沟。古典释义学正是在这个背景下产生的。

尽管这样，到狄尔泰为止的释义学家并没有看到释义学与实践哲学的总体关系。直到尼采对西方文化全盘怀疑和激烈批判后，释义学才成为具有普遍意义的东西。尼采要求人们必须比笛卡尔更深刻、更基本地怀疑。笛卡尔把自我意识看作是一切确信最后不可动摇的基础。但尼采却发现了自我意识的幻相和自我认识的偶像。"解释"的概念由此获得了一个深得多的更一般的意义。解释意味着回到明显的现象和事实后面去。精神分析怀疑意识与自我意识的有效性，而意识形态批判理论则对科学理论客观性的纯粹理论有效性提出了疑问。

然而，以理解传统和历史为对象的释义学却要问，我们如何使传统的真理要求与尼采引进并经他人详述的这个解释概念相容。因为如果传统毫无意义和价值的话，甚至怀疑也是一种浪费。反过来，如果传统是我们无法避免和抛弃的东西，那么它自有我们无法拒绝的真理在。问题在于如何使这个大大激化和深化的解释概念达到肯定的结果。海德格尔的"事实性释义学"在这方面做出了决定性的贡献，"事实性释义学"这个表达式本身就包含了对狄尔泰历史主义的释义学基础的一种修正。"事实性"这个词意味着某种不可选择的东西，我们的生存不是我们自由选择的事，而是一个事实。我们在生命的任何一刻都是给定的。海德格尔把此在的时间结构解释为阐释的运动，阐释不是作为生命过程中的一个活动发生，而是人生的形式。因此，我们是用我们的生命力来阐释，这就是说，通过我们的渴望、希望、期待在我们的人生经验中"谋划"，这种过程的顶点就是依靠语言表达一种取向。对别人及其言论的阐释，对一个作者和他的文本的阐释，都只是作为整体的人生过程的一个特殊方面。现在，解释的问题，释义学的问题成了哲学的中心问题①。

因此，作为本体论的哲学释义学断然拒绝把自己理解为仅仅是一种方法或"技术"。正像"伦理学只是具体确定的伦理生活的自我阐明"②那样，理解也不是主体的单纯操作，而是一个生存的发生过程。在《真理与方法》的序言中伽达默尔开宗明义地指出："对文本的理解和阐释不仅是科学关心的事，而且显然完全属于人的世界经验。"③理解现象遍及人和世界的一切关系，理解过程发生在人类生活的一切方面。"我认为，海德格尔对人的此在的时间分析令人信服地表明，理解不是主体的一种行为方式，而是此在本身的存在方式。'释义学'这个概念在这里就是在这个意义上使用的。它表示构成了他自己的有限性与历史性的此在基本的运动性，因而包括了他的全部世界经验。……理解的运动是包罗万象与普遍的。"④这样规定的理解显然和实践哲学的实践概念有着某种对应性，或者说，是实践本身一个不可缺少的构成因素。如果说实践哲学的任务并不是运用规则，在此意义上它不提出"应该"的命令，而只是在具体生

---

① ［联邦德国］伽达默尔：《解释的冲突》，载于《现象、对话和桥梁》，奥本尼，1982 年，第302 页。

② ［联邦德国］伽达默尔：《全集》第 4 卷，第 2 页。

③ ［联邦德国］伽达默尔：《全集》第 1 卷，第 1 页。

④ ［联邦德国］伽达默尔：《全集》第 2 卷，第 440 页。

活实践中促进和完善实践之知的话，那么哲学释义学"并不设想自己是一种新的解释或阐释的方法。它其实只是描述始终已经发生的事，特别是在阐释令人信服和成功的地方已经发生的事，因此它完全与那种说理解必须是怎样的技术理论无关。我们必须承认存在的东西，因此我们无法改变在我们的理解中始终有无法证实的先决条件在起作用。也许即使我们可以，也不应该去改变。理解恰恰不仅是一种能力的高明运用，它始终也得到更为广泛深刻的自我理解。这就是说，释义学是哲学，作为哲学它是实践哲学"①。

如果说释义学在它的历史形态上只是与实践有关的话，那么伽达默尔对于释义学任务和原则的基本规定却毫不含糊地表明了它作为实践哲学的必然性。当然，作为实践哲学的释义学还不能完全等同于传统的实践哲学，因为传统实践哲学的一切主要内容都与"行为"概念有关，而"理解"的概念却不能完全等同于行为概念或实践概念，而只是行为概念或实践概念的一个构成因素。在此意义上，伽达默尔释义学的实践哲学还不是完全的实践哲学，虽说它在根本方向上与实践哲学是完全一致的。但是，通过把释义学向实践哲学引申，伽达默尔不仅大大丰富了释义学的理论内涵，而且也因此为它的普遍性和基础性奠定了新的基础。反过来说，释义学的普遍性要求最终必然以人在生活世界中的世界经验的基础性为根据，这就突出了实践哲学的必然性和必要性。从这点上看，伽达默尔完全有理由说实践哲学的伟大传统活在意识到它的哲学意义的释义学中②。

---

① ［联邦德国］伽达默尔：《科学时代的理性》，第 108 页。
② 同上。

但是，尽管伽达默尔把作为哲学的释义学叫作实践哲学，他实际上只是把实践哲学的传统引进释义学，加强了它的本体论地位和意义。它不仅显示和证明了一个不同于近代思想的传统，而且使释义学成为对一切科学而言的基础性的东西。正如伽达默尔的高足布伯纳教授所指出的："释义学和这种哲学（指实践哲学——作者注）的关系，以及它转向实践，可以被描述为从方法论问题回到实质性问题。"[①]这表明释义学转向实践哲学的传统使释义学更进一步把握和处理哲学的实质性问题，只有这样，它才能占据哲学问题的中心位置。正因为实践哲学对于释义学有本质的意义，所以可以说，只有从实践哲学的角度来理解伽达默尔的释义学，我们才能真正把握它的重要意义。实践哲学的原则既是伽达默尔哲学释义学的出发点，也贯穿在他整个思想体系中。

当然，因为伽达默尔是把实践哲学引入释义学，所以他的哲学首先是释义学，虽然可以是作为实践哲学的释义学。同时，在充分明了释义学与实践哲学在基本原则和理论结构上的内在一致之后，人们也可以反过来把释义学引进传统实践哲学的领域，从而更新传统实践哲学。布伯纳教授的工作就是这方面的代表。这样，释义学的实践哲学将对实践哲学的基本问题，进而对哲学的基本问题进行更为广泛深入的探讨。

（原刊《哲学研究》，1995 年第 5 期）

---

① ［德］R. 布伯纳:《释义学与批评理论论文集》，纽约，1988 年，第 viii 页。

伽达默尔和哲学

2002 年 3 月 14 日，伽达默尔去世，标志着德国哲学一个时代的结束。伽达默尔一生横跨三个世纪。他生于 1900 年，即 19 世纪的最后一年，也是尼采去世的那一年，死于 21 世纪的第二年。他经历和见证了德国哲学与西方哲学的巨变，也是这个巨变的参加者。在海德格尔和阿多诺去世后，他和哈贝马斯成了当代德国哲学的象征。

然而，和与时俱进的哈贝马斯不同，伽达默尔更能让人们想起德国哲学的传统。《法兰克福汇报》发表的悼念文章称他是德国教授家族古典风范的最后体现，的确是一个中肯的评价。伽达默尔是现在已经罕见的那种传统德国人文学者，这类学者就是中国所谓的"通儒"，他们具有精深的人文修养和高雅的鉴赏品位。这些人对古典学术浸染很深，对近代文化更是如数家珍。黑格尔、狄尔泰、海德格尔就是这类学者的典型。

但是，在一些英美学者眼里，"德国教授"却意味着最好不过是在象牙塔里皓首穷经，不知有汉，无论魏晋，浑不管人间的冷暖是非；最坏则是自以为是，敌视民主，乃至对强权卑躬屈膝，卖身投靠。美国学者 Fritz Ringer 很有影响的 *The Decline of German Mandarins*（《德国士大夫的没落》）一书更是使这种德国教授的形象深

入英美人心，不但黑格尔和海德格尔被他们视为这种 German Man-
darin 的典型，而且连伽达默尔也不脱此类嫌疑。

美国《在世哲学家文库》前几年编了一本长达六百余页的《伽
达默尔的哲学》，其中有一位美国女权主义者，不但指责伽达默尔
没有在他的哲学自传《学习哲学的年代》中提到他的母亲，没有说
他的妻女姓甚名谁，更批评他"基本上只读至少两千年的书"，"明
显漠视 20 世纪政治提出的问题"，完全与实际生活脱节。这表明了
一种与生活世界脱离的哲学观，这种哲学观也违背了伽达默尔自己
的释义学意识的思想，根据这种思想，历史不断地在人们的意识中
起作用。在这位政治正确的女士看来，伽达默尔通过生活在象牙塔
中逃避具体的生存，他的哲学没有适当地处理社会和物质生活的问
题。她同时还含沙射影，深文周纳，说伽达默尔深谙存活之道，他
不但没有在纳粹统治时期挺身而出做烈士，相反，为了他的存活和
职业生涯，他能巧妙地玩弄一些花招，太太平平地度过了纳粹统治
的岁月。但战后德国知识分子试图理解纳粹现象时，伽达默尔却保
持沉默①。

被意识形态控制的人，当然不会懂得，真正的哲学从来就由现
实问题激发，针对现实问题的。但哲学从来就不是政治表态，更不
是意识形态的论证。哲学总是对时代的种种提出质疑，用歌德的话
来说，就是"进行哲学思考的人都不会同意时代的看法"。这就是
苏格拉底为什么被杀，而尼采何以见放。

哲学的这种天生的叛逆性决定了它不能体制化，一旦它被体制

---

① Cf. Robin May Schott, "Gender, Nazism, and Hermeneutics", in *The Phi-
losophy of Hans-Georg Gadamer*, ed. by Lewis Edwin Hahn (Chicago and La Salle:
Open Court, 1997), pp. 499-506.

化，即成了学院哲学，哲学也就走向了死路。然而，哲学也难逃现代生活的体制化。哲学家要生活，要被人承认，不能不进入体制，进入大学。然而，这并不是说，在哲学教授中，我们无法区分真正的哲学家与哲学专家。前者与后者的根本区别就在于，前者以人类命运为念，而后者只想当个专家。在这些专家的努力下，哲学实现了条块分割，专业细化。从苏格拉底到海德格尔，古往今来的哲学家一个个成了专家们研究的"对象"，他们的思想被捣鼓得支离破碎，而他们的问题和哲学精神，却再也看不到了。

对于将哲学体制化和制度化的学院哲学，海德格尔深恶痛绝。他曾主动写信给雅斯贝斯，希望联手反学院哲学。伽达默尔进大学时，正值学院哲学新康德主义统治着德国大学。新康德主义根本不能满足经历了第一次世界大战的强烈震撼，处于极度迷茫和困惑的青年人的精神需要。现象学虽然与新康德主义不同，但却同样不能满足伽达默尔那一代人的需要。胡塞尔的一个学生用了整整一个学期去研究信箱是什么，这说明现象学同样无法向一战后迷惘的一代提供对现实的思考。海德格尔被当时的年轻人奉为思想界"秘密的国王"不是偶然的。伽达默尔在晚年回忆说，他们之所以被海德格尔吸引，是因为在海德格尔那里，哲学传统中发展的思想，只是因为被理解为现实问题的答案才具有生命力。

尽管很多人喜欢把海德格尔理解成一个云山雾罩的玄学家，其实他与柏拉图或黑格尔一样，是最具现实关怀的哲学家，这一点只要细读他与《明镜》周刊的访谈就可明白一二。海德格尔之所以在今天仍然具有不可抗拒的魅力，归根结底是人们在他那里读出了对人类当前困境最深沉的思考。当然，他对现实问题的关切是哲学的关切，而不是实践的关切，这也是哲学家的本分。一旦哲学家思出其位，不守本分，就难免遭到历史—现实的作弄。古有柏拉图，今有海德格尔，都是这方面的显例。

2000 年伽达默尔一百岁时，《明镜》周刊也采访了伽达默尔。《明镜》的记者一上来就要他向非哲学家解释一下哲学究竟是干什么的。在我们这个讲求功利的时代，《明镜》记者这个问题真是道出了千百万人的心声，其潜台词其实是"哲学有何用"。伽达默尔说，人们对哲学有非常不合理的期待，总以为它要么能代替任何科学，要么它能给建造世界的人以科学的总结。还有一个不合理的期待就是哲学应该或能够成为科学。也就是说，哲学应该像科学一样具有可证明性。但伽达默尔明确指出，可证明性不是哲学的事。《明镜》的记者（想必我们的读者也会）接着问，那哲学能做什么？人们可以从它那儿期待什么？伽达默尔的回答是：他觉得，学会继续问问题，而不是认为一切一开始就规定好了，是一个伟大的责任。人不能在设问时是为了得到重要的信息。"信息"这个词的意思已经是说，是的，有些东西已不需要再思考了。伽达默尔说，甚至人们称为傻瓜的人也有很大的哲学兴趣。《明镜》的记者马上说，但他们没有回答哲学问题的能力。伽达默尔回答道，哲学家也很少能回答。但他们至少能说，他们为什么不能回答这些问题①。

由此可见，在伽达默尔看来，哲学的本分就是提出哲学的问题，或者说，关于现实的思辨的问题。他曾说，他在繁忙的教学之余写《真理与方法》，是感到有一种自然的需要，要思考通过从当前的哲学形势出发，他在教学中追溯的各种哲学道路，如何真正与今天相关。要真正理解伽达默尔的哲学，不可不认真对待他的这番

---

① "Rituale sind wichtig", *Der Spiegel*, 8-21. 2. 2000, S. 305.

自我表白。

伽达默尔在介绍他自己的哲学道路时说过，他的工作有两个主要的中心，这就是释义学和希腊哲学。如果我们对伽达默尔的哲学有真正的了解的话，就会发现这两个中心其实都最终归结到实践哲学。

释义学不是什么新东西，它起源于古希腊，施莱尔马赫将它引入哲学，狄尔泰更是极大地扩充了它的内涵；但在狄尔泰那里领悟基本上仍属一个意识的行为。尽管伽达默尔在《真理与方法》中对狄尔泰释义学的解释的确不太公正，但释义学的基本行为——领悟在伽达默尔那里的确有不同的含义。伽达默尔思想成长的哲学语境是主观唯心主义及其危机，以及人们重新接受祁克果对黑格尔的批判。伽达默尔后来回忆说，这个批判给了领悟完全不同的意义。根据祁克果，是他人打破了我的自我中心，给了我某些东西去领悟。这构成了伽达默尔哲学释义学最深的冲动。而海德格尔的"事实性释义学"，即他对领悟生存结构的展开，则使伽达默尔看到了领悟更广阔的境域。领悟不再是一种意识行为，而是人基本的生存方式，即他与世界的基本关系。

因此，释义学领域包括领悟展示自身的种种形式，从人与人之间的交际到社会控制；从社会个体的个人经验到他同社会打交道的方法；从由宗教、法律、艺术和哲学等构成的传统到通过解放的反思使传统动摇的革命意识[1]。伽达默尔发现，人对世界的一切经验都有本质的语言性，语言性渗透到人与世界的一切关系领域中，用

---

[1] Hans-Georg Gadamer, *Gesammelte Werke*, Bd. 2 (Tübingen: J. C. B. Mohr, 1986), S. 232.

他自己的话来说，就是"语言性深深地织入人类存在的社会性之中"。正因为如此，他的哲学释义学始终是围绕着语言性展开的，而语言的根本特征又不能不被他理解为对话，因为他始终坚持他人的特殊的自主性。他的释义学哲学的最高原则就是保持使自己向对话开放。

这个看上去平淡无奇的原则蕴含着重要的意义。保持向对话开放，首先就意味着让对话无限地进行下去；而要让对话无限进行下去，不能假定自己一定是对的。恰恰相反，对话的前提是对话的伙伴，即他人可能是对的，并且可能比我高明。如果预先假定对话有一个全知的主体，那么对话就不是对话，而是独白或者训话了。因此，伽达默尔坚决反对哈贝马斯将精神分析的治疗情况作为意识形态批判的范型。对话者中没有一个人是那个知道一切的心理医生，只有社会成员。不仅如此，伽达默尔还发现，哈贝马斯所谓没有强迫的自由对话实际上只是一个高度抽象的概念，完全没有看到人类实践的真正条件。在对话的目标上，伽达默尔也与哈贝马斯不同。哈贝马斯要通过对话达成最后的一致或共识；而在伽达默尔看来，人与人的领悟不可能完全重合，因此，领悟的一致并不是意味着差异被同一性克服，对话双方的差异永远存在。对话的目的是求同存异，让对话的主题带领我们走向进一步的问题。对话者自身的特殊倾向不是在对话中得到克服，而是在对话的发展中得到了表达。

伽达默尔与哈贝马斯在对话上的分歧根源在于哲学倾向上的分歧。哈贝马斯尽管也接受和运用释义学和辩证法的方法，并与阿多诺一起和实证主义者展开过激烈的论战，但他在对话问题上的立场，则表明他实际上并没有完全摆脱近代理性主义哲学传统。这种传统的一个主要特点就是，只有能被证明和检验的东西才能被接受为真理。哈贝马斯对话理论的关键在于一个先验普遍的程序，也就是理性论证的规则，只有在自由的条件下，按照程序的要求进行对话（也叫交往），才是真正的对话，这种对话可以根据程序来证明和论证，原则上也一定能达成普遍的共识和一致。

伽达默尔则从现代存在哲学的立场出发，他指出，我们在日常生活世界中根本不是这样对话的，"领悟和互相理解主要或最初并不是指方法论上受过训练的对待文本的行为；而是指它们是人的社会生活进行的形式，社会生活从形式上说是一个对话的共同体"①。实践生活中的对话并不一定具有可证明性，但同样可以具有真理性，苏格拉底和柏拉图对话早已昭示了这一点。

哈贝马斯的自由的合程序的对话的思想来自皮尔士，而皮尔士则是根据自然科学研究经验提出这个理想目标的。它只能是一种作用有限的理论理想，不可能对实践发生真正的影响，因为它实际上是对实践的偏离。而伽达默尔不是把对话视为（自然）科学的求真理的方法，而是视为人类实践（亚里士多德意义上的，也即实践哲学意义上的）的基本模式。因此，他把修辞学作为释义学的基本方法。在上述《明镜》周刊的采访中，他甚至说它也许事实上是哲学的唯一方法。他说，修辞学作为哲学的方法，应该是说，我们必须最终重新学会，怎样正确进行对话。修辞学与哲学一样，起源于古希腊，修辞学自古以来就一直是一种真理主张的唯一倡导者，这种主张保卫似乎真的、可能的、能说服日常理性的东西，反对科学的可证明性和明确性的要求。科学只有通过它才能成为生活的一种社

---

① Hans-Georg Gadamer, *Gesammelte Werke*, Bd. 2 (Tübingen: J. C. B. Mohr, 1986), S. 255.

会因素。古希腊的修辞学大师不但要求传授讲话的艺术，而且还要求形成一种能保证政治成功的市民意识①。因此，修辞学在社会生活中的根本作用是毫无疑问的②。

在深受近代科学实证主义思想影响的人看来，修辞学根本就不能是什么方法。伽达默尔有一次将他的著作寄给他的一个朋友，一位非常著名的物理学家，结果那人在他著作上每隔三页就批上"修辞学"！意思当然是"根本就不是科学"。但在伽达默尔看来，不能把逻辑和科学思维套用于人生。将修辞学作为哲学的唯一方法，显然有强调生存实践自有它独特方法的意思。但更重要的是，将修辞学作为哲学的唯一方法，清楚地证明了伽达默尔哲学根本的实践性。修辞学是人类对话的基本方法，而对话则是人类共存必不可少的条件。

作为 20 世纪人类种种罪恶与灾难的见证人，伽达默尔尤其关心人类的团结。冷战结束后，他并没有像某些目光短浅的人那样，以为从此天下太平，再也不会有什么危险了。相反，他认为，贫富差距不断扩大，南北矛盾不断加剧，生态危机日益严重，不同文化不能相互理解，这些问题如果不解决的话，人类会陷入更大的灾难。所以他不断强调人类的团结，强调通过对话消除隔阂。当《明镜》周刊的记者问他自己在哲学中希望什么时，他回答说，如果我们最终开始使世界各宗教重新相互对话的话，那会是一件美妙的事。

在对话问题上，伽达默尔是彻底的多元主义者。对话是要达到

---

① Hans-Georg Gadamer, *Gesammelte Werke*, Bd. 2 (Tübingen: J. C. B. Mohr, 1986), SS. 236-237, 235.

② Ibid., S. 237.

相互理解，但理解并不意味着克服他者的他性。相反，他性的存在是对话真正需要和得以进行的基本条件。伽达默尔西方文化的背景并没有使他像许多西方学者那样有明显的西方文化中心论的倾向。早在他上大学期间，他就读过德国现代文化哲学家和作家特奥多·莱辛的名著《欧洲和亚洲》。这部书使他打破了当时西方社会流行的西方中心论的偏见，而对非西方文化有高度的尊重。他的这种态度不但见诸文字，也见诸他的行动。1989 年德国洪堡基金会在波恩举行纪念海德格尔诞生一百周年大型国际学术讨论会。会上许多非西方国家的学者如众星拱月般围着像他这样的西方大牌学术明星转。可他却在分组发言时，坐在第一排认真听一位扎伊尔的年轻学者做学术报告，并饶有兴趣地提了许多问题。事后他还说，这位博士先生能用我们的语言或法语来讨论西方哲学的问题固然很好，但他若能用他的母语来谈非洲哲学就更好。有人曾问过伽达默尔，既然你对东方文化那么尊重，为什么从未写过这方面的文章。他的回答是，海德格尔和他都是那样一代德国哲学家，他们认为不懂一种文化的语言就不能对它说什么。这个回答显然含有对像康德、黑格尔对中国和东方文化知之甚少，却随意作出轻蔑的判断的做法的不满和纠正。

　　伽达默尔对持不同观点的人，也非常宽容和尊重。哈贝马斯早年做完教授资格论文后，由于种种原因，不为当时法兰克福的代表人物霍克海默所喜，尽管另一法兰克福学派的巨子阿多诺对他颇为欣赏。为此，阿多诺和霍克海默这一对老朋友差点闹翻。此时伽达默尔任海德堡大学哲学系主任。他明知哈贝马斯的观点与海德堡同仁的观点不一样，还是将他聘为副教授，认为可以起到相互攻错之效。在后来的几十年里，哈贝马斯一直是他的主要论战对手。

1999年哈贝马斯七十寿辰时，他作为前辈，还是写了很长一篇文章表示祝贺。

尽管伽达默尔坚持多元性原则，坚持他者的不可消失性，反对任何独断的、先定的统一或一统，但他并未像后现代主义者那样，完全否定人类的共同性。一个基本的事实就是人类共处于同一个地球，他们不能不相互交往，在一定程度上他们具有共同的命运。这个基本事实谁也否认不了。然而，经济全球化并没有使人类更好地相互理解，相反，对利益和权力的争夺愈演愈烈。一些聪明人看出了冲突不可避免，干脆提出"文明的冲突"理论来使其合理化。9·11事件很可能是一个不祥的信号，预示着更可怕的危机与冲突还在后面。

经历和见证了20世纪所有可怕灾难的伽达默尔，对于时代政治提出的问题，决不会无动于衷，因为这些悲剧构成了他们这代哲学家的思想背景。在伽达默尔看来，我们一方面应该承认他者的权利，他者的自主性，并且承认他者可能的正确和高明，非此人类就不可能有真正的理解与尊重，就不可能消除分歧，和睦相处。但另一方面，必须承认人类有共同点，人类属于同一个共同体，共同参与人类的命运和对之负责。否则人类就没有和平共处的前提，就注定只能同归于尽了。因此，早在《真理与方法》中，伽达默尔就坚持，对作品解释的无穷多样性不能否定作品不可动摇的同一性。同理，人类文化传统和世界倾向的多样性也不能否定人类具有共同性。伽达默尔首先试图通过语言的普遍性或语言性来找到和证明人类的共同点。

但是，伽达默尔不能不承认，语言的普遍性不能否定前语言的世界经验的存在。这些世界经验可以不需要语言，但却是语言的前提。语言的普遍性或共同性还不足以证明人类的共存性。或者说，仅仅停留在语言哲学的范围，还不足以使人类的共存性成为一个基本的主题。于是，在《真理与方法》之后，伽达默尔开始转向一个比语言性更广阔的方向。他仍然从最易使我们回到原始经验的审美经验开始。在 1977 年出版的《美的现实性》中，他提出了"节日"(das Fest) 的概念。这个概念显然具有古希腊经验的背景。众所周知，节日的特点就是人们的共同参与，游戏，狂欢。没有这一点，也就不成为节日。节日显然彰显了共同体或共存的经验。伽达默尔说："如果有什么与一起节日的经验联结在一起，那就是不允许人与他人分隔开来。节日就是共同体的经验，就是共同体自身以其最完美的形式来表现。节日总是一切人的。"①显然，伽达默尔试图用节日这个概念来揭示人类原始的共存性。

到了 20 世纪 90 年代，伽达默尔又提出了"仪式"(das Ritual) 这个概念来进一步阐发他这方面的思想。比起"节日"的概念，"仪式"这个概念有更明显的人类学的色彩。从人类学的角度看，仪式比节日的涵盖面要广阔得多。不知是否因为这个原因，伽达默尔对这个概念要更为重视。他在《明镜》周刊那篇访谈的题目就叫"仪式是重要的"。在那里他说："人们必须从事仪式，以此学会思考重要的问题，像死或生。以此人们在这里学会正确地提问。"也许在一般的人看来，伽达默尔说这些话证明他老糊涂了，根本不知道自己在说什么。其实，伽达默尔完全知道，在今天这样一个"科学的"时代，"仪式"已经成了"一个骂人的话"。但他向来认为，够

---

① Hans-Georg Gadamer, *Gesammelte Werke*, Bd. 8（Tübingen: J. C. B. Mohr），S. 130.

格的哲学家就要敢于突破传统的哲学语言，创造出鲜活的概念。"节日"和"仪式"就是这样的概念。

和节日一样，仪式也是一个共同体所有成员都参与的活动，它可以没有语言，或者先于语言，例如葬礼可以是完全无声的。实际上，语言是仪式的一部分，而不是相反。但仪式的语言不是对话，而是表述性行为，如进行婚礼、作出承诺、宣布裁决，或通过判决等。仪式规定了行为必须遵守的规则和程序，它就像游戏概念一样，被伽达默尔用来作为揭示人类原始实践生活的范形。伽达默尔研究了动物种群的行为，发现与人的行为非常接近，不同只在于人类虽也有自我保存和种属保存的本能，但不受制于本能。人类可以在一个相互相关（Ineinander）的共同体中，通过仪式、符号和命名，上升到一个生活世界，它可以发展出道德和法律，使人得以至少部分不受本能的支配。

仪式是比语言更深的实践层次，因为它不仅像语言或对话那样，要遵守学到的规则或达到规定的目标，而且它实际上还培养了人的正确感。在一个仪式中出错就是无礼，仪式中养成的行为的分寸感就是所谓正确性的基础。这种正确感不是什么圣人先验的规定，也不是当局有意的灌输，而是在生活实践中自然产生和形成的生存习惯。正是这种在人类相互关联、相互影响的共同存在模式（仪式只是一个比较原始的、典型的例子）中产生和形成的合适感或正确感，使人得以克服或压制动物无法克服的本能，能够相互合作地共存在一起，而不是像动物那样，仅凭本能乌合在一起（Mitsamt）。这是人类团结的基础。对话只关系到两个人，而仪式则关系到共同体所有成员。仪式从存在论上显示了人类的共存性。

通过对仪式的现象学描述，伽达默尔揭示了人类团结的存在论基础。毋庸讳言，不同的文化传统有不同的仪式，这些仪式也许是千差万别，无法通约的；但是，仪式作为人类学和生存论的普遍特征，却是毋庸置疑的。有了这个本质的共同点，人类为什么不能通过无穷的对话来增进相互理解，避免同归于尽的悲剧？这大概就是伽达默尔一生哲学思考的最终政治指向。伽达默尔的哲学释义学是一种实践哲学，也由此得到了进一步的证明。

也许，对于开口闭口政治正确的意识形态主义者来说，伽达默尔仍然是在回避现实政治问题；而对于老于世故的施密特主义者来说，伽达默尔简直幼稚得可笑，根本不懂政治的真谛。的确，在对话、节日和仪式这样的隐喻和意象中，人们是看不到现实政治（Realpolitik）的刀光剑影，听不到强权政治的隆隆炮声；人们从中看到的只能是希望之乡的温暖色彩，听到的只是《欢乐颂》撼天动地的感人旋律。在这个日益残酷的世界上，老伽达默尔也许真很天真，尽管见证了我们时代的一切罪恶，仍然相信人类团结的可能。

现在，这个天真的老人去了，留下了一个简单而困难的问题：我们该怎样对待世界？怎样对待哲学？

（原刊《安徽师范大学学报》，2002年第4期）

审美经验批判

——伽达默尔论艺术经验

一

在伽达默尔看来，释义学基本上不是一个人文科学方法论的问题，不是主体认识客体的主观意识活动，而是人类基本的存在活动，所以，"文本的理解与解释不仅是科学深为关切的事情，而且也显然属于人类的整个世界经验"①。这就等于说，我们的存在是释义学的。如果这样的话，释义学所涉及的就不是特殊的方法论问题，甚至也不是一般的哲学问题，而是涉及我们生活经验的普遍问题。这个问题在于，现代科学使得真理与存在，知识与生命产生了严重的疏离，也就是说，在科学世界和生活世界之间，有着一道不可逾越的鸿沟。一方面，生命的意义与价值不是真理；另一方面，真理没有生命的意义，与生命无关。换言之，我们存在的基本状况不属于真理，反之亦然。例如，古希腊美的宗教在从人与上帝关系中创造的具体艺术品中体验神性。但在近代科学和哲学看来，艺术品不包含真理的内容，它只能是非功利的审美对象。历史实证主义

① Hans-Georg Gadamer, *Wahrheit und Methode*, S.1.

则认为历史经验就像月球上的一块石头那样与我们的存在经验无关，我们只能尽量将自己的主观经验去除干净之后才能把握它的意义①。

因此，在伽达默尔看来，"现在的问题是我们存在的释义学限制性应如何面对现代科学的现实存在（Existenz）使其自己具有正当性"②。这实际上就是他给自己的哲学释义学提出的任务。这个任务"超越种种以审美意识、历史意识和局限为避免误解的技术的释义学意识为基础成见，克服存在于它们中的种种疏离"③。所以他在《真理与方法》一开始就开宗明义地声明："下列研究始于这种反抗，它要在现代科学内部抵制科学方法的普遍性要求。它关心的是在有真理经验的地方探寻这种超出科学控制范围的经验，并根据这种经验来追问它自己的正当性。"④伽达默尔沿袭海德格尔基础存在论是一切局部存在论的基础的思路，认为科学方法并不具有普遍有效性；相反，生存论的理解才是人文科学的理解和自然科学的理解的基础，只有哲学释义学才可以合理拥有普遍性要求，因为它涉及的是人存在的基本经验，也就是伽达默尔特别注重的那种"超出科学方法论控制范围"的真理经验。

要证明哲学释义学的合理性和真理性，首先必须证明它要揭示的科学之外的种种经验方式的合理性和真理性，其中最主要的是艺术经验和历史经验的合理性和真理性。这两种经验方式都是被现代科学排除在真理的范围之外的，理由是它们一个是主观的，一个是

---

① Cf. Hans-Georg Gadamer, "Die Universalität des hermeneutischen Problems", Gesammelte Werke, Bd. 2, SS. 220-222.

② Ibid., S. 225.

③ Ibid., S. 223.

④ Hans-Georg Gadamer, *Wahrheit und Methode*, SS. 1-2.

相对的，都不符合科学真理的普遍必然性要求。而在伽达默尔看来，这两种经验方式所经验到的真理，恰恰是科学方法和任何其他方式所无法达到的。它们典型地证明了释义学经验的普遍性和真理性。因此，释义学研究必须从艺术经验和历史经验出发，以使释义学现象得到充分的展示，并进而发展一种与我们整个释义学经验相适应的知识和真理概念①。不懂伽达默尔艺术经验的理论，就不能正确理解他的哲学释义学。

伽达默尔的释义学艺术经验理论是从对审美意识的批判，也就是近代主观主义的美学的批判开始的。艺术经验被认为是完全主观的，无关知识与真理，是近代才有的看法，确切地说，是随着美学的产生才逐渐在西方占主导地位的看法。无论是在古代世界还是在中世纪，西方人都没有将艺术经验与知识和真理截然分开。人们在艺术的视觉语言和诗及叙述形式中，同样能感受到知识和真理。希腊悲剧和中世纪的宗教画对于当时的人来说首先是宗教真理的表达，然后才是艺术的表达。即使在近代美学之父鲍姆加登那里，"美学"仍然意味着"感性知识"(*cognitio sensitiva*)②。

但是，根据西方传统的知识概念，"感性知识"是一个悖论。从古希腊时起，西方人就认为知识不能是感性和主观的，而是关于事物的普遍性与规律性的东西。感性的东西只是普遍规律的一个特例。但是，我们美的经验显然不是普遍美的一个特例。辉煌的落日并不是一般落日的特例。在艺术领域，真理并不在于某种普遍规律通过作品得到了表现。相反，感性知识的意思是，在感性经验明显

---

① Cf. Hans-Georg Gadamer, *Wahrheit und Methode*, S. 3.
② Alexander Baumgarten, *Aesthetica* (Hildesham: Georg Olms, 1961), S. 1.

的特殊性中，在我们美的经验中有某种东西吸引和迫使我们细细考量个别现象本身①。但这不等于说，我们的美感或审美经验也只能是主观个别的。相反，它发生的个别性和主观性并不排除它可以具有普遍的性质。伽达默尔认为康德美学的成就即在于此②。

康德之所以能证明美的经验具有普遍性，是借助了共通感（*sensus communis*, Gemeinsinn）这个概念。所谓共通感，就是不同于自然规律那种抽象普遍性或知性的概念普遍性的具体普遍性或感性的普遍性。这种普遍性不是科学世界或自然的普遍性，但却是生活世界的普遍性。美丑善恶事实上并非纯个人的判断，而是如康德说的我们不允许任何人有异议③。但这并不是说我可以通过论证来说服人们接受我的判断，而是说每个人都得发展他自己的美感，从而能区别美丑。这里涉及的不是科学的证明和论证，而是鉴赏判断。

康德在《判断力批判》中把判断分为规定判断和反思判断。规定判断是使特殊事物从属于一个一般概念；而反思判断则不同，它不是将特殊事物从属于一般概念，而是根据特殊经验作出一个一般判断。鉴赏判断就是这样的反思判断，它不是将美的事物从属于概念，而是从现象中得出具有普遍约束性的美感。这就证明在科学的普遍性之外，还有同样合理的普遍性，真理并不是科学的专利。这一点一经确立的话，人文科学（Geisteswissenschaften）的正当性也就不言而喻了。

---

① Hans-Georg Gadamer, *Die Aktualität des Schönen*（Stuttgart: Reclam, 1977), S. 21.

② Ibid., S. 22.

③ Kant, *Kritik der Urteilskraft*, b. 67, a. 66.

然而，康德并没有沿着这个方向继续走下去。相反，却将美学主观化，从而将艺术经验彻底排除在真理之外。所谓将美学主观化，就是认为鉴赏判断提供的不是其对象的知识，而只是非客观存在的私人感觉。说某物是美的，不是在说某物，而是在说对某物的主观感觉，即这物给予我的愉悦。"美学"（Äesthetik）一词本来的意义就是"感性"。此外，康德认为，鉴赏完全是一种个人的能力，鉴赏对象不可能教我们这种能力，我们也不可能通过模仿别人得到这种能力。鉴赏的这种私人性使得概念根本不适于它。当然，康德坚持认为审美鉴赏具有普遍性，因为它是一种共通感，但却是主观的普遍性，而非如科学知识那种客观的普遍性，它完全没有任何认识意义。因为康德"将共通感归结为主观的原则，它对审美判断对象并无认识"①。这就奠定了近代主观化美学的基础。

康德的天才概念则进一步确立了美学的主观性和非知识性。康德说，"美的艺术是天才的艺术"，意思就是说，艺术是主观或主体性的产物，"在自然和艺术中美只有同一种先天原则，它完全在主体性中。审美判断力的根本没有为美的客体建立独立的有效性领域"②。这就是说，美的对象完全要依赖审美主体，天才是艺术的标准。因此，艺术不是人与世界的相遇，而是人主观和内省地与自己相遇。康德后的美学则在康德主观美学的基础上将美学进一步主观化，天才成了一种反理性的神秘能力，艺术不是出于意识，而是出于生命，出于经历。

经历（Erlebnis）一词强调的是经验的直接性和亲历性，"经

---

① Hans-Georg Gadamer, *Wahrheit und Methode*, S. 49.

② Ibid., S. 61.

历"这个词的主要规定者和使用者狄尔泰就用它来指生命经验。经
历的主观色彩显然是不言而喻的。但是，伽达默尔认为，作为经历
的艺术作品固然是一个自为的世界，作为经历的在审美中被经历到
的东西也脱离了现实的整体关系。艺术作品的力量固然使体验者一
下子摆脱了他的生命总体关系，但也同时将他拉回到他此在的整体
上。审美体验总是包含着一个无限整体的经验①。这就是说，审美
经历不仅是像唯心主义美学认为的那样是主观经验，而且也是存在
的经验。

美学的主观化导致美学的双重区分，即艺术作品既与它的世界
没有关系，更与我们的世界没有关系。艺术就是艺术，不多也不
少。它在知识的范围之外，不能通达现实世界。在现代性的条件
下，这种艺术观并非全然是消极的，它至少起着一种对抗机械化了
的现实世界的作用。席勒的《审美教育书简》就是一个明显的例
子。在席勒看来，艺术是与一切限制相抗的"理想王国"，它不但反
抗机械化的现实生活，也反抗"国家和社会的道德束缚"②。然而，
既然艺术将自己视为与道德、社会和科学的现实相对立的"理想王
国"，它也就不能不被看作是人为的东西，是现象和非现实。艺术
的独立性恰恰建立在它与现实的对立上，似乎只有不顾一切现实的
东西，与现实完全脱离关系艺术才能是艺术。换言之，"只有通过不
顾一切作品作为其原始的生命关系扎根于其中的东西，不顾一切它
从中获取它意义的宗教或世俗的作用，它才能作为'纯粹作品'
露面"③。

---

① Cf. Ibid. , SS. 75-76.

② Cf. Hans-Georg Gadamer, *Wahrheit und Methode*, S. 88.

③ Ibid. , S. 91.

二

艺术既然脱离了它的世界，艺术活动也就会脱离社会，"为艺术
而艺术"的口号是主观化美学的必然结果。然而，在伽达默尔看
来，艺术并不仅仅是艺术，艺术要比艺术更多。为了说明这个在许
多人看来是荒唐的思想，伽达默尔引进了象征的概念。象征与譬喻
不同，譬喻的意义不在自身，而在它所喻指的东西。象征则相反，
它自身的存在就有意义，但它也指向它以外的事物，"因为象征决不
是任意采取或创造的符号，而是以可见事物和不可见事物间的某种
形而上学总体关系为前提"①。这就是说，象征首先是一个存在论的
概念，得从存在论上去理解。"象征意味着感性现象与超感性现象的
合一。"②而这也正是艺术的特征，艺术就是象征，这在德国古典思
想家那里已经有了比较清楚的认识。作为象征的艺术，它不可能是
"纯粹的"，它必然包含艺术之外的许多因素。因此，伽达默尔说：
"为了正确对待艺术，美学必须走出自身并放弃美学事物的'纯粹
性'。"③

对于伽达默尔来说，这不是一个主观的要求。作为象征的艺术
本身的释义学性，决定了艺术作品不可能由天才单独完成，也不可
能由它自己独立完成。如果哪怕是简单的知觉也不是"纯粹的"，
而是已经包含了某种理解和解释的话，那么艺术作品就更是如此
了。艺术作品的完成是一个无尽的历史过程，而艺术本身乃是一种

---

① Cf. Hans-Georg Gadamer, *Wahrheit und Methode*, S. 78.
② Hans-Georg Gadamer, *Wahrheit und Methode*, S. 83.
③ Ibid., S. 98.

历史的解释，它需要理解，并且只能历史地理解。"艺术的万神殿不是向纯粹审美意识展现自身的无时间的当下性，而是历史地集聚与会合的精神的业绩。"①当我们与艺术作品相遇时，我们并不是在陶然物外地把玩某个我们之外的审美"客体"或"对象"，而是在与世界相遇。因此，审美经验是我们存在经验的一部分，通过它我们融入艺术所体现和展现的那个历史。作为经验，艺术经验同样具有认识的功能，虽然它的认识方式与科学和伦理学的认识方式不同，但它同样可以拥有真理，同样可以有真理的诉求。伽达默尔高度赞赏黑格尔的《美学》，就是因为他将美学视为世界观的历史，真理的历史。美学鉴赏归根结底是一种认识方式，艺术经验的问题归根结底是艺术真理的问题。这种经验和这种真理将在一个重要的方面证明比科学经验和科学真理更为根本的经验和真理。

近代主观化的美学实际上是根据科学知识观和真理观来给自己定位的，而近代科学的知识观和真理观则是建立在主客体分离对立的思维模式基础上，主体和主体性是知识与真理的最终动力和根据。因此，要彻底批判和超越近代美学，要重申艺术的真理，必须破除上述的思维定式，超越主客体对立而恢复它们的原始统一。伽达默尔像许多现代哲学家，如尼采、维特根斯坦和德里达一样，引进"游戏"概念来克服主客体的二元对立。

在西方思想史上，第一个积极、正面将游戏与艺术联系在一起思考的是康德。在此之前，西方思想家也有人把艺术视为游戏，但他们这样做往往是为了贬低这两者；而赋予艺术较高地位的人，又往往牺牲艺术游戏的方面而强调其理性的方面。康德的立场是在这

---

① Hans-Georg Gadamer, *Wahrheit und Methode*, S.102.

两个极端间持一个辩证的态度。在《判断力批判》第四十三节，他区分了艺术和自然，科学和工艺，他警告说："现在有一些教育家认为促进自由艺术最好的途径就是把它从一切强制中解放出来，并且把它从劳动转化为单纯游戏。"①席勒深受康德这方面思想的影响，他把它转换到费希特的冲动理论基础上，把艺术行为规定为一种在质料冲动和形式冲动之间展开其自身自由的潜在性游戏冲动。

但无论是在康德还是席勒那里，游戏都还是一种心灵的状态，是精神诸能力的游戏，因而是主体性的一种属性②。但当伽达默尔将艺术作品称为游戏时，他指的是艺术作品的存在方式。在人们通常看来，游戏是一个主体的行为，游戏态度也是一种主观的态度，当我们说"游戏人生"时，似乎就是取这种主观的意思。但伽达默尔却认为，游戏基本与主观的态度和情绪无关。"当我们在艺术经验的语境中谈游戏时，游戏不是指游戏者或欣赏者行为的态度或精神状态，更不是指在游戏中实现自己的主体性的自由，而是指艺术作品本身的存在方式。"③"游戏具有一种独立于游戏者的意识的独特本质"，"游戏的主体不是游戏者，而是游戏只有通过游戏者才表现出来"④。游戏当然需要游戏者全身心地投入，但游戏的主体不是游戏者，而是游戏本身，任何游戏者都无法预期游戏的进程，更不能决定游戏的规则，他只能在规则许可的范围内发挥其主观能动性。但更为根本的却是游戏者只有"忘我"地投入游戏，也就是在游戏中失去自己，才能玩好游戏。他必须被游戏所支配，而不是相反。

---

① Kant, *Kritik der Urteilskraft*, b. 176, a. 174.

② Cf. Joel C. Weinsheimer, *Gadamer's Herneutics* (New Haven & London, 1985), p. 101.

③ Hans-Gerog Gadamer, *Wahrheit und Methode*, S. 107.

④ Ibid., S. 108.

另一方面，"游戏的存在方式不允许游戏者像对待一个客体那样取对待游戏"①。游戏者只能加入游戏才能进行游戏。这就意味着游戏，也就是艺术作品，完全超越了近代哲学和近代科学主客体对立的知识架构，主体和客体在游戏中得到了重新统一。如果艺术经验同样具有认识功能和真理诉求的话，那么这种认识和真理显然是建立在主客体统一的基础上的。

在伽达默尔看来，游戏和艺术作品都只存在于主体和客体的统一经验中。只有当在游戏和审美鉴赏中主体不再是主体，而客体也不再是客体，而是统一为游戏和鉴赏经验本身时，游戏和艺术作品才存在。如果没有人玩游戏，游戏就不存在。同样，没有人审美鉴赏，艺术作品也不存在。博物馆库房中或埋在地下的艺术作品其实不是艺术作品，而只是一样普通的东西。游戏就是它的"游戏"，而一出戏也只有演出时才是"戏"。游戏的经验和艺术的经验一样，都不是主体的经验，因为主体本身被这经验所改变。审美鉴赏同样不是主体处理客体，而是主体和艺术作品统一于艺术经验。

游戏和艺术作品只有在被玩和鉴赏中才有其存在意味。它们具有表现的性质。游戏活动就是在表现游戏；而艺术也总是需要被表现和表现着什么。游戏为游戏者而存在，艺术作品为鉴赏者而存在，这意味着它们需要他们来表现。游戏表现自己，我们也在游戏中表现我们自己。在伽达默尔那里，游戏是艺术的象征，艺术的特征都可以平移到艺术（他煞费苦心地证明所有艺术门类：戏剧、绘画、建筑、音乐、文学都具有游戏的主要特征）。不但艺术表现自

---

① Hans-Gerog Gadamer, *Wahrheit und Methode*, S.108.

身，而且也为艺术作品的接受者（观众、听众，鉴赏者）表现。我们通过对艺术作品的解释来表现我们自己，理解艺术是自我理解的一个基本方式。

艺术作品在它的表现中存在，这对于戏剧、舞蹈、音乐这些艺术形式来说是不难理解的。而造型艺术或文学的表现就在于我们对它们的解释。一本谁也不懂的书是"死"书；一幅无人欣赏的画根本就不是画；一座废弃的建筑不是建筑，而是废墟。这些都不难理解。伽达默尔引起争议的是他解释的多样性的观点。伽达默尔认为，作品虽然只有一个，但对它的解释却可以是多样的；并且，这些多样的解释可能都是真的，合理的。有多少演员就有多少《哈姆雷特》，大家恐怕不会反对这个观点。可是，人们却无法接受伽达默尔的解释的多样性的观点。从近代自然科学主客体二分的认识模式出发，人们习惯将认识自然对象的方式平移到对艺术作品的解释。一件艺术作品似乎只应有一个答案，这就是作者的原意。与之相符的解释就是真的，反之则为假。然而，且不说作者的本意绝不像物质对象的物理性质那么容易确定，艺术作品的语言与形式本身有其独立性，这两者决定了艺术作品的唯一正解实际上是不可能的，即使作为理想，也是没有道理的。

三

艺术作品的表现性决定了它永远处在完成过程中，正是这种未完成特性，使艺术作品实际上是一个历史生长的有机体，它的意义在不断充实和丰富。解释的多样性不是主观的多样性，而是艺术作品自身可以这样那样解释的可能性。艺术作品尽管在其表现中可能发生众多的改变和变形，但它仍是它自身①。这种可能性来自审美存在的时间性。

审美活动首先不是一个意识活动，而是一个存在活动。伽达默尔始终是从存在论，而不是从传统美学意义上谈论艺术经验。如果说传统美学是通过美学的双重区分使艺术作品脱离它自己的世界也脱离我们的世界的话，伽达默尔则要用"美学无区分"来恢复艺术作品的世界性，即它的存在论性质。所谓的"美学无区分"，就是艺术作品与其自己的世界和我们世界的同时性。伽达默尔用时间性概念来证明此点。

伽达默尔像在他之前的柏格森和海德格尔一样，区分两种时间。一种是空洞的，有待我们去填满的形式的时间。比方说，我们给自己一天的活动列个时间表，几点做什么，或什么也不做。另一种时间伽达默尔称为"充实的时间"或"自主的时间"（die Eigenzeit）②。这种时间不由我们来安排，而是悄悄降临到我们。一个人生命中的童年、青年、成年、老年和死亡就是这种"自主的时间"的典型例子。这不是时钟上的时间，与它之间有明显的断裂。我们突然发现自己已不再是孩子，时钟却无法告诉我们这一点。艺术作品与这种生命的时间经验密切相关。

伽达默尔认为，艺术作品是一个有机统一体，它也有它自主的时间性。当然，这并不是说它也经历童年、成年和老年。而是说艺术作品也同样由它的时间结构，而不是由它在物理时间中存在的延续所决定。音乐就是一个很好的例子。作曲家用一些模糊的速度标

---

① Hans-Gerog Gadamer, *Wahrheit und Methode*, S. 127.
② Hans-Georg Gadamer, *Die Aktualität des Schönen*, S. 55.

记来描述作品的个别速度。但这只是作曲家给的一些技术说明，它们帮助我们保持"正确的速度"或把握作为整体的作品。作品正确的速度实际上是不能量化或计算出来的。它要由作品来决定，确切地说，由演奏的作品或作品的演奏来决定[①]。

　　伽达默尔用我们韵律的经验来说明艺术作品的时间性。心理学告诉我们，韵律是我们听和理解的一个因素。如果我们有规则地间隔一段时间就重复一系列声音或音调的话，听者就会情不自禁地将音律引入这声音的系列。但伽达默尔认为这种对韵律的主观解释，或将它解释为声音间客观物理的时间关系都不足以说明韵律。伽达默尔的观点是韵律已经内在于一定的形式中，但需要我们投入这个形式以把它引出来。这就是说，韵律是我们与作用于我们的作品的时间性互动的结果。

　　不仅语言、音乐和舞蹈艺术将它们的自主时间托付给我们，绘画和建筑艺术也是如此。这些艺术形式也有时间性，我们总是通过一个时间性的鉴赏过程才能把握一幅绘画或一座建筑。我们的古人就已经将看画叫作"读"画，就像读一部文学作品一样。同样，一座伟大的建筑也需要细读才能窥其堂奥。这种"读"就是作品的时间性和我们的时间性交融的过程。我们有限的存在就这样和无限的存在发生了关联。

　　在伽达默尔看来，艺术在某种意义上表现了对时间的克服，它表现的是永恒的东西。但没有有限的人去理解和把握，这种永恒的东西就会消失，艺术本身也不能存在。另一方面，有限的人在理解与解释艺术作品时也超越了自己的当下性，得到了升华，达到过去

---

① Cf. Hans-Georg Gadamer, *Die Aktualität des Schönen*, SS. 57-58.

与现在的统一。艺术经验实际上表现了一种同时性，即作品的世界和我们的世界间并不存在断裂，因为作品的时间性和我们存在的时间性并不存在断裂。"同时性"的要旨是使过去的东西或正在消失的东西成为现在的东西①。艺术展现的就是我们自己（艺术的鉴赏者和解释者）世界的真理世界，我们生活在其中的宗教和伦理世界的真理，这个世界展现在我们的面前，我们从中认识了我们自己②。但艺术作品并不直接呈现我们的世界，它需要通过我们的解释才能做到这点，在解释艺术作品时，我们实际上是在解释我们自己。是意义的连续性将艺术作品和此在的世界（Daseinswelt）及一个教化世界的疏远但从未与它完全隔断意识连在一起③。

但艺术并不仅仅与我们的世界有关，它也与它自己的世界有关，它并未因需要解释而存在而失去它自己的世界，它既对未来开放，也对过去开放。正如一位西方学者所言："艺术作品在与每一现在同时时，也置身于它们的历史本源和功能中。"④历史作品与其原初世界的关系就是它的历史性。伽达默尔将艺术作品的这种历史性称为"偶缘性"（Okkasionalität）。艺术作品的偶缘性不仅指它在一个特定的时代被创造，也指它揭示那个时代。艺术作品的偶缘性不断从内容上规定着意义，这种规定决不会因未来任何时候的解释所中断；相反，始终对它们产生影响。这也表明过去的世界和现在的世界之间并没有一条不可逾越的鸿沟。

对艺术作品历史性的确认表明伽达默尔仍然承认艺术作品本

---

① Cf. Hans-Georg Gadamer, *Wahrheit und Methode*, SS. 132-133.

② Ibid., S. 133.

③ Ibid., S. 138.

④ Janet Wolff, *Hermeneutic Philosophy* (London: Routledge and Kegan Paul, 1975), p. 110.

身，只是它在不同的时代以不同的面相示人，永远也不会凝固为一个样子。"并不是作品'自在存在'，不同的只是效果，而是艺术作品就是在不断变化的条件下呈现自己的东西。今天的观赏者不仅不同地看，而且也看到了不同的东西。"①但他们不会将《蒙娜丽莎》看成《格尔尼卡》，或将《红楼梦》看成《封神演义》，因为作品的偶缘性将制约一切可能的解释，不管这些解释彼此会有多大的不同。在此意义上，伽达默尔并不是相对主义者。

另外，艺术作品需要解释才能存在不能理解为艺术作品有赖于主体性（无论是艺术家还是解释者）才能存在。就像游戏的主体是游戏本身而不是游戏者一样，作为一个有机统一体的艺术作品，其主体是它自己，而不是艺术家或解释者。它不是近代美学所理解的"审美对象"，而是一个存在论事件。不是什么人使它变化，而是它自己在不同的历史世界不断变化。解释者只是其自身变化的一个重要因素，就像游戏者是使游戏得以进行的一个重要因素一样。

这方面一个最明显的例子就是文学作品。很显然，文学作品表现某些东西，但绝不是读者的经验。"只有从艺术作品的存在论出发——而不是从阅读过程中出现的审美体验出发——文学这种艺术特性才能被把握。阅读本质上属于文学艺术作品……"②伽达默尔和接受美学的根本分歧也在这里③。阅读属于作品，意思就是阅读是作品的本质因素，作品就是阅读，作品在阅读。作品是在读一个世界，是世界的阅读。当然，我们也可以说作品的被读，但不是被某

---

①　Han-Georg Gadamer, *Wahrheit und Methode*, S. 153.

②　Ibid., S. 166.

③　有关伽达默尔和接受美学的分歧可参看 *Gadamer in Conversation*, pp. 63-64。

个人，而是被另一个世界阅读。文学作品不属于作者也不属于读者，而属于一个世界。

文学作品表明艺术不仅仅是艺术，它也是知识，但确不是像科学那样的知识，而是揭示存在真理的知识。艺术对真理的揭示不是直接的，而是需要理解和解释。理解和解释本质上属于任何一种艺术。而释义学恰恰就是关注理解和解释的学科，因此，**"美学必须并入释义学中"**①。这不是说美学是释义学的一个组成部分，而是说"需要克服美学概念本身"②。如果艺术作品不是我们审美体验的永恒对象，而是属于一个完全规定其意义的世界，艺术作品的艺术只有从这个世界才能得到理解的话③，那么艺术经验实际上就是我们的世界经验，存在经验。只有在释义学中我们才能真正理解艺术。对传统审美意识的批判为的是恢复和强调这种典型的释义学经验的正当性。

（原刊《河北学刊》，2004 年第 5 期）

---

①   Hans-Georg Gadamer, *Wahrheit und Methode*, S. 170.

②   Hans-Georg Gadamer, "Die Wahrheit des Kunstwerks", Gesammelt Werke 3 (Tübingen: J. C. Mohr, 1987), S. 253.

③   Ibid., S. 171.

9

汉娜·阿伦特研究

哲学、政治和判断

在《极权主义的起源》中，阿伦特指出，极权主义之不同于以前的一切暴政，在于彻底破坏了人的政治领域，消灭了人与人之间交往的可能性，使人处于完全的孤立无援的状态中，人的世界被剥夺了，人成了无世界之人。在《人类的条件》中，阿伦特从否定的恐怖现象学转向肯定的人类活动现象学，她要从考察人的基本活动形式入手，揭示人类世界、自由和意义的根基所在，同时表明现代性造成的人类的无世界性（worldlessness）除了现实的政治社会经济原因外，在西方政治思想传统中也有其深远的根源。

阿伦特自己早年学的是哲学，但对西方思想传统的反思却使她觉得哲学，确切说，柏拉图传统意义上，也就是西方哲学传统主流与极权主义之间可能有某种关联。哲学要求孤独，要求沉思，要求远离行动，它的存在论基础或者说人类的条件是 *Vita contemplativa*（沉思的生活），这就使它必然与建立在人的多数性基础上，要求行动，对应于 *Vita activa*（行动的生活）这个人类条件的政治处于一种紧张关系。

阿伦特认为，人生命的基本条件有三，即生命本身，世界性（人存在的非自然性）和复数性（plurality）。在这三个人类的条件中，复数性是最与政治相关的一个条件。复数性的意思其实再简单不过，就是人不是一个人，也不是作为抽象的类，而是作为无数人中的一个人，与他人生活在一起，或用海德格尔的术语，与他人"共在"(Mitsein)。并且，每个人生来就是独一无二的，即与当世的所有人不同，也与过去和未来的所有人不同。动物的行为模式是它们所属的那个种的特征；而人的言行只属于他自己，他通过他的言行来与别人相区别，来认出自己。可是，在阿伦特看来，恰恰是这个再明白不过的事实，却被西方哲学传统，包括马克思主义否认或忽视，而极权主义更是想方设法要彻底消灭多数性和自发性。

在阿伦特的人类条件等级形态中，复数性排在最高，因为复数性最能动。复数性意味着人不断地降生，新人不断成长，通过言谈和行动进入人类世界。我们通过主动开始某些新的事情来回应这个世界①。人生来就有重新开始或开创某事的能力，所谓行动，就是重新开始某事。这种重新开始与生俱来，所以行动与出生(natality)这个人类条件联系最密切②。行动就是自发的与别人交往的活动，它不是例行公事，而要求个人的主动。

行动总是与言谈联系在一起。与行动一样，言谈以人的复数性为前提，正因为世界上有各种各样不同的人，才需要言谈，使自己被别人了解，也使自己了解别人。言谈不是众口一词，而是众声喧哗。但言谈不是行动，行动也不都包括言谈。但"许多，甚至多数行动是以言谈的方式进行的"③。

行动总是与言谈联系在一起。与行动一样，言谈以人的复数性

---

① Hannah Arendt, *The Human Condition*, Chicago: The University of Chicago Press, 1958, p.177.

② Ibid., p.9.

③ Ibid., p.178.

为前提，正因为世界上有各种各样不同的人，才需要言谈，使自己被别人了解，也使自己了解别人。言谈不是众口一词，而是众声喧哗。但言谈不是行动，行动也不都包括言谈。但"许多，甚至多数行动是以言谈的方式进行的"①。

行动与生产有些重要的不同。首先行动是不可预言的，因为行动有随机性。其次，行动不像生产那么"实"。生产总是将原材料加工成一个具体的东西；而行动则比较"虚"（futility），它往往并不产生什么具体的结果，如公民关于公共事务的讨论。行动还有一个与生产的根本不同，就是它的结果是不可控制的。生产者可以肯定他的生产结果，但行动者却不然。每个人生下来开始与人交往和交谈，他的行动和计划影响别人的行动和计划，也被别人的行动和计划影响。因此，不管一个人多么积极主动，他都不可能控制他一生的种种事情。人的故事只有在故事完了以后才能知道结果，它的作者和别人一样在这之前无法预言最终的结局。行动本身隐含着危险性，行动要不断重新开始，而这种首创性会使得事情过程变得收不住和不可逆。

行动的不可预言、虚而不实，不可逆和结果的不可控制（阿伦特认为这说明了"人类事务的脆弱性"），使得自古以来的哲学家和政治家都希望避免这些挫折。如果这些挫折是因为人类的复数性而引起的话，那么不如化繁为简，快刀斩乱麻，以单数的人作为考虑问题的出发点。与其各人自发行动，不如万众一心按部就班生产；与其允许众多公民行动，不如一人君临天下为好。行动自身的上述

---

① Hannah Arendt, *The Human Condition*, Chicago: The University of Chicago Press, 1958, p. 178.

欠缺，很自然会引发人们作出尽量勾销复数性的选择。柏拉图以来的西方政治哲学传统主流，似乎正是被这样一种心智倾向所支配。

例如，鉴于上述"人类事务的脆弱性"，"柏拉图认为人类事务（*ta ton anthropon pragmata*），行动（*praxis*）结果不应该去认真对待……"①这当然不等于说柏拉图不重视政治。相反，他和亚里士多德都极为重视政治，他们都是在真正意义上的政治哲学家。但他们的政治哲学是反政治的政治哲学，关注的是制定法律和建立城邦，认为这是政治生活中最高层次的活动，因为在这些活动中，人们"像工匠那样行动：他们行动的结果是一个实质的产物，它的过程有一个可明确认出的目的"②。这就是说，在柏拉图看来，政治活动与生产活动是同样的活动。阿伦特说，柏拉图和亚里士多德似乎是认为，只要人们放弃他们的行动能力，及其结果的空虚、漫无边际和不确定，就能救治人类事务的脆弱性③。

在阿伦特看来，逃避"人类事务的脆弱性"，就是要取消复数性这个人类条件，因为行动造成的这个不幸结果正是由于人类的复数性，有了这个条件才有公共领域，有了公共领域才有政治。因此，逃避"人类事务的脆弱性"就是在逃避政治。柏拉图以来大部分政治哲学其实都是试图找到完全逃避政治的理论基础和实践方法的各种努力。"所有这样的逃避的标志就是统治的概念，即只有当有人有权下命令的人，其他人被迫服从时，人们才能在法律上和政治上共同生活在一起。"④

---

① Hannah Arendt, *The Human Condition*, Chicago: The University of Chicago Press, 1958, p. 185.

② Ibid., p. 195.

③ Ibid.

④ Ibid., p. 222.

柏拉图在《政治家篇》中表明，下命令就是知道要做什么，服从命令则是去做。统治者只需知道无须行动，而被统治者则反之。这非常类似孔子的劳心者治人，劳力者治于人的说法。但统治者的知识不是政治判断，而是像织工的织布技艺那样的专门知识。柏拉图的统治者或者说哲学王就像一个政治工匠，他根据一个理想的模型来将臣民塑造成一个秩序井然的统一整体。柏拉图的理想国的理型与一张桌子的理型没什么两样，都是用来生产的蓝图和检验产品的标准，这也意味着权威来自一个超越的根源，而不是来自政治领域本身。

柏拉图实际上是用生产来偷换了或取代了行动。随着生产代替了行动，政治成了达到更高目的的手段①。行动被生产同化必然导致行动的工具化，即它不再是亚里士多德讲的本身就是目的的实践（*praxis*），因为"生产过程完全是由手段和目的的范畴决定的"②。因此，从柏拉图和亚里士多德到马基雅维里和霍布斯，再到马克思和韦伯，手段/目的范畴支配着西方政治思想就毫不奇怪了。在政治思想和政治理论中，人们已经"不可能不用手段和目的的范畴，不根据工具性的思维来讨论这些问题了"③。

用生产取代行动意味着取消了行动者的创造性，或者用阿伦特的话，重新开始的能力。行动者只需要，也只能与更大的必然性或存在的秩序一致。自由是对必然的认识，政治行动者只是历史必然性的工具的思想，其实只是用生产来解释行动的逻辑结果。历史的主体不是各种各样的人们，而是一个体现了一般利益的历史代理

---

① Hannah Arendt, *The Human Condition*, p. 229.
② Ibid., p. 143.
③ Ibid., p. 229.

人，如柏拉图的哲学王，霍布斯的主权代表，卢梭的普遍意志（公意），黑格尔的理性国家，或马克思的无产阶级。极权主义一点也没有否定这个传统，而是将它一些最珍爱、最基本的转义彻底化①。

如果说柏拉图是混淆了生产和行动，那么马克思是既混淆了生产和行动，也混淆了劳动和生产。阿伦特认为，马克思从《1844年手稿》到《资本论》都坚持劳动创造人，这是完全混淆了劳动和生产。马克思以为人类的解放取决于人与自然的新陈代谢的进化是模糊了人造的自由领域（政治领域）和自然决定的必然领域（经济领域）间极为重要的界限。这就有可能导致以后者来代替前者。马克思的确是认为资本主义的发展使得加快社会进化的下一阶段的政治行动有可能，他是将人类解放的行动建立在自然的必然性（经济发展）上。但是，这使得阿伦特对马克思混淆了生产和行动的批评有点说不大通。

阿伦特一方面暗示马克思混淆了人造自由和自然必然性，实际是以后者取代前者，但她又认为马克思是将共产主义理解为凭主观意志和意图来制造历史，这是将行动等同于生产。她由此得出结论说："马克思主义由于它误用，或将政治行动误解为制造历史，有可能发展出一种极权主义的意识形态。"②但是如果马克思已经用劳动来等同生产，就不可能再用生产来等同行动。阿伦特对马克思后一个批评显然是牵强的、自相矛盾的。

---

① Cf. Dana R. Villa, *Politics, Philosophy, Terror*, Princeton: Princeton University Press, 1999, p.197.

② Hannah Arendt, "The Ex-Communists", in *Essays in Understanding, 1930-1954*, edited by Jerome Kohn, New York San Diego London: Harcourt Bruce & Company, 1994, p.396.

通过对劳动、生产和行动的及其误解的分析论述，阿伦特发现在西方哲学传统中存在着要抹去复数性，克服自发性的"任意性"的倾向，将自由等同于控制，判断等同于知识，合法性等同于服从"更高的法则"是西方政治思想传统和极权主义最突出的特征①。当然，这并不是像波普那样在柏拉图或马克思和极权主义之间画等号。阿伦特只是要表明在西方政治思想传统中有可能导致（但并不必然导致）极权主义的因素，极权主义和西方政治思想传统之间还隔着千山万水。这些因素要变成极权主义消灭复数性，消灭自发性，消灭自由的意识形态还需要许多社会历史条件，其中最重要的是资本主义的产生，它为极权主义的产生提供了现实的土壤。

此外，哲学的逻辑推理也含有一种强制性，会排斥观点（doxa）而追求"唯一的真理"，因而也能产生权力。这些都使得哲学可能是反政治的，甚至会接受极权主义。而海德格尔接受纳粹，与纳粹合作的历史更刺激和加强了阿伦特的哲学容易反政治的想法。

阿伦特与许多海德格尔的批评者一样，也认为海德格尔与纳粹的瓜葛有其哲学上的原因。海德格尔政治上的"落水"不是因为他思出其位，而恰恰是由于他坚持思的纯粹性，坚持远离人间事务，这样，一旦世俗的事件将他带回到人间的事务时，他就像柏拉图笔下跑出洞穴的哲人，一下子目迷五色，不知方向了。更糟糕的是，由于刻意避免人类事务的纷扰，一旦来到日常世界后，他失去了判断的能力。这在阿伦特是一个很重的谴责，因为艾克曼犯下反人类的滔天罪行也是因为"无思想"，或没有判断能力。纯粹的思想和

---

① Cf. Dana R. Villa, *Politics, Philosophy, Terror*, pp. 197-198.

无思想是同一现象的两面，海德格尔和艾克曼，一个真正的哲学家和一个平庸小人居然同样缺乏判断能力①，这难道还不令人震惊和深思？

当然，说西方哲学传统中隐含反政治的倾向不等于说哲学与政治形同水火。在批评柏拉图和海德格尔的时候，阿伦特提出了苏格拉底和雅斯贝斯作为反例，来证明哲学与政治可以是一致的，至少在这两人那里，哲学与世界和他人是密切联系在一起的。阿伦特自己难道不是一身兼二任，同时具有哲学家与公民身份，同时过着公民的生活和精神生活？但她自己好像不这么看，她晚年公开说，她不是政治动物。她告诉她的老同学兼老朋友汉斯·约纳斯说，她已经在政治上尽了自己的力量，从现在起她要坚守哲学了②。她未写完的《精神生活》似乎证明了她的这个决心。

但是，以为阿伦特在那样透辟地揭示了西方哲学传统的反政治性之后还会在哲学与政治的两端中选择哲学而摒弃政治，那等于是设想她全盘否定自己政治思想的理论前提和基础，没有什么比这更荒谬的了。事实上，正如加诺芬所指出的："调和哲学与政治的问题对于阿伦特试图重新思考政治的事业来说是中心的问题。"③她在《人类的条件》之后曾计划写一部政治理论的著作，不仅要重新考察传统概念，系统考察公共领域中的行动，还要讨论行动和思维或政治和哲学之间的关系④。虽然哲学和政治分别对应于两大不同的

① Cf. Dana R. Villa, *Politics, Philosophy, Terror*, p. 85.

② Hans Jonas, "Acting, Knowing, Thinking: Gleanings from Hannnah Arendt's Philosophical Work", *Social Research* 44/1 (1977), p. 27.

③ Margaret Canovan, *Hannah Arendt: A Reinterpretation of Her Political Thought*, Cambridge: Cambridge University Press, 1992, p. 264.

④ Ibid.

人类条件，即 *vita contemplativa* 和 *vita activa*，但它们毕竟都是人的活动，应该可以在人身上找到它们的连结点。阿伦特回到哲学，是要在哲学中找到被传统遮蔽了的可能性，即哲学与政治调和的可能。

但阿伦特计划中的书却没有写出来，因为她被一个现实的事件——艾克曼审判吸引住，转而去考察和报道这个事件。但是她对艾克曼事件的思考却给她的深入上述问题提供了新的契机。阿伦特在思考艾克曼案件时，提出了引起很大争议的"恶的平庸性"的思想。她认为像艾克曼这样的人之所以犯下骇人听闻的反人类罪行，并不是由于生性恶劣，而是由于"无思想性"，这种无思想性能够发挥潜伏在人类中所有恶的本能①。阿伦特这里说的"无思想性"，不是说没有一般的思维能力，而是指没有判断是非善恶的判断能力。"正义，而不是宽恕，是一个判断问题。"②

既然"无思想性"是指不能做出判断，那么显然，判断是一种思想能力，而不是一种行动能力。然而，区分是非善恶，这显然是发生在公共领域里的事，属于 *vita activa* 的范畴。阿伦特明确表示："判断的能力是一种特别政治的能力。"③但是，判断本身又不是行动，而是思想。它是参与和从事行动的人的能力自不待言，但却并不排除它也可以是旁观者的能力。果然如此的话，那么判断就是一种横跨行动的生活和沉思的生活两个领域的能力，至少在判断上，哲学与政治有共同的立足点。然而，阿伦特关于判断的论述却

①　Cf. Hannah Arendt, *Eichmann in Jerusalem: a Report on the Banality of Evil*, Harmondsworth: Penguin Books, 1987, pp. 287-288.

②　Ibid., p. 296.

③　Hannah Arendt, "The Crisis in Culture", in *Between Past and Future*, New York: Penguin Books, 1977, p. 221.

好像不作此想。相反，给人的印象似乎是，她关于判断的思想有一明显的断裂，一开始她将判断视为行动者的能力，但后来却变成了旁观者的能力。这表明在她那里， *vita activa* 与 *vita contemplativa* 的冲突没有解决（也就是哲学和政治最终未得到调和），"寻求在行动者和旁观者之间的某种解决继续是我们时代最深刻的问题之一"①。

伯恩斯坦的上述观察是否正确暂且不表，但对于判断阿伦特也许并没有一条先定的思路，而是随着问题本身的可能性前行，所以根据她的好朋友玛丽·麦卡锡的说法，判断可能把阿伦特引到未曾预期的方向②。

阿伦特对判断的关注显然是受了康德的启发。康德在他的第三批判即《判断力批判》中，系统论述了他关于判断力的思想。他给判断力下的定义是："判断力一般是将特殊思考包含在一般之下的能力。"③也就是将特殊置于一般的概念之下，但并不被吸纳于一般概念。康德还区分了两种判断力，即限定判断力和反思判断力。前者是根据已有的一般（规则、原则或规律）来包含特殊；而后者是没有一般，得从特殊中产生一般。前者从一般出发；后者必须从特殊出发。

在康德那里，判断活动当然首先是与审美有关，但它也内在地是社会的，因为我们的审美判断总是涉及一个共同的世界，涉及公

---

① Richard J. Bernstein, "Judging—the Actor and the Spectator", in *Philosophical Profiles*, Cambridge: Polity Press, 1986, p. 237.

② Cf. Ronald Beiner, "Hannah Arendt on Judging", in Hannah Arendt, *Lectures on Kant's Political Philosophy*, Chicago: The University of Chicago Press, 1982, pp. 93-94.

③ Kant, *Kritik der Urteilkraft*, Stuttgart: Reclam, 1971, S. 33.

开对所以判断主体出现的东西，因此不仅是主观偏好或私人怪想的问题。判断总是意味着要说服别人我的判断的有效性，因为在这里不存在与判断对象客观相符的可能，只能通过说服来取得一致①。在阿伦特看来，审美判断与政治判断间显然有着本质的类似，它们既不是主观的，也不是客观的，而是主体间的。因此，她认为《判断力批判》包含着政治哲学的种子，这种政治哲学实际上与《实践理性批判》的政治哲学正相反，她要发挥的是康德的这一种政治哲学。

在 1961 年发表的《自由与政治》中，阿伦特第一次阐明她的这个观点。她说，《判断力批判》的第一部分其实是政治哲学，但却很少被论康德的著作提到。另一方面，从康德所有的政治著作来看，"判断"的主题对于康德本人来说比"实践理性"的主题更有分量。在《判断力批判》中，自由是想象力的属性，而不是意志的属性，想象力最密切地与较广阔的思维方式，即政治思维方式联系在一起②。阿伦特自己对判断的思考就是沿着康德这种政治哲学的路径展开的。

阿伦特重视判断肯定与她所揭示的哲学与政治的紧张有关，也与当代哲学在真理问题上的困境有关。自古以来，哲学追求的就是千古不移的真理，这真理不为尧存，不为桀亡。而政治处理的是各种各样的观点。因此，哲学家应该超越政治领域（观点）而进入真理的领域。我们从前面讲的斯特劳斯那里仍然可以看到这种立场在当代的延续。近代认识论实际上加强了这种立场：既然真理应该是

---

①　Cf. Ronald Beiner, "Hannah Arendt on Judging", pp. 119-120.

②　Hannah Arendt, "Freedom and Politics", in *Freedom and Serfdom: An Anthology of Western Thought*, ed. by A. Hunold, Dordrecht: Reidel, 1961, p. 207.

普遍有效和客观的，那么主观的观点当然应该尽量加以排除或不予考虑。近代认识论哲学实际上加强了阿伦特揭示的哲学的独裁倾向。然而，现代哲学的发展却使传统哲学真理的观念发生了根本的动摇。同时，相对主义和虚无主义却乘虚而入，成了另一种主要选择。但 20 世纪人类的灾难恰恰表明，虚无主义和独断论是一枚硬币的两面①，它给人类带来的不是解放，而是后果更难预测的隐性奴役。

判断让阿伦特看到了超越独断论真理和主观主义的第三条道路的可能。按照康德的看法，判断的基础是趣味，而趣味是一种共同体的感觉（sensus communis），不是私人的感受；也与认知理性的客观普遍性有别，因为它只对判断的人或判断对象出现的那个公共领域的成员有效②。它的有效性不是来自超越或先验的根据，而是来自他人的同意，这种同意只能通过劝诱说服的方式取得，而这也正是政治生活中思维模式的特征。

> 判断的力量在于与他人潜在的一致，判断的思维过程不像纯推理的思想过程，是一个我和我自己的对话，而是即使当我独自动脑筋时，也始终和首先在预期的与他人的交往中可以找到的东西，我知道为最终必须与他们达成某种一致。判断从这种潜在的一致中得到它的特殊有效性。另一方面，这意味着这样的判断必须把它自己从'主观私人的条件'下解放出来，即从种种私下自然决定每个个人的癖性中解放出来，只要它们是私人拥有的观点，它们就是正当的，但它们不适合进入市场，在公共

---

① 阿伦特讲的暴民就是这两种表面截然相反的倾向联姻的产儿。
② Hannah Arendt, "The Crisis in Culture", p. 221.

领域里它们缺乏有效性。①

判断是在形成观点的过程中从"主观私人的条件"下解放出来的：

> 我通过从不同的看法考虑一个特定的问题，通过向我自己的心灵呈现那些缺席的人的看法，即我表现它们而形成一个观点。这个表现过程不是盲目采纳那些在别的什么地方的人的实际看法，因此从一个不同的角度来看世界；这既不是一个移情的问题，好像我试图像某个别人那样存在或感受，也不是数人数合成一个多数的问题，而是在我实际不在的地方以我自己的身份存在和思考。当我考虑一个特定问题时，我在我心里呈现的人们的立场越多，我就能更好地想象如果我处在他们的位置，我会怎样感受和思考，我表现性思维的能力越强，我最后的结论，我的观点就越有效。②

因此，在阿伦特看来，判断是一个与他人共有世界（sharing-the-world-others）得以发生的活动③，也就是说，判断是政治行动的基本条件。另一方面，观点既然可以是普遍有效的，说明政治还是有是非的。拯救了观点，也就拯救了政治。判断与此至关重要。

到了 20 世纪 70 年代，阿伦特关于判断的论说有了明显的变化，也就是从强调判断是政治行动者的能力转到强调它是旁观者的能力。这可能与她对自己身份的最终定位有关。1964 年她在德国电视二台对她的电视采访中还说，她不属于哲学家的圈子，她的职业是政治理论。"我从来没有觉得我是哲学家。"④但到了她生命的最后

---

① ③　Hannah Arendt, "The Crisis in Culture", p. 221.

②　Hannah Arendt, "Truth and Politics", in *Between Past and Future*, p. 241.

④　Hannah Arendt, *Ich will verstehen*, München: Piper, 1996, S. 44.

几年，她改变了对自己的定位。她觉得她最终还是哲学家。哲学家不做什么，哲学家是旁观者，这样才能保证他寻求的真理的客观性。她多次赞同地引证第欧根尼·拉尔修在《名哲言行录》中引述的普罗塔哥拉的话："生活……就像一个节日：就像有些人来节日竞技，有些人来做生意，但最好的人是来当旁观者那样，在生活中奴性的人追逐名利，哲学家追逐真理。"①她显然是认同西方传统对哲学和哲学家的规定。她说："其他人主要对做事感兴趣，我不是。我不做任何事能活得很好。但我不能不试图理解发生的无论什么而活着。"②这就是说，阿伦特把自己定位为旁观者。

但作为旁观者的哲学家并不是与政治无关或反政治的，他们只是不参与政治活动，但"他们的拒绝加入是有意识的，因而成了一种行动"③。阿伦特的确是区分思维和行动，*vita activa* 和 *vita contemplativa*，但她并没有认为这二者之间是完全对立，有着不可沟通的界限。相反，苏格拉底的思维接生术——引出未经检验的观点的含义，从而破坏它们（包括价值、学说、理论，甚至确信）——隐含的是政治的。思维的这种破坏性对其他人类能力有解放的效应，判断就是思维这种解放效应的副产品。判断特殊事物的能力与思维能力当然不是一回事，思维处理的是不可见的东西，是不在场的事物的表象；而判断始终关心特殊的东西和近在手边的东西。二者相互

① Hannah Arendt, *The Life of Mind*, New York: Harcourt Bruce Jovanovich, 1978, Ⅰ, p. 93, *Lectures on Kant's Political Philosophy*, p. 55, *Hannah Arendt: The Recovery of the Public World*, ed. by M. A. Hill, New York: St Martin's Press, 1979, p. 304.

② *Hannah Arendt: The Recover of the Public World*, p. 303.

③ Hannah Arendt, "Thinking and Moral Considerations", *Social Research* 38 (1971), p. 445.

关联就仿佛意识与良心相互关联一般。即使作为旁观者，有了判断对错、美丑的能力，也能在千钧一发的时候至少使灾难不致对自己发生①。旁观者在紧急关头的判断仍然符合阿伦特早先判断是人类精神能力中最政治的能力的定义。

如果仅仅这样的话，人们也许就不会认为阿伦特的判断理论中存在着行动者的判断和旁观者的判断之间的紧张。但阿伦特晚年却越来越强调判断主要与过去有关，并且她比较系统论述的也是这种对过去或历史的判断，而不是在政治行动中所做的判断。阿伦特判断理论的这个重心转移，有很深的历史哲学的背景。

在写《精神生活》"意志"这一部分时，阿伦特触及人类自由的本质的问题。阿伦特的问题是：像意志能力这样极为偶然和短暂的东西怎么能给人类自由提供一个可证实的基础？在她的著作中阿伦特一直把自由描述为本质上是世间的、公共的，与政治行动的现实世界有关的东西。但在她最后一部著作中却将在公共世界中作为行动的自由追溯到意志的自发性、偶然性和自主性。根据阿伦特，自发性意味着人天生的开始能力。但人们并不总是想重新开始，他们往往宁可援引历史的先例，萧规曹随，亦步亦趋。意志也含有强迫的意味，不一定受欢迎。的确，人生下来就有意志，但出生却不是我们的选择，它是不管我们愿不愿意都降临到我们的东西。问题仍然是：如何肯定自由？意志提供不了有说服力的答案。阿伦特把这称为"死胡同"。在她看来，判断力是走出这条死胡同的唯一出路②。

---

① Hannah Arendt, "Thinking and Moral Considerations", *Social Research* 38 (1971), pp. 445-446.

② Cf. Ronald Beiner, "Hannah Arendt on Judging", pp. 117-118.

近代西方思想传统认为人是生来自由的，存在主义甚至认为人不能不自由（萨特），但这样一来自由的责任却成了生命中不堪承受的重，人们想方设法用各种学说来逃避它，如宿命论或历史进程的思想，唯一能实际肯定人类自由的方法是通过反思和判断人的自由行动从人的自由行动中得到乐趣。在阿伦特看来，讲故事和写人类历史就是这方面的典范。政治最终是由事后讲述的故事来证明的。人的行动是通过回顾的判断得到拯救的①。

所谓回顾性判断就是判断与思维一样，要远离行动，然后才能反思行动的意义。判断力是给予世界意义的能力。"康德相信没有人的世界将是沙漠，没有人的世界对他意味着没有旁观者。"②可见，按阿伦特的理解，旁观者就是给世界意义的人。他由于是在事后追溯，所以他的判断和审美判断一样是无功利的，不偏不私的。如果世界的意义是人赋予的，那么最终的审判者就不是历史本身，而是作判断的旁观者（史学家、讲故事者、诗人）③。他们的判断既得出历史的普遍意义，又保留了历史的特殊性，由此证明了人的自由和尊严。

虽然旁观者的判断的确是属于精神生活，是与思维、意志并列为三的人类精神能力，也不能就此得出"由于坚持精神活动和世间活动严格分离，阿伦特被迫将判断驱逐出 *vita activa* 的世界"④的结论，因为现在还没有足够的证据表明阿伦特旁观者的判断概念就一定排除了任何与 *vita activa* 的关系，就一定要否定先前的判断概

---

① Cf. Ronald Beiner, "Hannah Arendt on Judging", p. 118.

② Hannah Arendt, *Lectures on Kant's Political Philosophy*, p. 62.

③ 这似乎表明 *vita contemplativa* 不是哲学家和形而上学家的专有领地，其他人也能成为沉思的人。

④ Ronald Beiner, "Hannah Arendt on Judging", p. 140.

念；也没有足够的证据表明为什么判断只能是史学家、讲故事者和诗人的判断，而不能同时也是行动者的判断。即使阿伦特将判断完全划归精神生活，也不可能否认它可以在行动的生活中起作用。事实上，她写《精神生活》固然是要弥补《人类的条件》只处理 *vita activa* 的不足，但另一个原因就是艾克曼审判刺激她产生的问题："善恶问题，我们辨别对与错的能力是否与我们的思想能力联系在一起？""思维活动本身……能否在使人不做作恶或甚至实际上'制约'他们不作恶的条件之列？"①答案当然是肯定的，阿伦特直到最后也没否认艾克曼的罪恶是由于"无思想性"。

因此，我们可以说阿伦特的判断理论存在着内在的张力，但不能说她最后把判断"驱逐出 *vita activa*"。阿伦特判断理论这种内在的紧张，当然是来自她虽然批评柏拉图的哲学和哲学家的观念，却仍不自觉地接受思想和行动、*vita contemplativa* 和 *vita activa* 截然两分的传统。这样，至少从逻辑上讲，阿伦特无法调和哲学与政治，因为哲学与政治之间的紧张，正是因为假定政治行动的复数性原则将有害于哲学对绝对真理的追求。但是，在阿伦特这里，*vita contemplativa* 已经不再是哲学家的特权领地了，史学家、讲故事者、诗人不但进入了这个世界，而且通过他们的判断弥补了哲学家和形而上学家的盲区：特殊的真理性。他们不但赋予人的行动以意义，而且也保存了对政治来说至关重要的复数性和特殊性。这是否意味着在阿伦特看来，通过史学家、讲故事者和诗人的中介，通过判断，哲学可以与政治和解？《精神生活》预定的第三部分"判断"没有写出阿伦特就撒手西去，把这个棘手的问题留给了她的读者。

---

① Hannah Arendt, *The Life of Mind*, I, p.5.

但不管怎么说，哲学与政治的内在紧张和关联，却通过她的政治哲学得到了深刻的揭示，就像通过斯特劳斯的政治哲学得到揭示一样。

（原刊《复旦学报》（社会科学版），2003 年第 6 期）

10

哈贝马斯研究

评哈贝马斯对全球化政治的思考

虽然全球化被许多人认为是一个不争的事实，但它却远非一个中立的、简单的事实。围绕着全球化理论所展开的种种激烈争论，足以证明这一点。在种种关于全球化的论说后面，有着明显的意识形态动机，以至于有人说，今天的全球化具有 20 世纪五六十年代"自由世界"一样的功能①。

在有关全球化所展开的讨论中，全球化的政治后果也许是最为敏感的部分了。一方面，"现代和当代的民族国家深刻地改变了全球化的本质形式以及前景"②；另一方面，代表全球资本利益的新自由主义却认为全球化证明现代国家的基本形式——民族国家即将消亡和必定消亡。因为市场机制和经济关系是维系人类共同生活的唯一纽带，民族国家继续存在不利于经济的发展——资本和市场的无限扩张。单一的全球市场的出现和全球竞争规则使得民族国家地位急剧下降。人们认为："经济全球化通过建立生产、贸易以及金融的跨国网络实现着经济的'解国家化'。在这种'无国界'经济中，国家政治下降为不过是全球资本的传送带，或者完全沦为夹在不断强大

---

① ［英］戴维·赫尔德等：《全球大变革》，杨雪冬等译，北京：社会科学文献出版社，2001年，第11页。

② 同上书，第39页。

的本土、地区以及全球治理机制之间的中介制度。"①

　　信奉资本与市场逻辑的新自由主义者这么认为丝毫不令人感到奇怪，倒是出身批判理论，始终对新自由主义持批评态度的哈贝马斯在此问题上与新自由主义不谋而合，颇值得注意。哈贝马斯的学术生涯从一开始，就有着强烈的政治兴趣和政治倾向。他的第一部主要著作《公共领域的结构转型》就是一个证明。到了 20 世纪 90 年代，他的主要学术努力几乎都放在了政治哲学上，他这个时期的代表作《事实与规范》(1992) 与黑格尔的《法哲学》一样，与其说是法哲学，不如说是政治哲学更为恰当。至于后来的《包容他者》(1996) 和《后民族状况》(1998) 等著作，就更不用说了。

　　然而，哈贝马斯最近十几年的政治哲学不再是要论证西方政治制度的"合法性危机"，而是要论证它的正当性。简单说来，就是西方的政治体制是建立在具有普遍主义性质的共和主义（法治国家）和人权与民主的基本原则上，因而具有超历史、超民族、超地域的普遍性，这种先验的普遍性是它合法性的根本保证。

　　但这种普遍主义的原则却是有问题的。从历史和事实上说，人类始终存在着不同的政治实体和政治制度，西方目前的政治制度也是其特定历史发展过程的产物；从理论上说，在西方延续了一个多世纪的理性批判早已指出，普遍主义实际上是建立在一个超历史的先验主体基础上，绝对的主体必然要求绝对的普遍性。然而，事实证明，作为主体性基础的人类理性，本身不是绝对的，它不仅要受到种种非理性因素（如哈贝马斯所谓的旨趣）的影响和支配，更有其不可超越的历史性。人类理解的历史性和释义学原则决定了对任

---

　　① ［英］戴维·赫尔德等:《全球大变革》，第 4—5 页。

何普遍的原则或原理都会有不同的理解和解释。如果这些原则是普遍的话，它们必然是在不同的历史条件和语境下实现的。在人类世界中不可能有先验的普遍性，而只能有历史的普遍性。或者说，普遍性只有相对的意义，它的现实内容恰恰有赖于它实现的特殊条件。

对此，哈贝马斯当然是不同意的，因为他的全部理论，正是建立在普遍主义的原则上。要证明他普遍主义的政治哲学，必须证明人类历史发展的普遍性。这就使得民族国家消亡的思想成为他近年政治哲学思考的一个重点。

如前所述，全球化必然导致民族国家过时和消亡的观点并不是哈贝马斯的发明，新自由主义一直在鼓吹这种观点。但在出发点上，哈贝马斯与他们还是有区别的。新自由主义鼓吹民族国家过时和消亡是为了替资本主义经济在全球的加速扩张开道；而哈贝马斯的目的和理由要更复杂一些。

出身批判理论的哈贝马斯清楚地认识到，飞速发展的资本主义工业化加剧了阶级对立和由此而来的社会紧张，为了转移国内矛盾，欧洲各国政府在 19 世纪与 20 世纪上半叶利用民族主义的推动力将社会冲突引向对外的帝国主义战争。但在第二次世界大战的惨剧之后，民族主义的整合力已消耗殆尽，西方各国不得不利用在社会总产值中支配的很大份额，实行有力的基础设施政策、就业政策和社会福利政策，同时促进经济的活力，保障社会一体化，化解了阶级对立，稳定了资本主义[1]。但是，在激烈竞争的全球化的经济

---

[1] Jürgen Habermas: *Die Einbeziehung des Anderen*, Suhr-kamp Verlag Frankfurt am Main, 1996, S. 201—202. [德]哈贝马斯:《超越民族国家?》,载贝克等:《全球化与政治》,王学东、柴方国等译,北京:中央编译出版社,2000 年,第 71 页。

框架中，民族国家要保持其国际竞争力，就不可能再继续福利国家的政策，而必然要"采取有害于社会团结一致，使社会的民主稳定性面临严峻考验的'削减'政策"①。在哈贝马斯看来，经济全球化破坏了一度得以实现的社会福利国家妥协的历史局面。而社会福利国家妥协即使不是解决资本主义内在问题的理想方案，至少也能够把它所造成的社会代价维持在可以容忍的限度②。

　　问题还不仅如此。一旦放弃社会福利国家的政策，势必要造成贫富差距扩大和社会分化；而社会分化又势必破坏自由的政治文化，丧失民主的基础。哈贝马斯认为，"只有把民族国家的社会福利国家职能转让给能够在一定程度上适应跨国经济的政治共同体，才能在迄今的水平上履行这种职能"③。再说经济全球化也必然大大削弱民族国家的能力④。也就是说，只有从民族国家过渡到一个超民族国家的政治共同体，才能在经济全球化的条件下继续原先由民族国家采取的社会福利措施，对抗资本无限扩张的逻辑，保障和进一步扩大社会民主。哈贝马斯对那种将资本主义的经济逻辑推崇到极致的新自由主义深为不满，认为只有坚持政治先于经济，对在全球范围内横冲直撞的资本主义加以"政治驯化"，才能使现有的制度长治久安。

　　哈贝马斯要超越民族国家的第二个主要考虑是：经济全球化使得地球上的人们成为风险共担的共同体，有着无法回避的集体命运。一方面，市场的扩张遇到了地球幅员的限制，资源开发也遇到

---

① ［德］哈贝马斯：《超越民族国家?》，第 73—74 页。

② 同上书，第 77 页。

③ 同上书，第 78 页。

④ Jürgen Habermas: *Die Postnationale Konstellation*, Suhr-kamp Verlag Frankfurt am Main, 1998, S. 104.

了自然界的限制。"日益变小的世界已不允许人们将行为后果外化：无须担心制裁，而把代价和风险转嫁给他人——如其他社会部门、其他地区、其他文化或子孙后代——的机会越来越少。这无论在重大技术的跨地区风险上，还是在富裕社会的工业所制造的危害整个地球的有害物质上，都表现得同样明显。"①单个国家不再能靠自己的力量保护自己的公民免受全球风险。另一方面，生态环境问题、恐怖主义问题、毒品走私、跨国犯罪和军火贸易，都不是哪一个国家可以单独解决的；并且，解决这些问题必然也必须对民族国家的主权有所限制。面对上述人类共同面临的严重问题，"各个国家都必须在对内政策上鲜明地被纳入一个负有世界义务的国家共同体的有约束力的合作过程"②。

　　哈贝马斯主张超越民族国家的第三个主要理由是维护世界和平与人权。哈贝马斯认为，产生于《威斯特伐利亚和约》，建立在国际政治体系基础上的"权力均衡"，到第二次世界大战时期就崩溃了。古典国际法如果没有国际法庭和跨国的审判权力机关，根本不可能像国内法庭那样得到有效的贯彻和执行。20 世纪的总体战争把这种脆弱的规范框架也打破了。军备竞赛愈演愈烈，大规模杀伤性武器遍布全球，使（由独立的民族国家形成的）国家世界（staatenwelt）处于一种危险的无政府状态③。这就迫切需要有超民族国家的政治体系来消除战争危险维护世界和平，国联和联合国的建立都体现了这种设想。此外，人权作为人类普遍的基本权利和法律意义上必须贯彻的权利，也应该得到普遍的维护，联合国的

---

① 　[德]哈贝马斯：《超越民族国家?》，第 82 页。

② 　同上。

③ 　Jürgen Habermas: *Die Einbeziehung des Anderen*, S. 152.

《世界人权宣言》就表明了这一点。这就意味着民族国家的主权必须受到限制。

可以看出，超越民族国家是哈贝马斯对当代人类面临的一些极为重大问题的回答，可以说，超越民族国家的思想是他这些年来政治哲学思考的主要结论之一。进一步考察他的这一思想，对于弄清哈贝马斯的政治思想，和我们自己思考这些问题，都是有益的。

应该肯定，在全球化问题上，哈贝马斯比新自由主义者头脑远为清醒。他不像他们那样，以为经济全球化将带来普遍美好的生活。相反，他一再指出，经济全球化造成大多数人，尤其是弱势群体生活水平下降，收入差距日益扩大，而"收入差距日益扩大导致贫困者和无社会保障者增多，这方面的指数确凿无疑，社会分化的趋势同样也是显而易见的"①。"不管从哪个角度看，经济全球化都破坏了一度得以实现的社会福利国家妥协的历史局面。"②这说明哈贝马斯还未完全忘记社会正义和平等的理念。

但他似乎忘了，经济全球化本身是资本主义逻辑的产物，资本主义从它诞生的那天起，就有向全球扩张，在自由竞争的幌子下实行弱肉强食的原则的倾向。更关键的是，"资本主义全球化的逻辑，正是在于要在全球范围内开发经济，把政治和意识形态置于经济需求的从属地位"③。也就是说，资本主义的逻辑必然要以经济来冒充政治，或将政治经济化，使一切都服从资本主义经济的逻辑。第二次世界大战后西方各社会福利国家妥协的局面是特定历史条件——

---

① ［德］哈贝马斯:《超越民族国家?》，第72页。
② 同上书，第77页。
③ ［塞］萨米尔·阿明:《资本主义、帝国主义、全球主义》，载［美］罗纳德·H.奇尔科特主编:《批判的范式:帝国主义政治经济学》，施杨译，北京:社会科学文献出版社，2001年，第213页。

冷战和两大军事集团对峙条件下的产物，随着冷战结束和经济全球化的加剧，自然就难以为继。造成福利国家的政策普遍遭到质疑，社会福利支出日渐削减的根本原因不是政治，而是经济。但这种经济原因根本支配了当代西方国家的政治。恩格斯在19世纪就已指出："在现代历史中，国家的愿望总的说来是由市民社会的不断变化的需要，是由某个阶级的优势地位，归根到底，是由生产力和交换关系的发展决定的。"①这个论断看来至今有效。

根据哈贝马斯的分析，"在西方混合经济中，国家可以在社会总产值中支配很大的份额，因而拥有转移支付、补贴，乃至实行有力的基础设施政策、就业政策和社会福利政策的活动余地。国家能够对生产和分配的框架条件施加影响，以便达到经济增长、价格稳定和充分就业的目标"②。可是，在经济全球化的条件下，国家不得不屈服于日益加剧的全球竞争的压力，宁要效率，不要公正，以牺牲多数人福利为代价来换取经济上的有利地位。当然，哈贝马斯认为，这种做法后果同样严重，它不仅与民主制自由社会的根本原则相违背，而且会导致社会民主稳定性受损害。应该说，哈贝马斯的这些分析有一定的道理，但却没有看到，即使在全球化条件下，民族国家也不是毫无作为，"民族国家的权力是把生产和消费从以全球市场为中心转移到以本地市场为中心并使全球性交流变成补充性活动的基础。只有在民族国家权力的基础上，才能进行植根于不断加深的社会团结和社群联系的、把生产率与更多自由时间联系起来的

---

① ［德］恩格斯：《费尔巴哈和德国古典哲学的终结》，见《马克思恩格斯选集》第4卷，第247页。

② ［德］哈贝马斯：《超越民族国家?》，第71页。

革新和技术组织"①。如果说哈贝马斯的分析不够全面，那么他提出的解决方案，则更成问题。

哈贝马斯的解决方案，具体而言，就是"把民族国家的社会福利国家职能转让给能够在一定程度上适应跨国经济的政治共同体"②。这种共同体之所以"能够在一定程度上适应跨国经济"，是由于地理的和经济的基础扩大而在全球竞争中获得优势，加强自己相对于其他国家的地位③。哈贝马斯心目中这样的政治共同体，显然是欧盟。但正如他自己也承认的，"它改变不了经济基地竞争的模式，也不会自动地适应跨国性世界经济体系的方针转向企图从政治上对该体系的框架条件施加影响的方针"④。

如果出现这种政治共同体改变不了全球经济激烈竞争的格局，而它又不可能自动从纯被动地在经济上适应这种形势，转而主动在政治上对资本主义经济体系的框架条件施加影响，那么，这种政治共同体在面对效率与公正的选择时，仍会像单个民族国家一样，牺牲公正以赢得效率。这是无情的资本主义逻辑所决定的。更不用说欧盟不仅至今尚无原先民族国家的种种调控社会福利的权能，而且自《马斯特里赫特条约》以来，各成员国内反对扩展欧盟的倾向都有所增强⑤。因此，即使欧盟经过各成员国的长期努力后，在将来不仅有跨国货币和货币政策；而且还有共同的财政政策、经济政策和社会政策，是否就会不顾全球经济的激烈竞争而实行原来各主要

---

① ［美］詹姆斯·佩特拉斯：《全球化：一个批判性的分析》，载《批判的范式：帝国主义政治经济学》，第 285 页。

② 同上书，第 78 页。

③ 同上书，第 79 页。

④ 同上。

⑤ Jürgen Habermas: *Die Einbeziehung des Anderen*, S. 149.

成员国曾实行过的福利政策，尚未确定。对此哈贝马斯并非不清楚。

所以，他也认为，仅仅将原先民族国家的调控能力转让给跨国性的政治共同体是不够的，关键是要以政治来驯服"横冲直撞的资本主义"。具体做法是，"要引进世界范围内的政治意志构成因素，并保证政治决策的约束力"①。也就是将国内的民主扩大到国际范围，借助各政治实体的市民社会和政治舆论，形成世界性的强制互助意识②。只有公民要求大力转变对内政策形成观念压力，具有全球行动能力的行动者，包括民族国家在内的各种政治共同体的自我意识才会发生变化，才会日益把自己视为一个只能相互合作和相互兼顾利益的共同体的成员。

尽管哈贝马斯认为今天已无人愿意追随乌托邦，但他的这个以广泛的全球民主来驯服资本主义的想法，却不能不说是乌托邦的。既然单个民族国家的市民社会及其政治舆论都不足以使它们的政府不屈从于资本的逻辑，而坚持社会民主的政策，那么怎么能指望它们形成的世界性互助的意识能使一个超民族的政治共同体牺牲自己在全球经济中的有利地位，去实行民族国家无法继续实行的社会福利政策呢？此外，我们的时代是一个商业力量更强，更富于侵略性，而且比以前面临更少有组织的反抗的时代。资本的力量不仅可以将其政治权力编成法典，也可以通过影响和占有媒体来控制舆论③。在这种情况下，不利于资本主义发展的舆论永远不会成为主

① ［德］哈贝马斯：《超越民族国家？》，第 80 页。
② 同上书，第 83 页。
③ ［美］罗伯特·W. 迈克杰斯尼：《〈新自由主义和全球秩序〉导言》，［美］诺姆·乔姆斯基：《新自由主义和全球秩序》，徐海铭、季海宏译，南京：江苏人民出版社，2000 年，第 3、5、185 页。

流，更不用说影响和改变政治的方向。

更有甚者，如乔姆斯基所指出的，政府是现代资本主义制度的核心。它们向那些占统治地位的经济集团提供大量的政府津贴，使其能够在众多领域中牟取更大利益。鼓吹新自由主义的国家要求政府退出经济领域，让市场自由发挥作用，但实际却是自己利用国家的力量来削弱和打垮一切可能的竞争对手，保持自己的优势地位。例如，肯尼亚的纺织工业在 1994 年彻底崩溃，原因就是克林顿政府通过设立配额，阻止了其他任何工业国家一直遵循的发展道路[①]。在新自由主义意识形态占统治地位的时代，世界公民互助只能是一个遥远的梦想。由世界公民参与的国际民主，更是如此。哈贝马斯想要以此为基础来驯服资本主义，不能不是彻头彻尾的空想。

在今天的世界上，有许多问题，像环境生态问题，跨国有组织犯罪问题，军火交易，毒品走私，金融风险等，的确不是任何一个国家能够单独解决的，需要各国的互助合作。这些问题必须在世界范围内加以解决，意味着国家权力要受到一度的限制。此外，我们的确生活在一个风险共担的时代，全球化也意味着灾难和风险的全球化。任何国家都不可能置身于人类的共同命运之外，而必须和别的国家一起承担起人类的共同命运和责任。个别国家的主权必须服从人类的共同利益。这都没有错。但这未必一定意味着需要超越和削弱民族国家。

虽然在 20 世纪已经出现了治理的区域性和全球性制度和机制，出现了像绿色和平运动这样的全球性跨国行动，但即使是联合国，也在许多方面仍然软弱无力，全球治理的机制还未形成。在这

---

① ［美］诺姆·乔姆斯基：《新自由主义和全球秩序》，第 7、21 页。

种情况下，对付上述全球性问题，恰恰只能以民族国家和区域治理为单位，通过民族国家的合作来进行。事实上，在对付像使用麻醉品、管理核废料、军事安全、砍伐热带雨林、保护土著居民、使用非再生资源、管理和控制动物和人类基因工程等问题上，国家仍是最有效的执行单位，尽管这些问题本身超出了国家的边界。国际合作和各种政治共同体也许可以超越和限制国家权力，但还不能完全取代它。哈贝马斯自己也不得不承认这一点："要使利益协调和普遍化的程序以及创造性地策划共同利益的程序制度化，不能靠根本不受欢迎的世界国家这一组织形式来实现，而要靠以前各主权国家的自主、自愿和独特性来实行。"①

实际上，正如有的国外学者所指出的，经济全球化绝不必然等于国家权力的弱化，而只是改变了国家权力实施的条件②。哈贝马斯设想超国家的全球市民社会可以解决人类面临的全球问题。但且不说这种"超国家的市民社会"是否真正可能还是个问题，组成这种全球市民社会的某些非政府组织和社会运动也完全可能是代表局部利益的排斥性的、相互对立的团体③。以为只要诉诸超国家的市民社会就可以解决国家无法解决的问题，那的确是像有的论者所说的那样，"把实际问题简单化了，理所当然地把建立制度、发展公民社会组织看作是解决问题的唯一途径，没有深入探讨制度、功能以及国家与公民社会之间的关系。而且由于流于制度层面的分析，忽视了现有国际关系中的不平等"④。因此，试图超越民族国家来解决

①　[德]哈贝马斯：《超越民族国家？》，第83页。

②　[英]戴维·赫尔德等：《全球大变革》，第608页。

③　杨雪冬：《全球化的文明化和民主化：一条艰难的路》，《全球大变革·译序》，《全球大变革》，第24—25页。

④　同上书，第24页。

全球问题的方案，同样是一种不切实际的空想。

至于通过超越民族国家来保障世界和平和推行人权政治，则问题更大。在这个问题上，哈贝马斯肯定是受了康德"永久和平"思想的启发。康德认为，既然人际关系可以通过法律的实施从自然状态向市民社会状态过渡，那么国家间的关系也应该依照这个模式从自然状态过渡到法治状态，只有这样，才能产生永久和平。而国与国之间的法治状态必须通过建立合法的国际组织来保证。但是，康德心目中的国际组织，决不拥有统治权，而只是一个自由国家的联盟或联邦，随时可以撤销并定期更换①。但他赞成的自由国家的联盟能否维护和平却是很成问题的。因为它应该服从成员国，就像成员国服从各自的公民一样②。这个国际组织应该绝对尊重各成员国的主权，因为"国家是一个人类的社会，除了它自己本身而外没有任何别人可以对它发号施令或加以处置"③。这样，这个国际组织的权力就受到了严格限制，它其实无法制止可能的战争。

但康德却认为可以，因为永久和平的根据在三个从理性中自然生长出来的倾向，即（1）共和制国家自然的和平天性，（2）世界商业的统一的作用，（3）政治公共性的功能。它们使得各国出于自利而不要战争。哈贝马斯虽然认同康德将国际关系法律化、世界公民法和世界公民的思想，但却认为，康德在《永久和平论》中所表达的思想，经过两百年人类历史的经验证明已经过时，必须根据变化

---

① ［美］列奥·斯特劳斯、约瑟夫·克罗波西主编：《政治哲学史》下册，李天然等译，石家庄：河北人民出版社，1993年，第721页。

② ［美］列奥·斯特劳斯、约瑟夫·克罗波西主编：《政治哲学史》下册，李天然等译，石家庄：河北人民出版社，1993年，第720页。

③ ［德］康德：《历史理性批判文集》，何兆武译，北京：商务印书馆，1996年，第99页。

了的历史条件重新加以阐明。

　　哈贝马斯认为，康德永久和平的观念是建立在《威斯特伐里亚和约》形成的国家体系和古典国际法基础上的，但全球化使得古典国际法的根本前提——国家主权神圣不可侵犯和内政与外交的绝对区别成了问题。一方面，跨国企业和有国际影响的私人银行正在掏空名义上属于民族国家的主权；另一方面，随着经济的"解民族化"，尤其是随着金融市场和工业生产世界范围的相互联系，民族政治已经失去了对一般生产条件的控制，因而也失去了对保持已实现的社会标准的控制①。与此同时，民主化政治和人权政治的规范观点以及权力本身的扩散改变了古典强权政治的状况。康德自由国家联盟的主体——民族国家的基础，正被抽去②。

　　根据古典国际法，民族国家享有一般无罪推定，但随着20世纪人类区分了侵略战争和反人类罪后，它们已失去了这种无罪推定③。而联合国的建立及其《世界人权宣言》，以及对侵略战争和人道罪行进行惩处，都表明古典国际法的不干预原则已受到限制④。但哈贝马斯对联合国反对侵略，维护人权的功能并不十分满意。不仅是因为联合国没有自己的惩罚力量，可以强制执行它的决议，而且也在于它对国家主权的暧昧态度。联合国不管各国内部事务，1991年联大在决议中宣布："各国的主权、领土完整和国家统一必须在与联合国宪章一致的情况下得到完全的尊重。"⑤哈贝马斯认为

①　Jürgen Habermas: *Die Einbeziehung des Anderen*, SS. 202-203.

②　Ibid., S. 203.

③　Jürgen Habermas: *Die Postnationale Konstellation*, S. 159.

④　[德]哈贝马斯：《善性与人性——一场法律与道德边界上的战争》，刘慧儒译，载《读书》，1999(9)。

⑤　Jürgen Habermas: *Die Einbeziehung des Anderen*, S. 209.

这种暧昧态度既限制又保证了各国的主权，对此他是不以为然的。他的根本理由是人权。

在哈贝马斯看来，人权是人最基本的普遍权利，它既是道德范畴，也是法律范畴。作为法律范畴，它表现为法权。这意味着侵犯人权就是犯法，世界公民就可以将其绳之以法。所以哈贝马斯更注重作为法律范畴的人权，他所谓的世界公民法就建立在这种人权范畴基础上。在他看来，人权保护的痛处就在于缺乏执行权力，一旦需要，它可以通过侵犯民族国家主权使一般人权得到尊重。由于人权在许多情况下必须通过反对民族国家政府来加以贯彻，国际法不得干涉（内政）的原则应该修正①。相反，如果人权仅仅是道德范畴，它就不能是强制干涉的正当理由，用哈贝马斯自己的话来说，就是"呼唤良知的道德规范不能像既定的法律规范那样强加于人"②。只有作为法律范畴，国际社会才能像惩罚一个罪犯一样侵犯一个违反人权的国家的主权，迫使它尊重人权。这就要求将国际关系法律化，即以世界公民法代替过时的古典国际法，并将其制度化和程序化③。有了这样的制度和程序，就可以名正言顺地、合法地加以干涉。可见哈贝马斯支持科索沃战争不是一时冲动，而是有着深刻的思想基础。

从理论上讲，哈贝马斯似乎没有错。如果承认人权是人普遍的基本权利和主权在民的原则，那么当一国政府破坏人权时，不仅它的人民有权起来反抗，世界上其他国家的人也可以批评干涉，及时干涉可以制止大规模的灾难。但是，正如哈贝马斯所看到的，要能

---

①　Jürgen Habermas: *Die Einbeziehung des Anderen*, S.212.

②　［德］哈贝马斯：《兽性与人性——一场法律与道德边界上的战争》。

③　同上。

合法有效地干涉，需要三个先决条件：（1）得到普遍公认的世界公民法；（2）一个世界公民的政治法律共同体；（3）它所拥有的执行权力或执行暴力。可是，在今天的世界上，这三个先决条件一个也不具备。

首先来看世界公民法。按现代民主理论，民主法治国家就是根据人民的意愿和自由意志确立的合法性秩序，法律的受者也是法律的作者①。哈贝马斯心目中的世界公民社会虽然不是一个世界国家，但毫无疑问也是一个放大了的法治秩序，其基本法——世界公民法，无疑也应该由来自各种文化传统，各个国家的世界公民来制定。但这在现在还根本做不到。因为不仅现在的国际政治中充满了强权话语，而且不同文化和传统之间的民间交往也充满了种种文化中心论的偏见。这些强权话语和文化中心论后面，则是特殊的集团利益。即使是哈贝马斯所要求的保证理性交往的前提——民主程序的制度化，也只有在克服了这些现实的障碍后才能名副其实地加以实施。否则，人们有权问：谁来制定程序和制度？这些人的权力何来？然而，在大型经济集团通过控制"生产方式、交流、舆论、交通和通讯，并集中控制新闻媒体和其他舆论宣传机构"②的时代，指望通过理性平等的自由交流达成共识，形成民主意见和意志，并以此来决定世界事务，使之能符合全人类的共同利益和民主原则，岂不又是一个乌托邦？任何乌托邦都有意识形态的色彩，哈贝马斯的乌托邦也不例外。将未经联合国授权的科索沃战争说成是"从国家间的古典国际法向世界公民社会的世界公民法演变过程中的一个飞

---

① Jürgen Habermas: *Die Einbeziehung des Anderen*, S. 136.

② ［美］诺姆·乔姆斯基：《新自由主义和全球秩序》，第36页。

跃"①，充分暴露了哈贝马斯的意识形态立场。但人们不禁要问：世界公民法究竟应建立在什么基础上，理性的讨论，还是暴力的强加？不管人们对哈贝马斯的思想如何理解，它所表现出来的意识形态倾向，却反映了今天世界的现实。

　　哈贝马斯心目中的世界公民共同体，在今天的世界也根本不存在。今天的世界，依然是强者的世界。在国际事务中，权力（暴力）和金钱占优势的国家一言九鼎，就像在国内事务中垄断钱权的人说了算一样。按照康德的思想，世界公民的权利以普遍的友好交往为条件②。但在今天的世界上，弱者的权利常常得不到尊重，强者对弱者动辄以武力相威胁，这说明我们离世界公民体制还很远。如果说人与人之间的不平等事实上有损弱者的人权，那么国家间的不平等，如哈贝马斯自己也承认的经合组织国家与经济还十分落后的边缘国家之间的不平等的依附关系③，就使得世界公民共同体困难重重，在目前根本不可能。而没有这样一个理想的正义维护者和执行者，谁又有足够正当的权力来侵犯和剥夺一个国家的主权呢？

　　此外，皮之不存，毛将焉附，假如目前还不存在这样一个世界公民共同体，那么那属于它的，必要时强制执行干涉政策的武力也就更不可能了。如有，那一定是一些国家的武力以国际社会的名义在"替天行道"。但这些武力如何行动，实际上当然只听它们自己政府的，而不是任何别的机构和组织。就拿经常充当"世界警察"的美国来说，它"首先考虑的是自己的利益，而它的利益与所宣称

---

　　① ［德］哈贝马斯：《善性与人性——一场法律与道德边界上的战争》。

　　② ［德］康德：《历史理性批判文集》，第115页。

　　③ Jürgen Habermas: *Die Einbeziehung des Anderen*, S.152.

的规范目的并不总是一致的"①。不仅如此，事实上，"华盛顿推行的治外法权法律原则确认，美国法律高于被认为是主权国家的法律……"②那么我们怎么能防止有些国家以人权或别的什么高尚的名义，损害别人的主权，实际却是在推进和扩展自己的利益呢？在世界公民共同体还不存在的情况下，鼓吹超越民族国家究竟对谁有利呢？

事实上，"当代全球化的独特性绝不预示着民族国家的终结或国家力量的侵蚀……许多国家，特别是发达资本主义国家在关键方面显然已经变得更加主动"③。"在发挥跨国公司作用的能力方面，和更重要的在扩大国际流动中的统治阶级的世界市场的份额的能力方面，帝国主义的民族国家正在使它扩大到最大限度。"④在这种情况下，政治经济诸方面相对处于劣势的非西方国家如再放弃或削弱自己的主权的话，会是怎样的后果？我们看到，在民族国家制度解体的地方，几乎无一例外地引起战争和悲剧。那些因内战或宗教冲突而陷入无政府状态的地方，人权状况并未因国家主权的极度削弱而有所改善，或获得和平。外部干预可以获致一时的和平，制止大规模迫害，但无法根本解决问题。

总之，哈贝马斯从普遍人权出发，希望通过用世界公民法将国际关系法律化，以一个世界公民共同体的名义，用这个共同体所控制的强制执行力量，对一切破坏和平与人权的国家和政府进行干

---

① ［德］哈贝马斯：《兽性与人性——一场法律与道德边界上的战争》。

② ［美］詹姆斯·佩特拉斯：《全球化：一个批判性的分析》，载《批判的范式：帝国主义政治经济学》，第284页。

③ ［英］戴维·赫尔德等：《全球大变革》，第602页。

④ 同上书，第47页。

预、制裁或剥夺它们的主权来维护和平与人权，这只是他脱离实际的美妙设想，根本无法兑现。这是因为，民族国家的世界体系得以产生的根本条件，现代性及其政治、经济逻辑并未随着全球化的到来而过时。即使是在哈贝马斯看来与美国有别的欧盟，也并非不是从自己的利益出发来决定干预与否。特殊的民族利益永远在普遍的人权原则之上，这只要看看欧盟国家的移民政策就可知道了。

西方国家不等于国际社会，也不等于是普遍人权原则的当然代表。世界上大部分国家在人权问题上与西方的态度并不一致。非西方国家与西方国家在人权问题上的分歧，并非如某些西方思想家（包括哈贝马斯）所认为的那样，纯粹是为了维护自己的专制制度，而更多的是从几个世纪所遭受的帝国主义和殖民主义的惨痛经验而来。因此，它们不会轻易相信那些动听的语言，而是清楚地看到，西方会凭借世界自由贸易和人权的极端双刃剑，为更新其独特的自身合法性服务①。西方"人道主义的干预"并未给世界带来新的和平。相反，如德国著名社会学家贝克所指出的："西方的'人道主义干预'将威胁越来越多的世界居民。人们在推行新自由主义的世界政策的过程中鼓吹并创造一种弱国家世界体系，在这样的世界体系中，对世界主义使命的帝国主义滥用将不再有任何障碍。"②

哈贝马斯不是新自由主义者，相反，他一直对新自由主义持批评态度③。在一般人看来，新自由主义是右派，出身批判理论的哈贝马斯是左派。可为什么在对待民族国家问题上，他们却殊途同归

---

① ［德］乌尔里希·贝克:《全球化时代民主怎样才是可行的?》,见《全球化与政治》,第 42 页。

② 同上书,第 45 页。

③ Jürgen Habermas: *Die Postnationale Konstellation*, S. 144.

呢？虽然许多人将哈贝马斯视为批判理论派的后起之秀，但与早期批判理论派不同的是，哈贝马斯从未对现状持完全的否定态度。在对待资本主义，对待现代性这些根本问题上，他的思想更接近自由主义，而不是早期批判理论。他和自由主义者一样，是绝对的普遍主义者，他们都认为全球化将迫使各国走上与西方相同的发展道路。从 20 世纪 80 年代开始，哈贝马斯逐渐适应了现状。他似乎放弃了对资本主义的任何理论批判，转而强调法律在现代社会的重要性，关注自由主义与民主的关系，以法治和民主来论证资本主义制度的正当性。他的早期著作还提出要使经济、公共行政和政党民主化，但现在他追求的却是权力、金钱与团结之间适当的平衡。他的确对民主感兴趣，却不对分配感兴趣。他维护作为理性的政治争论前提的平等，但不是社会平等本身①。归根结底，哈贝马斯并不反对市场资本主义，而只是希望它能有点人情味，能顾到一点弱势群体，以保持战后西方各国好不容易获得的社会妥协，避免资本主义所取得的各项成就毁于一旦②。

在全球化的条件下，国家主权的确有所削弱和变化，但它仍是全力扩张的全球资本主义的一大障碍，"全球化没有带来'国家的终结'，反而推动了各种调整战略的出现，而且在某些方面推动了更加积极的国家的出现。因此，国家政府的权力不一定被全球化削弱了，相反正在重组和重构，以迎接在一个相互联系更紧密的世界中治理过程不断复杂的挑战"③。在这种情况下，普遍主义者、西方中

---

① Jan-Werner Müller: *Jürgen Habermas*, in *Prospect*, March 2001, pp. 47-48.

② Jürgen Habermas: *Die Einbeziehung des Anderen*, S. 148.

③ J. Rosenau: *Along the Domestic-Frontier*, Cambridge: Cambridge University Press, 1997, 转引自《全球大变革・译序》，第 14 页。

心论者、全球资产者，当然要以全球化和世界主义的神话来瓦解民族国家主权的正当性。而并不反对资本主义的全球扩张，只是要"通过对全球化市场的框架条件施加政治影响的方式补充全球化市场"①的哈贝马斯，对此有相似的立场，是不奇怪的。

然而，全球化也好，世界主义也好，它们绝不等于"全人类共同利益"。相反，对于不同国家、不同民族、不同利益集团、不同社会群体，甚至不同个人，它们的含义是不一样的。简单地将全球化和超越民族国家说成是"世界共同利益"，也许正掩盖了这个世界实际存在的激烈尖锐的利益冲突。"西方经济强国从'世界共同利益'中获得了新的权力资源：全球市民社会的议题为正在全球活动的西方进行经济和军事干预提供了意识形态工具。"②在今天的世界上，不管出于什么理由，鼓吹超越民族国家或民族国家消亡，客观上只会产生这种对非发达国家十分不利与危险的前景。这当然不是由什么人的恶毒意向，而根本是由当今世界的政治经济格局和远未退出历史舞台的国际强权政治的逻辑决定的。不管主观意图可能多么善良，哈贝马斯超越民族国家的思想实际一定会成为强权政治的某种辩护，他对科索沃战争的态度，就证明了这一点。

（原刊《哲学研究》，2001 年第 7 期）

---

① ［德］哈贝马斯：《超越民族国家？》，第 88 页。
② ［德］乌尔里希·贝克：《全球化时代民主怎样才是可行的？》，第 43 页。

哈贝马斯和帝国主义

哈贝马斯一直自命自己是一个关心公共领域的"公共知识分子",并以此与他德国大学的同事相区别。但与萨特和罗素这样的公共知识分子不同,他绝不涉足街头示威与广场集会,更不会像伯尔那样在铁路上堵截载有核子武器的军车;而是以接受传媒采访,为报章撰文作为他介入公共事务的主要手段。

对于目前的科索沃战争,虽然西方的舆论一致到了惊人的地步,民意调查也显示半数以上的人支持北约发动的这场战争,但给米洛舍维奇的"希特勒第二"的帽子,尺寸终嫌大了些;用最先进,最精确,最有杀伤力的战争手段来维护人权的逻辑也还未臻完善,须进一步加以阐明。尤其是北约"正义之师"轰炸的牺牲者早已不是军事指挥部、地面部队、机场或通讯设施,而是医院、民宅、发电厂和面包房这样的生活设施;牺牲者也早已不只是"执行种族清洗的直接责任人",也包括老弱妇孺,平民百姓,以及第三国的记者和儿童。现代传播手段每天传来的悲剧场面和令人发指的罪行,时时在刺激着人们的神经和良心。这一切自然需要哈贝马斯这样的"公共知识分子"出来排疑解惑,指点迷津。

他也果然不负众望,于最近在德国有影响的《时代》周报发表了题为《兽性与人性》的长篇文章,专门讨论巴尔干战争。文章的标题来自哈贝马斯近年来在政治哲学上的主要批判对象——卡尔·施密特 (Carl Schmitt)。卡尔·施密特有一个著名的反人道主义的公式，曰："人性，兽性。"意谓人性就是人的自然性，即其动物性，或者兽性。这其实也不是什么了不起的发明，或骇人听闻的主张。古典自由主义的理论核心，契约论的前提——自然状态，实际上已经蕴含了人性即兽性的意思。而此番哈贝马斯用一连词"与"将"人性"和"兽性"隔开，自然表示人性与兽性判然有别。施密特认为国家间的斗争完全是自然的斗争，将原本中性的国家利益至上原则 (Staaträson)"道德化"，势必使国家间的自然斗争变成卑劣的"反对坏人的斗争"。而哈贝马斯却认为人权政治决定了国与国之间斗争的道德性。换言之，与人权政治有关的一切，包括战争，都有道德的性质。

但道德并无强制惩罚的功能，即使为了人权的目的发动战争，也必须有法律的依据，才能师出有名，才是名副其实的"正义战争"。但北约发动的针对南联盟的战争，其道德性固已并非无可非议，法律上更是毫无根据。这两个问题不解决，厚颜无耻的政客和嗜血成性的将军们固然无所谓，善良百姓即使接受政府的做法和说法，那些无辜牺牲者的悲惨遭遇，多少会使他们清夜扪心，辗转难眠。毕竟，以暴易暴不仅在逻辑上，而且在情理上也很难说得通。

哈贝马斯对此洞若观火，故其文章的副标题也十分醒目——"一场法律和道德边界上的战争"。这个副标题的确很妙。如果是"一场法律和道德边界内的战争"，那么他的文章纯属多余。"在法律和道德的边界上"，既暗示了还有问题需要解决，又暗示了解决的方向。这就是论证北约发动的战争既有道德理由，又有法律依据。这样，许多还有顾虑的人每天可以安然入睡，无须良心不安了。笔者在特里尔大学的一位德国同事曾师从哈贝马斯，毕业多年，只要老师在法兰克福大学有课或讲座，必驱车前去聆听。此次读了哈贝马斯的文章后，如释重负，说从此可以安枕了。

我虽非哈氏信徒，听了此言却也颇受鼓舞，于是正襟危坐，恭读奇文。然而，却越读越困惑。一上来，此公就说北约打的不是传统的战争，而是一场"外科手术般精确的，有计划地保护平民"的战争，而这两点具有高度的合法意义。也就是说，北约的暴力行动如同执法的警察的暴力一样，专打坏人，不伤无辜。这自然符合道德要求，其合法性也由此产生。然而，道德的行为不一定是合法的行为，稍有常识的人都知道。这且不去说它。北约进行的这场战争究竟是否"外科手术般的精确"，和"有计划地保护平民"，只要问问中国驻南使馆三位记者和索非亚郊外六名儿童的冤魂。无视每天在各种传媒上俯拾皆是的事实，来为自己的先定目的展开论证，说明作者缺乏一种基本道德——诚实。

当然，哈贝马斯不是一位蹩脚的西方宣传机构从业员，而是享有世界声誉的哲学家。他对科索沃战争的辩护，既出于他的政治立场，也出于他的哲学立场。《兽性与人性》一文，实际上移植和挪用了他近年出版的一部重要著作《事实与规范》的一些基本思想。《事实与规范》是一部研究法哲学的著作，其基本出发点就是将道德和法律直接挂钩，法律内在地与道德和政治相关。哈贝马斯秉承康德的思路，认为道德原则必须能普遍化。而古典自由权的人权内容与它们的形式——最初只限于民族国家的成文法——之间存在着脱节。正是这种脱节使人们意识到，以对话为基础的"权利系统"要超出单一的宪政国家，而指向权利的全球化。康德已经认识到，根据其语义内容，人的基本权利要求仅有一个国际法院是不够的；只有一个不仅能通过，而且能强制执行其决议的联合国结束了单个主权国家的时代，国际法院才能起作用。

但问题在于，无论如何，今天仍然是单个主权国家的时代。康德设想的"世界社会"或"和平联邦"（*foedus pacificum*），或哈贝马斯所谓的"世界公民的联合"（Assoziation von Weltbürgern）之类的东西并不存在。仅有一个根本无法左右大国行为的联合国，仅有一个只有不拂逆美国的意志，才有权威可言的联合国。尽管如此，今天人们一般还是认为，只有经过联合国授权，对一个主权国家动武才是合法的，才不是侵略。北约对南联盟的空袭并未经过联合国授权，北约显然也不等于国际社会，北约对南联盟的军事行动，按照现行国际法，按照普通人的常识，毫无疑问是侵略。

然而，以批判理论的传人自居的哈贝马斯却说"不然"。他说，按照古典国际法，北约的做法是干涉一个主权国家的内部事务，违反了不得干涉的禁令。但是，在人权政治的前提下，这种攻击应理解为"国际社会授权的（虽然没有联合国的委托）的武装创造和平的使命"。在后现代的状况下始终坚持理性原则的哈贝马斯，在这里开始有点强词夺理了。"没有联合国委托"，也就是没有得到国际社会的认可。不管人权政治的前提是什么，都得不出应该把没有得到国际社会认可的军事行动理解为"国际社会授权"的结论。至于"武装创造和平的使命"（eine bewaffnete ... Frieden schaffende Mission）这种说法，从修辞学的角度讲，十分蹩脚；从逻辑上讲，则颇成问题；与事实更是截然相反。持续两个多月的轰炸创造的不是和平，而是进一步的杀戮，是死亡、苦难与仇恨。

这些，尤其是没有委托引起的不安，不是一个缺乏根据的"应该"可以轻易消除的。"人权政治的前提"也无法完全解决北约动武的合法性问题。即使西方指控的米洛舍维奇"种族清洗"的罪名桩桩坐实，北约动武也只有道德的理由，而没有法律的依据。北约不是世界政府，也不是世界警察，它根本没有对一个主权国家执法的权力，况且，也不存在这样的世界法。近年来一直致力于法哲学研究的哈贝马斯自然知道"合法性"三字对于北约军事行动的重要性，他也就以此为目标来做文章。

他的策略是，提出国家关系彻底法律化。就像他的绝大部分主要观念都是取之他人一样，他的国家关系法律化的思想也是从康德那儿来的。在康德看来，独立人格的充分发展是文明的目标，这个目标只有通过建立普遍的法律规则，也就是说，通过一个将确保普遍与永久和平的组织的计划才能达到。由此，康德设想通过国家关系的法律化来消除国家间的战争与冲突。但这种法律必须是各个主权国家自愿接受的，而不是外部势力强加的。并且，法律只是道德律特殊的制度化，由此，不能有战争的"法律"。康德相信人性本恶，自然状态就是战争状态，甚至另一个人的存在本身就是威胁。既然文明人是靠法律的约束来防止彼此伤害，国家间当然也应该照此办理。但一个根本不同在于，个人可以服从一个外在的强制力量，只要他们是同一个国家的子民；可国家间却没有一个共同的外在强制力量可以服从。尽管如此，各国还是对法律概念表示了尊重。即使在为侵略战争辩护时，也总要引用格劳秀斯、普芬道夫、瓦特尔等人的话。这说明尽管人性本恶，但在人性中还存在一种更重要的道德品质，要审判和控制人身上恶的因素，并希望别人也这么做。康德认为这是我们谈论国家间法律和权利的基础。但是，目前人类的上述道德品质还处于休眠状态。国家间追求它们权利的方式还只是战争。可是，康德认为，战争及其成功的结局——胜利决定不了什么是法律和正义。一纸和平条约只结束一场特殊的战争，但并未结束人类的战争状态。严格说，人们也不能将此称为不义，因为在此条件下，每个国家都是它自己的案例的审判官。国际法下的国家并不服从对在没有法律的自然状态中的个人有效的规则："他们应该离开这种状态。"因为国家内在地有一个法律制度，它们的公民不会受那些希望将他们置于一个根据那些人自己的法律规范建立的法律制度之下的人的强制。

然而，理性谴责将战争作为决定什么是正义的方法。理性使建立和平状态成为一个直接的责任。这种和平状态不能没有国家间的条约，因此，必须有一种可称之为和平联邦（*foedus pacificum*）的特殊联邦，它有别于和平协定。后者试图结束一次战争，而前者要永远结束一切战争。这个联邦并不要保证国家的某种另外的权力，而只是要确保每个国家自享和自为的自由，同时保证相互联合的国家的自由。理性必然要将这样一个联邦与国际法的概念联系起来。另一方面，一个发动战争权利的国际法概念是毫无意义的，因为它被设定为不是根据限制个人自由的法律，而是依靠武力和片面的原则来决定何为正义的权利。根据理性，相互关联的国家除了放弃它们野蛮的、无法无天的自由，接受公共的和可强迫的法律，从而形成一个不断成长的世界政府（*civitas centium*），这个世界政府最终将包括所有国家外，没有别的方法可以摆脱国家间无法的状态，这种状态只有战争，没有别的。但康德清楚地看到，理论上合理的事情实际未必行得通。各国不会要这样一个世界政府，就像它们在国际法概念上不会一致一样。所以世界政府的积极概念必须为一个消极的国际联盟所代替，有总比无要好。康德心目中的这个国际联盟并不是"国家的国家"，或"国际政府"，而是各民族的"和平联合"。它并不具有对各主权国家立法、执法或司法的功能。康德坚信现代民族国家的主权，所以他心目中的这个国际联盟（Völkerbund）不必是一个国际政府（Völkerstaat）。国际政府包含一个矛盾，因为每个政府（Staat）都有上（立法者）下（老百姓）关系。但国际联盟是彼此平等的国家的联邦，正因为它们不能合并为一，才有必要以国家联盟来保障彼此的权利。

虽然哈贝马斯经常以康德作为自己的理论先驱，此次也不例外，但从上述康德关于国际关系和世界和平的思想来看，他的思路，与哈贝马斯在"兽性与人性"中表达的思路，是根本不同的。康德谈论国际法是为了永远消除国家间的战争；而哈贝马斯却是要使这种战争合法化。他在"兽性与人性"中说："国际关系彻底法律化没有固定的解决冲突的做法是不可能的。"不言而喻，北约对南联盟的战争行为就是他所暗示的"解决冲突的方式"。北约已经宣布它们的"业务范围"将扩大到欧洲以外的地方，而哈贝马斯也在考虑，一旦北约在其他地区，比如亚洲"用武力推行人权政治"的话，法律依据从何而来。

现在看来，国际关系中没有一定的法律的确是十分危险的。但国家间法律本身的依据是什么？康德一方面主张国际法应该以自由国家的联邦为基础；另一方面又看到国家间的法律与个人间的法律情况很不一样。个人服从国家这个外在的司法和执法的强制力量；可国家没有一个外在的强制力量可以服从。世界政府从理论上讲没有问题，实际却行不通。而且，康德也意识到"世界政府"会唤起一个世界范围专制主义的幽灵。因此，一个消极的替代物——国家联邦倒比一个积极的世界政府概念更可取。但这种联邦缺乏有效的手段来防止战争，因为它的法律只能建立在人的道德性上，而人的道德性正处于沉睡的状态。

而对于哈贝马斯来说，问题要简单得多，只要有一定的玩弄语言的能力即可。关键是模糊道德与法律的界限。哈贝马斯这篇文章的副标题暗示了他全部论证策略的奥妙所在——"在法律与道德的边界上"。此次北约对南联盟用兵，唯一的理由是"人道"或"人权"。但"人权"基本是个道德理由，而不是法律依据。以人权为理由对一个主权国家实施军事打击，在现行的国际法上找不到根据。联合国安理会这条路又被堵死了。北约只能以国际法的道德有效性为根据，但因为这些规范只是道德规范，所以并没有相应的，为国际社会承认的运用法律和执行法律的有关机构。在此情况下，固然可以用诸如"国际社会"或"世界公民状态"这种模糊概念来作北约军事行动的间接主语，但画饼毕竟难以充饥。问题是现在世界上并没有一个军事集团可以以某种借口对一个主权国家动武的法律；北约自己的章程上也写明，只有在自己的成员国遭到别国攻击时，才能对别国动武。因此，必须将人权的道德理由同时也变成法律依据。哈贝马斯一语道破天机："如果人权不是作为自己政治行为的道德取向起作用，而且也作为在法律意义上必须贯彻的权利，事情看上去就不一样了。不管其纯粹的道德内容，人权显示了主体权利的结构特征。它本身需要在强制的法律秩序中付诸实施。"

哈贝马斯在这里的推论是，只要人权是法律意义上必须贯彻的权利，北约出兵就有了法律依据。这个推论若要成立，前提是要有将人权视为必须实行的权利的法律；问题是在一些国家里可能已有这样的法律，但在世界范围内却告阙如。也就是说，在当今世界，还没有可以在任何国家强制实行人权的世界法律。而没有这样一个法律的重要原因，是各国由于文化、历史或传统的差异，对人权的理解和解释还不尽一致。此外，现在世界上也不存在一个"强制的法律秩序"，这是北约此次大动干戈所要达到的目的。以它作为北约动武的法律依据，在逻辑上犯了以要论证的结论为论证前提的错误。

哈贝马斯之所以犯这样的推理错误，是因为他不适当地以西方的法律秩序来类推世界法律秩序，认为只要人权像基本权利在德国宪法中有其位置那样，在世界民主法律秩序中找到"一席之地"，被强制施行人权的人民也就会认同这人权。这等于说，西方对于人权的看法，具有世界法律的效力。这是典型的欧洲中心论的逻辑。

哈贝马斯的哲学由于始终坚持"启蒙的普遍主义"，因而有明显的欧洲中心论的倾向。尤其在谈论人权问题时，更是如此。1994 年在《科隆城报》对他的一次采访中，采访人曾尖锐地向他发问："你与人权联系在一起的普遍主张不会有某种形式的不可容忍的欧洲中心主义吗？你显然相信在各人民之间有一基本的价值一致。这真的存在吗？想一想在伊斯兰社会和西方社会妇女的社会地位。"哈贝马斯的回答是这样的："今天世界市场，各种形式的交往，各种交流和技术已经如此紧密地将各个国家、文化和社会联系在一起，没人再能避开别人。我们没有选择：如果我们要避免重新陷入原子的种族战争，我们必须同意某些公平共存的规则。一个例子就是在人权上一致，虽然对人权的解释是可以争论的……平等尊重每一个人的规范思想是在欧洲产生的，但不能因此说它是有偏见地表达了欧洲文化和欧洲要表明自己的意志。人权也在于反省，它使我们能从我们自己的传统中抽身退步，学会从他人的观点理解他人。欧洲不仅产生了殖民主义和帝国主义，其丑恶是无法掩盖的；西方理性主义也产生了可以使我们对欧洲中心主义持批判态度的认识立场。这当然不是说欧洲人和美国人不需要阿拉伯、亚洲或非洲文化的成员启发他们特选的人权解读法上的盲点。我之所以认为这可能，是因为不同的道德观念最终是从整体受到伤害，和得不到承认的共同经验中产生的，即这些观念源于任何还算是正常的家庭的基本经验。如果伊斯兰妇女的地位像在西方世界那样变了，因为妇女要解放自己——又有什么不好？"

从哈贝马斯的回答中，我们可以看到，就像在《兽性与人性》中再次看到的那样，由于其理不直，他不能不用迂回曲折的修辞手法来表达他真正要说的话：一方面冠冕堂皇地表示要学习别人，批判欧洲中心论；另一方面却处处暗示欧洲的价值是普遍的，不同的道德观念是由于负面的生活经验产生的。言下之意，人类的道德观念应该是一致的。但是，事实上人类今天并无共同的道德体系，即使对于人权，看法也不一致。在这种情况下，是否可以不要，也不能公平共存了呢？按常识看，公平共存的首要条件应该是相互承认，平等尊重，包括尊重不同意见；而不是在条件不具备的情况下，以自己的观念为普遍观念，强求一致。如果西方的人权观念具有普遍标准的意义，那么学会用他人的观点来理解他人，让非西方人来启发西方人人权解读法上的盲点这种话，不是非常虚伪的饰词吗？

不仅是虚伪。在这次战争中，在哈贝马斯的这篇文章中，这种虚伪变成了赤裸裸的专制。既然知道在今天的世界上，关于人权还有不少争论，怎么可以"动用军事暴力来获得人权"？既然出于尊重和维护人权，怎么可以"家长式地行事"？"很好的道德理由"何在？拯阿尔巴尼亚人于水火？3月份德国政府还以"科索沃不存在种族清洗"为理由，拒绝阿族难民的避难申请。如果北约的人权政治可以成为军事干涉的法律依据，北约岂不是自我立法，又自我执法？立法与执法权集于一身，不是现代专制政治的典型特征？

二百年前，康德在《关于永久和平》中提出的永久和平的第五条预备性条款就是：任何国家不得武力干涉另一国的宪法和政府。联合国宪章第二条和第七条规定：禁止对任何国家的国内司法行为进行干涉；禁止一国利用武力或武力相威胁反对另一个国家。联合国大会第 2131 条决议也宣布："不允许进行干涉"，并进一步强化了这样的观点，即对任何国家进行强迫性的军事干涉是一种侵略行为，是一种任何理由都无法开脱的罪行。这难道不也是对"本世纪道德上意义重大的经验，对极权主义政治的勃兴，对大屠杀的必要而正确的回答"？哈贝马斯为什么不在《联合国宪章》和现存国际法中为北约的军事行动寻找法律依据呢？因为在这些文件和规则中，他找不到任何支持"家长式统治不可避免"，"干涉提上议事日程"的法律依据。他只能用闪烁其词的手法，说出一个赤裸裸的主张：西方的人权政治就是世界法律。但他却无法为这个"世界法律"找到任何合法的基础。

科索沃战争和哈贝马斯的文章，使我们再也不能忽视现代西方政治的一个重要特征：国内政治与国际政治的巨大反差。不了解这一点，就不能真正理解西方政治。西方各国的国内政治，都可算是民主政治；但其国际政治或对外政治，多为强权政治。这种反差也一定会表现在它们的政治理论中。在其专门研究法哲学的著作《事实与规范》中，哈贝马斯称，在一个后形而上学的多元社会中，综合性世界观与有集体约束力的道德标准已经瓦解，在这样的社会中幸存的后传统的道德良心不再能替代一度以宗教和形而上学为基础的自然法。因此，民主产生法律的程序是法律合法性的唯一后形而上学根源。而这种合法性力量则来自问题和意见，信息和理性的自由交流，来自每一个公民在公共领域中的自由对话与讨论，来自社会每一个成员以平等的身份积极参与。法律决定是在理性论证的基础上产生的，因而，以此为基础的程序产生的结果多少是合理的。姑且不论这些论述有多少理想化或乌托邦的成分，合法的法律的确只有这样才能产生。

如果我们坚信民主是人类公共生活的普遍原则，不仅适用于单个国家，也适用于国际关系，世界应该是一个放大的民主社会，而不是强权政治的一言堂，那么哈贝马斯在《事实与规范》中所表述的民主产生法律的原则，正是他在谈论国际关系彻底法律化时所应坚持的原则。比起现代西方社会，今天的世界更为多元。世界法律如果要有的话，更应该是通过平等的对话、交流产生，而不是凭借强权和武力，将自己的意志和喜好作为普遍法律强加于人。可是，在哈贝马斯的文章里，我们看不到他在《事实与规范》中大谈的"公共领域""民主程序""交往理性"或"对话""讨论"，更没有"平等参与"。北约和南联盟不仅不是平等的关系，简直就像是警察和罪犯的关系。这个警察之所以能有效地对付罪犯，恰恰在于法院（安理会）拒绝发出执法的命令。以此为出发点提出的国际关系法律化，当然容不得平等参与，理性论辩，或程序民主。却让人们看到，强权政治就是国际专制政治，暴力之下无民主。

对一个哲学家来说，尤其对一个政治哲学家来说，理论的一贯性和彻底性不仅是一种学术美德，也是一个道德要求。一向热衷于谈论"公共领域""交往行为""商讨伦理学""激进民主"和理性主义的哈贝马斯，为什么会在今天写下这么"一篇狂野暴力的辩护词"（彼得·汉德克语）？是因为战争的第一个牺牲者总是真理，因此，曾经鼓吹"解放"的"批判哲学家"一夜之间思路转向了导弹飞行的方向？还是这位法兰克福学派的殿军终于以与现状的认同和向权势靠拢，完成了对这个学派的批判和背叛？其实，早在《事实与规范》出版后，就有批评者指出，这部书是"支撑国家的"（staat stragend）。哈贝马斯从资产阶级意识形态的批判者到北约战争的支持者，其来有自。

正如他以所谓普遍语用学的修辞取消了阿多诺等人赋予矛盾的社会存在论地位一样，启蒙的辩证法到了他那里，变成了启蒙原教旨主义。启蒙哲学的核心是普遍主义与同一哲学。所以阿多诺对启蒙的负面效果——大众文化和工具理性的批判，在《否定的辩证法》中进一步发展为对同一哲学的批判。正是这种批判使他永远是现状的质疑者，而不是认同者。尽管哈贝马斯一再提到阿多诺对他的影响，但阿多诺对同一哲学的批判他并不认同。相反，他坚信"启蒙的普遍主义"，将欧洲的启蒙运动变成了人类历史的普遍必然。问题是作为欧洲历史经验的启蒙，其普遍主义不可能是真正的普遍主义，而是以某种特殊为普遍的伪普遍主义，即以西方现代性价值为普遍价值，将西方等同于世界。哈贝马斯正是如此。在关于战后德国的政治走向问题上，他坚决主张德国走西方的路，即英美的路。为此，他对阿登纳政权赞美有加，认为它奠定了战后德国的政治方向。他对现代西方制度完全认同，公共宣称他理论著作的终点就是要求"金钱、权力和团结间可接受的平衡"。所有对西方现状和现代性有所怀疑的人，都被他称为"保守主义者"。在他那里，西方、现代性和人类历史是基本同一的。"差异"和"他者"对他最多只有论证和修辞策略上的意义。他的"公共领域"里，没有真正的他者，因而只是一个伪民主的概念。

哈贝马斯的"公共领域"（Öffentlichkeit）来自汉娜·阿伦特的"公共空间"（deröffentliche Raum）的概念。从表面看，两者没有多大差别，都是指政治权力之外，作为民主政治基本条件的公民自由讨论公共事务，参与政治的活动空间。实际上有重大的差别。阿伦特的"公共空间"概念是从她的"政治"概念来的。她认为，政治不是在人们中，而是在人们之间产生的。不同的人的自由和人的自发性是人之间这个空间产生的前提。所以政治的意义在于自由。政治依据人的多样性这个事实。一个人不会有这个"之间"，同样的人也不会有这个"之间"；只有不同的人才会产生公共空间及对公共空间的需要。而这个空间反过来又保证了他们的多元与不同，保证了他们的自由与自发性。人之间的这个空间，就是世界。也就是说，世界是由人的多元性产生的。只有我与他人同时共存，才有世界。多元与差异是自由的本质，也是世界和政治的本质。暴力只能导致公共空间的摧毁，所以，暴力与政治无关。但现代恰恰以暴力代替了政治，以同一代替了多元，人越来越变成马尔库塞所谓"单向度的人"，使得公共空间和自由受到了根本威胁。本世纪的极权主义只不过是一个特别明显的症状而已。

哈贝马斯的"公共领域"恰好是现代—启蒙的产物。所谓"公共领域"，就是私人聚在一起，议论、讨论公共事务，形成意志，达成共识。无论是早期的《公共领域的结构转变》，还是后来的《交往行为理论》和《事实与规范》，哈贝马斯的"公共领域"着重的是趋同，求同，而不是存异。即使事实上做不到，也要将它作为一个乌托邦确立。然而，一个"统一意志"的社会，自由从何谈起？西方舆论在这次战争中惊人的一致，倒是对哈贝马斯"公共领域"的一个很好说明。至于即使这样的"公共领域"概念也内外有别，在哈贝马斯的国际政治理论中并不存在，说明哈贝马斯视他者为无物，西方的意志，就是普遍的意志。

哈贝马斯的例子告诉我们，凡是坚持启蒙普遍主义和主张现代性的人，大都是坚定的西方中心论者。而启蒙普遍主义和现代性的批判者，也往往同时是西方中心论的批判者和真正的多元主义者。西方中心论对差异与他者的压制，使我们不能不怀疑启蒙和现代性的哲学基础——普遍主义和同一哲学本身潜在的专制含义。更应使我们警惕的是，20 世纪专制主义的哲学基础也是普遍主义和同一哲学。以"解放被压迫人民"或"保卫社会主义大家庭"的名义出兵和以人权的名义出兵，同样都是以一个冠冕堂皇的道德理由，行干涉侵略之实。1968 年苏军坦克开进布拉格的同时，莫斯科提出了"有限主权论"。三十年后的今天，在北约的轰炸声中，哈贝马斯说世界公民状况要民族国家的独立朝后退。并挖苦塞尔维亚人"神经质地坚持"自己的主权。这种惊人相似后面的同一逻辑，不令人深思吗？

1791 年底，法国国民公会各党派为了要不要进行一场消灭欧洲各国旧政权，带来永久和平的正义战争吵得四分五裂。这时，罗伯斯庇尔挺身而出，坚决反对用军事手段给各民族送去自由。他说："认为手执武器侵略一个陌生民族，强迫它接受自己的法律和宪法可以满足一个民族，这种出格的想法可以出现在政治家的头脑中。但没有人会喜欢武装的传教士。自然和智慧的第一个建议就是把他们当敌人打回去。"但罗伯斯庇尔被多数否决。法兰西共和国半是主动，半是德奥联盟发动的同盟战争迫使她进入别国领土。这样，她就等于用即决审判的方式宣判了她刚刚宣布的民族自决权的死刑。同样，科索沃战争不是西方人权政治的胜利，而是对真正人权理想的沉重打击。

和自由、平等、民主一样，人权是人类的普遍要求与理想，任何人都无法垄断它们的解释权。它们的根据，不在西方的政治教科书或意识形态宣传品中，而在每个人的良知和理性，在每个人的心里。这才是人权的普遍性之所在。普遍主义不等于普遍性。人权的普遍性至少应该有以下三层含义：1.它应该受到全人类的普遍尊重，具有超越民族、文化、宗教的普遍约束力；2.它不能有双重标准，而应绝对无条件地一以贯之，坚持到底，否则就是虚伪，就是以人权为手段，而非目的；3.对人权概念有不同的理解和解释本身就是基本人权——思想和信仰自由——的体现，但这不应意味着永远不可能有一些全人类都可接受的人权标准。各民族、文化、宗教、族群、性别通过坚持不懈的对话与讨论，就人权的基本内容达成一些最低共识是可能的，也是必须的。如果上述三条人权普遍性的基本前提成立，那么任何国家出现侵犯人权的行为，国际社会都有权干涉；但应基本排除武力干涉。除非出现希特勒那样的人物，但那也要有联合国授权。因为战争——消灭人的生命——是与人权不相容的。兽性的手段不能达到人性的目的。英法联军和八国联军给我们带来的只是痛苦和耻辱，而不是和平与民主。

正因为自由、平等、人权、民主是人类的普遍要求和理想，将它们与西方政治等同起来是过于天真的想法。凡尔赛和雅尔塔告诉我们，西方总是将自身的利益置于这些原则之上，"人道的无私"总是夹杂着"帝国主义的权力逻辑"。因此，揭露和反对西方帝国主义政策和强权政治，绝不能理解为反对上述原则，而恰恰是对它们的维护。真正的自由知识分子，必须反对世界上一切地方发生的不义，反对任何人以任何名义对上述原则的践踏。哈贝马斯及其文章提醒我们，在冷战后条件下，传统左右的分野已日益模糊。既然昨天的批判者可以是今天的辩护士，"左""右"的招牌除了意识形态标榜和类似名教的东西之外，已失去意义，那么判断一个知识分子人格的只能是他（她）对正义的热情，对虚伪的敏感，和对罪恶的愤怒。还有，对一切不义的拒绝。

（原刊《读书》，1999 年第 9 期）

修订版后记

　　《德国哲学十论》初版于 2004 年，十九年后，市场早已脱销。复旦大学出版社觉得此书还有再版的价值，遂与我相商再版事宜。书受读者欢迎总是值得作者高兴的，我欣然同意此书再版。考虑到在将近二十年的时间里，我对德国哲学的研究从未停止过，有不少未收入初版的文章值得收入；而初版有些文章最初并非作为严格的学术论文撰写，学术分量稍欠，正好趁此再版的机会予以替换，遂决定不是将初版再印一次，而是出个修订版。

　　修订版主要是撤除一些学术含量有些单薄，或现在看来不够重要的文章，而代之以理论性、学术性更强的论文。更换主要涉及与康德和黑格尔有关的论文。"康德研究"新增《批判哲学的形而上学动机》和《从康德的历史哲学看康德哲学二元论的困境》，撤去《康德二百年祭》一文。"黑格尔研究"中原来《黑格尔与现代国家》和《黑格尔的〈历史哲学〉》两篇文章更换为《从黑格尔的康德批判看黑格尔哲学》和《现代性问题域中的艺术哲学——对黑格尔〈美学〉的若干思考》两篇论文。"海德格尔研究"中删去《自我的困境和时间释义学》，代之以《海德格尔的实践哲学》。这样，"海德格尔研究"的三篇论文就都与实践哲学有关。卡尔·施密特不是纯粹哲学家，而只是政治哲学家或政治学家，他在德国哲学中最多只有边缘地位。尼采则不然，他是德国哲学中真正具有世界性影响的伟大人物。我们对他的研究与他思想的重要性严重不成比例。为此，我用"尼采研究"替换了初版的"施密特研究"。其余部分一仍其旧。

希望这部《德国哲学十论》的修订版，能像它的初版一样受到读者的欢迎。

张汝伦

2023 年 2 月 16 日

图书在版编目（CIP）数据

德国哲学十论/张汝伦著.—修订版.—上海：复旦大学出版社，2023.6
ISBN 978-7-309-16490-9

Ⅰ.①德… Ⅱ.①张… Ⅲ.①哲学-研究-德国 Ⅳ.①B516

中国版本图书馆 CIP 数据核字（2022）第 194493 号

德国哲学十论（修订版）
张汝伦 著
责任编辑/张雪莉

复旦大学出版社有限公司出版发行
上海市国权路 579 号 邮编：200433
网址：fupnet@fudanpress.com http://www.fudanpress.com
门市零售：86-21-65102580 团体订购：86-21-65104505
出版部电话：86-21-65642845
江阴市机关印刷服务有限公司

开本 890×1240 1/32 印张 15.125 字数 351 千
2023 年 6 月第 2 版
2023 年 6 月第 2 版第 1 次印刷

ISBN 978-7-309-16490-9/B·764
定价：78.00 元